民事訴訟における
法人でない団体の地位

名津井 吉裕

大阪大学出版会

まえがき

わが国の民事法学がドイツ法の影響を受けて発展したことは周知の通りであるが、本書と密接に関係する権利能力なき社団の法理やその基幹をなす社団組合峻別論は、当時のドイツ法をほぼそのまま継受したものである。ドイツ法はその後いくつもの点で実質的に変遷したにもかかわらず、わが国ではかつて継受したこれらの法理や概念が強く根づいてしまったため、現実に生起した問題に対処する際、しばしば不便な解釈ないし運用を強いられてきた。

本書の題名にもある「法人でない団体」という用語は、実体法上の権利能力なき社団及びそれを支える社団組合峻別論から一定の距離を置くことを含意している。すなわち、本書に収録された論文（とりわけ第五章まで）の研究対象は、民事訴訟法二九条に基づいて訴え又は訴えられることのできる「法人でない社団又は財団」であるが、この「社団」は必ずしも社団組合峻別論を前提とした「社団」に限定されるわけではない（第三章）。にもかかわらず、民事訴訟法二九条は、その前身である旧民事訴訟法四六条を引き継いで、いまなお「社団」の用語を使用し続けている。こうした状況にかんがみ、本書においては、民事訴訟法二九条の適用対象となる主体を意味するものとしては、原則として「団体」の用語を使用し、社団組合峻別論から一定の距離を置くことを明確にしている（第一章から第五章）。

もっとも、法人でない団体が登場した判例を研究する際には、個々の事件において「社団」と認定された団体の地位を検討しなければならない。このような場合にまで「団体」の用語法にこだわるときは、かえって論旨が混乱するおそれがある。そこで、判例研究を扱った第六章以下においては、個々の事件に登場した団体を「社団」と性質決定した裁判所の判断を前提として叙述することにした。ただし、この場合でも、民事訴訟法二九条は個々の事件に登場した主体的実在が「団体」であることを根拠に適用され、そのような「団体」に同条によって認められる当事者能力の効果が付与されることに変わりはない。

本書に収録された論文は、著者が研究生活を始めた当初から取り組んできた、法人でない団体の当事者能力を研究したものが大半を占める（第一章から第五章）。収録された論文の時期的範囲はかなり広く、第一章の元になった処女論文は一九九八年の刊行であるのに対し、第九章の元になった論文は、それから一六年後の二〇一四年に刊行されたものである。本書が企画された当時から、旧稿を手直しして再録することは決まっていたが、実際に作業を始めるとすぐに、小手先の手直しでは済まないことが判明した。さらに、本書の出版を引き受けていただいた大阪大学出版会からは、一冊の書籍としてまとまりのあるものにするように指示されていたため、この指示に忠実に旧稿の改訂作業を進めた結果、加除訂正はすべての章に及ぶこととなった。とりわけ初期の論文の冒頭と末尾は、事実上書下ろしとなっている。

これらの作業を振り返ってみると、本書の企画をきっかけとして、長期にわたり断続的に発表してきた論文の内容を見直すことができたおかげで、著者が本来伝えたかった論旨を明確にすることができた部分が少なくない。もっとも、実際にこれが成功しているかどうかは、読者の判断に委ねなければならない。

本書はどの章から読み始めても構わないが、各章に収められた論文が、本書全体の中でどのように位置づけられているのかを鳥瞰できれば、読者の便宜にかなうものと思われる。そこで、まず各章の概要をごく簡単に紹介すると、次の通りである。

第一章では、当事者能力概念の生成過程を調査し、当事者能力の根幹をなす訴訟上の主体性概念（非連結主義の〈＝実体法上の主体性概念から切り離された〉当事者能力）を析出した。第二章は、非連結主義の当事者能力が、その後ドイツ法においてどのように扱われたかを跡づけたものである。本章で重点的に考察したのは、当事者能力概念が実体法秩序の一分枝に組み込まれるのか、生成期の特徴を維持したまま訴訟法独自の概念として発展させることができるのかが決まる分岐点である。この点を踏まえて、本章では、ドイツ法が前者の方向に進んでいく途中に登場した他の当事者能力概念にも留意しつつ、非連結主義の当事者能力の骨子を解明しようと試みている。第三章は、前章までに得られた成果を踏まえ、民法上の組合の当事者能力を素材として民事訴訟法二九条の要件論を検討したものである。本章で検討した要件論は、次章との関係で総論に相当する。第四章は、要件論の中でも、わが国の学説上対立がみられる、いわゆる財産的独立性を重点的に検討したものである。財産的独立性は、民事訴訟法二九条の条文に明記された要件ではないが、本章では、法人でない団体の財産的側面についても同条を適用する際の不可欠の要件が存在することを明らかにするとともに、この要件の具体的な内容に立ち入った検討を加えている。第五章は、前章までの考察を踏まえて、従来の通説が民事訴訟法二九条を法人でない団体に適用した場合の効果と目してきた「事件限りの権利能力」を分析することによって、法人でない団体が当事者となった訴訟の構造を明らかにするとともに、この場合に機能する当事者能力概念の再構成に取り組んだものである。当事者能力論における本章の位置づけは、もちろん効果論である。

第六章以下は、主に判例研究であり、社団が原告となった場合の所有権移転登記請求訴訟（第六章）、社団を債務者とする債務名義に基づく社団財産である不動産の強制執行（第七章）、及び、仮差押え（第八章）について、判例を素材として検討したものである。最後の第九章は、社団財産である不動産に対する強制執行の申立てに必要な文書（社団財産証明文書）を債権者が取得する手段を検討したものであり、とりわけ前駆となる訴訟手続の構造を重点的に考察している。

これら九つの章を大別すると、本書は、法人でない団体が当事者となった判決手続における団体の地位（当事者能力・当事者適格）に関する研究（第一章から第六章）と、法人でない団体の財産に対する強制執行・保全手続に関する研究（第七章から第九章）の二本の柱から構成されている。

本書の出版は、多くの方々からのご指導がなければ、到底実現することができなかった。わけても恩師である山本克己先生（京都大学大学院法学研究科教授・現京都大学副学長）には、著者が京都大学大学院の修士課程に入学した際、指導教員を引き受けていただいて以来、現在に至るまで、著者の至らないところを忌憚なく的確にご指導いただいた。その学恩に心より感謝申し上げる。

また、著者が研究活動を始めて以来、関西民事訴訟法研究会、日本民事訴訟法学会関西支部研究会等において、多くの優れた先生方から大学の枠を超えてご指導を賜ることができたことは、たいへん幸運なことであった。本書に収録された論文の多くが、これらの研究会における報告を経験している。すべての先生方のお名前を掲げて謝辞を申し上げることはご容赦いただくとしても、研究者として駆け出しの頃に賜ったご指導はいまなお身に染みており、中野貞一郎先生、鈴木正裕先生、谷口安平先生、福永有利先生（故人）、松本博之先生、徳田和幸先生、上北武男先生、本間靖規先生にはとくに御礼申し上げる。さらに、平成一七年三月から一年間余り、ドイツのレーゲンスブルク大学法学部において在外研究をする機会に恵まれた際に、受入れ教授として懇切丁寧にご指導いただき、それ以来、現在に至るまで公私にわたりお世話になっている、ペーター・ゴットバルト教授（Professor Dr. Dr. h.c. Peter Gottwald）にも心より御礼申し上げる。

なお、本書は、平成二五年度大阪大学教員出版支援制度により、大阪大学未来基金の助成を受けた出版物である。本制度への応募を推薦していただいた同僚の下村眞美先生（現大阪大学大学院高等司法研究科長）をはじめ、本書の企画の選考に関与された先生方には心より御礼申し上げる。

もっとも、著者は、本書に対する助成が決定した後、二度の入院・手術を経験し、また学内外の業務が急増したこともあり、旧稿の改訂作業が幾度となく中断され、予定された刊行時期を大幅に徒過することになってしまったことには忸怩たる思いがある。こうした事情にもかかわらず、上梓に漕ぎ着けることができたのは、なかなか作業が進まない著者を辛抱強く励まし、有益な助言を与え続けてくださった、大阪大学出版会の岩谷美也子氏のおかげである。この場を借りて、厚く御礼申し上げる。また、既刊の書籍や雑誌に掲載された論文を本書に収録するに際し、転載を快諾してくださった各出版社のご厚情にも心より謝意を表したい。なお、旧稿の改訂作業中に、日本学術振興会の基盤研究(C)（一般）課題番号：15K03204（平成二七年度から平成二九年度）に採択され、多大なご支援を賜った。記して御礼申し上げる。

最後に、私事にわたるが、著者をこれまで温かく見守り、惜しみなく支援してくれた父稔裕、母春子、そして、著者の地味な研究生活を献身的に支えてくれた妻玲偉子に本書を捧げる。

二〇一六年一一月

名津井　吉裕

目次

第四章　当事者能力の要件としての「財産的独立性」　199

第五章　法人でない団体の当事者能力の再構成　265

第六章　法人でない社団の登記請求訴訟――299

第七章　法人でない社団の財産に対する強制執行　321

第一章　当事者能力概念の生成と展開

第一節　当事者能力概念の生成

第一款　はじめに

民事訴訟法[1]は、当事者能力を民法その他の法令の対応物に関連づける規律（同二八条）を採用するため、その判断の際には、まず民法その他の法令に基づく実体法秩序において権利義務の主体であることが先決であるとの見方が一般的である。換言すれば、民事訴訟上の主体と認められるには、実体関係における権利義務の主体でなければならないという前提が、一般に肯定されてきたように思われる。

ところが、この前提に照らして例外と目される処理をした裁判例も見受けられる。例えば、法人設立の手続を経由していないために法人とは認められない団体が原告となり、実体法上の請求権が自らに帰属する旨の請求ではなく、構成員全員に帰属する旨の請求を立てて訴えを提起したという事案において、裁判所は、当該団体の当事者適格を認める判決をしている。(2)この事件では、当事者適格の前提として、当該団体の当事者能力も肯定されているはずである。ところが、前述した一般的な認識によれば、当該団体の当事者能力を肯定するには、当該団体は実体関係において主体でなければならない。とすると、この事件の当事者能力は従来のそれと比べると、どこか異なるのではないか、といった違和感を禁じ得ない。しかも、この違和感は、法人でない団体に対して当事者能力を認めることの意義を再検討する必要性を示唆しているように思われる。

以下では、このような問題意識に基づき、法人でない団体の当事者能力の意義を検討する。とりわけ本章では、法人でない団体の当事者能力を定めた規定が、どのような事情を背景として起草されたかについて、ドイツ法の沿革を素材とした考察を行う。この点、法人でない団体の当事者能力に関する研究は、従来裁判例の分析に基づいた、いわゆる判例研究であった。(3)確かに、その成果は非常に有意義なものである。しかし他方で、わが国の民事訴訟法における「当事者能力」という概念は、そもそもParteifähigkeitの訳語として旧民事訴訟法の大正改正の際にドイツ法から継受されたものであるため、(4)判例研究の方法では自ずと限界がある。その結果、当事者能力の本来の意義、とりわけ当事者能力が法人以外の団体に認められた実質的な根拠に対する考察が不十分となりがちである。

このような理由から、以下では、ドイツにおける(5)団体の当事者能力規定の成立史を跡づけることとした。しかもその際には、当事者能力規定が整備された当時の時代背景、当事者能力規定に密接な関係を有する民法典の社団法をも視野に取り込み、これらを有機的に関連づけて考察する手法を採用している。

以上を踏まえて、本章では、まず第二節において、生成期の当事者能力論の枠組みを抽出して分析を加えることにする。これに続く第三節においては、生成期の当事者能力論が、民法典制定期の時代背景の下どのように変容したか、そしてその変容にはどのような要因が影響しているかについて、訴訟法理論外在的な要因をも視野に入れて検討することとする。

第二款　時代区分

本章では、ドイツにおける団体の当事者能力規定の考察を、ドイツ民法典の社団法と関連づけて行うものとするが、その際、いわゆる権利能力なき社団の法理を正面から取り上げることは予定していない。というのも、権利能力なき社団の法理は、その萌芽はGierke[6]に見出しうるものの、この法理のドイツ法における本格的な展開は、Stollの論文に始まるとする見方が一般的である[7]。これに対して、本章における考察の中心は、ドイツ民法五四条一項一文の解釈を契機とする権利能力なき社団の法理によって当事者能力論が「色付け」される以前の理論状況を確認する点にあるからである。この関係で、権利能力なき社団の法理の本格的な展開に伴う当事者能力論の新展開については、時代区分を改め、第二章において取り上げる。したがって、本章の考察範囲は、Stoll以前の理論状況に限定するものとする。換言すれば、本章の対象となる時代区分は、いわゆる三月前期[8]（Vormärz）から一九一九年八月一一日のワイマール憲法制定前までである。

第三款　用語法

本章およびそれ以降における行論の便宜と思考の整理のため、訴訟上の主体性概念たる当事者能力の把握の仕方に関して、次のような道具概念を導入しておく。すなわち、実体法上の主体性概念と訴訟上の主体性概念とを切り離し、両者を別次元で捉える考え方を「非連結主義」と呼ぶ。他方、前者を後者の前提と考える等、二つの概念の論理的な関連性ないし連続性を承認する考え方を「連結主義」と呼ぶ。連結主義又は非連結主義に基づく当事者能力論の具体例と内容の詳細は、以下の叙述を通じて明らかしていくことにする。

第二節　生成期の当事者能力論の枠組み

本節では、ドイツ法がその民事訴訟法典の中に当事者能力規定を設置する以前において、当時の裁判所が、どのようなテクニックを用いて現在われわれが当事者能力の問題として捉える問題を抱えた事件を処理してきたのかを検討することを目的とする。第一節第一款で述べたように、まずはドイツ民法典制定前の社会背景について考察する。

第一款　前史――与件

(一)　法の分立

一九世紀前半のドイツは、いまだ相当数の邦が林立し、また度重なる戦争によって国境線が頻繁に書き換えられたため、ドイツ全土にわたる統一的な法典は存在しなかった。しかしそれでも、ドイツ同盟内におけるプロイセンの優位を背景に、いくつかの邦では、プロイセンに準じた法秩序が妥当していた。こうした法の分立は、訴訟法よりも実体法の方が深刻であり、プロイセンのようなドイツ同盟内の強国ではその領邦内の上級地方裁判所間の見解の相違を統一するため、最上級裁判所が設置されていた。[9] 以上を当事者能力に関して敷衍すると、ある国家の領邦相互間で法人格付与制度が異なるという当時の状況においては、ある団体に関する訴訟事件を処理する場合、当該団体が設立時に準拠した地方特別法に基づいて実体法上の主体（＝法人）であるかどうか、また当該地方特別法の下で許可された団体であるかどうか等の問題をひとまず棚上げして、当該団体の訴訟上の主体性のみを判定し、訴訟事件の処理を進めなければならない契機が存在していた、と言うことができる。[10]

(二)　協同組合運動

当時は、(一)の事情に加えて、産業構造の変化に伴ういわゆるツンフト（Zunft）制度の解体を機縁として、新種の団体が続々登場しつつあった。[11] すなわち、ツンフトは、本来、親方と職人ないし徒弟との間の支配関係（Herrschaft）を指し、一定の営業を行うには、まずツンフトに加入して親方の指導の下で技術を磨き、晴れて親方試験に合格した場合には、親方として独立の営業を許可されるという仕組みになっていた。しかし一九世紀前半に、いわば上からの改革として営業の自由が導入され、これがプロイセン一般営業法を経て、北ドイツ連邦営業法で確立する過程において、ツンフトが解体に追い込まれ、ツンフトに属さない親方を生み出すに至った。かかる親方は、諸々の理由から、旧来のツンフトに属する親方陣から蔑視され、また経済状況も非常に悪かった。こうした状況において、ツンフトから排除された親方や営業主の受け皿として機能したのが、いわゆる協同組合（Genossenschaft）であり、この組織形態の普及を促進したのが、一九世紀中葉より徐々に盛り上がり始めた協同組合運動であった。[12] この時期の協同組合運動は、当初、小生産者の自助を理念とする協同組合の普及を目指すものであった。その後様々な形態と性格を備えた協同組合が設立されるようになるが、理論上も数の上でも重要なものは、貸付信用組合であったようである。

他方、営業の自由の導入は、株式会社設立制度にも影響を及ぼした(13)。ドイツにおいて株式会社設立制度は一八三八年前後に特許主義から認可主義に移行したが、五〇年代前後から始まる本格的な産業革命の展開を受け、ドイツの産業構造は、従来の手工業から工場工業へと変化していった。こうした状況変化の中、株式会社設立制度は、一八六一年の普通ドイツ商法典の制定を経た一八七〇年の同法改正により認可主義から準則主義へと緩和された。これを受けて株式会社が次々と設立されていった一方で、会社の組織的活動を現実に担う要員として、労働者階級――独立の営業主ではない、企業体の従業員――が生み出されるに至った。

労働者階級は、資本主義経済の発展につれて飛躍的に拡大し、大衆社会の母胎を形成していったが、他方で、この労働者階級が、主に賃金労働者を構成員としていた消費協同組合と結びついた。消費協同組合は、協同組合本来の理念とは異なるところにその目的を設定していたため、一八六八年の協同組合法(14)によっても許可されない存在であった。というのも、他の一般的な協同組合が、あくまで小生産者ないし営業主を担い手とする従前のツンフト解体に対する埋め合わせ的な存在であったのに対して、消費協同組合は、その主たる構成員が賃金労働者であったことと相俟って、その政治性、すなわち当時の国家指導部を脅かしていた社会民主主義との結合が、当局によって疑われていたからである。事実、この時期においてすでに、労働組合（Berufsverein）(15)そのものも徐々にその勢力を増しつつあったために、当局の問題関心は、消費協同組合の規制だけでなく、団結（Koalition）・結社（Vereinigungen）一般に対する、より包括的な規制へと向かうことになった。

ところで、以上のようなドイツの状況を前提として登場してきた、団結・結社に対する規制に関して言えば、国家による相当に厳格な態度が注目に値する。これは、とりわけ一八五〇年一月三一日のプロイセン憲法三〇条(16)が端的に表現しているところである。この法文によると、公共の利益（刑罰法規）に反する結社は禁止されるという構図が浮かび上がるが、実際、かかる構図は、第三節第二款で検討する、労働組合運動に対する国家指導部の態度にも妥当する。

以上のようなドイツの状況に関して注意を要するのは、第二款で検討する普通法時代の裁判例において、協同組合が当事者となった事案が圧倒的多数を占めている背景には、右に説明したような事情があったという点である。そして、当時の学説も、こうした事情の下で生じた問題に対処するために主張された見解であることを、事前に確認しておきたい。

第二款　普通法の展開

(一)　諸邦の裁判例

帝国成立以前における諸邦の最上級裁判所の裁判例(17)では、裁判所は、国家による許可を受けていない諸団体について、どのような考え方に基づいて訴訟上の主体性を認めてきたのだろうか。第一款で述べたように、法の分立状態は、当時、実体法のみならず訴訟法についても存在していたが、にもかかわらず相当数の裁判例において共通の理論構成が採用されている。次に紹介する裁判例は、そのような裁判例の集大成としての位置づけが与えられている。

原告は、貯蓄救済金庫であって、いわゆる協同組合の一種である。プロイセン最上級裁判所は、まず、「各主体の権利能力は、法秩序による承認を前提とする。つまり、法人が成立するためには、一般的な法の規律によりこれが承認されるか、あるいは個々の事案において国家権力により権利能力が付与される必要がある。複数の者が、彼ら自身として法主体になろうとするときは、彼らが許す限りは法人とみなしうるのであり、一時的でない目的を追求し、しかるべき組織を備えることを要する、といった一般的な法的規律は、ローマ法にも現在妥当している普通法にも存在しない」という一般論を述べた上で、「(しかし、そういった法的規律は、)本件で問題となった法領域では存在している。したがって、当該金庫は法人ではないが、原告のようなこの種の協同組合には、Gerichtsstandschaft を承認できる。というのも、定款によると、同金庫は、いわゆる現代的な協同組合的団体を形成しているからである」と結論づけた。

まず、Gerichtsstandschaft[18]（法廷に立つ資格。以下、〝GS〟と略記する）が何を意味するかであるが、現在の理論水準から見ると、当事者能力を指しているのか訴訟能力を指しているのかという点が判然としない。しかし、訴訟上の主体性を意味する用語であることに疑問の余地はない。

さて、判決文では、GSは法人でないものにも認められるとされている点が注目を引く。ここからは、訴訟上の主体性が、法人格とは無関係に肯定され得る、という考え方を読み取ることができる。しかし他方で、GSは、現代的な協同組合的団体と関連づけられているように読むこともできる。そこで、現代の協同組合に目を転じてみたい。

第一款㈡で紹介した協同組合運動に端を発して多数設立された協同組合が、右の判旨に登場した現代の協同組合であるが、当時においてもこの種の協同組合の法的性質については、学問上も相当な争いが存在していたようである。特に重要な問題は、これが法人（juristische Person）かどうかではなく、コルポラツィオーン[19]（Korporation）か否かであった。そして、これを肯定すると、当時のコルポラツィオーンと結びついていた公的規制によって活動の自由が阻害されることが懸念されたためか、協同組合コルポラツィオーン説[20]（法人説）は少数説にとどまっていた。かかる事情を背景に、協同組合がケルパーシャフト（Körperschaft）か否かを問題とする判決が、本件以前においても相当数存在したいた。筆者が収集できた裁判例には、様々な最上級裁判所の裁判例が含まれるため、一概には言えないが、少なくとも二通りの理論構成が存在すると思われる。

一つは、GSを法人権[21]（Korporationsrecht）の一属性、あるいは、ケルパーシャフト的団体の一属性として把握し、当該団体がケルパーシャフト的組織をもつかどうかを問題の中心に据える見解（連結主義）である。もう一つは、当該団体がコルポラツィオーンかどうか、あるいはケルパーシャフトかどうかとは無関係に、当該団体の理事会（Vorstand）が法定代理人とみなせるかどうかの問題を検討し、これが肯定されるとその団体にはGSがあるとする見解（非連結主義）である。後者の見解によると、肝心な問題はGSの有無ではなく、むしろ理事会が法定代理人かどうかということになり、その結果として、GSは、理事会が法定代理人であることが認められた場合の本人たる団体の地位を記述する際に必要となる道具概念にとどまるように思われる。しかし、理論上はこのように分析できるとしても、個々の裁判例が行っている解釈に際して、どちらの見解に従っているかを識別することは、相当に困難である[22]。

ところで、右に掲げた二つの見解のうち、数の面で言えば、前者（連結主義）を採用する裁判例が多いことから、当時は、前者の方が有力であったと言うことができそうである。しかしながら、当時は、協同組合の実体法上の性質について激しい議論が展開されていたことにかんがみると、協同組合に関しては前者が有力であっただけであるという可能性も否定できない。むしろこの点は、後の第三款(三)で検討する、ライヒ裁判所の裁判例と比較した上で再検討する必要がある。

(二)　学　説

第一款で述べたように、当時、民法はもちろん民事訴訟法についても、ライヒで統一的な法典は存在していなかった。このような法状況の下で、諸邦の最上級裁判所が打ち出した解決方法が、㈠で検討した通りだとすると、これに対して学説はどのように考えていたのだろうか。

ところで、㈠の判旨の紹介において示唆したように、この時期において裁判例に登場する団体は、協同組合が圧倒的に多い。そして、いわゆる法人学説も協同組合の法的性質をめぐって展開されたことは周知の通りである。以上を踏まえて、ここではまず法人の設立システムに関する学説を概観する。[23]

学説は、大きく二つに分かれる。すなわち、法人の設立のためには、国家による特別な法人格付与行為を必要としないとの立場と、これを常に必要と考える立場が存在する。普通法学説としては、前者が通説的な地位を占めるが、後者もかなり有力である。[24][25]

ここでは、第三款㈢のライヒ裁判所の裁判例において検討することになるプロイセン一般ラント法（以下、〝ＡＬＲ〟と略記する）の規定に即して、右に述べたことを若干敷衍しておくことにする。すなわち、ＡＬＲは、二種の私法上の団体を規定しているところ、一つは、認可された団体であり、他の一つは、「許された団体（erlaubte Gesellschaften）」である。許された団体について、ＡＬＲは、対内的関係のみを規律している。これによると、当該団体は、対内的関係においては法人と同様とされる。したがって、認可されていない団体の場合、許された団体として対外的関係において法人とみなされるかどうかが問題になる。つまり、法人設立システムにつき国家による法人格付与行為を必要とする立場は、この問題を否定し、必要としない立場は、これを肯定するわけである。[26][27]

では、訴訟法学説はどうか。この時期、当事者能力の問題を直接規律する法は存在しないが、右の問題について否定説に立った場合には、認可されていない団体の訴訟手続における取扱いが特に問題になる。この点について、学説は、別の問題を解決するためのテクニックのアナロジーによって処理するようである。しかも訴訟法学説の間には顕著なバリエーションは存在せず、要するに、法人が訴訟に登場する局面は、法定代理の項目の中で説明され[28]

ている。[29] しかし、問題の法人以外の団体に関して言えば、取立て法人の場合と区別した取扱いをする必要性は指摘されていない。つまり、直接的にＧＳに言及するものは見当たらないものの、訴訟法学説においては、前述した非連結主義[30]（第一節第三款参照）の考え方がすでに妥当していたものと考えることができるように思われる。換言すれば、非連結主義の考え方が基礎にあったからこそ、法人と非法人の無差別的取扱いを可能にする法定代理構成[31]が、たとえ無自覚的にであるにせよ、当時すでに採用されていたものと考えることができるように思われる。

第三款　ＣＰＯの時代

(一)　諸草案

周知のように、ドイツ旧民事訴訟法（以下、〝ＣＰＯ〟と略記する）は、プロイセン司法省草案（第一草案）を叩き台にして、第二草案、第三草案と二度にわたる修正を経た後に、この第三草案がライヒ議会において可決され、一八七七年に公布、一八七八年に施行されたものである。[32] しかし、次款で検討するように、このＣＰＯには、現行民事訴訟法（以下、〝ＺＰＯ〟と略記する）の当事者能力規定に相当する規律が存在しない。この点については、第一[33]ないし第三草案の他、プロイセン草案[34]、ハノーファー草案[35]についても同じである。[36]

これに対して、北ドイツ草案[37]は、当事者能力規定を有する。当事者能力の語が法文上に登場したのは、おそらくこの草案が最初である。[38] そこで、ＣＰＯの検討に移る前に、北ドイツ草案の規律を検討する。まず、当事者能力に関する北ドイツ草案七九条[39]を訳出しておく。

七九条　訴え又は訴えられる能力（当事者能力 Parteifähigkeit）は、民法の規定により定まる。

草案であるとは言え、法文として初めて「当事者能力（Parteifähigkeit）」の語が採用されたわけであるから、その審議過程において、どのような議論があったのかは興味深いところである。ここでは、行論に必要な限度で、審議過程を紹介しておく[40]。

訴訟当事者に関する審議は、第二〇回会合から開始され（S. 118 ff.）、ハノーファー草案の逐条的な検討を軸にして、適宜プロイセン草案を参照するというスタイルで進行し、第二一回会合で一応の終結をみる[41]。しかし、第二二回会合では、いま述べた二つの草案の他に、委員の一部から提案された二つの条文案（A案、B案）（S. 132–135）についても検討が加えられている。実のところ、これらの条文案の提示自体は、すでに第二〇回会合においてなされていた（S. 128）。起草委員会は、訴訟当事者に関しても先に述べた原則的な審議スタイルを維持して一応の決議を採択した上で（第二〇回会合）、委員から特別に提案のあった訴訟能力の部分について、再度審議を行う（第二二回会合）ことにした模様である。

前段で述べたように、北ドイツ草案の審議スタイルは、原則としてハノーファー草案を下敷きとしているが、このハノーファー草案には当事者能力に関する規律が存在しなかったためであろうか、当事者能力を規定した七九条の導入の是非をめぐる実質的な審議は、条文索引を駆使しても見出せなかった[42]。こうした状況の下、わずかながら当事者能力についてやり取りがあったのは、A案四条についてであった。まず、A案四条を訳出しておく。

四条　訴訟能力のない者は、その法定代理人がいないときも、それ自体として訴えられることができる。受訴裁判所は、適切な措置により法定代理人の設置を命じなければならない。しかし遅滞の危険あるときは、当該訴訟において一方の申立てに基づき許可を命じなければならない。

この四条の「訴訟能力のない者は……それ自体として訴えられることができる」という文句について、A案の提案者は、次のように言う。

「……訴訟無能力者は、当事者能力（Parteifähigkeit）を有する。つまり、訴訟無能力者としての原告は、自分の適切な代理人を探し出す義務を負わない。しかし、これに対して、訴訟無能力者としての被告に、そのような代理人がまったくいないか、又は、法廷地にいないときには、受訴裁判所は直ちに補佐しなければならない。……」

この説明を見ると、A案四条の提案者は、訴訟法上の特別代理人制度が機能する状況を念頭においていたと推測されるが、しかしこの程度の議論が存在したことだけをもって、北ドイツ草案が七九条の導入を決めたと考えることには、少なからず躊躇を覚える。

では、北ドイツ草案が、七九条として当事者能力を導入した背景について、どのように考えたらよいのだろうか。この問題についての手がかりを得るために、対案として提出されたB案の規律を概観してみたい。取り上げるのは、一条、七条、一〇条である。

一条　裁判所において権利を追求し又は防御する権限に関する民法の規定にかかわらず、裁判所において当事者として訴訟を遂行する能力は、本法の規定に従ってのみ判断しなければならない。

七条　訴訟能力のない（三条）法人、公益法人、市町村、国庫、商法上の社団や組織された社団、ならびに、不在者（Abwesender）や破産宣告を受けた債務者の財産、又は休眠中の相続財産に関する訴訟は、法定代理人又は法定の機関によって遂行される。

一〇条　商取引の本人又は法定代理人および商事会社は、商号の表示の下で、組織された社団の理事会は、その社団名の下で、訴訟を遂行することができる。

一見して明らかなように、右に訳出したB案の諸規定のうち、一条は、「非連結主義」を表明し、七条は、一〇条と相俟って、非連結主義を前提とした法定代理構成を採用したものと解され、かなり斬新な規定との印象を受ける。確かに、審議過程におけるB案の扱われ方からすると若干の疑問は禁じ得ないものの、起草委員会に対して北ドイツ草案七九条の採用を決めるだけのインセンティブを与えた考え方は、A案の立場ではなく、このB案の立場であったものと推察することが許されるのではなかろうか。

すなわち、A案の立場は、訴訟上の能力の判定基準を実体法に委ねるという点では、ハノーファー草案やプロイセン草案の規律と大差がない。他方、B案では、当事者能力を、民法等の実体法とは無関係に判定するという非連結主義の立場が法文上（とりわけ第一条について）明白であり、またこうした考え方は、第二款(一)で検討した諸邦の裁判例の一部とも整合する。[43] そうだとすると、このようなB案の規律を北ドイツ草案に導入した場合には、ハノーファー草案やプロイセン草案を継受した訴訟能力の規律との間に不整合が生ずることを危惧した起草委員会が、B案を一部修正し、現に採用された七九条のような規定にすることを条件として、当事者能力規定を北ドイツ草案に盛り込むことを認めたものと推察する余地もある。[44] これをさらに推し進めると、七九条の「……民法の規定により定まる」の文言は、次条の訴訟能力の規定とのバランスを考えて挿入されたにとどまり、理論上はさしたる意味がないことになるが、このような解釈によって法文の明確な文言との間に齟齬が生じることは否めない。

そこで、他の考え方を検討すると、ハノーファー草案、プロイセン草案およびA案のいずれからも、七九条に相当する規律を見出すことができない以上、七九条は、いきなり北ドイツ草案に登場したものと解する余地がある。

この場合、七九条は先行する諸草案をまったく下敷きにせずに新設されたことになるが、その理由はおそらく、新しい概念が見つかったことに求めざるを得ないだろう。確かに、先述したA案四条の提案者の説明において用いられた「当事者能力」は、訴訟無能力者について訴訟が係属するという現象を説明するためだけの概念として機能しているように見受けられる。しかしながら、A案自体には、訴訟上の能力を一般的に規律する条文案が含まれていないことは、すでに指摘した通りである。

以上の二つの解釈は、いずれにせよ決め手を欠いている。しかしここでは、北ドイツ草案の起草者が七九条を新設したという事実には、当事者能力を訴訟上の能力概念として明確に位置づけ、かつ、諸邦の裁判例に裏づけられた規律の導入を企図したものと解されるB案の立場が、相当程度寄与していたものと考えておくことにする。しかし、実際に採用された七九条の体裁を見る限り、B案の基本的立場（非連結主義）は、縮減され、歪められた形で規定されたという点も見逃してはならない[45]。なお、以上に行った考察は、一次資料による裏づけのない筆者の憶測の域を出るものではなく、本章の叙述を進める上での一応の結論として受け取っていただきたい[46]。

ともあれ、北ドイツ草案七九条の規律は、次に見るCPOには引き継がれなかった。当事者能力という語を再び法文で目にするには、ドイツ民法典制定に伴うZPOまで待たねばならない。しかし、当事者能力という用語自体が、北ドイツ草案起草時――一八六八年前後――において、立案担当者の間ですでに知れていたという事実には、留意すべきだろう。

(二)　CPOの立場

(一)でも示唆したように、CPO[47]には、ZPO五〇条のような当事者能力規定は存在しなかった。しかし、CPOの時代には、当事者能力の問題が意識されていなかったのかと言うと、そうではない。当時の学説は、CPO一九条の「それ自体として訴えられうる」、一五七条二項の「それ自体として訴え又は訴えられうる」の文言を根拠に、これらの規定[48]が、市町村等の普通裁判籍、送達の他、当事者能力をも規定していると解していた。また、一八七四年八月二九日の第三草案の理由書における一五〇条[49]に関する記述（S. 225）では、当事者能力の語が現れており、ＣＰＯ起草者が当事者能力の観念を析出し法律上の概念にまで高める必要性に気付いていたことを窺わせる。

それにしても、当事者能力規定設置の必要性については、すでに北ドイツ草案の段階で周知のものとなっていたと思われるにもかかわらず、北ドイツ草案の当事者能力規定がＣＰＯに引き継がれなかったのは、一体なぜなのだろうか。

ここまでの考察を前提に考えられる右の原因としては、第一に、ＣＰＯ制定以前における諸邦の最上級裁判所の裁判例（第二款㈠参照）には、当事者能力という用語すら登場しておらず、制定法化の端緒が見出せなかったこと、第二に、これと同一線上にある原因であるが、学説の対応が遅く理論的解明がいまだ不十分であったこと（この点については後述㈣を参照）が、挙げられよう。第三に、民法典の統一がいまだ実現していなかったことが、当事者能力規定を導入する際の障害になったとも考えられる。というのも、前款で見たように、北ドイツ草案の規定は、「……民法の規定により定まる」としており、地方特別法の抵触法的処理をするなら格別、肝心の民法典が存在しないのでは話にならないからである。もっとも、この点は当事者能力の問題を実体関係[50]と関連づけて考えるかどうかにもかかわるため、次節で改めて詳しく検討する。

その他、訴訟法理論内在的な原因を考えると、当事者能力規定導入の最大の難関は、第二款㈠で検討した諸邦の最上級裁判所の裁判例が示すように、当時、無能力者の法定代理という普通法上の理論構成が幅を利かせていたこと、およびこれに加えて、訴訟能力との区別も不十分であった等、概念としての未成熟や内容の混乱があったことに求めることができるのではないかと考えられる[51]。そうだとすると、ＣＰＯ起草者は、この問題を、民法典の統一に先駆けて成立した、ライヒでの統一的民事訴訟法典の下における裁判による法の継続形成に全面的に委ねたのだ、と解することが許されるのではないだろうか。したがってその意味では、ＣＰＯの制定後に至っても、殊当事者能力に関する限り、問題状況は普通法時代とあまり変わらないのである。(52)

三　ライヒ裁判所の裁判例

以下では、ドイツ民事訴訟法が明文の当事者能力規定をもたなかったＣＰＯの時代において、ライヒ裁判所が、法人でない団体を訴訟手続上どのように扱ってきたかについて検討を加えることとする。(53)

まず〔1〕の裁判例から紹介する。〔1〕は、本章のテーマとの関係で、筆者が検索し得た裁判例として最も古いものである。本件は、原告である団体について、被告が申立てた legitima persona standi in judicio（法廷に立つ人的資格）の欠缺を理由とする判決無効の申立てを棄却した原審の判決に対する上告事件である。(54)ライヒ裁判所は、私法上の団体（Privatverein）がコルポラツィオーンとしての権利を取得するためには国家による特別な権限の付与を要するかどうかの問題に立ち入る必要がない、と述べた上で、「（現行法上の支配的見解は、）純然たる私法上の団体を……訴訟当事者（Prozeßparteien）として認めることに疑問を抱いていない」、と判示した。(55)こうして、争点であった判決の無効原因たる legitima persona standi in judicio の欠缺は否定された。

右に引用した判決文では、実体法上の資格の部分を捨象して訴訟当事者たる地位の判断を行っている点が注目される。しかし、普通法時代の裁判例（第二款㈠参照）と同様、いまだ「当事者能力」の用語は使用されていない。内容に関して言えば、普通法理論の法定代理構成に親和的であるが、引用した部分のみからは、これ以上の示唆を読み取ることはできない。なお、本件は、第一審、第二審ともハンブルクであり、ＡＬＲが引用されていないことには留意が必要である。

次に、〔3〕の裁判例を見てみよう。ライヒ裁判所は、最初に次のような一般論を展開する。「社団の存続を害さない限り、構成員の脱退と新たな構成員の加入が許される旨を定款で定める多様な現代の社団は、たとえ、特別な法律に服さず国家によって法人格が付与されていなくとも、私法上の関係においては、法的に実在する（rechtsbeständig）と認めることができ、社団の名の下で権利を取得し義務を負い訴訟を追行する権限を付与することもできるということは、実務上支配的に承認されている。」

このように述べた後に、〔1〕〔2〕[56]の裁判例を引用していることから、〔3〕は、これらと同系列の裁判例と見てよい。つまり、法人と非法人の訴訟実務における無差別的取扱いというテーゼは維持されている。ただし、本件では、社団性の指標として構成員の加入・脱退規定が定款中に存在することを要求している点が異なる。しかしながら、この点は、この後に展開される判旨で補充する必要がある。というのも、本件の原審が、権利能力・行為能力（ここでは当事者能力も含む意味で用いられている）の要件として定款を通じた包括的な法人組織の整備を要求して却下判決を下したことにつき、ライヒ裁判所は「法的に見て誤りである」と評して退け、次のように述べているからである。

「（なるほど、原告たる団体は、それが現に有する組織の面で）法人に類似している。しかし、私法上の関係においては、こうした特性や社団定款に反しない限り、問題の社団は、特別な法規がない場合には、組合に関する普通法によってのみ判断されうるのであり、したがって、現代の法発展によって認められた、修正された組合（Modifikation der Sozietät）に依拠することができる。これによると、社団の設立はいかなる方式にも縛られておらず、しかるべき組合契約の締結以外には、何も要求されていない。法人組織の要求は、単に、事実上の必要性の問題に過ぎず、社団が設立された後初めてかかる要求が提出された場合でも、社団の自治を通じて何時でもこれを破棄することができる。社団構成員の責任、社団の代表者とされる者の資格等の問題は、しかるべき定款規定が存在しないときには、組合に適用される諸原則に基づいて判断されねばならない。」

右に引用した判決文からは、裁判所が、社団性の要件と訴訟当事者としての資格（能力）の要件とは直接的に結びつかないとの前提を採用していることを窺い知ることができる。そこで次に、修正された組合の存在は、いかなる要件の下で肯定されるのかが問題となろう。この点については、次のように述べられている。

「しかし、〔社団の存在〕の証明は、社団の成立した時点や設立の様式を明らかにせずに行うことができる：というのも、社団を設立する旨の組合契約が締結されているかどうかについては、契約の黙示の締結まで許容するといった無方式性（Formlosigkeit）が承認されているので、しかるべき人的結合体（Personenvereine）が実在している（bestehen）ということからすでに明らかだからである。」

定款に代わる社団の存在の証明について、右に引用した判決文のような意味で無方式性が承認されているとすると、定款そのものの意義もまた問題となってくるだろう。この点については、次のように述べられている。

「社団の定款は、社団の内部事項を定める：定款規定は、訴訟の相手方との関係では、個々の争点が、定款規定の内容に従って判断されるという点でのみ、また、この限りで、重要なものとなりうる。」

右に引用した判決文のポイントは、社団の存在の証明の方式が自由なものと解されていることとの関係で、定款に基づく社団の証明の意義もすでに相対化されていることを指摘しようとしているものと解することができる。

次に見る〔6〕は、当事者の実在の限界に関する判示を含んでいる。すなわち、原告たる協同組合は、原審で確定した事実関係によると、訴え提起の時点ですでに解散していた。裁判所は、「（原告の……当事者能力は）、この種の人的結合体が実在する限りでのみ、許可されうる。訴えられうる社団は、解散の後では、もはや実在しない」と述べ、また、（原告が援用する）清算中の商事会社や登記済みの協同組合に関する特別法も、理事会の代理権の消滅や、解散による構成員の交替可能性の消滅を理由に、未登記の団体には適用されないとする。

このように、ライヒ裁判所の緩やかな当事者能力論にも、当事者の実在という条件が課されている点が注目されるが、この実在性は、解散により消滅する（具体的には、理事会の代理権の消滅、構成員の交替可能性の消滅）とされている。

なお、本判決では当事者能力の語が用いられているが、ライヒ裁判所がこの語を初めて使用したのは〔4〕であり、本件を含む爾後の判決でしばしば使用されるに至っている。

次に見る〔4〕〔5〕〔7〕は、第一審がベルリン第一ラント裁判所、第二審がベルリン帝室裁判所であり、実体法としてＡＬＲを引用して判示している点で共通している。争点は、当該主体が法人ではないことを前提に、当該団体に対してＡＬＲ第二編第六章第一一条以下の規定を適用できるかどうかにある。〔4〕は、これに難色を示していたが、〔5〕では一転して積極的な判示をするに至っている。すでに検討した〔1〕〔2〕〔3〕との関係では、これらの裁判例に歩調を合わせた格好になる。ここでは代表して、詳細な判示を含む〔5〕の内容を紹介するが、その前に判決文で引用されているＡＬＲの規定に説明を加えておく。

私法上の団体の法的地位は、ＡＬＲ第二編第六章第一一条以下が規定する erlaubte Gesellschaften（許された団体）[57]によって定まる。一一条によると、erlaubte Gesellschaften は、第三者との関係では、社団とはみなせないため、erlaubte Gesellschaften 自身は、団体名では権利を取得できない。また、一四条は、erlaubte Gesellschaften の社団としての対内的権利を規定しているにすぎない。第二款で見たように、普通法上の学説や一部の裁判例では、法人たる法的地位を有する社団を設立するには、複数人が許された目的のために社団組織を作って結合するだけで足りるという見解が主張されていた。しかし、この見解でも、国家権力による法人格付与行為がなければ、erlaubte Gesellschaften を法人とはみなせない。

〔5〕は、この場合に、ＧＳ（＝Gerichtsstandschaft）[58]も否定されるかという点について、次のように述べる。

「……こうした国家権力の行為がなくても、ＧＳを否定することはできない。この立場では、定款にしかるべき定めがあるとき、社団の理事会は、疑いなく訴訟を追行する権限を有するとみなされる。」そして、訴訟追行の理事会による代理は、しかるべき定款の定めがないときでも、個々の構成員の意思に適うとされている。[59]

しかし、一一条で erlaubte Gesellschaften の土地・資本の取得能力が否定されていることや、一三条および一四条で団体の対内的権利のみが規定されていることを消極的に解する立場に立つと、団体はそれ自身としてその名で訴訟を追行する能力をもたず、むしろ団体の権利義務に関する訴訟は団体の構成員全員によってしか追行できないという結論もあり得るところであるが、そのような見解に言及して、次のように述べている。

「……ＡＬＲは必ずしもこの結論を採ることを強要していない。概念上、ＧＳは、それ自身として訴えを提起し又は訴えが提起されるべき人的結合体の法人格を前提としていない。また、定款に基づく erlaubte Gesellschaften の対外的代理はもちろん、訴訟における団体の代理が、対外的代理に相応しい団体の機関を通じて行われるという結論は、客観法と矛盾しない。」そして、右の論旨は、構成員全員が訴訟に登場した場合における個々の構成員の死亡、破産手続の開始、訴訟能力の喪失等に起因して生ずる訴訟手続の中断を回避する実務上の必要性によって裏づけられるとされている。[60]

〔５〕は、右のように述べて、当該団体のＧＳを肯定した。ところで、〔５〕は、プロイセン最上級裁判所の裁判例に言及し、これらの裁判例は、ＡＬＲの適用される団体にＧＳを承認することに対し、もともと好意的だったと評する一方で、当ライヒ裁判所は、必ずしもプロイセン最上級裁判所の裁判例と同じ導出方法を経由して同じ結論に至ったわけではないと述べる。かかる主張は、プロイセン最上級裁判所が、団体の社団的要素に力点を置いて結論を導いていたことを指しているが、注目に値する。というのも、このようなライヒ裁判所による普通法時代の裁判例の分析をも加味すると、〔５〕（また、〔６〕も）は、ＡＬＲの諸規定の解釈を行った裁判例であるという点を除き、

すでに紹介した〔1〕〔2〕〔3〕の裁判例との間に連続性が認められるからである。なお、〔5〕は、理事（会）の長が社団の代表者としての代理権を有するか否かの問題を、CPO五四条（職権調査事項に関する規定）に規定された訴訟要件の問題として位置づけている。

さて、以上に紹介した裁判例を前提として、ライヒ裁判所の立場について分析を加えてみたい。ライヒ裁判所は、裁判所に訴え又は訴えられた主体のGSは、当該主体の法人格の問題とは無関係に判断できるとする。確かにGSは、当該主体が有する社団的な属性を前提としているような面もなくはないが、社団的な属性の存在は、定款に理事（会）等の代表機関を設置する旨の定めがあるとき、あるいは、そのような定めがなくても黙示の無方式の合意が許容されることを前提に、団体の実在性が認められる場合には度外視されると解されている結果、厳密には、社団的属性の存在がGSの前提であるとは言えないものと解される。したがって、当該団体は、実在性が肯定される限り、理事（会）等の代表機関を通じた訴訟追行が可能であり（つまりGSが認められ）、このことは通常、構成員の意向にも沿っている。

右に整理・分析した内容が、ライヒ裁判所の立場であるとすると、次に、第二款㈠で紹介した普通法時代の裁判例と比較してみる必要がある。もっとも、この時期には大きく分けて二つの立場が存在した。一つは、GSを法人権の一属性として捉えて、GSの問題を団体（特に協同組合）の社団性に還元する立場（連結主義）、他の一つは、団体の理事（会）等の代表機関を法定代理人とみなせるかどうかの問題を前面に出し、GSを、この問題が肯定された際の説明概念（無能力者たる団体の実在性）として利用する立場（非連結主義）である。

以上を踏まえて検討してみると、ライヒ裁判所自身が認めているように、前者は主にプロイセンの判例理論であり、後者は普通法理論である。確かに、いずれの立場でも結論は同じだが、先に指摘したように、ライヒ裁判所は、その結論の導出方法が、プロイセン最上級裁判所のそれとは異なることを自認している。そうだとすると、筆者が整理して提示したライヒ裁判所の立場は、普通法理論を継承したものと言えそうである。実際、その後の学説によって、当事者能力に関する普通法時代の判例による法の継続形成、と呼ばれるのは、このライヒ裁判所の立場である。以下の考察で、非連結主義という場合は主にこの立場を指すものとする。

㈣　学　説

ここでは、㈢で検討したライヒ裁判所の判決文において繰り返し引用され、判例による法の継続形成に対し、直接・間接に影響を及ぼしたと考えられる学説に絞って、その主張の概略を紹介する。

ドイツの訴訟法学において、当事者能力という概念の析出に端緒を提供したのはRenaudとされている[61]。しかし、Renaud は、彼の言う Fähigkeit Partei zu sein を、Gerichtsfähigkeit──第二款㈠に登場した Gerichtsstandschaft と同義──や、Fähigkeit zur Prozeßführung, legitima persona standi in judicio と同列に論じていたために、後に Wach によって、Parteifähigkeit と、Prozeßfähigkeit とを混同していると厳しく批判された[62]。事実、第二款㈠で検討した諸邦の最上級裁判所の裁判例においても、Fähigkeit Partei zu sein は、漠然と訴訟上の主体性を意味する語として用いられ、訴訟能力との区別が十分でなかったとの批判は相当なものと考えられる。Wach の批判は、後代の支配的見解によっても支持されており、Fähigkeit Partei zu sein の用語は、その後の体系書から姿を消すこととなった[63]。

一方、当事者能力という概念を学問的に認知し、訴訟法学上の一つの概念にまで高め、実務への浸透を促した者は誰かと問われれば、Wach を措いて他にはいないだろう。すなわち、Wach は、一八八五年に公刊された体系書[64]において、有名な形式的当事者能力（Die formelle Parteifähigkeit）という概念を世に問うている[65]。なお、Planckも[66]、これと同じ内容の議論をしている。以下では、まず Wach の見解を概観し、これに対する支配的見解の反応を、Gaupp の見解に即して紹介することとする。

Wach は、当事者概念については、当時の普通法学者一般が採用していた見解と同じく、実質的当事者概念を採用している[67]。この考え方によると、実体法秩序から見て権利義務の帰属主体である者が、そのまま、訴訟上も当事者であると把握することとなる。例えば、国家により認可されていない協同組合の場合には、構成員全員が訴訟法上の当事者ということになる。しかしながら、普通法時代における諸邦の裁判所の裁判例（第二款㈠参照）や、ライヒ裁判所の裁判例（第三款㈢参照）では、そのような団体についても、実質的当事者概念によれば、（実質的）当事者でないにもかかわらず、それ自体として訴え又は訴えられることのできる能力（地位）が認められてきた。そこで Wach は、このような一見すると奇異な現象を、実体法上の権利能力者に認められる一般的な実質的当事者能力とは区別した上で、「形式的当事者能力（Die formelle Parteifähigkeit）が認められる場合」として一括して説明したのである。換言すれば、団体の実体法上の権利能力や法主体性から切り離して訴訟上の主体性概念を構築するという方向性が、Wach によって、訴訟法理論として打ち出されたわけである。具体例は、ＣＰＯ一九条、一五七条、および、商法上の合名会社（ＯＨＧ〔Offene Handelsgesellschaft〕）に関する規定（第三章第二節第二款㈠参照）である。ここで注目すべきは、形式的当事者能力は、実質的当事者概念の支配的な影響の下で、非連結主義（第一節第三款）による当事者能力概念を定式化した側面を有する、という点である。しかしながら、このような側面を伴った Wach の見解（形式的当事者能力の定式）は、爾後の支配的見解によって支持されることはなかった[68]。そこで次に、Wach の見解に対する批判を交えつつ、比較的詳細な議論を展開している Gaupp の見解を検討する。

まず、Gaupp の基本的な立場を紹介すると、次のように述べている。すなわち、当事者能力は、実体法上の権利義務の主体となるための一般的な権利能力（法主体性）[69]から流出した概念、つまり「権利能力の訴訟法への適用」である、とする。そして、当事者能力は、「裁判所において訴え又は訴えられる能力[70]」と同一であり、これは北ドイツ草案と同様、民法（つまりライヒの実体法）により定まる、とする。

では、当事者能力を実体法の見地から考察するとは、いかなる意味か。Gaupp は次のように述べている。すなわち、ＣＰＯが知る唯一の当事者概念は、実質的当事者概念である。したがって、「訴えられたときに当事者でない当事者能力ある主体といったものは存在しない。訴え又は訴えられることのできる者とは、彼が訴え又は訴えられた場合に生ずるすべての効果が帰属する、法的に完全な意味での当事者である」。

右に引用した Gaupp の説明は、実体法において法主体性が認められる者だけが、（実質的）当事者となることができるという論法である。これに従うとき、ＣＰＯが協同組合等を訴え又は訴えられうる者としている（一九条、一五七条）点をどのように説明するのかが問題になる。Gaupp はこの点について、この種の団体は単に当事者としての名称が付与されているだけで、当事者としての実質はないと断じている。このように、Gaupp によれば、法主体性のない当事者能力者というものは、原理的に存在し得ないと解されることになる。よって、この原則を無視した Wach の見解は、誤りとされることになる。

Gaupp による右のような Wach 批判は、後述の第三節で紹介する展開を経て、支配的見解を形成していくことになる。Wach の見解が当時のドイツで支持を得られなかった理由をここで網羅的に示すことはできないが、訴訟法理論内在的には、次の点を指摘することができるだろう。すなわち、当時のドイツにおいては実質的当事者概念が強固であり、その結果、実体関係において権利義務の主体ではない者が当事者能力を有する現象を、Gaupp をはじめとする当時の支配的学説は、自らの法秩序の中にうまく位置づけることができなかったため、そのような現象に対して否定的な評価を加えることになったのではなかろうか。

確かに、当時の支配的見解は、右に述べたような理由から Wach の見解を批判したのだとしても、Wach 自身も実質的当事者概念を採用していたのであるから、実体関係において権利義務の主体にならないものが民事訴訟の当事者に適さないことは、十分に自覚していたはずである。Wach は、むしろその自覚があったからこそ、当該団体の「当事者能力」を「形式的」と表現したのであろう。つまり、本来の当事者にはなれないことは、形式的当事者能力という概念自体に内包されていたと考えられる。このように考えると、Gauppをはじめとする当時の支配的学説の批判の矛先は、厳密には、Wachの見解に対してではなく、Wachの見解が形成される原因となった、普通法時代およびCPO時代のライヒ裁判所の判例法理（法定代理構成の下で法人でない団体に認められたGSと呼ばれる当事者の地位）であったと見るべきではなかろうか。実際、ドイツ法における当事者能力論は、その後、実質的な当事者能力、つまり、「実体法上の法主体性の訴訟法への適用」[71]という理論構成（連結主義）に束縛され、身動きが取れなくなって行く。もっとも、ドイツ法がこの方向に赴いた理由には、先に述べた訴訟法理論内在的な理由以外にも存在するのだが、この点の検討は次節の検討に譲ることにする。

第四款　小　括

本節において考察した生成期の当事者能力は、一八七七年のCPO制定前に展開された諸邦の最上級裁判所の判例法理が、ライヒ裁判所による普通法的解釈の洗礼を経る過程で、法定代理の構造を借用しながら、確立されたものである。ここでは、次節への架橋を兼ねて、本節で行った検討結果の意義を簡単にまとめておくことにする。

第一に、生成期の当事者能力概念は、第一款に提示した二つの与件を前提として、非連結主義を主軸として形成されたという点である。つまり、法人設立制度がライヒで統一されていない状況で、裁判所が、団体を当事者とする個別事件を解決する必要に迫られ、団体の機関による手続の遂行を肯定する方向で事件を処理する過程で形成されたものが非連結主義の当事者能力であったと考えられる。

第二に、諸邦の最上級裁判所の裁判例やライヒ裁判所の裁判例では、協同組合が訴訟に登場する事案が多数存在していたが、ドイツ民法典制定前のこの時期においてすでに、消費協同組合等の国家にとって好ましくない協同組合が活動を始めていたという点である。第一の点とも関係するが、生成期の裁判例や学説を見る限り、政治性を備えた協同組合に対する国家による弾圧政策が、当事者能力の問題に影響を及ぼしているとは考えられないのであるが、協同組合等の団体の当事者能力の判断が、当該団体をめぐる政治問題から無縁であったことは、そこで採用されていた当事者能力概念が非連結主義であって、手続上の主体性概念として純化されていたことが一役買っていた可能性がある。(73)

以上のような特徴を有する生成期の当事者能力論は、現在のドイツ法における当事者能力の捉え方からは、相当に乖離しているように見受けられる。次節以降の考察は、両者がこのように乖離した原因の検討にあてることとする。

第三節　統一民法典と当事者能力

第一款　はじめに

生成期の当事者能力論は、実体法上の主体性概念と訴訟上の主体性概念とを切り離し、後者を前者とは別次元で捉える「非連結主義」と、団体の実体法的性質に着眼した要件を設ける等して、両者を連続的に捉える「連結主義」が交錯しながら発展していた。しかし、ライヒ裁判所によって非連結主義に一本化され、これを前提とした当事者能力概念が確立されていったことは、第二節で考察した通りである。

ところが、非連結主義の当事者能力論は、ドイツ民法典の制定に伴いＺＰＯ五〇条が制定される前後から、著しくその勢力を失い、支配的見解によって誤りと評されるまでに至る一方で、連結主義の当事者能力論が、厳格な形で再登場することになる。しかも、ＺＰＯ五〇条は、権利能力なき社団の当事者能力について原告能力を否定し、いわゆる半当事者能力（halbe Parteifähigkeit）を規定した。この結果、法人でない団体の当事者能力は、非連結主義に基づく当事者能力論から見れば、二重の意味で制限されたことになる。特に半当事者能力を定めたＺＰＯの規律は、その後二〇〇九年の改正により完全な当事者能力が認められるまで存続することになる。ともあれ、ドイツ法は、ＺＰＯの制定時、なぜ非連結主義の当事者能力を捨てたのだろうか。本節は、その原因を究明することを課題とする。

第二款　民法典制定期の社会背景——与件

周知のごとく、民事訴訟の当事者能力と密接な関係を有している団体の権利能力（法人）制度、つまり、民法典が規定する権利能力のある社団の設立制度をめぐる議論は、その起草過程において政治的な争点を形成していた。(74)以下では、行論に必要な限りで、議論を政治化させた要因を二点取り上げる。一つは、統一社団法制定の意義、いま一つは、社会民主主義勢力の台頭およびこれに対する国家の対策である。

㈠　統一社団法制定の意義

帝国成立前のドイツでは法の分立が著しい状態にあり、団体の設立システムもその例外ではなかった。しかしこのことが、団体が登場する裁判実務においてその訴訟上の地位につき、非連結主義による事件処理を発展させた要因と考えられることは、前述した通りである（第二節第四款参照）。生成期の当事者能力論を取り巻くこのような状況は、その後、統一ドイツ民法典の総則規定の一角を構成する社団法（Vereinsrecht）の成立を契機として一変することになる。

若干敷衍しておくと、民事訴訟法典の統一は、一九世紀中葉から徐々に盛り上がりを見せていた統一法運動の成果として、民法典の統一に先駆けて、一八七七年のＣＰＯによって実現された。しかし、ＣＰＯには当事者能力を直接に定めた規定が存在せず、その穴埋めは、相変わらず非連結主義の当事者能力が担っていた（第二節第三款㈡参照）。

しかし、このような状況は、法の統一という観点からは問題を含んでいたのである。すなわち、非連結主義の当事者能力は、その内容からして、訴訟に登場する団体が統一的な団体設立システムに基づくことを、そもそも必要としない。むしろ、当該団体の根拠（団体設立システム）を定めた地方特別法の間に齟齬があり、ある地方特別法の下では法人であっても、他の地方特別法の下では法人でないとされる状況、いわば渉外事件に類似した状況において、当該団体の訴訟上の地位を基礎づける場面で有効に機能していたと考えられる。よって、非連結主義は、このような意味で手続的に純化された当事者能力概念であった。

もっとも、その反面として、非連結主義の考え方は、団体設立システムに関して、法の統一を放棄しているに等しいところがある。そしてこの点は、統一法（特に統一社団法）制定を推進する立場にとっては、時代遅れの考え方であると受け止められた可能性がある。さらに、当時、プロイセン内務省は、後述する「厳格な許可主義」（第三款㈡1㈠参照）の採用を企図して、非連結主義に基づく普通法時代の裁判実務とどのようにして対決するかに心血を注いでいた。そのため、仮に非連結主義に基づく当事者能力規定が明文化されることになれば、プロイセンにとって不当な社団が裁判を通じて財産を蓄積することを承認したに等しい結果となり、不当な社団に対して国家は権利能力を拒絶できる、という実体法（社団法）上の建前が崩壊してしまう。プロイセン内務省にとって、このような事態は何としても回避したいと考えたであろうことは、想像に難くない。

さて、以上の考察を前提とすると、ドイツにおいて民法典が制定された当時、社団法の統一という場合、二つの意義が存在していたものと考えられる。一つは、単に法技術的な面で団体設立システムを統一すること、他の一つは、団体の存立や活動の国家によるコントロールを可能にすること、である。

前者は、右に検討した通りであるのに対し、後者は、プロイセン内務省が特に重視した点である（詳しくは後述の第三款を参照）。ここでは当事者能力との関係に着眼して敷衍しておくと、国家が、とりわけ統一社団法を道具として使用して団体をコントロールしようとする場合は、訴訟においてもその趣旨を貫徹することが必要になってくる。つまり、統一民法典が制定されるとき、それに伴ってCPOを改正する場合、当事者能力規定は、民法典の意図を忠実に訴訟に反映することのできる内容が求められることになる。これは要するに、手続上の主体性概念に対する実体的な主体性概念の優位であり、端的には、民法典の社団法に関する起草者の判断が、訴訟法においても尊重される必要があったのである。換言すれば、来るべきZPOにおいて当事者能力規定を整備する際、非連結主義という選択肢は否定されることになる。

もっとも、社団法の統一が、前述したような法技術的な意味における統一のみであったならば、裁判実務を通じて形成されてきた非連結主義の当事者能力を、ZPOの当事者能力規定として承継する余地も残されていた可能性がある。(75) それにもかかわらず、実際には、国家による団体コントロールの手段という意味を込めて社団法が統一されたことは紛れもない事実である。では、当時のドイツはなぜこの方向に進んだのか。次に、この点について検討を加えることにする。

(二)　労働組合の台頭

当時のドイツ法における社団論には、「政治的・社会的・宗教的社団」という用語が頻繁に登場する。「社団Verein」という用語は多義的であるが、民法典の制定期においては、ある程度限定的ニュアンスを伴って使用されており、具体的には、政治結社・労働組合・宗教団体を指していることが多い。ここでは、以下の行論との関係が最も深く、関連資料が充実している労働組合を中心に考察を進めることとする。[76]

さて、ドイツ（特にプロイセン）の産業革命は、イギリス・フランスに遅れること約一世紀、一九世紀初頭に始まったとされる。産業革命は、主な近代資本主義諸国の例によると、産業構造を変化させると同時に、第四身分たる労働者階級を大量に排出する、という普遍的な推移を示している。そして、そうした資本主義諸国では、旧体制からの労働者の開放に伴って営業の自由が確立される一方で、労働者の団結（Koalition）に対しては、国家による峻厳な禁圧政策が布かれる点で共通する面がある。

以上は、プロイセンでも例外ではなかった。すなわち、ALR第二編第八章第三節は、もともと厳格な団結禁止規定を有していた。[77] その後フランス等の経験が参照されて、一八四五年にプロイセン一般営業法が制定されるが、[78] ここでも団結禁止が規定されている。ところが、普墺戦争の結果北ドイツ連邦が成立し、この連邦成立から二年後の一八六九年に制定された北ドイツ連邦営業法は、[79] その一五二条において、団結の自由を確立した。[80] しかしながら、同条二項が組合からの脱退の自由を規定し、他方、同一五三条が組合への強制的加入を禁止しており、必ずしも労働組合の存続を保護しているとは言えない側面をもっていた。このような北ドイツ連邦営業法は、普仏戦争の結果、一八七一年に北ドイツ連邦がドイツ帝国に発展的に解消された後には、帝国営業法としてその効力が維持されている。[81]

ここで注意を要するのは、北ドイツ営業法や帝国営業法における団結自由は右に見たように不完全なものであったとしても、北ドイツ憲法やビスマルク憲法には権利章典がなかったことから、営業法における団結自由の規定は、当時法律の形で基本権を規定したものと解されていた、という点である。他方、北ドイツ憲法の妥当時期（一八六七年から一八七〇年）およびビスマルク憲法が妥当していた一八七一年から一九一八年までの時期には、憲法上の基本権として団結自由の保障は存在しなかったことも、ここで合わせて確認しておくべきである。[82][83][84][85]

一方、国家による政治結社対策に目を転じると、一八七五年にはドイツ社会主義労働者党（Sozialistische Arbeiterpartei Deutschlands）が結成される等、社会民主主義の台頭は、国家にとってもはや無視し得ない状況に達していた。この当時は、ビスマルク社会政策の一翼を担う一八七八年の社会主義者鎮圧法の制定に象徴されるように、国家による結社対策が強化された時期であった。注意を要するのは、当時の結社法は、もともと営業法と規律対象において競合していたが、運用の面では、営業法よりも厳格な規制を含む結社法が拡張適用され、このようにして取り締まりを受けた団体は、政治結社（Vereinigungen）のみならず、労働者の団結にまで及んだという点である。[86][87][88]

しかしその後、帝国営業法に関しては、帝国議会に提出された懲役法案が挫折しており、他方で、ビスマルクの失脚とともに社会主義者鎮圧法も廃止され（一八九〇年）、ホーエンローエによる穏健な団結政策が実施される等、帝国の社会情勢に一定の変化も見られたようである。しかしそうは言っても、ドイツ民法典の準備されていた当時「社団」の名において把握されていた団結・結社が他の団体に比して差別的な扱いを受け、そうした規制が特に強化されていたことは否定できないものと思われる。そしてその背景には、団結・結社の社会民主主義化を警戒した国家当局の治安維持政策があったことには留意すべきである。[89]

第三款　社団法人制度と当事者能力

当事者能力が、訴訟上の主体性を内容とする基底的な概念であることには特に異論はないと考えられる。しかし、当事者能力と実体法上の主体性概念である権利能力や法主体性概念を関連づけるべきか、またどのように関連づけるかについては、第二節で検討したように非連結主義、連結主義という異なる考え方が存在していた。とりわけ、当事者能力概念の生成期においては非連結主義が主流となったのに対して、ZPOの当事者能力規定およびこれを支える法理論では、原則として連結主義が採用されている。以下では、ZPOの当事者能力がこの方向に進んだ経緯および原因について検討を加えることとする。

(一)　条　文

1　ZPOの規律

一八七七年のCPOには当事者能力規定が存在しなかった（第二節第三款(二)参照）のに対し、民法典の制定に伴うZPOにおいては、五〇条として当事者能力が規定されたほか、同条二項に対応して、権利能力のない社団の財産に対する執行を認めた規定までも設置されている。これらの規定は、民事訴訟法改正委員会が、統一民法典の社団法の規律に対応するべく、草案四九a条、六七〇a条として提示した条文案に由来している。そこで、最初に、民事訴訟法改正委員会による条文案を訳出しておくことにする。(90)

四九a条

一項　権利能力を有する者は当事者能力を有する。

二項　権利能力のない社団は、訴えられることができる：訴訟において、社団は、権利能力ある社団の地位を有する。

六七〇ａ条　権利能力のない社団の財産に対して強制執行するためには、社団に対してなされた判決で足りる。

これらの規定は、その後特に変更を加えられることなく、それぞれＺＰＯ五〇条、七三五条として制定されるに至った。(91)

2　民法典の規律

ドイツ民法典の社団法の規律に関する審議は、政治的争点を形成したと言われるが、実際に互いに原理を異にする二つの草案が公表されている。しかも、最終的に成立した条文は、そのどちらとも異なるものである。まず、第一委員会、第二委員会が公表した条文案を訳出しておく。(92)

第一草案

四一条　人的社団及び財団は、それ自体として独立して財産上の権利を有し財産上の義務を負う能力を持つことができる（法人格）。

四二条　人的社団の法人格及びその喪失は、特別なライヒ法の規定が存在しないときは、人的社団が本拠を有する地のラント法により定まる。

第二草案

二三条

一項　公益的、慈善的、社交的、学問的、芸術的目的を有し、又は、その他経済的事業以外の目的を追求する社団は、管轄権のある区裁判所の社団登記簿への登記により又は国家による付与により権利能力を取得する。

二項　その他の社団は、特別なライヒ法の規定が存在しないときは、国家による付与によってのみ権利能力を取得する。

この第二草案は、帝国議会に提出された政府草案（第三草案）までは維持されていたのだが、結局、成立したドイツ民法典の規定には採用されなかった（もっとも、第二草案五四条二項と五五条一項は、一カ条にまとめられ、ドイツ民法六一条として維持された）[93]。次に、一九〇〇年施行のドイツ民法二一条、二二条、六一条の条文を訳出しておく。

二一条　経済的事業を目的としない社団は、管轄権のある区裁判所の社団登記簿に登記することによって、権利能力を取得する。

二二条　経済的事業を目的とする社団は、特別なライヒの法律の規定が存在しないときは、国家による権利能力の付与によってこれを取得する。付与権は、社団が本拠を有する地区の連邦構成国（Bundesstaate）に帰属する。

六一条

一項　届出が許可されたときは、区裁判所は、その旨を管轄権のある行政当局に通知しなければならない。

二項　行政当局は、社団が公的結社法により許可されないか又は禁止されうるとき、もしくは、社団が政治的、社会政策的、又は宗教的目的を追求するときは、登記に対して異議を述べることができる。

二一条は、非経済的社団について準則主義、二二条は、経済的社団について許可主義をそれぞれ採用している。もっとも、二一条の準則主義を文字通りに解することは、当初から疑問視されていた。というのも、六一条に政治的・社会政策的・宗教的目的を追求する社団の登記に対する異議申立権を規定していたからである[94]。若干敷衍すると、第二草案の下では、これらの目的を追求する社団は許可主義に服するとされていたの対し、ドイツ民法二一条では準則主義のような規定に変更されたものの、実際には、六一条に規定された社団の登記請求に対する行政当局の異議申立権によって、許可主義が温存された点が批判されたのである。二一条の準則主義は、その後の学説により、「隠された許可主義」とも評されている。

ともあれ、これらの規定により、法人格付与権限が、ようやくライヒに集中された。すなわち、法人格付与について各ラントがそれぞれ制度を有し、取扱いが異なるといった法の分立状態が解消され[95]、法の統一がこの分野においても実現されたことになる。

以上を整理すると、経済的事業を目的としない社団は二一条、経済的事業を目的とする社団は二二条にそれぞれ基づいて、権利能力を取得することが、制定法の規律として明確にされたわけである。とすると、右の法人格付与制度の対象に該当しない団体、あるいは、法の登記要求にもかかわらず登記申請をしなかった社団や、法人格の付与を拒否された社団は、民法上どのように処遇されるだろうか。第二委員会は、この問題を考慮して、第二草案六七六条を提示しているので、訳出しておく。

六七六条　権利能力のない社団に対しては、組合に関する規定を適用する。（以下省略）

この条文案は、その後ドイツ民法五四条第一文として成立した。起草者も、社団に対して組合法の適用を指示する規定（以下、「組合法適用指示（規定）」という）を設けることが、社団にとってそもそも不似合いであるとの認識はあったようである。実際、審議過程やその後に主張された学説によっても、同様の視点から厳しい批判が加えられている。ではなぜこのような規定が作られたのだろうか。詳細は後述するが、各委員会の草案との関係に照らしてみると、社団法人制度として、自由設立主義を基調とする場合には、組合法適用指示は、その前提を欠くので必要がないはずである。実際、第一草案には、権利能力のない社団を対象とした特別な規律は存在しない。これに対して、社団法人制度において、許可主義を採用するときは、権利能力のない社団の発生が不可避となるため、その処遇に関する規定が必要となり、第二草案六七六条およびこれに由来するドイツ民法五四条第一文が、これに該当することになる。このように、組合法適用指示規定は、社団法人設立制度と連動するところがあることには留意すべきである。

㈡　ZPOの立場

1『権利能力を有する者は当事者能力を有する』

（ア）自由設立主義・準則主義・許可主義

ドイツ民法における社団法人設立制度は、基本的には、自由設立主義（第一草案）、許可主義（第二草案）と変遷し、とりわけ非経済的社団については、準則主義（隠された許可主義）に落ち着いたことは、前述㈠で見た通りである。もっとも、この過程において、社団法人設立制度の原理をめぐる対立の存在が浮き彫りになっていった。[96]そして、

ZPOの当事者能力規定に関する審議も、その大部分が法人設立の原理と関連づけた形で行われている。

ドイツ民法典の審議録には、各設立主義に関する一般的な解説や当時の議論状況が収録されている。そこで、まず以下（1（ア）〜（ウ））では、審議録に表れた自由設立主義・準則主義・許可主義の基本的な内容を紹介して分析することにより、2以降の考察に備えることとする。

さて、社団法人設立制度をめぐる審議に登場した、自由設立主義・準則主義・許可主義は、次のように解されている。まず自由設立主義は、社団的組織を備えた団体すべてに対して、それ自身として財産能力（権利能力）があることを認める立場とされる。次に、準則主義は、そのような団体であっても、取引相手方の保護等の見地から用意された社団登記簿への登記を経由したことを条件に権利能力を認める立場とされる。最後に、許可主義は、社団登記簿への登記では足りず、監督官庁等による人格付与行為があって初めて権利能力が承認されるものとする立場とされる。

では、右に定義された三つの設立主義は、相互にどのような関係に立つであろうか。まず準則主義から検討すると、これは自由設立主義と許可主義の中間に位置するものと解することができる。すなわち、審議録に登場した準則主義は、登記強制を伴う準則主義（S. 600/Protokolle, S. 991）とも表現されているように、当該団体が一定の手続を履践すれば法人格を取得できるという緩やかな準則主義とは異なり、履践すべき手続として社団登記簿への登記が不可欠とされているのである。この場合の準則主義は、一定の組織を備えた団体が、所定の手続を履践して社団登記簿への登記を経由する限り、法人格が付与されるという意味では、団体に対して法人格取得の途が開かれている点で自由設立主義的である。他方、いかに社団的組織を備えた団体でも、社団登記簿への登記を経由しない限り、法人格が否定されるという意味では、団体が法人格を取得する可能性が制限される点で許可主義に近い面も有している。

次に、両極に位置する自由設立主義と許可主義との関係を検討する。

自由設立主義は、法人格の取得という事象について、それを欲する者の意思だけに決定的意義を認め、その当否を判定する他者の存在を一切否定するところに特徴がある。これに対して、許可主義は、法人格の取得という事象について、法人格を欲する者の意思を無視し、法人格付与の権限を国家が独占し、その自由裁量とするところに特徴がある。両者は、原理的には対照的であるが、法人格とそれを求める社会的実在の関係という観点からは、次のように整理することができる。すなわち、どのような設立主義であれ、そこに一定の社会的実在があることを認めることが出発点となる。とすると、自由設立主義と許可主義は、一定の人的結合が実在するときに、これに法人格という便益を認める上で何らかの要件を課すかどうかで対立している。換言すれば、ここでの問題は、ある団体（人的結合）が法人格という便益の享受を国家に対して要求できるかどうか、つまり、法人格に権利性を認めるかどうかの問題に帰着するものと解される。

右に検討したところを前提として、各設立主義が審議録にどのように表れているかを、公的結社法と社団法の関係に関する議論（S. 699/Protokolle, S. 988–989）を例として検討してみたい。

まず、許可主義の擁護者は、第二款(二)において検討したように、治安維持の観点から自説の正当性を主張している。具体的には、違法な社団に法人格を与える必要はない、換言すれば、法人格には権利性がないという主張がそれである。しかしながら、自由設立主義を前提とする場合でも、違法な社団という観念は存在する。というのも、当時の自由設立主義は、公的結社法の下で適法に存在する社団について、法人格の権利性を承認すべきであると主張しているのであり、必ずしも法人格について無条件の権利性を承認するわけではないのである。

とすると、問題は、公的結社法の下での社団の適法性と民法上の効果の間に関連性を認め、社団の適法性をして社団法人設立手続を通じた法人格取得の要件の一つとするか、それとも、社団の適法性の問題を民法秩序の外側に位置づけるかという点に移行する。後者の場合には、民法の社団法によって設立された社団法人の中に違法な社団が存在することを制度的に黙認することになる。具体的には、自由設立主義は（この点では準則主義も同様に）、社団の適法性を法人格取得の要件としない立場であるが、設立後に違法化した場合には、別途、公的結社法によって取り締まればよいと考えることになる。他方、許可主義は、特に、審議録に現れるプロイセン内務省のそれ（S. 699/Protokolle, S. 988）は、社団の適法性を、法人設立の要件ではなく法人登記簿への登記要件とする一方で、事後的に違法化した社団からの法人格剥奪を認めるという厳格な内容である。この立場では、事前審査と事後審査の二本立てで行われる適法性審査を通じて、社団の法人格の権利性が、私法の領域でも完全に否定されている。

以上に検討した設立主義の原理的な側面のほか、法人格の取得を意欲する主体に対する事実認識や評価の側面においても、自由設立主義と許可主義（ここでは準則主義もこれに準ずる）の間には、注目すべき相違点がある。すなわち、審議録においては、職業団体（Berufsverein）または専門職団体（Fachverein）として、労働組合等に言及されている（S. 602/Protokolle, S. 997）。前述したように、自由設立主義と許可主義の間の対立は深刻であるが、両者の間には、そもそも労働組合等が財産を蓄積するという事実に対して受け止め方に違いがある。自由設立主義や準則主義においては、労働者の勤労意識を向上させる上で労働組合が果たしている役割や、労働組合それ自体が社会民主主義思想と無縁であること、ひいては国家・社会秩序にとって有益な存在であること等が強調されるので、そうした好意的な評価を前提に、労働組合による財産の蓄積についても積極的な評価が与えられる。他方、許可主義では、労働組合の財産蓄積に伴って組織力が増強され、労働組合の活動（特に政治活動）が活発になれば、国家・社会に対する悪影響があることが強調されて、消極的（というより否定的）な評価が加えられることになる。労働組合等を想定した議論とは言え、審議録に現れた許可主義は、かつての特許主義を思わせるほどに厳格であることが分かる。

問題は、このような主張を含む許可主義による自由設立主義に対する反発が、法律論ではなく、そこから逸脱した感情論――すなわち社会民主主義（またその担い手たる団結〔労働組合〕や政治結社〔政党〕）に対する一種の「アレルギー」――のような色彩を強く帯びている点である。つまり、許可主義に見られる右のような側面は、先に導入した法人格の権利性を用いて説明すれば、権利性の否定というほかないが、これでは説明し切れないほどの否定的な含意があるのである。この点は、爾後の学説によって、社団法をめぐる起草過程の議論は政治的争点を形成していたと評価されるほどである。もっとも、以下の行論との関係で留意しなければならないのは、団結・結社に対するアレルギー的な色彩を帯びた許可主義が、「準則主義の衣をまとった許可主義」として、最終的にはドイツ民法典の社団法に取り入れられる結果となったという点であり、これはドイツ法を観察する際の重要な視点として機能することになる。

（イ）　組合法適用指示

第二草案六七六条（ドイツ民法五四条第一文）は、第三款(一)に掲げたように、権利能力のない社団に対し、組合法を適用すると規定していた。ここでも第二委員会の審議録に即して、本条を検討する。

意外に思われるかもしれないが、すでに第二草案の審議の段階で、社団組合峻別論は存在していた（S. 639/Protokolle, S. 2488）。とりわけ六七六条を支持した多数派も、事物の本性（Natur der Sache）に基づいて、社団と組合の間に本質的な差違があるとの認識を前提としていた。すなわち、右の多数派も、社団と組合の本質的な相違に照らせば、社団に対して組合法を適用することには問題があることを認識しつつ、権利能力のない社団に関しては、敢えて組合法の適用を命じるべきと考えていたのである。注意を要するのは、本条の起草の前提に見られる社団組合峻別論は、ドイツ民法典の制定後に展開を見せる「権利能力なき社団の法理」[97]の前提として登場するそれと比較すると、正反対の方向性を有する点である。

右に紹介した多数派の主張（S. 641/Protokolle, S. 2494）は、例えば次に要約して引用する論旨からも明らかである。法的構築物として事実上実在している権利能力のない社団を端的に無視することはできないが、他方でこれを法人として扱うこともできない。もしもこのような両性同体物を否定しようと考えるならば、組合法の適用がすぐに想起される。実際、権利能力のない社団自身も、一切の法的配慮を断念するよりは、組合法の適用に甘んじることだろう。そして何よりも、権利能力のない社団を任意的な協同組合団体として扱う諸邦の裁判所の見解[98]と対決するには、組合法適用指示こそが合目的的である。

さて、右に引用した多数派の主張に加えて、第二草案六七六条が登記強制を伴う準則主義、あるいは、許可主義から漏れた団体の受け皿とみなされることを考え合わせると、本条は、当該団体に現に存在する社団性を、法律によって組合と読み替えること（一種の組織変更）を認めることになる。しかも、組合は単なる契約であって団体ではないとの解釈をこれに加味すれば、右に引用した多数派の主張は、団体の実在性を否定する意義まで有する[99]ことになる。このような分析が正しいとすれば、第二草案の審議録に現れた社団組合峻別論は、まさに社団潰しの道具であったと言わざるを得ない。

しかしながら、ドイツ民法典の制定後には、社団を法人に近づける解釈（権利能力なき社団の法理）の根拠とされる社団組合峻別論が、第二草案の段階では、このように否定的な役割を演じることになった原因は、果たして何だったのだろうか。おそらく、その答えは、（ア）で検討した厳格な許可主義を採用した背景と同様、社会民主主義に傾斜した団結・結社に対する国家指導部の「アレルギー」であったと考えられる。とすると、本条は、社団を組合と読み替えて団体の社団性および実在性を否定することにより、法人設立に関する厳格な許可主義を裁判において貫徹させ、もって国家にとって好ましくない団体の主体性を認める形で法が継続形成されるのを阻止することに主眼があったものと推察することができよう。

（ウ）当事者能力の効果

第二草案の審議録においては、（イ）で検討した組合法適用指示規定に絡めて、当事者能力の効果に関する議論が展開されている。この議論は、特に重要であるので、まずは原文に忠実に訳出することにする。

問題となる記述は、組合法適用指示規定に対する反対論の中で登場する。反対論者は、権利能力のない社団の当事者能力に関しては、第二帝国成立前の判例法[100]に忠実な規律を導入すべきである、という見地から、次のように述べている。

「当事者能力の付与は、決して——制限的にすら——権利能力の承認を含まない：当事者能力は、およそ訴訟の領域における権利能力[101]といったものではなく、権利能力に依存しない一つの属性である。この点は、ドイツで妥当している法状態の発展によって証明されている。普通法の実務では、反対の見解はあるものの、法人的組織を備えるすべての許された社団に人格が認められるという法命題に対して、学問上の権威性は、承認されるに至っていない：それにもかかわらず、多数の最上級裁判所、例えばプロイセン最上級裁判所の普通法部は、これらの人的結合体に当事者能力を認めてきた（S. 639/Protokolle, S. 2490）。」

次に、右の見解に反対する多数派の議論を紹介しよう。

多数派は、「社団の目的に奉仕する財産と構成員の関係について、組合法の諸原則と異なる規定を設けず、したがって、社団それ自身の当事者能力を否定すべきである（S. 640/Protokolle, S. 2491）」とし、すぐ先に紹介した見解は、「実質的には、権利能力のない社団に対して、人格の本質から生ずる法的地位を保障することを目指」し、「権利能力のない社団に対して、少なくとも部分的には、それ自体として訴え又は訴えられる可能性を保障しており、したがって、かかる社団に対して訴訟の領域における権利能力を認めている」と論評する。そして、この見解を採用した場合の実務上の帰結については、「許可を受けた社団や登記された社団と並んで、第三のグループの権利能力ある社団、すなわち、理事会構成員（理事）が、社団の名において締結した法律行為に基づいて人的に責任を負う任意的な社団（die freien Verein）を創出することになる（S. 640/Protokolle, S. 2492）」と推論する。

さて、右に引用した二つの見解を比較すると、議論の前提に齟齬があり、主張と批判が相互に噛み合っていないことに気付かされる。すなわち、少数派である反対論は、非連結主義の見地から、当事者能力の付与を、訴訟の領域における権利能力の承認と等置していないのに対し、多数派は、当事者能力の付与を、訴訟の領域における権利能力の承認とまったく同義的に解している。すでに（ア）および（イ）で検討したように、法人設立に関して厳格な許可主義を採用し、そこから漏れた権利能力のない社団に対して組合法を適用すべきと主張する多数派にとっては、この種の団体の当事者能力も否定する方が、一貫しており、望ましい結論と言える。[102]

実際、審議録に目を転じると、「起草者が公的利益の保護に真剣に取り組むのであれば、」権利能力のない社団を法人と等置してはならず、「起草者が、あらゆる帰結について、許可を受けた社団と登記された社団にだけ権利能力を承認すべきであるという信念に徹し、残りの社団に対しては社団に適合しない組合の法形式を強制するならば、結果として、社団登記の必要性に対する理解が徐々に浸透していくことになろう。」しかし、「こうした結果は、登記およびそれと結びついた制限に服していない者に……権利能力の取得を認めるときには、達成できないだろう」と述べられている（S. 640/Protokolle, S. 2493）。

最後に引用した文章に登場する「権利能力」は、訴訟の領域における権利能力という意味であって、特にここでは当事者能力と同義に解されている。つまり多数派は、厳格な許可主義を貫徹させるため、当事者能力に関して連結主義を採用した上で、社団の権利能力を否定した結果、当事者能力をも否定するのである。よって、この帰結についても、団結・結社に対する「アレルギー」に由来するものと言わざるを得ない。

ＺＰＯによる社団の原告能力の否定がそれであるが、ここでも審議録に即して検討を加えることにする。[103]　もっとも、ＺＰＯ五〇条、七三五条（ＣＰＯ改正草案四九ａ条、六七〇ａ条）[104]に関する実質的な審議は、民法典の社団法人設立制度に関する審議の中ですでに終了しており、ＺＰＯの理由書においても、その旨が明記されている（S. 84）。そこで、以下では、ＺＰＯ五〇条二項に特有の議論に絞って考察する。

2　権利能力のない社団の被告能力

生成期の当事者能力は、民法典制定期に、1で検討した連結主義とは別に、もう一つの制限が加えられた。Ｚ Ｐ

さて、理由書では、草案四九ａ条二項、同六七〇ａ条は、従来の法形成を踏襲して実務の必要に応えることに主眼があるとされている（S. 84）。

まず、草案四九ａ条二項については、権利能力は本来自然人と法人のみがこれを有し、よって当事者能力を有するところ、同条二項は、一定の社団に対して一般的権利能力ではなく当事者能力を付与しており、その限りで当事者能力を拡張しているとされる（S. 84）。また、被告とされた社団が、当該訴訟の限りで権利能力のある社団と等置される場合、社団の理事会[105]は、当該訴訟において法定代理人の地位につき（民法二六条二項）、当該社団は、反訴、五四一条又は六八六条に基づく訴え[106]を提起することができ、これに勝訴したときは、当該判決に基づいて訴訟費用を請求する権限を有するとされる（S. 84）。

他方、草案六七〇ａ条については、同条によって、個々の社団構成員に対する債務名義を取得する必要がなくなり、また、同条の認める方法によれば、権利能力のない社団の財産に対する強制執行が容易になるとされている（S. 138）。

右に紹介した内容は、主要な注釈書や体系書においても繰り返されている[107]。しかしながら、この程度の記述では、権利能力のない社団の原告能力が否定された理由までは分からないだろう。そもそも、従来の法形成を踏襲して実務の必要に応える試みが、なぜ原告能力の否定に繋がるのだろうか。実際、一八九八年四月二六日に開催された第六委員会の報告書でも[108]、政府提案の四九 a 条二項に反対して、次のような規律が提案されていた（S. 286）。「権利能力を有しない社団も、当事者能力を有する：当該訴訟において、当該社団は、権利能力ある社団の地位に就く。」

その提案者は、次のように言う。「草案の半当事者能力は、不利益を課する特権（privilegium odiosum）であり、実務上の必要性を無視し、普通法やプロイセン（一般）ラント法の領域において現在妥当している法律状態に逆行するものである。完全な当事者能力を認めることに対して、政治上の疑念を主張することはできない（S. 286）……」。

これに対して、ライヒ司法省国務次官（Staatssekretär）は、次のように述べたにすぎない。すなわち、右のような提案は、社団に対し登記能力を除くほぼ完全な権利能力を付与するものであるが、これは、すでになされた社団法に関するライヒ議会と連邦政府との間の取り決めと矛盾する以上採用できない……いまとなっては、法の継続形成に委ねるほかはない、他方で、原告能力の欠缺は、被告たる社団にできる限り広く当事者権を認めることによって対処することができる[109]（S. 286）[110]。

さて、このような儀礼的な答弁を弄してまで原告能力を否定した規律を擁護する政府の真意はどこにあるのだろうか。それを明らかにする鍵は、完全な当事者能力の提案者によって示唆されていた「政治上の疑念」にあると考えられるが、ＺＰＯの立法資料からは、その内容は必ずしも判然としない。しかし、幸いなことに、その内容を知る手がかりは、第二帝政期の社会政策に関するＫ・Ｅ・ボルンの著作[111]に見出すことができる。

ボルンによると、ＺＰＯの原告能力否定・被告能力肯定に潜んでいた政治的な意図は明白である。すなわち、原告能力の否定は、労働組合や政党等が、その構成員に対して、会費等の支払いを求めて訴えを提起できないようにすることを狙った規律であり、他方、被告能力の肯定は、何らかの理由で社団（組合）を脱退した者が、持分の払戻請求や、社団の不当な除名措置に起因する損害賠償請求を容易にすることを狙った規律である、とされている。[112] つまり、五〇条二項を設けた社会政策的な目標は、労働組合や政党等の組織の弱体化にあったのである。この規定にそうした社会政策を付託するに至った背景には、社会民主主義化しつつあった労働組合や政治結社に対する「国家のアレルギー」があったことは、もはや言うまでもないだろう。

このように、五〇条二項は、民法典制定期におけるドイツ特有の社会情勢が、訴訟法の規律に端的に反映された規定と分析することができる。この分析結果に社団法人設立制度に関する起草意図を加味すれば、五〇条二項は、法人設立に関する厳格な許可主義を訴訟法の領域で貫徹するための補完規定と位置づけることができるだろう。

(三)　ZPOの立場の分析

1　当事者能力論の枠組み

ここでは、以上の考察のまとめを兼ねて、第二草案の審議録に登場した自由設立主義・準則主義・許可主義といった法人設立主義と、当事者能力との関係を検討する。以下で検討する問題を図式化して、見通しを良くするため、「法人格の権利性」（前出(二)1(ア)参照）と区別して、「当事者能力の権利性」という道具概念を導入する。

まず、当事者能力概念に関する、非連結主義と連結主義の内容を検討する。すなわち、非連結主義の下では、団体が実在する限り、その団体の当事者能力には権利性が認められる。当該団体の法人格について権利性が否定されていても、当事者能力の権利性は左右されないという意味で、この当事者能力は手続的に純化されたものである。

他方、連結主義の下では、当事者能力の権利性は、法人格の権利性と連結され、かつ、後者の優位性が肯定される。当事者能力はそれ自体について固有の権利性が否定されて法人格の有無に連動させられるので、当事者能力の判断を団体の実体法上の属性と切り離して行うことは、原理的に否定される。つまり、連結主義における当事者能力の判断は、法人格の権利性に依存する。そして、法人格の権利性は、法人設立主義によって様々な様相を呈する。まず、自由設立主義では、実在する団体である限り、無条件に法人格の権利性が認められる。また、準則主義では、実在する団体に対し一定の要件の充足を条件に、[113]実在する団体について法人格の権利性を肯定する。以上に対して、許可主義では、実在する団体について法人格の権利性は否定され、法人格の付与は管轄当局の合目的的裁量に委ねられる。なお、厳格な許可主義（特許主義の実質を有する許可主義）においては、法人格の付与に関する管轄当局の裁量権は、自由裁量にまで拡大される。このように、連結主義の下では、法人設立主義につき、どの考え方を採用しても、当事者能力の権利性は、各法人設立主義の下で承認された法人格の権利性の範囲において認められるにすぎないこととなる。このような関係が認められる当事者能力は、連結主義の枠組みに即した当事者能力として、原則的な当事者能力であり、そうである以上、このような当事者能力は法人格の一要素と表現することができる。

ところで、右に検討した法人設立主義のうち、自由設立主義を除けば、多かれ少なかれ、原理的には法人格のない団体が排出されることになる。つまり、準則主義・許可主義の下では、法人格のない団体をいかに処遇するかという問題（連結主義を前提とした、二次的ないし派生的当事者能力という問題）の発生を避けることができないのである。

では、連結主義の建前の下で、この問題にどのように対処できるだろうか。まず、準則主義について検討すると、前述のように準則主義では原理的には法人格の権利性を肯定するが、法人格取得のためには一定の設立要件の充足を求める場合であった。しかしこの場合には、設立要件は充足していないが、「法人と同等に扱うに値する団体」が存在する余地が生まれる。何をもって法人と同等に扱うに値すると判断するかは一つの問題であるが、ＺＰＯを参照する限り、それは社団性であり、この社団性審査を経て選ばれた団体（社団）に対しては、そうでない団体（非社団＝複数人の結合体）と区別して、原則的当事者能力と同様の地位を承認する方向に傾斜しやすいものと解される。(114) ドイツ法を参照する限り、訴訟法の局面では当事者能力が、実体法の局面では有限責任が、例外的に認められる傾向にある。なお、この場合の当事者能力は、連結主義における法人格の権利性に由来する当事者能力（原則的当事者能力）とは区別される。したがって、社団性の審査結果に基づき、例外的な法人格の権利性を肯定するときは、連結主義の枠組みに即して、当事者能力を認める余地がある一方で、この当事者能力をして非連結主義によるものと解する余地もある、という難問が生ずることとなる。

以上に対して、許可主義・厳格な許可主義（特許主義）の下では、不可避的に生じてくる法人格の認められない団体については、冷淡な態度で臨む方向に傾斜しやすい。特に、前述の準則主義のように、連結主義の枠組みに即して、法人格の権利性に基づく当事者能力を肯定することは基本的には考えられない。実際、厳格な許可主義を前提として、法人でない社団に組合法を適用してその団体性を否定する一方、訴訟法の領域では、当事者能力について連結主義を厳格に適用して、権利能力の一属性という性格づけに拘り、あるいは、原告能力を否定する等の差別的な扱いをしているのである。

最後に、右に検討した厳格な許可主義とは正反対に位置する自由設立主義と当事者能力の関係を検討する。自由設立主義の下では、実在する団体について、法人格の権利性が無条件に肯定されるので、社団法に関する第一草案を生み出した自由設立主義がその典型であるように、権利能力なき社団を想定した特別な規定を設ける必要が元より存在しない。というのも、「法人格を欲する団体であって法人格が認められない団体」は原理的に観念できないからである。とすると、以上の考察のように、法人格の権利性と当事者能力の権利性を敢えて区別する意義はあまり大きくないことになる。例えば、普通法時代の裁判例（第二節第二款(一)参照）の中には、協同組合の社団性を前提にしてGSを肯定したのか、これを前提とせずにGSを肯定したのかが明確でないものがあるが、これは結局、実体法の領域で自由設立主義が認められていたために、実体法上の主体性概念のほかに、これと区別された訴訟上の主体性概念を観念する契機が乏しかったことの好例と言えよう。ともあれ、連結主義を前提とした自由設立主義においては、法人格の権利性が無条件に認められる当然の帰結として、当事者能力の権利性も肯定されることになる。このことを非連結主義との比較において分析してみると、非連結主義では実在する団体について当事者能力の権利性が無条件に肯定されたのに対し、連結主義における自由設立主義の下でも、当事者能力の権利性は連結主義を介して、法人格の権利性に準じて肯定されるので、とりわけ当事者能力の権利性という点では、連結主義と非連結主義の区別は水面下に埋没し、不鮮明になるものと解することができよう。

2　与件の位置づけ

(ア)　団結・結社に対する国家のアレルギー

ここでは、1で整理した法人設立主義と当事者能力の関係を前提として、民法典制定期における「団結・結社に対する国家のアレルギー」が、どのような関係に立つのかを検討することとする。

ドイツ民法の社団法は、その制定時において厳格な許可主義を採用して、それを補完する形で、権利能力なき社団に対する組合法適用指示を規定し、当事者能力を連結主義に即して概念規定し、さらに原告能力を否定しているが、そこには、社団法を起草したプロイセン内務省の思惑、つまり、当時すでに目に余る存在であった団結・結社の弱体化があったと考えられる。

もっとも、この点を1で整理した法人設立主義と当事者能力の関係においてどのように位置づけるかは一つの問題である。第二草案の審議録（第三節第三款(二)参照）に見られたように、社団法の設立主義が、表面上は準則主義を採用しつつ、法人登記の局面でこれを拒否する限り、その実質は許可主義であって、一旦法人格を取得しても管轄官庁による法人格はく奪を容易に認めることにより、厳格な許可主義（特許主義）と言われるものであったことにかんがみれば、社団の名において当時想起された団結・結社が、社会の一員として登場すること自体を否定しようとしていたものと推察することには、十分な合理性があるものと思われる。換言すれば、右のような厳格な許可主義は、法人設立主義とは名ばかりの裸の権力と呼べるものである。ともあれ、団結・結社に対する国家のアレルギーが、端的には、団結・結社の存在自体を否定するものであるとすると、これはもはや、1で検討した法人設立主義と当事者能力の関係という枠組みの外に位置していると言うべきである。法律論とは異質のいわば政治問題であり、ひとまず当事者能力論との関係は否定するのが妥当である。このことを前提にすると、たとえ起草者の意図に反することとなっても、解釈者が、起草後に変化した政治体制や社会政策の下で、起草当時の団結・結社に対する国家のアレルギーから自らを解放して、当事者能力概念を再構成し、訴訟に登場した団体の当事者能力を判断することは何ら妨げられないものと解される。ドイツ法が、この前提の下で、その後どのように進展していったかについては、第二章において検討する。

（イ）社団法の統一

当事者能力論の与件のうち、残された問題として「社団法の統一」がある（第二節第一款㈠および第三節第二款㈠参照）。これには、一義性があるが、団結・結社に対する国家のコントロールの手段としての側面は、すでに（ア）で検討したことと同様である。そこで、ここでは、法人設立主義の法技術的な意味での統一を検討する。

当事者能力の生成期には非連結主義が主流であったのに対し、民法典制定期には連結主義へと変化したが、これは分立していた各ラントの社団法が、ドイツ民法典により統一されたことと符合する。一見すると、非連結主義は、法の分立を不可欠とするかのように見えるが、そのように解してよいだろうか。結論を言えば、そのような解釈には問題があると思われる。というのも、確かに当事者能力概念の生成過程においては法の分立が存在し、まさにそこに設立準拠法の異なる団体の訴訟上の地位を統一しようとする契機があったことは否定できない。しかし、連結主義においても、原則的当事者能力から漏れた団体の当事者能力は問題となるのであり、その当事者能力の正当化には、なお非連結主義は有益と見る余地があるからである。

もっとも、連結主義においても、社団法の統一により、法人格の有無が一義的に判断されることになり、その結果として当事者能力の有無も決定されることにかんがみれば、社団法の統一は、連結主義に基づく当事者能力の前提としても機能すると言えそうである。

以上のように考えると、社団法の統一は、結局、連結主義・非連結主義という当事者能力概念の捉え方を左右しないものと解すべきである。

3　連結主義と非連結主義の分岐点――仮説の提示

ここでは、連結主義・非連結主義という二つの当事者能力概念のうち、どちらを選択するかという問題にとって決め手になるものは何か、という点を検討する。もっとも、そのための判断材料は、2の考察によりほぼ明らかであって、決め手はもちろん、団結・結社に対するアレルギーである。すなわち、団結・結社の活動を封じ込めるには、法人設立主義としては、厳格な許可主義（特許主義）が適しているが、この前提で不可避的に生じてくる法人でない社団に対し、訴訟の局面でどのように処遇するかを決めておかない限り、採用した設立主義の建前が崩壊する。これを回避するためには、連結主義を採用する必要がある。連結主義の下では、団結・結社に対する国家のアレルギーに基づく法人格の否定を、訴訟の局面でも具体化して、当事者能力を否定することができるからである。

しかし他方で、次のように考える余地もある。すなわち、団結・結社に対する国家のアレルギーの具体化としては、この種の団体を弾圧して、社会から追い出すことができればよく、権利能力と区別された当事者能力について、それが権利能力と連結するかどうかはどうでもよい問題であり、権利能力、法主体性、当事者能力のいずれについても、すべてべてひっくるめて否定したいと考えるはずである。とすると、団結・結社に対する国家のアレルギーが、連結主義か、非連結主義かの択一問題にとって決め手になることはない、と。

右に掲げた見解の対立は、本章の考察をもって決着させることはできない。というのも、団結・結社に対する国家のアレルギーが当事者能力概念にどう影響するかは、そのアレルギーが消失した時点における当事者能力論を分析して初めて明らかになるものであり、それは本章が扱う時代区分を超えているからである。そこで、ここでは本章の考察を踏まえた仮説を示すことしかできないが、生成期と異なり連結主義に傾斜した当事者能力概念は、団結・結社に対する国家のアレルギーの影響がなくなった後も、法の統一を背景として台頭した実体法優位の訴訟観ないしは法思想がその代わりとなって維持されていくものと推測できる。(115)

(四)　新法に対する学説の態度とZPO制定後の裁判例

やや時機を失した観があるが、ZPOの改正草案および改正法について意見を表明した学説を素描しておく。(116)すなわち、ZPOに導入された当事者能力規定は、生成期の当事者能力論と比較すると二つの制限（連結主義の採用、原告能力の否定）が課されたが、学説の批判は、後者に集中している。しかし、訴訟法学において、この規定の政治性を指摘して批判した論者は皆無であり、むしろ半当事者能力という規律の歪さを攻撃する論者が目立つ。

最後に、ZPO制定後の裁判例についてごく簡単に付言しておくと、かつては非連結主義の当事者能力論を展開していたライヒ裁判所も、ZPO制定後は、新法の当事者能力規定に従って、右に言及した生成期の当事者能力論への二重の制限を受け入れた判示をしている(117)。

第四款　小　括

本章のテーマには、そもそも訴訟法理論だけでは捉え切れない間隙が存在する。ここまでの考察においては、訴訟法理論の枠外にあるその間隙を浮き彫りにし、訴訟法理論が、外在的な要因によってどのような影響を受けていたかを明らかにするように努めた。これにより、民法典制定期のドイツ社会政策と、民法典の社団法人設立制度が密接に関係していたこと、さらに当事者能力論も密接に関係していたことが明らかになったものと思われる。その一方で、生成期の当事者能力論にはこのような関連性は認められない。その意味では、民法典制定期の当事者能力論は、生成期のそれを否定した上に成り立っていたことになる。ここで、われわれが留意すべきは、わが国がドイツ法から継受した当事者能力論が、前述したような時代的制約を有する民法典制定期の当事者能力論であったと考えられることである。わが国で当事者能力を検討する際には、当事者能力の原点とも言うべき、生成期のそれに対して、もっと関心が寄せられるべきであろう。

第四節　おわりに

本章は、その対象となる時代区分を、三月前期からワイマール憲法制定前までと設定したため、ドイツにおける当事者能力論の全体像は素描できていない。続きの時代区分の考察は、第二章で改めて検討する。

そこで、ここでは、第二章への架橋として若干の指摘をするにとどめたい。生成期の当事者能力論(118)は、法人格が付与されていない団体が訴訟に登場してきた場合には、当該団体の対外的活動機関として理事会(理事会)がある限り、当該団体を本人と措定した上で、理事会を団体の法定代理人と扱って、構成員全員が訴訟に登場する煩瑣を回避していた。法定代理構成では、団体の実在が措定されるので、団体の法人格や法的性質の問題が、団体の訴訟上の主体性を判断する過程から脱落してしまう。しかしその反面として、団体の訴訟上の主体性が肯定されても、法人格や法的性質の問題にはいかなるインプリケーションも認めないという建前が堅持され、当事者能力の肯定により、国家が付与する法人格の意義が相対化することのないよう、実体法秩序に対する配慮がされていた。以上のような当事者能力が非連結主義であり、そこでは当事者能力の権利性が承認される。

これに対して、民法典制定期の当事者能力論(119)は、当事者能力の前提として実体法上の主体性（権利能力・法主体性・法人格）を要求する。当事者能力が、実体法上の主体性に連結し、かつ、これに従属するので、当事者能力概念は、そもそも権利能力等の一属性とされる。この場合における当事者能力が連結主義であり、当事者能力の権利性はそれ単体として判断されず、実体法上の主体性の判断が先行し、その範囲で肯定されることになる。連結主義の下では、法人でない団体の当事者能力が不可避的に問題となるが、それを一律に否定するか、一定の例外を認めるかに対する答えは、連結主義の原理自体から導くことはできない。

本章で取り上げた民法典制定期の議論は、右の問題について、厳格な態度を採用し、これを立法にまで結実させていた。特に原告能力の否定は、連結主義の原則に基づく当事者能力の帰結の一例である。

しかし、その後の時代区分において、右の当事者能力論がどこまで維持されるかは問題である。というのも、連結主義を前提とした厳格な許可主義は、民法典制定期における団結・結社に対する国家のアレルギーを背景として展開されていたのに対し、ワイマール憲法に始まる労働組合や政党の法秩序における地位の向上が、当事者能力論にも一定の変化をもたらすと予測されるからである。

もっとも、この点については、本章において一つの仮説を提示している[120]。ここでは、その要点のみを繰り返せば、民法典制定期における団結・結社に対する国家のアレルギーが、ワイマール憲法の制定以降には影を潜めたにもかかわらず、ZPO五〇条一項に象徴される連結主義が維持されてきた背景には、実体法優位の訴訟観ないし法思想が、右の団結・結社に対する国家のアレルギーにとって代わったものと推察される、というのがそれである。次章における考察は、右に掲げた仮説を検証する作業にあてられる。

【注】

（1）平成八年法律第一〇九号。本書において、民事訴訟法というときは、原則としてこの現行法を指すものとする。

（2）最二小判昭和五五年二月八日判時九六一号六九頁、最三小判平成六年五月三一日民集四八巻四号一〇六五頁を念頭においている。ただし、以下に述べるように、本章はこれらの裁判例の検討を目的とするものではない。

（3）伊藤眞『民事訴訟の当事者』（弘文堂、一九七八年）二〇頁以下、長谷部由起子「法人でない団体の当事者能力」成蹊法学二五号九五頁以下、福永有利「住民団体・消費者団体の当事者能力」『民事訴訟当事者論』（有斐閣、二〇〇四年）四八〇頁以下（初出：民商法雑誌九三巻臨時増刊号（2））等。

（4）大正一五年法律第六一号。旧法では、四五条および四六条が本文と関係のある当事者能力規定である。

（5）本章において、単に「ドイツ」と言うとき、特に断りのない限り、北ドイツ連邦成立前は「ドイツ同盟」を、第二帝国成立前は「北ドイツ連邦」を、第二帝国成立後は「ドイツ帝国」をそれぞれ指している。

（6）Otto von Gierke, Das deutsche Genossenschaftsrecht, Bd. I, 1868.

（7）Heinrich Stoll, Gegenwärtige Lage der Vereine ohne Rechtsfähigkeit, in: Die Reichsgerichtspraxis im deutschen Rechtsleben. Festgabe der juristischen Fakultäten zum 50 jährigen Bestehen des Reichsgerichts. Bd. 2, Berlin, Leipzig 1929, S. 49-81. この意味では、本章は、権利能力なき社団の法理の前史を扱うことにもなる。

（8）法制史等では、一八一五年から一八四八年三月までの時期を本文のように表記している。第二節第二款㈠で紹介する裁判例のうち、最も古いものは、一八四七年公刊の J. A. Seufert, Archiv für Entscheidungen der obersten Gerichte in den deutschen Staaten, Erster Band Zweites Heft に掲載されたものであるが、それには正確な判決日が記載されていないことから、本文のような表現を採用したものである。

（9）詳しくは、鈴木正裕「上告の歴史」小室直人＝小山昇先生還暦記念『裁判と上訴（下）』（有斐閣、一九八〇年）三頁以下。

（10）本文に指摘した状況を敷衍すれば、プロイセン一般ラント法（Allgemeines Landrecht für die Preußischen Staaten. 以下、〝ALR〟と略記する）の妥当していない地域の団体が、プロイセン一般裁判所法（Allgemeine Gerichtsordnung für die Preußischen Staaten. 以下、〝AGO〟と略記する）により処理されるという事態が生じていたのである。ただし、後掲・注(17)では、Obertribunal 以外の裁判所の裁判例も掲げてある。なお、AGOについては、鈴木正裕著『近代民事訴訟法史・ドイツ』（信山社、二〇一一年）二九五頁以下において、その特色や主な規律内容が詳細に紹介されており、有意義である。

（11）以下の叙述は、村上淳一教授の一連の著作に負うところが大きい。村上淳一「近代ドイツの経済発展と私的自治」加藤一郎編『民法学の歴史と課題』（東京大学出版会、一九八二年）、同「倫理的人格・法的人格・法人」法学協会雑誌九八巻六号、同「ドイツの協同組合運動とギールケ」同著『ドイツの近代法学』（東京大学出版会、一九六四年）。

（12）Hermann Schulze-Delitzsch によって設立された協同組合に端を発している。

（13）ドイツ株式会社制度の経緯の詳細については、高橋英治著『ドイツ会社法概説』（有斐閣、二〇一二年）七八頁以下、小島康裕著『大企業社会の法秩序』（勁草書房、一九八一年）一一〇頁以下等を参照。

（14）Reichsgesetz vom 4. Juli 1869 über Erwerbs = und Wirthschaftsgenossenschaften.

（15）一九世紀の労働組合史を扱う文献では、現在で言う「労働組合（Gewerkschaft）」をこのように表記している。Hermann Müller, Geschichte der deutschen Gewerkschaften bis zum Jahre 1878, Berlin 1918, S. 23 ff.

（16）プロイセン憲法（Verfassungsurkunde für den Preußischen Staat, Preußische Gesetz-Sammlung 1850, S. 17ff. これについては、Ernst Rudolf Huber, Dokumente zur deutschen Verfassungsgeschichte, Bd 1, Dritte neubearbeitete und vermehrte Auflage, 1978, S. 501 ff. にも掲載されている）三〇条一項「すべてのプロイセン人は、刑法に違反しない目的のために、団体を組織する権利を有する。」、二項「法律は、特に公安の保持のために、本条および前条（二九条）で保障された権利の行使を規律する。」、三項「政治的結社は、法律制定の方法によって、制限及び一時的に禁止することができる。」（第二における前条（二九条）は、集会の自由を定めた規定である）。

なお、右の内容と好対照の規律を有する、一八四九年三月二八日のフランクフルト憲法（Die Verfassung des Deutschen Reiches, Reichs-Gesetz-Blatt, 16. Stück v. 28. April 1849 —— 一九七六年の復刻版 —— Reichs-Gesetz-Blatt, unveränderter Nachdruck der Ausgabe Frankfurt am Main 1848-49, 1976, S. 101 ff. その他、Ernst Rudolf Huber, A. a. O., 375 ff. にも掲載されている）一六二条（「ドイツ人は結社の権利を有する。この権利は、いかなる予防的措置によっても、これを制限してはならない。」）は、三月革命の不発により流産した。右の訳文は、高田敏・初宿正典編訳『ドイツ憲法集［第６版］』（信山社、二〇一〇年）によった。

（17）検討の対象とする裁判例は以下のものである。〔1〕Seuffert, Archiv Bd. 1 Nr. 314, 〔2〕Seuffert, Archiv Bd. 6 Nr. 2, 〔3〕Seuffert, Archiv Bd. 12 Nr. 58, 〔4〕Seuffert, Archiv Bd. 13 Nr. 206, 〔5〕Seuffert, Archiv Bd. 14 Nr. 199, 〔6〕Seuffert, Archiv Bd. 20 Nr. 200, 〔7〕Seuffert, Archiv Bd. 20 Nr. 201, 〔8〕Seuffert, Archiv Bd. 21 Nr. 96, 〔9〕Seuffert, Archiv Bd. 23 Nr. 206, 〔10〕Seuffert, Archiv Bd. 25 Nr. 199, 〔11〕Seuffert, Archiv Bd. 26 Nr. 219, 〔12〕Seuffert, Archiv Bd. 26 Nr. 257, 〔13〕Seuffert, Archiv Bd. 27 Nr. 5, 〔14〕Seuffert, Archiv Bd. 27 Nr. 199, 〔15〕Seuffert, Archiv Bd. 30 Nr. 1, 〔16〕Seuffert, Archiv Bd. 30 Nr. 103.

また、ライヒ上級商事裁判所の裁判例としては、以下のものが見出し得た。〔1〕ROHG Bd. 4 Nr. 42 S. 199, 〔2〕ROHG Bd. 4 Nr. 44 S. 208.

（18）判旨の言う Gerichtsstandschaft は、この裁判例の表題で、Gerichtsstandsfähigkeit と言い換えられているが、同義と思われる。この用語は、本件以前に繰り返し登場していた、Die fähigkeit, vor Gericht klage und verklagt zu werden の省略形であると推測される。

(19) ここでは、「公益法人」を意味する。これは、ドイツ普通法が継受したローマ法のコルポラツィオーンに忠実な用法である。しかし、後に、法人一般を指す場合にも用いられるようになる。

(20) ここでは、「社団」と同義である。後に、漠然と「法人」を指す場合にも用いられるようになるが、その場合でも、厳密には「社団法人」を指している場合が多い。

(21) 比較的古い文献では、頻繁に目にする用語であり、法人であれば当然に有すると考えられる諸々の権能というぐらいの意味である。

(22) この仕分け作業がなぜ困難なのかについては、第三節における検討を待たねばならない。

(23) 大まかには、ロマニステンが法人擬制説を主張し、ゲルマニステンが有機体説ないし法人実在説を主張していたと言うことができよう。

(24) Georg Beseler, Volksrecht und Juristenrecht（1843）, S. 172 ff.; Bernhard Windscheid, Lehrbuch des Pandektenrechts, Erster Band（1891）, § 60, S. 151 ff.; Otto Stobbe, Handbuch des Deutschen Privatrechts, Erster Band, Dritte Auflage（1893）, § 52, S. 458 ff.; Heinrich Dernburg, Pandekten, Erster Band（1896）, § 63, S. 149 ff.

(25) Friedrich Carl v. Savigny, System des heutigen römischen Recht, Bd. 2（1840）, S. 275 ff.; Georg Friedrich Puchta, Richter's und Schneider's Jahrbuch VIII, S. 705 ff.; Achilles Renaud, Lehrbuch des gemeinen deutschen Privatrechts, Erster Band（1848）, § 59.

(26) 許された団体については、第三款㈢におけるライヒ裁判所の裁判例の検討において再び詳しく取り扱う予定であるので、ここでは、以下の行論に必要な限りで、簡略化した説明を加えるにとどめる。

(27) 例えばＡＧＯのような訴訟法典に当事者能力を規律した明文があれば格別、そうでないからこそ、裁判所や学説による法形成の契機が存在する。

(28) ここでは、自然人の行為無能力者又は処分無能力者のために用意された法定代理の規律を指す。

(29) Georg Wilhelm Wetzell, System des ordentlichen Zivilprozesses, 3. Auf. Leipzig 1878. 日本語訳として、岡徹・栗田隆「ヴェッツェル『通常民事訴訟体系・第三版』邦訳（一三）」関法四〇巻二号二一七頁以下。その他、Achklles Renaud, Lehrbuch des gemeinen deutschen Civilproceßrechts mit Rücksicht auf die neuern Civilproceßgesetzgebungen. 2. Auf. Leipzig, Heidelberg 1873;

Christian Friedrich Koch, Der Preußische Civil-Prozeß, 2. Ausgabe 1855, S. 188f. を参照。

（30）ＧＳを、無能力者たる本人の地位を記述するための道具概念と位置づける見解（第二款㈠参照）を想起されたい。

（31）本人たる法人は、行為無能力者と構成される。しかしこの行為無能力は、訴訟法的なものか（非連結主義）、実体法的なものか（連結主義）は判然としない。また、そもそも行為無能力という構成については、法人学説との関係で疑義――有機体説からは、本人たる法人を無能力者とする構成は採り得ないと評されうる――が生ずる余地がある。もっとも、法人格を擬制説的に捉えることが通説化した現在からすると、有機体説からの疑義にはさしたる説得力は認められない。あるいは、百歩譲って実体法上の議論としてなお意味があるとしても、訴訟法学上は、そこでの議論自体に高度の技術性があると見て、かかる過度の抽象論に与する必要はないと言うことも可能であろう。なお、その他の問題として、行為無能力構成を採ると、当時は、legitima persona standi in judicio（法廷に立つ人的資格）との交錯も問題となる。この点については、福永有利「ドイツにおける当事者理論の変遷」『民事訴訟当事者論』（有斐閣、二〇〇四年）二〇頁以下（初出：同「民事訴訟における『正当な当事者』に関する研究（一）」関法一七巻一号二〇頁、特に三八頁以下）を参照。

（32）ＣＰＯの制定過程の詳細については、鈴木正裕「上告理由としての訴訟法規違反」民訴雑誌二五号二九頁（一九七九）、四七頁以下。同「上告の歴史」小室＝小山還暦『裁判と上訴（下）』一頁（一九八〇年、有斐閣）三頁以下。

（33）Entwurf einer Deutschen Civilprozeßordnung nebst Begründung. Im Königreich Preußischen Justiz = Ministerium bearbeitet（復刻版は、Neudrucke zivilprozessualer Kodifikationen und Entwürfe des 19. Jahrhunderts, Bd. 2, 1971 に所収）.

（34）Cahl Hahn, Die gesammten Materialien zu den Reichs-Justizgesetzen, Bd. 2, 1880.

（35）Entwurf einer Prozeß-Ordnung in bürgerlichen Rechtsstreitigkeiten für den Preußischen Staat, 1864; Motive zu dem Entwurfe einer Prozeß-Ordnung in bürgerlichen Rechtsstreitigkeiten für den Preußischen Staat., 1864.

（36）Entwurf einer allgemeinen Civilproceßordnung für die deutschen Bundesstaaten（復刻版は、Neudrucke zivilprozessualer Kodifikationen und Entwürfe des 19. Jahrhunderts, Bd. 2, 1971 に所収）.

（37）Entwurf einer Prozeßordnung für den Norddeutschen Bund, 1867. 北ドイツ草案の正式の条文は、Protokolle der Kommission zur Ausarbeitung des Entwurfs einer Civilprozeßordnung für die Staaten des Norddeutschen Bundes, eingeleitet und neu herausgegeben von Werner Schubert, Bd. 5, 1985, S. 2379 ff. に収められている。

ところで、北ドイツ草案の審議録は、基本的に、議論の熟した事項毎に編集した試案（Redaktions-Entwurf）を各巻の審議録の合間に収める、というスタイルで構成されている。しかし、一条から七九条については、まず、編集委員会試案（Redaktions-Entwurf des Redaktionsausschusses）が二回に分けて作成され、その後に右の試案の二回分がまとめられて完成した試案（Redaktions-Entwurf）が作成されるというスタイルになっており、完成した試案は、第一巻の三二五頁から三四五頁に収められている。この試案の完成後、委員会の第一草案、第二草案と版を重ね修正を経たもの（もちろん条文番号の変更がある）が、第五巻に収められた北ドイツ草案である。なお、七九条について敷衍しておくと、編集委員会試案および完成した試案は、北ドイツ草案と条文番号、文言の両面にわたり完全に同じであるのに対し、第一草案（A. a. O., Bd. 3, S. 1289 ff.）では、第七〇条（S. 1311）として、第二草案（A. a. O., Bd. 4, S. 1727 ff.）でも、同じく第七〇条（S. 1753）として、「……民法により定まる」と規定されており若干のぶれが目に付くものの、規律内容自体に影響を及ぼすほどのものではないと解される。

（38）鈴木正裕「一八世紀のプロイセン民事訴訟法（三）――職権主義訴訟法の構造――」神戸法学雑誌二四巻四号（一九七五）三三四頁によると、Corpus Juris Fridericianum ＝ＣＪＦ（一七八一）、Allgemeine Gerichtsordnung für die Preußischen Staaten ＝ＡＧＯ（一七九三）には、当事者能力に関する規定があるとされている（注(10)参照）。確かに、ＣＪＦの第一編と、第四編には、当事者の資格に関する規定があり、ＡＧＯにも第三編に同様の規定がある。しかし、条文の内容を検討すると、これらの規定は現在で言うところの訴訟能力に関する規定であって、厳密には当事者能力の規定ではない。

なお、柏木邦良「訴訟要件の審理と判断（一）（Ⅱ）」北研五巻一号・二号は、ローマ・普通法時代にも当事者能力は存在したとしており、本書とは異なる立場に立つ。観念がなければ概念は生まれないという意味では柏木説に賛成するが、本書では、ドイツ法が確固たる訴訟法学上の一概念として認知し、かつ、日本法が継受したところの当事者能力概念がいかなるものだったかを問題としているので、柏木説とはドイツ法を観察する際の前提が異なることを付言しておく。

（39）なお、九〇条（「裁判所は、訴訟能力の欠缺、法定代理人の資格の欠缺、訴訟追行に必要な授権の欠缺を職権で斟酌しなければならない」）によると、当事者能力は明示的には職権調査事項に入っていない。同じ内容を規律した試案（Redaktions-Entwurf）七五条二項においても、事情は異ならない。その理由について考えてみると、一つは、北ドイツ草案九〇条も、試案七五条も、ハノーファー草案（五一条）およびプロイセン草案（八三条、八八条）の焼き直しであり（S. 277）、その意味で、まったくの新設規定になる当事者能力規定への対応が単に看過されたためであるという見方、もう一つは、もっと実質的な理由、つまり、当事者能力の問題は実体法上の問題（本案の問題）にすぎないことを前提に、職権調査の対象からは当然に除外されるという考え方が採用されたためであるという見方が可能だが、前者と見るのが素直だろうか。

(40) 参照したのは、Protokolle der Kommission zur Ausarbeitung des Entwurfs einer Civilprozeßordnung für die Staaten des Norddeutschen Bundes, eingeleitet und neu herausgegeben von Werner Schubert, Bd. 1, 1985 であり、本款の本文および注で示す頁数は、同書のそれである。

(41) 引用されているハノーファー草案の条文番号と規律内容の対応関係だけを示せば、第二〇回会合と第二一回会合においては、裁判上の行為能力（＝訴訟能力）（四八条―五一条）から共同訴訟（五二条―五六条）までについて、審議・決議がなされている。

(42) 確かに、条文索引を検索すれば、これ以外に二箇所で当事者能力の問題が取り上げられているが、内容上の議論は一切行われていない。

(43) さらに、すぐ後の本章本節第三款で検討するライヒ裁判所の裁判例とも整合する。

(44) 北ドイツ草案八〇条は、次のように定める。
「裁判所に登場する当事者の能力（訴訟能力）、他人による訴訟無能力者たる当事者の代理、および、訴訟追行のための特別な授権の必要性は、八一条から八六条が別段の定めをしていない限り、民法の規定により定まる。」

(45) ハノーファー草案四八条（「裁判所において行為するための当事者の人的能力、かかる能力がない当事者の他人（法定代理人）による代理、当事者又は法定代理人が訴訟を追行するための特別な授権の必要性は、ラントの法律に従って判断しなければならない」）をめぐる審議が行われた第二〇回会合では、代表報告委員（Herr Referent, Heirich Eduard Pape. なお、Referent としては Pape 以外に、Franz Ferdinand Grimm と Christian Theodor Tauchnitz が選出されている（S. XVIII））によってなされた提案（ハノーファー草案四八条の「……ラントの法律に従って判断しなければならない」の文言を、「当事者の権利能力の判断について基準となる民法により定まる」に置き換えるべきである）について、「当事者の権利能力の判断について基準となる」という文言は余計でミスリーディングであるため不要だが、「……民法により定まる」の文言は、判定の基準が訴訟法ではなく、関連するラントの一般的な民法である旨を正確に表記しうるものとして採用されている（S. 122）。

この議論の経緯からは、代表報告委員がプロイセン法の代弁者としてなした提案が、他の諸邦の代表者が出席する起草委員会で否決される、という審議録においてしばしば見受けられる構図が読み取れる。しかしより重要な点は、訴訟上の能力概念の判定基準を民法に委ねるという発想が、起草委員会メンバーの間でかなり根強かったということである。本文で紹介したB案の規律の部分的な採用は、メンバー間のこうした力関係を前提にすれば当然の結果であると同時に、決して理論の優劣をかけた討議の結果ではない、ということを確認しておきたい。

(46) しかし、現に採用された条文には「……民法の規定により定まる」の文言が挿入されていることからも明らかなように、七九条の基底にB案の考え方があったとしても、それで一貫されているわけではない以上、ドイツにおける当事者能力論の混迷の歴史は、すでに北ドイツ草案の時点で始まっていたと見ることもできるのではないだろうか。

(47) Carl Hahn, Die gesammten Materialien zu den Reichs-Justizgesetzen, Bd. 2, 1881. 参照したのは、一九八三年の復刻版である。本款の本文および注での頁数のみの引用は、同書のそれである。

(48) 一九条「一項　市町村、公益法人、ならびに、それ自体として訴えられることのできる会社、協同組合、その他の人的結合体、および、財団、営造物、財産集合体の普通裁判籍は、その所在地により定まる。特段の定めなきときは、業務遂行地を所在地とみなす：二項・三項（省略）」。一五七条「一項　当事者に対してなすべき送達は、訴訟無能力者については、その法定代理人に対してこれを行う：二項　官庁、市町村、公益法人、ならびに、それ自体として訴え又は訴えられることのできる人的結合体の場合には、送達はその代表者に対してなすことで足りる：三項（省略）」。

ところで、右の条文は、CPO改正後のZPOの解釈では、ほぼ同じ——代名詞の使い方等が違う——法文で、それぞれ普通裁判籍（一七条）、送達（一七一条）のみに関する規定とされている。この意味では、CPOの当時、裁判権の人的限界の問題等と当事者能力の問題が、明確に区別されていたのかどうかが疑わしい面がある。

(49) CPO一九条、一五七条は、第三草案一九条、一五〇条と同じ法文である（S. 4 ff.）。ただし、一九条三項は別である：草案一九条三項「本条の規定は、定款又はその他の方法で裁判籍が特別に定められているときは、適用されない」。

(50) 詳細は後に譲るが、ここではひとまず、団体の実在性と団体の法律構成の両方を含むものとする。

(51) 第三款㈠で検討した北ドイツ草案における当事者能力の概念を想起されたい。

(52) 換言すれば、第二節第一款で抽出した当事者能力論の与件が、普通法時代のみならず、CPO時代に至っても作用しつづけているということである。このことは、本章において、統一民事訴訟法典が存在した後のＣＰＯ時代と、これが存在しなかった普通法時代とを区別していないこととも整合すると考えられる。

(53) 以下に列挙する裁判例を検討する。〔1〕一八八一年四月八日第三民事部判決（RG 4, 155）、〔2〕一八八一年一一月四日第三民事部判決（RG 7, 164）、〔3〕一八八二年八月二二日第三民事部判決（RG 8, 121）、〔4〕一八八六年四月七日第一民事部判決（RG 16, 189）、〔5〕一八九〇年九月二五日第四民事部判決（RG 27, 183）、〔6〕一八九五年一月一八日第三民事部判決（RG 34, 169）、〔7〕一八九七年四月二六日第六民事部判決（RG 39, 287）。

(54) 福永・前掲注(31)二〇頁以下参照。

(55) Nichtigkeitsbeschwerde については、鈴木正裕「上告理由としての訴訟法規違反」民訴雑誌二五号二九頁（一九七九）の三二頁以下を参照。

(56) 〔1〕と区別して紹介するまでもないと判断し、本文での紹介・検討は省略する。

(57) Theodor Baums, Neudrucke privatrechtlicher Kodifikationen 5 Preußisches Gesetz über die Aktiengesellschaften (1981), S. 16 ff. によると、erlaubte Gesellschaft とは、国家による認可を受けた Gesellschaft という意味ではなく、unerlaubte Gesellschaft に対立するものとして、国家が受忍した（staatliche geduldete）Gesellschaft を指している。そして、かかる Gesellschaft は、社団的構造を有するとされている。

(58) 詳細は、第二款㈠で紹介済みである。

(59) 判決文では、この点を根拠づけるために、Stobbe の体系書（前掲注(24)）が引用されている。

(60) ここでは、「制定法」と同義的に用いられており、本文で紹介したＡＬＲの諸規定を指していることは言うまでもない。

(61) Achilles Renaud, Lehrbuch des Gemeinen deutschen Civilproceßrechts mit Rüchsicht auf die neuern Civilproceßgesetzgebungen, Zweite vermehrte und verbesserte Auflage (1873), S. 117 f.

(62) 当事者能力の観念の創始者を議論する意味があるかどうかは分からないが、Wach の批判はあるものの、創始者を Renaud とする一般の見方に従っておく。他方、体系書において初めて Parteifähigkeit の語を使用した者が誰であるかについては、北ドイツ草案の段階ですでに法文に登場している以上、実益は乏しいと言わざるを得ない。例えば、ＣＰＯ制定直後に公刊された Endemann の注釈書（Wilhelm Endemann, Der deutsche Civilprozess, Erläuterungen des Gerichtsverfassungsgesetzes und der

Civilprozessordnung des Deutschen Reichs sammt Einführungsgesetzen, Bd. 1（1878), §19, S. 257 f.）では、さして新味のある概念ではないことを裏づけるかのように、特別な概念規定もなく使用されている。それもそのはずで、Endemann は、何を隠そう北ドイツ草案の起草スタッフの一人であり、彼が自己の体系書でこの語をいち早く使用したとしても、不思議ではない。

(63) 第三款㈢で紹介したように、ライヒ裁判所は、〔4〕の裁判例以降、当事者能力という用語を使用し始めたが、その基礎にあったのは Wach や Planck の体系書の公刊とそこで展開されている各論者の議論であると推測される。

(64) Adolf Wach, Handbuch des deutschen Civilprozessrechts, Bd. 1（1885), S. 518 ff.

(65) A. a. O., S. 520.

(66) Julis Wilhelm Planck, Lehrbuch des deutschen Civilprozessrechts, Bd. 1, Allgemeiner Teil（1887), S. 209 ff.

(67) ドイツにおける当事者概念をめぐる当時の議論状況については、福永・前掲注(31)三九頁以下（初出：同「民事訴訟における『正当な当事者』に関する研究（二）」関法一七巻三号二六頁以下）、および、松原弘信「民事訴訟法における当事者概念の成立とその展開（一）（二）」熊本法学五一号八五頁、五二号三三頁が詳しい。

(68) L. Gaupp, Civilprozeßordnung für das Deutsche Reich nebst den auf den Civilprozeß bezüglichen Bestimmungen des Gerichtsverfassungsgesetzes und den Einführungsgesetzen, Bd. 1, 2. Auf. 1890, S. 110 ff.

(69) Gaupp の用語法によると、権利能力（Rechtsfähigkeit）と法主体性（Rechtssubjektivität）との間には、互換性がある。したがって、以下の紹介で「法主体性」とあっても、「権利能力」が排斥されるという意味ではない。しかし、かかる用語法が、ドイツ法において現在も支配的であるわけではない。

(70) 第二款㈠の本文および注におけるGSに関する説明を参照。

(71) この文言は、Gaupp の書から借りたものであり、したがって、ここで言う法主体性は、権利能力と互換性がある。

(72) 第二款㈠および第三款㈢を参照。

(73) この問題に関する詳細な検討は、別の角度から、次節第三款㈢で行う。

(74) 石部雅亮「ドイツ民法典の成立史に関する一考察」比較法研究五八号（一九九六）五頁以下を参照。

(75) しかし、こうした見方を否定する立場も成り立ちうる。詳細については、本章第三節第三款㈢3を参照。

(76) 以下の本文の叙述は、次に掲げる文献に多くを負っている。西谷敏「ドイツ集団的労働法思想の展開過程1・2・3・4・

5・6・7・8・9」法律時報五五巻二号・三号・四号・五号・六号・七号・九号・一〇号・一一号、安世舟『ドイツ社会民主党史序説——創設からワイマール共和国成立期まで——』（お茶の水書房、一九九〇年）、山田高生『ドイツ社会政策史研究——ビスマルク失脚後の労働者参加政策——』（千倉書房、一九九七年）、Ernst Rudorf Huber, Deutsche Verfassungsgeschichte seit 1789, Bd. IV, S. 1124 ff.; Peter Kögler, Arbeiterbewegung und Vereinsrecht—Ein Beitrag zur Entstehungsgeschichte des BGB—（1974）.

（77）西谷・前掲注（76）「ドイツ集団的労働法思想の展開過程２」法律時報五五巻三号九七頁以下に詳しい解説がある。

（78）Allgemeine Gewerbeordnung, vom 17. Januar 1845, Gesetz-Sammlung für die Königlichen Preußishen Staaten 1845, S. 41 ff.

（79）Gewerbeordnung für Norddeutschen Bund, vom 21. Juni 1969, Bundes-gesetzblatt des Norddeutschen Bundes 1868, S. 245 ff.

（80）営業法一五二条および一五三条については、西谷・前掲注（76）「ドイツ集団的労働法思想の展開過程４」法律時報五五巻五号七七頁には、条文訳とともに詳しい解説がある。

（81）Gewerbeordnung für das deutsche Reich vom 26 Juli 1900, RGBl, S. 871 ff.

（82）しかし、諸邦間で区々であった規律内容を、北ドイツ連邦およびドイツ帝国（第二帝政）内部で統一したという意義は大きい。

（83）Verfassung des Norddeutschen Bundes. これは、Ernst Rudolf Huber, Dokumente zur deutschen Verfassungsgeschichte, Bd. 2, Dritte neubearbeitete und vermehrte Auflage, 1986, S. 272 ff. に掲載されている。

（84）Verfassung des Deutschen Reichs, Reichsgesetzblatt 1871, S. 63.

（85）第一節で述べたように、本章の対象となる時代区分は、ワイマール憲法の制定までであるが、このような時代区分を採用したのは、ビスマルク憲法に続いて実施された一九一九年のワイマール憲法において、ドイツで憲法上の基本権として初めて団結自由が保障されたことが、その後のドイツ法における当事者能力論にとって大きな意義を有しているからである。ただ、ワイマール憲法制定後の展開は、第二章を参照されたい。

（86）ビスマルクの団結政策に対抗して、ラサール派とアイゼナッハ派のゴータにおける会合に基づき結成されたものであり、社会主義者鎮圧法が廃止された一八九〇年には、ドイツ社会民主党（Sozialdemokratische Partei Deutschlands）と改称して、爾後、改革派勢力の中心となっていく。

（87） Das Gesetz gegen die gemeingefährlichen Bestrebungen der Sozialdemokratie. 同法については、安・前掲注（76）四五頁以下に詳しい解説がある。

（88） 西谷・前掲注（76）「ドイツ集団的労働法思想の展開過程8」法律時報五五巻一〇号五九頁以下、山田・前掲注（76）二三八頁以下に詳しい解説がある。

（89） 帝国議会には、営業法改正法として、一八九五年の転覆法案に続き、一八九八年の懲役法案が提出された。詳しくは、西谷・前掲注（76）「ドイツ集団的労働法思想の展開過程8」法律時報五五巻一〇号六三頁を参照。

（90） Cahl Hahn, Die gesamten Materialien zu den Rechts-Justizgesetzen, Bd 8, 1898. 参照したのは、一九八三年の復刻版である。ZPO（および条文案）の条文は、CPOの条文と対比されて、五〇条（条文案四九ａ条）については、同書の五四六頁に、七三五条（条文案六七〇ａ条）は、同書の七二一頁に掲載されている。

（91） なお、この改正法によって、CPO一九条の“Personenvereine”の文言は、“Vereine”の文言に置き換えられ、ZPO五六条では、ZPO五〇条に対応して、CPO五四条の職権調査事項に関する規定には欠けていた「当事者能力」の語が、新たに加えられた。

（92） Benno Mugdan, Die gesammten Materialien zum Bürgerlichen Gesetzbuch für das Deutsche Reich, Bd. 1, 1899, S. LIX–LX.

（93） A. a. O., S. LXVIII-LXIX.

（94） 六一条の異議申立ての手続については、六二条が次のように定める。「一項：行政当局が異議を述べたときは、区裁判所は異議を理事会に通知しなければならない。二項：異議は、行政事件手続の方法で、又は、この手続がないときは、営業法二〇条、二一条の規定に従い不服申立ての方法で、取り消すことができる。」
なお、六一条二項後段、六二条二項は、ワイマール憲法の制定に伴い実質的に効力を失い、その後削除されて現在に至っている。

（95） ビスマルク憲法第二条第二文は、「帝国の法律は、邦の法律に優先する」と定める。

（96） Benno Mugdan, Die gesammten Materialien zum Bürgerlichen Gesetzbuch für das Deutsche Reich, Bd. 1, 1899. の五六八頁以下に再録されたProtokolle zum Allgemeinen Theile による。以下の（ア）～（ウ）の本文および注で掲げる頁数は、特に断りのない限り、同書のそれである。また、この頁数に併記したProtokolle の頁数は、同書に再録された原典のそれであるが、検索の便宜を図ったものである。なお、理由書（S. 359 ff.）は、基本的に扱わない。というのも、理由書は、第一草案に関するそれであるの（Motive zum allgemeinen Theile des BGB）が、起草者とは異なるスタッフの手で作成されているという事情に加えて、内容的にも自由設立主義擁護論に偏りすぎており、以下の考察の趣旨にそぐわないからである。

(97) 説明を要しないかもしれないが、権利能力なき社団の法理における社団＝組合峻別論は、社団の実質を有するにもかかわらずそれに相応しい規律が民法典に用意されていないことにより生ずる様々な不都合を除去するために行われる、解釈上の法人化を正当化する理論であった。

(98) 直接的には、第二節第二款㈠で紹介した裁判例を指しているが、内容的には、第二節第三款㈢で紹介したライヒ裁判所の裁判例をも含んでいるものと解される。

(99) 誤解を避けるために付言すれば、ここでの実在性とは、法人学説における実在説や有機体説の核心的主張を指しているのではなく、社会通念から見て団体が存在しているという事実そのものを指しており、実在性の否定とは、かかる意味での実在性を特定の意図の下に敢えて否定する概念操作を指している。

(100) 具体例としては、Seuffert, Archiv Bd. 6 Nr. 2 等が挙げられている（S. 639/Protokolle, S. 2490）。この系譜に属する裁判例は、第二節第二款㈠を参照。

(101) 傍点は、筆者が付した。以下の傍点も同じく筆者の手になるものである。

(102) すなわち、ここでの許可主義の主張の力点は、社団設立の公的解禁に基づいて法人的組織を有するすべての社団の財産能力を承認しようという自由設立主義に固有の主張：「私法の領域における裁判例を通じた自由設立主義の承認」を封ずることにある。

(103) Cahl Hahn, Die gesamten Materialien zu den Rechts–Justizgesetzen, Bd. 8, 1898. 参照したのは、一九八三年の復刻版である。以下の本文および注で掲げる頁数のみの引用は、同書のそれである。

(104) 条文訳は、すでに第三款㈠において掲載した。

(105) 「理事会は裁判上および裁判外において社団を代理する：理事会は法定代理人の地位を有する。理事会の代理権の範囲には、定款を通じて、第三者に対抗しうる制限を加えることができる。」

(106) 草案の条文番号であり、内容的には、五四一条は無効の訴え、六八六条は請求異議の訴えをそれぞれ規定する。

（107）Stein/Jonas/Bork, Kommentar tur ZPO, 21. Aufl., Bd. 1, 1992, §50 Rdnr. 24; Münchner Kommentar zur Zivilprozeßordnung/Lindacher, Bd. 1, 1992, §50 Rdnr. 44; Rosenberg/Schwab/Gottwald, Zivilprozeßrecht, 15. Aufl., 1993, §43 II 3b.; Baumbach/Lauterbach/Hartmann, Zivilprozeßordnung, 53. Aufl., 1995, Anm. 3 A.

（108）Cahl Hahn, a. a. O., Bd. 8, S. 285 ff. に所収。

（109）条文番号の違いはさておき、そこで列挙されている項目は、現在の体系書や注釈書が掲げるものとほぼ同じである。

（110）右の提案は、一六対二の圧倒的な差で、否決されたとされている（S. 287）。

（111）K・E・ボルン（鎌田武治訳）『ビスマルク後の国家と社会政策』（法政大学出版局、一九七三年）一二三五頁以下。

（112）本文㈡1（イ）で述べたように、法人でない社団は「組合」として扱われる。したがって、脱退に際しては、組合法の規定に基づく持分払戻請求権が、脱退構成員に帰属する（ドイツ民法七三八条参照）。

（113）要件が一定である、つまり、制度化されており国家権力の自由裁量が排斥されているという点が、許可主義との分岐点となる。

（114）この点を正当化するために、部分的権利能力論や権利能力なき社団の法理が発展してきたのである。

（115）民法典制定期の有力な論者の体系書では、訴訟法学上の説明として、当事者能力概念は、そもそも、「訴訟における権利能力の発現＝権利能力の流出物」にすぎない、ということが言われ始めていたことが、この推測に一定の論拠を提供していると思われる。

（116）Adolf Wach, Die Aenderungen der Civilprozeßordnung im Entwurf der Denkschrift, DJZ 1896, S. 286 ff.; Lothar Seuffert, Zur Revision der Civilprozeßordnung bei Einführung des Bürgerlichen Gesetzbuchs, ZZP 22（1896）, S. 322 ff.; ders, Die neue Civilprozeßordnung, DJZ 1899, S. 1 ff.; Arthur Nußbaum; Die nicht rechtsfähigen Vereine im Prozess und Konkurse, ZZP34（1905）, S. 107-164. usw.

（117）RG 57, 90; RG 78, 101; ZZP55, 120; ZZP56, 406; RG 127, 309.

（118）第二節第二款㈠および第三款㈢を参照。

（119）第三節第三款㈡を参照。

（120）第三節第三款㈢3を参照。

第二章　当事者能力論の展開

第一節　はじめに

第一章においては、一九世紀ドイツにおける当事者能力の生成過程から、民法典制定に伴う一九〇〇年施行のドイツ民事訴訟法（以下、〝ＺＰＯ〟という）における当事者能力規定（ＺＰＯ五〇条）に至るまでの当事者能力論を検討した（第一章第三節第三款㈠参照）。

そこでも紹介したように、ＺＰＯ五〇条一項は、「権利能力を有する者は当事者能力を有する」と規定する傍ら、いわゆる権利能力なき社団については、同条二項が「権利能力のない社団は、訴えられることができる：訴訟において、社団は、権利能力ある社団の地位を有する。」と規定して、訴えられる能力（被告能力）のみを認めていた。

これに対し、わが国の民事訴訟法二九条は、「法人でない社団又は財団で代表者又は管理人の定めがあるものは、その名において訴え、又は訴えられることができる。」と規定して、法人でない社団の原告能力を認めているため、ＺＰＯの規律は比較法研究の対象としては魅力がないものと解されてきたと言ってよい(1)。

しかしながら、ＺＰＯの当事者能力規定が整備されるまでには、紆余曲折があった。すなわち、生成期の当事者能力概念(2)は、団体の法人格や法的性質に依存しない訴訟上の地位を意味しており、実体法上の主体性概念（権利能力・法主体性・法人格）と訴訟上の主体性概念の関係を切断し、別次元で捉える考え方（以下、「非連結主義」という）によっていた。これに対して、ドイツ民法典（以下、〝ＢＧＢ〟という）の制定に伴い整備されたＺＰＯにおける当事者能力は、前掲五〇条一項のように、当事者能力を権利能力と結びつけ、後者に従属させている。つまり、実体法上の主体性概念と訴訟上のそれとを同一次元におき、両者の関連性ないし連続性を承認する考え方（以下、「連結主義」という）が妥当している。当初は非連結主義であったものが、なぜ連結主義へと変化していったのかについては、第一章で詳しく検討した。これは、当時の社会背景や法典の起草過程から考えて、連結主義は現在では一般には受け入れられない政治的決断に基づいていたことが判明した。しかしそうなると、連結主義に基づく当事者能力規定が、現在でも削除されずに妥当している理由は何かということが問題となる。

筆者は、この点について、第一章で、実体法優位の訴訟観ないし法思想が、連結主義の妥当を支えているのではないか、という仮説を立てた。この仮説を検証するには、連結主義が導入された当時とは国家体制・社会背景等の異なる、二〇世紀ドイツの当事者能力論、特に、その根拠論を検討する必要がある。本章は、この課題を果たすことを第一の課題とする。

第二に、非連結主義に基づく当事者能力概念についての理論的な分析も、本章の課題とする。第一章では、ドイツ法の沿革とともにその一端をすでに紹介しているが、理論的な分析という点では、十分とは言えない。本章は、これを補完し、わが国においても無自覚的に前提とされてきた連結主義に基づく当事者能力概念を相対化することを試みる。

以下では、まず、第二節第一款において、ＢＧＢおよびＺＰＯの制定後における団結・結社を取り巻く社会背景が、それ以前に比べてどのように変化したかを確認する。というのも、第一章では、当事者能力論の分析を行うに当たって、隣接諸領域（社団法、社会背景）も視野に入れて、これら相互間の有機的な関連に配慮する手法を用いたが、第二章においてもこれを踏襲するからである。続く第二款では、非連結主義を唱える学説を紹介し、非連結主義の当事者能力に関する分析視角を敷衍する。その上で、第三款において、ドイツの当事者能力論の発展にとって重要な意義を有する判例を検討する。

最後に、第三節では、以上の作業を通じて明らかになったドイツ法の立場に対し、筆者なりの分析を加え、当事者能力概念を再構成するための手がかりを得たいと思う。

第二節　ＺＰＯ五〇条二項と当事者能力

第一款　団結・結社を取り巻く法秩序

ＢＧＢ制定に伴うＺＰＯの成立以降の当事者能力論を整理する場合には、これらの法典の成立によって差別的扱いを被ることになった、労働組合と政党の動向に注意を払わねばならない。ごく大まかに言えば、労働組合は第一次大戦前に、政党にあっては第二次大戦後になってようやく、国家との関係が改善されるようになる。

(一)　権利能力なき社団の法理

1　問題の整理

労働組合や政党の動向を考察する前に、いわゆる権利能力なき社団の法理の位置づけについて言及しておかねばならないだろう。一般に、この法理は、社団と組合の事物の本性（Natur der Sache）に由来する本質的相違を根拠として、BGB五四条一文（「権利能力なき社団には組合に関する規定を適用する」）を適用する対象や場合を限定し、もって権利能力なき社団に対して法人と同等な地位を付与することを企図する解釈論を指している。大まかに言えば、一定の法律関係では、BGB七〇五条以下の組合法に代えて、BGB二一条以下の社団法人の規定を類推適用することになる。しかし、この法理の詳細に立ち入ることは本章の意図するところではない。むしろ、この法理が機能しうる射程を見定めておくことが、以下の行論にとって必要不可欠な作業となる。そこで、まず、この法理の提唱を必要ならしめた法律上の規定が、どのような問題点を抱えていたかを確認することから考察をはじめることにする。

BGBの社団法、ZPOの当事者能力規定は、団結・結社に対する態度として同法成立当時のドイツにおいて支配的であった権威国家（Obrigkeitsstaat）思想が端的に反映された規定であると考えられる。すなわち、この思想の影響が見受けられるのは、具体的には、法人の設立等に関する規定（BGB二一条、二二条、四三条、五四条、六一条）、訴訟上の地位に関する規定（ZPO五〇条、七三五条）等である。これらの規定が起草された理由を、立法資料を中心に検討を加えると、BGB社団法とZPOの当事者能力規定に潜在する問題点は、次の四点に集約されるものと解される。

すなわち、①非経済的社団法人の設立に関する偽装的許可主義[3]の採用（BGB二一条、四三条、六一条）、②権利能力なき社団に対する組合法の適用指示（BGB五四条一文）、③訴訟上の主体性概念を実体法上の主体性概念に従属させる連結主義の採用（ZPO五〇条一項）、④権利能力なき社団の原告能力否定（ZPO五〇条二項）、である。

右に掲げた四つの問題点は、関連する一連の規定が、一九世紀中葉から二〇世紀初頭にかけて国家指導部を支配していた、団結・結社に対する「アレルギー」とでもいうべき頑な態度を背景として制定されたことに由来する。その意味では、これらの規定が、時代的制約を有しており、爾後に何らかの手当てが必要となることは、当初から見易い事実であったとも考えられる。その点はともかく、右に掲げた①〜④の問題点は、いずれも国家＝団結・結社間の対立関係に由来するものの、とりわけ①は公益的性格が強く、その修正には社会・政治状況の変動や上位規範に基づく改廃等の立法的手当てが必要であるため、基本的には、法の継続形成の枠を超える問題である。したがって、①は、権利能力なき社団の法理による解決が期待されるものではなく、むしろ、①が改善されたことを前提として、②〜④の修正が必要かつ可能となるという関係にある。一方、③と④は、確かに広義においては、権利能力なき社団の法理の範疇として捉えることも可能ではあるが、一般に、ドイツ法において権利能力なき社団の法理の成果として認知されているのは、②の修正（権利能力なき社団に対する実体法上の法主体性・有限責任等の承認）だけである。(4) したがって、本章では、③と④を当事者能力論の課題として捉え、権利能力なき社団の法理は、実体法上の問題である②の修正のみを扱うものとして叙述を進める。

2　権利能力なき社団の法理とその適用範囲

では、右の整理により、専ら実体法上の問題を扱う権利能力なき社団の法理は、権利能力なき社団一般に適用されるべきものなのであろうか。結論から言うと、この法理には、「経済的社団には適用されない」、という重大な例外がある。というのも、権利能力なき社団の法理は、非経済的社団法人の設立に関する偽装的許可主義（①）に反発して展開されたものであるため、ＢＧＢ五四条一文の適用を排除する解釈は、非経済的社団との関係でしか合理性をもたない（②の部分的修正）からである。[5] 社団法起草当時、あるいは、制定後においても、経済的、非経済的の別を問わず法人類似の処理をすべきであるという考え方が主張されたこともあったが、支配的な見解とはなっていない。

このように、権利能力なき社団の法理から経済的社団を除外するという、現在では支配的な考え方によれば、経済的社団に対しては基本的には組合法を適用するが、経済的社団が事業活動を行う場合は、別途、合名会社の規定の類推によって対応していく、という方向でほぼ見解の一致が認められる。そこで、この議論の延長において問題となる訴訟上の主体性の問題に目を向けると、合手団体（Gesamthandsgesellschaft）には当事者能力が認められるか、という問題が提起されている。[6] しかしながら、次のような理由から、本章では、この問題を考察の対象から外すこととしたい。

すなわち、第一に、ドイツ法においては、ＺＰＯの当事者能力規定を、組合にも適用できるかという問題意識は、筆者の知る限りでは希薄である。この点は、日本の議論状況と比較した場合、最大の相違点である。そうである以上、この問題を本章で扱うことはドイツ法の紹介としても誤解を招くおそれがある。

第二に、ドイツ法において組合法を支える理論として採用されてきた合手（Gesamthand）概念は、それ自体について相当な議論の蓄積がある。しかも、合手は従来、複数人間の共同権利関係を説明する概念とされてきたが、最近になって合手そのものに実体法上の権利主体性を承認する見解が有力化し、遂に権利能力を肯定する判例まで登場している[7]ことから、本章の課題であるＺＰＯの当事者能力規定の検討と並行して行うには無理があるからである。

これらの理由から、以下の考察の対象は、「非経済的」「社団」に関する当事者能力論とする。なお、考察対象をこのように限定しても、ZPO五〇条をめぐる当事者能力論の素描としての正確さを損なうことはないものと解される。

(二)　労働組合の地位

制定当初のBGB社団法およびZPOの当事者能力規定が、団結・結社に対する国家のアレルギーに裏打ちされているとしても、これらの制定から二〇年と経たないうちに制定されたワイマール憲法（一九一九年、以下、「WRV」という）が、一転して、結社の自由（WRV一二四条一項）[8]、団結の自由（WRV一五九条）[9]を保障するに至った点は注目に値する。また、団結について、WRV一六五条は[10]、労働組合・使用者団体・労使協定の存在を当然の前提としたものと解されている。実のところ、この間には、第一次大戦を契機とした特殊な経緯がある。

第一次大戦勃発前には、いまだ非公認の勢力であり続けた労働組合は[11]、開戦後の政府による弾圧の強化をおそれ、いわゆる城内平和（Burgfrieden）政策を行った[12]。すなわち、政府による自らの地位の保障と引き換えにストライキ等を行わない旨を宣言したわけである。これをきっかけとして政府の労働組合対策も変化し、労働組合の地位を改善する諸立法が行われることになる[13]。一一月革命の前に締結された中央労働共同体協定においては[14]、労働組合と労働協約の承認、団結自由の無制限的保障といった革命後の労組の地位に関する中核部分について労使間の合意が成立している。WRVの前掲した諸規定は、革命前に労組が築いたシナリオを実現したものにすぎない。団結・結社に対する国家の態度に関して言えば、右に述べた経緯の果てに、BGB・ZPO起草者の立場とWRVのそれとの間には、大きな隔たりができてしまったことになる。特に、WRV一二四条二項は[15]、制定当初のBGB六一条に[16]おける「……又は社団が政治的、社会政策的、宗教的目的を追求するときは……」の部分を事実上廃止する効力をもつと解されており、実際に削除されて現在に至っている[17]。つまり、WRV一二四条二項によって、「隠された許可主義」として非難されたBGB二一条・六一条二項は、名実ともに準則主義へと改善されたわけである。一方、WRV一五九条の団結自由については、第一次大戦中の一九一八年に営業法一五三条が削除された結果[18]、団結の自由はWRV制定前においてすでに国家の承認を得ていたわけだが、これがWRVの制定によって憲法上の基本的人権にまで高められたことの意味は大きい。また、同条は、営業法一五二条二項を事実上廃止する効力をも有すると解されているほか[19]、いわゆる私人間効力をも有するという立場が支配的である。なお、一九二六年には労働裁判所法(ArbGG)[20]が制定され、労働組合、使用者団体、その連合体について労働裁判所における当事者能力が承認されている。

さて、右に概観したように、BGB・ZPO制定当時は法秩序の外に追いやられていた労働組合が、遅くともWRV以降は完全に体制内化している。このことは、BGB・ZPOの団結・結社に対する差別的処遇を目論んだ起草者の意図(前記①～④)が、憲法を頂点とする法秩序においてその正統性を主張しにくくなったことを意味する。特に、WRV一二四条二項によって、権利能力なき非経済的社団の設立主義に関する偽装的許可主義(前記①、BGB二一条、六一条二項)が、事実上「準則主義」に復した点は注目に値する。というのも、①が修正されたこと自体、②組合法適用指示規定(BGB五四条一文)、③連結主義(ZPO五〇条一項)、④原告能力否定(同条二項)の修正を企図する議論の根拠となるからである。したがって、WRV制定という出来事は、労働組合の体制内化というそれ自体画期的な意義のみならず、権利能力なき社団の法理(②)や当事者能力論(③、④)が展開されるための基礎を提供したという意義をも有することには留意すべきである。

(三)　政党の地位

WRVは、(二)で紹介したように、団結の自由(一五九条)のみならず結社の自由(一二四条一項)をも認めていたが、それにもかかわらず、政党の存在・活動は依然として国家による積極的な承認を得るには至らなかった。政党は結局、ナチスによる弾圧・解体を経た後、ドイツ連邦共和国基本法（GG）に至って初めて法秩序に組み込まれる、という経緯を辿る。第二次大戦後には、当事者能力に関する裁判例に政党が数多く登場するという現象も、こうした経緯と無縁ではない。ここでは、BGB制定当時の権威国家思想によって抑圧されてきた政党が、いかなる経緯を経て国家と和解し、法秩序内に自らの地位を確立していったかを概観し、㈣の考察に備えることとする。

1　政党の登場

政党がドイツ法史の舞台に登場するのは三月革命（一八四八年）の頃とされているようであるが、先述のごとく、政党が実際に法秩序において全うな評価を得たと言えるのは、GG制定（一九四九年）以降であり、これは労働組合の場合に比しても非常に遅いと言えよう。ドイツ特有の事情がこれを規定したと考えられる[21]。実際、政治結社に対する態度が厳格であった第二帝政期は、政党制度の発展の前提とされる議会制そのものに対する考え方に問題があったようである。すなわち、議会制とは、当時、「討論による政治」を意味しており、独立かつ平等の存在としての議会構成員たる議員が自由な討論を行うことによって初めて公正な結論に到達しうるという一九世紀自由主義的な考え方が支配的であったため、政党は、自由な討論を阻害する社会集団として否定すべきものとされていた。また、そもそも立憲君主国たる第二帝政は官僚国家であり、政府の意見に反対する意見を汲み上げる政党を軸とした政党国家思想に対しては、否定的な評価が下されていた[22]。こうした反政党主義あるいは伝統的議会主義の思想は、一九世紀後半の国法理論を支配していたが、他方では、第二帝政期に始まり一九一四年の第一次大戦まで持続するとされるいわゆる「無視」（トリーペルの四段階説において、第一段階の「敵視」の後、政党の重要性を認めた第二段階）の段階に入ると、選挙権の拡充や政党の変質に伴う議会制民主主義思想の台頭と相まって、政党が現実の議会に登場し、議院の意思決定は党の政策に拘束されるという政党国家的な現象が現れ始めていたとも言われる。とは言え、反政党主義に基づく国家の政党に対するアレルギーは、特定の政党、特に、ドイツ社会民主党（SPD）に対しては立法その他の点でいくつもの具体例が見出せるように、決して容易には払拭できなかったと考えられる。

2　WRVにおける政党

政党に対する否定的な評価は、WRVの下でも、基本線としては変更がない。すなわち、WRV二一条（「議員は全国民の代表者である。議員は、自己の良心にのみ従い、委任に拘束されない」）は、議員が特定の利益集団の擁護者となることに対して否定的な評価を下したものと解され、また、同一三〇条一項（「公務員は、全体の奉仕者であって、一党派の奉仕者ではない」）は、公務員は党派的な利益ないし階級的利益を追求してはならないという禁止規範を内容とするが、これらの条文の含意としては、政党の利益が行政府に及ぶこと、あるいは、政党が行政を支配することを拒絶する意図を表明したものと解されている。結局、WRVは、一方では、一二四条において結社の自由を保障しつつも、他方では、権威国家のイデオロギーを背景にして、政党を憲法外的な現象として位置づけているとの見方が一般的なようである。(23)

3　GGにおける政党

GGは、憲法史上初めて、政党に対して憲法上の根拠を与えた。GG二一条一項は、「政党は、国民の政治的意思形成に協力する（一文）」「政党の結成は、自由である（二文）」と規定する。結社の自由は、もとよりGG九条一項が規定するところであるが、政党が国民の政治的意思形成に協力するという重大な任務を負っているために特別に一条を設置したものと考えられている。また、一般の結社に対する関係で結社の自由を禁止できる旨を定めるG

Ｇ九条二項も、政党には適用がない。それはともかく、ＧＧ二一条の設置が既成政党にもたらした事実上の影響は相当に大きかったものと推察される。というのも、ＧＧ制定直後の裁判例の中には、政党がＺＰＯ五〇条二項で原告能力が否定されているにもかかわらず、訴えを提起してくる例（後述第三款㈠参照）が散見されるからである。かかる影響は、所詮事実上のものにすぎないのだが、ＧＧ制定から一八年が経過した一九六七年にＧＧ二一条三項（「詳細は、連邦の法律でこれを規律する」）を受けて成立した、政党に関する法律（PartG）[24]は、政党が、憲法を頂点とする法秩序において確固たる地位を手にしたことを物語っている。

以下の叙述ともっとも関係が深いPartGの規定は、政党の当事者能力を承認する三条（「政党は、その名称の下で、訴え、訴えられることができる。党則に別段の定めがない限り、当時最高位にある地域団体（Gebietsverbände）についても、同様である」）であることは言うまでもないが、PartGは、その前提として二条[25]に政党の定義規定をおいている。これは、従前の実務・学説の成果を汲み取った詳細な、ある意味で冗長な規定であるが、同条は、ＢＧＢ・ＺＰＯに対する特別法となるPartGの適用要件であり、また、政党には設立の自由のあることが前提とされている以上、権利能力なき社団の一般的定義とは、その定義に結びつけられた効果の大きさの点で、一線を画する。

なお、先にPartGがＢＧＢの特別法となると述べたのは、PartG三七条によって、ＢＧＢ五四条二文（「権利能力なき社団の名において第三者との間で行った法律行為については、行為者自らが責任を負う：行為者が複数人いるときは、連帯債務者として責任を負う」）、およびＢＧＢ六一条・六二条・六三条[26]が、政党には適用されないとされているからである。ＢＧＢ五四条二文の適用排除は、行為者の個人責任を否定して、政党の責任財産を政党の財産に限定するためであるとされる。また、ＢＧＢ六一条ないし六三条の適用排除は、過去の経緯から、これらの適用可能性を残すことが、政党設立の自由にとって悪影響を及ぼさないように配慮したものとされている。しかし、こうした優遇措置があるにせよ、ＢＧＢの設立登記を経ない政党は、あくまで権利能力なき社団、つまり、私法上の任意団体にす

ぎないのであって、社団法人でも公法上の社団でもないことに変わりはない、という点には注意を要しよう。(27)

また、先に紹介した当事者能力に関するPartG三条については、裁判例の近時の動向（後述第三款(二)1参照）に即して解説を加えるので、ここでは関連規定を含めた概説にとどめる。まず、「党則」は、政党の最上部機関の定款ないし規則を指すが、これは六条一項によって作成が義務づけられるほか、名称・略称、一般的な組織、理事会等の代表機関についてここで定めねばならない（同条二項）。そして、党則は、連邦選挙長に届け出る義務があり、何人もその下で閲覧でき、要求があれば無料で交付しなければならない（三項）。次に、「当時最高位にある地域団体」は、その規模や活動区域について党則で定めねばならない（七条一項）が、一般には州団体を指しており、これ以下に位置する下部団体（Unterverbände）は、ＺＰＯの原則に戻って原告能力は認められない。

このように、右に取り上げた一連の規定は、単なる権利能力なき任意団体（社団）であるはずの政党に対して相当に優越的な地位を与えるものである。当然のことながら、こうした優遇措置がなぜ許されるのか、という疑問が生じよう。しかしこの点については、戦後になって民主制に対する理解が深まった結果、政党は民意を国政に反映させるための媒介機構であって、かかる公共的（öffentlich）任務が課された政党には一般の社団とは異なる特別な地位が付与されてしかるべきである、という考え方が一般化したことに求められるようである。注意を要するのは、公共的任務に基づく優越的地位が語られるとき、そこには、政党の弾圧というかつての国家権力の作用方向とは正反対のベクトル（政党の優遇）が存在しているという点である。したがって、戦後ドイツの当事者能力論を考察する際には、かかる権力作用が、当事者能力論に対してどのようなかかわりをもつのか、あるいはもたないのか、という点を見定めておく必要がある（詳細は後述の第三款参照）。

㈣　戦後の新たな法秩序

以下の叙述においては、ＢＧＢ・ＺＰＯの権利能力なき社団に対する態度が、権威国家思想を背景としており現在ではその合理性に疑いがあること、あるいは、団結・結社と国家との関係がすでに他の分野では改善されていることを示す具体例として、多くの裁判例・学説が指摘する一連の条文があるので、ここでまとめて紹介しておく。

労働組合に関しては、まず、団結の自由を定めるＧＧ九条三項が挙げられるが[28]、基本的には、先述のＷＲＶ一五九条を引き継いだものである。ＷＲＶ一六五条一項は、ＧＧ九条三項の中に当然に読み込まれているとされる。ＷＲＶ一二四条二項は、前述㈡のように、その歴史的使命を終えて不要となったものと解される[29]。

手続上の地位に関しては、労働裁判所法（ArbGG）一〇条（「労働裁判所の手続においては、労働組合及び使用者団体並びにそれらの連合団体も、当事者能力を有する（一文）」）がある。また、同法一一条は、「労働組合及び使用者団体並びにそれらの連合団体」も訴訟代理人になれる旨を規定する。ただし、これらの規定は労働裁判所事件にしか適用されないことは言うまでもない[30]。

次に、政党に関しては、まず、ＧＧ二一条の政党結成の自由が存在する。さらに、前述㈢3の PartG 三条が、通常裁判所の手続において妥当する。ただし、この法律は、一九六七年七月二四日付成立、同二八日公布となっていることに注意されたい。なお、連邦憲法裁判所（BVerfG）は、連邦憲法裁判所における手続との関係では、政党に対して一般的に当事者能力を承認している[31]。

その他、労働組合や政党を特別に意識した規定とは言えないが、これらの手続上の主体性を容認する重要な規定として、次のものがある。行政裁判所法（VwGO）六一条二号は、同法の手続に関与する（beteiligen）能力がある者として、一号の自然人・法人と並んで、「団体（Vereinigungen）」を挙げている。ただし、「これに権利が帰属するときに限る」との留保が付されている。社会裁判所法（ＳＧＧ）七〇条二号もほぼ同様の規定（“nichtrechtsfähige Personenvereinigungen”が、右の「団体」に相当）であるが、こちらには留保文言がない。また、財政裁判所法（ＦＧＯ）五八条は、訴訟行為（Verfahrenshandlung）能力の規定ではあるが、一項の自然人・法人に関する原則を権利有無を問わずに拡張する二項の文言（Für rechtsfähige und nichtrechtsfähige Personenvereinigungen）からして、同条は権利能力なき社団の手続主体性を認めている、と解されている。[32]

なお、念のために断っておくが、右に掲げた規定のすべてが、第三款で検討する裁判例の公刊当時に整備されていたわけではない。しかし、少なくともこれらの諸規定の根底に共通して見受けられる考え方からは、団結・結社のみを差別的に扱う思想を読み取ることはできない。むしろ、これらの規定全体を総合的に評価すれば、団結・結社に対する評価の点で、ＢＧＢ社団法・ＺＰＯ五〇条の起草者の意図と、右の諸条文の起草者のそれとの間には、大きな齟齬が生じていると言えよう。このことは、つまり、起草者の思想に大きな変遷があったことを物語っている。したがって、差別的思想をもたない現代の解釈者の目から見れば、右の一連の条文は、ＢＧＢ・ＺＰＯの諸規定を攻撃する上でもっとも説得力のある論拠となる、と言えるだろう。団結・結社を取り巻く戦後の法秩序の説明は以上で終えるが、この款で述べたことを確認しておけば、以下の行論を理解する上で支障はないものと考える。

第二款　学説としての非連結主義

㈠　ＷＲＶの制定前の学説

ここでは、非連結主義を中心にＺＰＯ制定後の学説を紹介する。第一款㈡で述べたように、ＷＲＶの制定は、権利能力なき社団の法理（②）と当事者能力論（③・④）が展開されるための基礎をなすことから、WRVの制定前後で時代を区切って紹介することにする（①〜④につき、第一節第一款参照）。

まず、WRV制定前の学説状況を確認する。第一款（一）で述べたように、BGB・ZPOの成立後における当事者能力論の課題は、③連結主義（ZPO五〇条一項）と④原告能力欠如（同条二項）の克服である。しかし、統一民法典の成立という悲願の達成を契機として、制定法実証主義が頂点に達していたこの当時、ZPO五〇条には問題があるにせよ、一旦法律として制定されたからには、その枠を超えた解釈の可能性は決して容易ではなかった。むしろ、制定法の文言、起草者の意図に忠実な解釈論が支配的であったと言えよう。(33) 例えば、当時の有力学説が、非経済的社団についてすら、BGB五四条一文の適用を排除しなかった（つまり、社団＝合手組合とされた）ことには注意を要する。他方、訴訟法に目を向けると、同様の解釈態度から、原告側社団の訴訟が構成員全員による固有必要的共同訴訟（ZPO六二条）となることを当然視する見解がある一方で、被告側社団の訴訟を許容するZPO五〇条二項に対しては、組合法理と整合しないとの理由から、疑問を投げかける見解もあったのである。

もっとも、ZPO制定直後の時期においては、法案の審議段階における意見の対立が冷めやらぬ時期であったため、右に紹介したような支配的見解に反対する学説も提唱されていた。このような学説の目標は、一言で言えば、ZPOの制定によって破壊された、かつての「望ましい法状態」への回帰である。大別すると、回帰すべき元の法状態の違いに応じて、学説は次の二つに分かれている。(34) すなわち、第一は、ゲルマン法に由来する慣習法に回帰すべきとするものであり、要するに、自由設立主義を擁護する見解である（以下、「自由設立説」という）。第二は、普通法・CPO時代に判例として形成された慣習法に回帰すべきとするものであり、権利能力等の実体法上の属性にかかわらず、当事者能力を肯定する見解である（以下、「非連結説」という）。

まず、第一の見解は、法人設立制度について自由設立主義を擁護する法人実在説（ないし有機体説）の立場である。(35)

その最大の特徴は、実体法一元主義を前提とした法人格概念の捉え方にある。すなわち、団体が社団（Körperschaft）として実在するときは、これに対して、自然人に匹敵する包括的な法人格を承認すべきと主張する。[36]この立場では、法人格の取得という営為に対する国家権力の介入が排斥されるため、ＢＧＢ上の法人設立制度における許可主義（①偽装的許可主義）と組合法適用指示（②ＢＧＢ五四条一文）における社団性の否定が厳しく批判されることになる。

ここで注意を要するのは、第一に、自由設立説は、権利能力の要件として、社会学的な意味での団体・社団の実在性しか要求しない結果、社団でありながら権利能力を有しないという団体が原理的に生じないため、社団はそのまま権利能力者として、ＺＰＯ五〇条一項によって当事者能力を取得するという点である。第二に、自由設立説の下で認められる権利能力が、包括的・万能的なものとして観念される限り、実体法上の主体性概念と訴訟上のそれとを敢えて区別する意義が低下するという点である。後者の注意点は、自由設立説が、表向きは権利能力を問題としているように見えても、当事者能力概念が権利能力概念に吸収され、かつ、権利能力概念の要件が十分に緩和されている限り、後述する非連結説と同様の結論に至ることを示唆する。換言すれば、第二の注意点があるからこそ、非連結主義の当事者能力と実質的に重なる面があるため、本款において自由設立説に言及したのである。[37]

非連結説は、その内部に若干の種類があるにせよ、最終的な到達目標は一つである。すなわち、普通法・ＣＰＯ時代の最上級裁判所は、法人設立制度の基幹部分を規律する実体法が不統一という法状況の下、様々な実体法上の属性を有して登場してくる団体の訴訟上の主体性を、純訴訟法的な枠組みで処理する必要に迫られていた。この問題への学説の対応が不十分であったこともあり、団体の実体法上の属性と関係なく、団体の訴訟上の地位を説明するために実務によって導入されたのが、Gerichtsstandschaft（＝ＧＳ）なる概念であった。[38]非連結説が目指しているのは、普通法以来の法の継続形成を通じて形成されたＧＳやこれを前提とする処理枠組み（非連結主義の当事者能力概念）を、ＢＧＢ・ＺＰＯの制定後の実務に再び導入することである。当時この方向で主張された見解は、次の二つに分けることができる。

第一の見解（非連結説A）は、かつての形式的当事者能力を再構成して提唱するものである。この概念の提唱者たるAdolf Wachは、ＺＰＯ制定以前、ＣＰＯ一九条・一五七条が管轄・送達のほか権利能力なき社団の訴訟上の能力（形式的当事者能力）をも規定するとしていた。しかし、当事者能力規定を有するＺＰＯの制定によって、管轄・送達に関する規定のかかる読み込みが説得力を失った上に、ＺＰＯ五〇条によって原告能力が否定された。そうなると、Wachの見解は、ＺＰＯの下では根拠条文を失うことになるが、この点を補正するものとして、Lothar von Seuffertの見解がある。いわく、権利能力なき社団の実体法上の性質を民法上の組合と同視することを前提とすれば、合手共同体たる社団は、ＨＧＢ一二四条の類推により、それ自体として、訴え又は訴えられることができる。Seuffertは、自説を評して、「法律によって閉ざされていない途を通って、役に立たない法律を迂回する」見解であると述べている。しかし、権利能力なき社団の法理の確立（社団と組合の峻別）後は、少なくとも非経済的社団との関係ではＨＧＢ一二四条を類推する基礎がなくなるため、維持できない考え方である。[39][40][41]

第二の見解（非連結説B）は、普通法・ＣＰＯ時代の法の継続形成で用いられた処理枠組み（前記ＧＳ）が、ＢＧＢ・ＺＰＯの下で引き続き慣習法として妥当すると主張する立場である。Wilhelm Endemannが、法人格のない当事者能力の問題において、取引上の必要が勝利してきたことによってもたらされた実務の帰結は、ＺＰＯ五〇条二項（原告能力否定）によっても変更されない、とするのはその典型である。この「取引上の必要」は、以下に掲げる多くの見解にとって共通の論拠の一つでもある。また、August Sigismund Schultzeは、一八七七年ＣＰＯ（一九条・一五七条等）の解釈として、同法が、あらゆる人的結合体を法人と等置していたことを指摘し、そこでは、人的結合体（団体）の訴訟における地位はその民法上の属性（Qualität）に依存しない、という原則が妥当していたと主張する。そして、ＺＰＯ五〇条制定の最大の意義は、かかる原則が従来誤解されてきたことを白日の下に晒した点にある、[42][43]

と述べている。また、団体の訴訟上の地位をめぐる混乱は、これを団体の民法上の属性に即して決定した後に個々の問題に対処しようとする点に起因している、とした上で、かかる状況を打開するには、ＺＰＯ五〇条が「訴訟上の法主体性は実体法上のそれに依存しない」という一般原則を承認する旨を宣言する必要がある、とも述べている。そして、Schultze は、当事者能力の承認は、「事実上の効果として」権利能力を認めることになるにすぎない、とする。なお、この点は、権利能力の承認を前提として当事者能力を肯定する自由設立説と比較すると、対照的である。

(二)　ＲＧ一九〇四年二月一九日判決と Konrad Hellwig の見解

ＷＲＶの制定前の学説のうち、特にＺＰＯ制定直後に主張された学説の中には、(一)で紹介したように支配的見解に反対する見解もあった。これに対して、裁判所としては、ＺＰＯ五〇条の適用がある以上、非連結説Ｂのように、旧来のライヒ裁判所（ＲＧ）の判例（前記ＧＳ）を漫然と踏襲するわけにはいかず、何らかの工夫が必要になってくる。この点を、RG, Urt. v. 19. 2. 1904（RGZ57, S. 90）を素材に検討してみよう。

権利能力なき社団は、その定款において社団による又はこれに対するすべての訴訟について社団を代理（以下、“vertreten” の訳語としては「代表」ではなくこの語を用いる）する権限を理事会（“Vorstand” の訳語。Vorstand 構成員の単独・複数は問われない（ＢＧＢ二六条二項））に付与していたところ、理事会が訴訟を提起する際になした弁護士に対する訴訟代理権の授与が、理事会の署名しかない委任状によって行われたことについて、訴訟代理権授与の有効性が争われた事案で、ＲＧは、「訴訟代理が理事会構成員（理事）を通じてのみ可能な場合には、社団のする訴訟代理権の授権は、それ自体の中に、社団構成員のする訴訟代理権の授権を含む」と述べて、その有効性を認めた。つまり、社団構成員は訴訟代理人の選任権を理事会に与えることができるが、これは定款を通じて包括的に行うことで足り、委任状に対する個々の社団構成員の署名は不要である、との判断を示したのである。

この判決に評釈を加えた Konrad Hellwig[44] は、次のような好意的なコメントを残している。すなわち、本判決の要点は、理事会が構成員の名において訴えを提起することを認めた点であり、「当時の社団構成員の代理権」が「定款を通じて」理事会に付与される（理事会は社団構成員全員の Prozeßbevollmächtigter たる資格を有する[45]）という構成に基づいて法形成が行われる限り、後述する Hellwig 本来の主張が容れられなくても構わないとする。一見すると普通法時代の法定代理構成を想起させるが、社団性の否定（②）が修正される前の判例であるだけに、「定款を通じて」理事会に代理権を付与する者（当事者）は誰か、という点が問題になる。Hellwig によれば、当事者は訴え提起時点で固定されることから、「当時の（jeweilig）構成員全員」＝「訴え提起時の構成員全員」が当事者である、とされている。とすると、右に引用した判旨における「社団のする」という文言は、本人（当事者）が誰かという問題にとって意味をなさず、代理権を付与する者（当事者）の構成に対し、社団性は反映されないことになる。しかし、訴え提起時における当事者の固定は、あくまで擬制であって、訴訟係属中における構成員の交代は予定されている。この解釈は、権利能力なき社団が合手組合であること（ＢＧＢ五四条一文）を前提とした妥協的なものである。

ところで、Hellwig 本来の主張とはいかなるものであろうか。前述のＲＧ判決の評釈からその主張を拾い出してみると、Hellwig は、ＲＧが一九〇〇年一月一日以前に従ってきた命題と称して、「法人的に組織された社団はそれ自体として訴え又は訴えられることができる」、を掲げている。ＺＰＯ五〇条と比べて注意しなければならないのは、「権利能力のない（nichtrechtsfähig）」の語が欠けており、非連結主義と親和的なことである。ただし、ここでは、「独立の特別財産（Selbständige Sondervermögen）」という Hellwig 特有の概念が用いられている点にも留意が必要である[46]。先に検討した Schultze も、ＣＰＯ時代には非法人団体が当事者能力を有することは自明であった旨を述べていたが、Hellwig は、Schultze の根拠条文と同じ内容を規定するＺＰＯ一七条・一七一条（特に、“Vermögensmasse” あるいは"Verein, als solche klagen und verklagt werden"）を根拠としつつ、ＺＰＯは独立の特別財産の概念を認めている、と述べている。

以上のようなHellwigの見解と自由設立説とを比較すると、Hellwigでは、権利能力は当局の認可を受けた社団にのみ付与されると解する点で、権利能力と当事者能力の関係は一応切断されているが、当事者能力の問題になると、独立の特別財産という媒介項を介して、実体法上の法主体性と訴訟上の法主体性（＝当事者能力）が連結される。自由設立説が「権利能力」の取得を自由としたために生じた、権利能力と当事者能力の未分離状況は、Hellwigにあっては、独立の特別財産を媒介項にした、実体法上の法主体性と訴訟上の法主体性の未分離として現れることにかんがみると、両者の違いは紙一重である。Hellwigが、社団（Verein）とは、自由設立主義の下であれば権利能力を有するような組織を備えた団体のことである、と述べていること[47]が右のような評価の証左となる。次に、非連結説（特に、Schultze）と比べてみよう。まず、Hellwigが依拠するＺＰＯの条文に着眼すると、独立の特別財産は、かつてのＧＳをHellwigなりに再構成したものでもあるという点では、非連結説に近いが、当事者能力の承認の効果を「事実上のもの」としないという点では、非連結説との間に一線を画し、自由設立説に接近している。したがって、Hellwigの見解は、内容的には、自由設立説と非連結説との中間に位置づけることができよう。

さて、ここまでに紹介した学説は、ＺＰＯ五〇条制定の意義を多かれ少なかれ相対化する意図を有しているが、当事者能力概念の根拠論としては、慣習法説（自由設立説・非連結説）と制定法説（支配的見解）の対決という構図ができていた。この構図に照らすと、支配的見解が、制定法に依拠した解釈論を推進する中で、慣習法（普通法・ＣＰＯ時代の判例法）に由来する学説が支持者を失っていくのは、当然とも言えよう。実際、この議論が再燃するには、制定法の成立後における新たな法の継続形成を待つ必要があった。

(三)　WRV制定後の学説――Heinrich Stoll の見解

ＷＲＶ制定後の当事者能力論は、偽装的許可主義（①）が事実上廃止された結果として、組合法適用指示（＝社団性否定・②）の修正を説く見解が、憲法を頂点とする法秩序の下での正統性をも獲得したことを背景とする（第二節第一款(一)参照）。すなわち、ＷＲＶ制定前の議論とは異なり、権利能力なき非経済的社団に対してその社団たる属性が正面から肯定されるようになった結果、非経済的社団には組合法理ではなく社団法理を適用すべきであると主張する見解が有力になっていった。このような解釈の変化は、訴訟上の問題にも影響を及ぼす可能性がある。確かに、権利能力なき非経済的社団がその社団性を理由に法主体性が肯定されるのであれば、その延長として、当事者能力が肯定されてもよさそうである。しかしながら、社団が原告側に立つ訴訟では、ＺＰＯ五〇条二項による原告能力否定（④）が障害となるため、ＷＲＶ制定前と同様、構成員全員による固有必要的共同訴訟になるとする解釈が、当時はなお支配的であった。

もっとも、支配的見解とは趣を異にする学説も存在した。Heinrich Stoll の「権利能力なき社団の現状」と題する論文[48]がそれである。一般に、Stoll は権利能力なき社団の法理の確立者とされているが、このような評価は、Stoll が前記②の修正を体系的に論じたことに由来する。しかしその一方で、Stoll が、連結主義（③）・原告能力否定（④）の克服にも本格的に取り組んでいたことはあまり知られていない。ここでは、Stoll の見解のうち、当事者能力に関する議論を紹介する。

Stoll は、次のように述べている。すなわち、理事会[49]は、当時の（jeweilig）構成員全員を代理して社団名で訴えを提起することができる。その理由は、構成員の変動に影響を受けない単一体の様相を呈する社団は、訴訟においても個々の構成員の個性によって影響を受けないのが当然という点にある。そして、単一体である社団は、全体名称

（Gesamtname）[50]＝社団名によって、正確に表示される。すなわち、当事者は当時の構成員全員[51]であって、全体名称は当時の構成員全員を全体として一塊とみなして個別化するための表示、すなわち匿名（Deckname）である。社団に特徴的な機関と構成員の分離の結果、構成員は、個々人としてではなく、その結合状態においてのみ訴訟に対して法的利益を有するため、個々の構成員の氏名を明示する必要はない。また、理事会は、社団の法定代理人ではなく、当時の構成員の通常の（gewönlich）任意代理人[52]である。ここでも、代理権を授与する者は個々の構成員ではなく、単一体としての社団なのであって、個々の構成員は、その内部において、多数派によって議決された利益追求を通じて満足しなければならないとする[53]。

右に紹介した論旨を理解するには、Stollにおける権利能力なき社団の標識（メルクマール）を知っておく必要がある。しかしその前に、基本となるＲＧによる権利能力なき社団の定式を示しておくと[54]、次の通りである。「共通の目的を達成するための、永続を予定した比較的多数人の結合であって、その定款により団体的に（Körperschaftlich）組織され、全体名称を有し、かつ、構成員の交代が見込まれているもの」。Stollは、権利能力なき社団を「単一体」として捉えるところに特徴がある[55]。いわく、権利能力なき社団の標識は、全体的に把握されねばならない。そしてこれには、主観的考察方法と客観的考察方法がある。前者は定款の記載内容を決定的論拠とするのに対し、後者は取引上の通念を決め手とする。Stollは、後者を採用するとし、その理由について次のように述べている。

取引上の利益保護に資するため、ＢＧＢは準則主義を導入した[56]。よって社団は、この法人設立制度による審査を通じて、単一体としての表示（登記）を確実に獲得することができる。これと同様、社団は、取引過程における審査による承認を通じて、独立性ある団体人格が認められる。従来の社団の定式（前掲ＲＧの定式を参照）の中には、個別的な標識（メルクマール）が含まれているが、その定式が正しいと言えるためには、その包括的な側面を重視する必要がある。そして、Stollは、「団体の独立性を示す蓋然性は、こうした外的な標識（メルクマール）が事実上存在することに基づいて判断すべきものと考えらえる。しかし、社団が、構成員に対して独立性ある単一体としての地位を獲得するには、共同体構成員による承認が必要である」と述べて、ＲＧが、定款中に名称に関する定めのない社団が取引上は名称を用いていたという場合[57]や、団体の全体的構造から機関の抽象的な存在が推認されうる場合[58]に、社団の独立性を認めてきたことを傍証として指摘する。

右に訳出した部分から看取されるように、Stoll は権利能力なき社団の標識（メルクマール）について、二元的な把握を試みている。これによれば、全体名称の下で理事会を通じて代理される場合の「単一体」は、当時の構成員全員と同義である。しかも、その「単一体」の存在は、取引上の通念に基礎を置いた蓋然的判断よって認定される（事実上の存在で足りる）と解されている。これに対して、対内的法律関係では、取引上の通念とは別に、構成員による承認を要件として「単一体」の存在を肯定するものと解されている。

では、右に紹介した Stoll の見解は、どのように位置づけられるべきであろうか。まず、学説としての系譜を確認しておきたい。そこで、第二節第二款㈠で紹介した自由設立説と比較すると、Stoll の客観的考察方法は、取引社会における主体性の承認を訴訟上の主体性にそのまま反映する点では、法人設立のために特別な許認可を不要とする自由設立主義と共通する面があるが、Stoll は必ずしも権利能力を目指していない点において異なる。組合法適用指示（＝社団性否定・②）の修正によって非経済的社団の設立制度が本来の準則主義として正常化した以上、制定法に衝突するような解釈をする必要が事実上なくなったことが、ＢＧＢの権利能力概念（法人設立制度とその帰結）をそのまま受け入れるに至った理由であろう[59]。また、Stoll は、当時有力であった利益法学（Interessenjurisprudenz）の信奉者であったことにかんがみ、ＺＰＯ制定直後の行きすぎた制定法実証主義に対しては、社会の実態に即した一定の修正を加えるという意図を有していたと考えられるが、それを超えて制定法を極端に相対化するわけではないことは、右に紹介した結論からも裏づけられるだろう。

次に、非連結説との関係を検討する。第二節第二款(一)で紹介したように、非連結説は、基本的にはＺＰＯ五〇条が成立する以前の慣習法（ＲＧ等のＧＳに関する判例）を根拠としている。一方、Stoll の見解は、その内容からして、この非連結説の方向を志向していると解されるが、論拠として援用するのはＺＰＯ制定後の裁判例のみである。そこで、Stoll が、この非連結説と同一の系譜に属するかどうかが問題となるが、後述する Habscheid の論文において、Stoll の見解を採用すれば、普通法時代における法の継続形成との連続性が保たれる、と指摘されている点にかんがみ、同一系譜のものと評価してよいだろう。[60] なお、Stoll は、非連結説Ａについては、Wach による形式的当事者能力と実質的当事者能力の区別に言及しつつも、明示的には援用していないため、[61] ＲＧ等のＧＳに関する法の継続形成の結果を採用するとしても、それを形式的当事者能力として説明することには賛成していないものと解される。

では、Stoll の見解は、学説としてどこに意義があるのだろうか。それは、社団の理事会を訴訟上の任意代理人とした場合の本人を、単一体として把握された「当時の構成員全員」と解した点にあると解すべきである。実はこの点は、一九〇四年のＲＧ判決（Hellwig 評釈）における「構成員」と結果的には同じと解される。つまり、当時のこの「構成員」は、本来は個々の氏名をもって特定されるべき人の集まりであるところ、定款を通じた包括的な代理権の授与を認める反面、当時の構成員全員の性質を有していた。しかしこれだけであれば、Hellwig の指摘するように、訴え提起時に構成員（当事者）が固定するものとみなし、その後の当事者交替を無視する解釈でしかない。これに対して、Stoll における「当時の構成員全員」は、社団法理を背景として「単一体」と互換性を有することが前提とされ、訴訟上の当事者として個々の構成員の氏名をもって特定することを最初から予定せず、むしろ当時の構成員全員の匿名として社団名（全体名称）を位置づけている。この点にかんがみると、Stoll の見解は、当事者能力と呼ぶにふさわしい内容を備えていると言えよう。しかし、仮にそうだとすると、Stoll の見解が、なぜ「当事者能力」の名の下で展開されなかったのかという疑問が生ずるが、この点については後述に譲ることとする。

(四)　戦後の学説

最後に、戦後における当事者能力論の動向を簡単に確認しておきたい。第二節第二款(三)までに紹介した非連結主義に属する学説に対して、明確な支持を表明している文献としては、Gustav Boehmer の体系書（一九五二年）、Walther J. Habscheid の論文（一九五五年）が挙げられる。[62] この背景には、ナチスによる労働組合・政党の解体と戦後の復興、とりわけ政党の台頭（第二節第一款(三)参照）があったと考えられるが、長年忘れ去られていた Stoll の見解が、戦後二人の有力な学者の支持を得て、再び脚光を浴びたことが、権利能力なき社団の法理のその後の進展を促進した点は注目に値しよう。

もっとも、当事者能力論という観点からこれらの学説を見た場合、Boehmer や Habscheid は、Stoll の見解の繰り返しにすぎない面がある。個々の論者に固有の主張について言えば、Boehmer は、現行法の解釈においては Stoll 説を支持しながらも、ZPO五〇条二項の廃止（④）を視野に入れた、制定法に反する慣習法（Gewohnheitsrecht contra legem）を提唱している点に特徴がある。[63] この論旨は結局、第二節第二款(一)で紹介した自由設立説と同じ系譜に属する。他方、Habscheid は、現行法の枠内に納まる「周辺部分の修正（Randberichtigung）」を目指す解釈論として、Stoll 説の支持を打ち出している。Habscheid の文献は、Stoll 説が、制定法実証主義の枠内で、RGの判例により形成された慣習法（GS）を復活させようとした意図をよく理解し、これを適切に評価したものと言ってよいだろう。その他、Stoll 説は、戦後の下級審裁判例にも少なからず影響を与えているが、その点の検討は、第三款で行う。

なお、この(四)で紹介した学説を総称して、「全体名称による訴え（Klage unter einem Gesamtnamen）」を許容する見解と整理されることがあるが(三)で詳論したように、この呼称は、狭義において Stoll の見解を指していることには留意されたい。

第三款　裁判例の検討

(一)　ＢＧＨの立場

1　問題の所在

ここでは、第二款で検討した非連結主義という考え方が、戦後の裁判実務においてどのように位置づけられたかを検討する。検討の対象は、戦後から一九六八年までに公刊された、当事者能力に関連する判断が含まれた裁判例である。この時期の裁判例に特徴的であるのは、第二次大戦中にナチスによって壊滅させられた政党が、戦後になって徐々に息を吹き返すに伴い、ＺＰＯが否定した原告能力を主張して訴訟に登場する事件が散見されることである。当時の労働組合も、政党と同様の事情を抱えていた。一般に、労働組合や政党のような大規模組織体について、原告能力が否定された場合、その不都合が堪え難いものであることは、容易に想像できる。例えば、構成員全員の固有必要的共同訴訟としてＺＰＯ六二条が適用されることを前提に、構成員全員の氏名等を訴状の当事者欄に記載しなければならない事務処理上の問題は重大であり、場合によっては、それが原因で現実の提訴が不可能になることも考えられる。仮にそのような原因で提訴困難となれば、そのこと自体が構成員の権利保護を求める利益を侵害することになりかねない。こうした問題は、従来から指摘されてきたものであるが、下級審裁判例においては、これによる不都合を回避するため、いくつかの代替手段が認められてきた。そのような状況において、BGH, Urt. v. 6. 10. 1964（以下、「六四年〔ＢＧＨ〕判決」という）[64]が、この問題について一つの区切りをつけた。

次に検討する六四年BGH判決は、ZPO五〇条問題に関する論点をほぼ網羅しており、権利能力なき社団の当事者能力に関するドイツの判例の立場を知るには非常に有益である。そこで、以下では、同判決の意義と射程の考察を中心に据えて検討を行うこととする。

まず、事案の概要は、次の通りである。公務・運輸・交通労働組合（ÖTV）が、警察官労働組合（GdP）を相手取り、構成員を獲得する目的をもってÖTVが行う宣伝活動を、GdPが妨害したとして、その差止めおよび損害賠償等を請求した。原告は、その際、次のような三通りの提訴方法を主張している。すなわち、1．理事（判決文では、「業務執行権を有する総括理事会（Hauptvorstand）の構成員」とあるが、本文のように略称する）が原告となってÖTVのために行う訴え（信託的譲渡または任意的訴訟担当）、2．ÖTVの名の下で行為する労働組合の構成員全体が原告となり、理事がこれを代理して行う訴え（全体名称による訴え）、3．権利能力なき社団たるÖTV自身が原告となり、理事がこれを代理して行う訴え（原告能力）、である。

第一審はいずれの提訴方法をも否定したが、原審は、全体名称による訴え（2の方法）を認めて、他の方法を否定した。しかし、上告審が認めたのは、社団の原告能力（＝3の方法）であった。まさにこの結論が、ZPO五〇条二項に反する法の継続形成として議論を呼び起こすことになったことは有名である。これに対して、非連結主義の当事者能力に関するBGHの立場を検討する場合には、いかなる理由から全体名称による訴えが否定されたのかが重要である。

他方、訴訟担当等（＝1の方法）に関しては、ZPO五〇条に関する裁判実務では、多くの事案において全体名称による訴え（＝2の方法）と同時に提出されている。しかし、以下の本文では、議論が拡散するのを防ぐため、訴訟担当等についての紹介は割愛する。(65) なお、本判決の時点（一九六四年）では、政党に当事者能力を付与するPartG（一九六七年）は成立していないため、ZPO五〇条二項による原告能力の欠如の点において、政党と労働組合が共通の前提に立っていた時期であることには留意されたい。

2　全体名称による訴えを否定した理由

（ア）　六四年BGH判決

まず、六四年BGH判決において検討された全体名称による訴え（＝2の方法）の内容を紹介する。これは、社団名で統合された構成員全員（Gesamtheit der unter Vereinsnamen zusammengefaßten Mitglieder）が原告となることを認めて、ZPO五〇条二項による原告能力の欠如によって生じる不都合（すなわち提訴困難）を除去するための代替的な提訴方法である。この方法によれば、原告となるべき当事者は、社団名と代理権を有する理事会の氏名の表示によって十分に特定される。この個別化方式によれば、原告を容易に他者から区別することができると同時に、原告は構成員全員の氏名を訴状の当事者欄に表示する手間から解放される。

以上のように、全体名称による訴えが、権利能力なき社団の実体法上の主体性の問題を棚上げして、社団名によって統合された構成員全員を一つの単位として、これを原告として扱うものである以上、第二節第二款㈢で検討したStollの見解、よってさらに普通法・RGの判例による慣習法に由来するものと解される。

ところで、六四年BGH判決は、全体名称による訴えを否定したのであるが、その際の理由は、次の二点に集約される。第一に、この方法では、誰が原告として訴訟法律関係の主体となるのかが分からないため、一定の時点で誰が原告であるのかを膨大な構成員名簿から割り出さねばならないことになるが、そうした事態は、手続法（ZPO二五三条二項一号、および、同条四項一号が準用する一三〇条一号）の要求する明確性に照らして許されないこと、第二に、社団的結合体に所属しつつ、社団の理事会によって代理されている「当時の構成員」に対し原告としての役割を認め、請求棄却判決の際、勝訴した被告が訴訟費用につき社団の財産に対して強制執行を行うことを許すならば、実質的には、社団自体を構成員の変動にかかわりのない法的に独立した請求の担い手とみなして原告能力を認めたも同然であること（ZPO五〇条二項違反）、である。

第一の否定の理由は、六四年BGH判決が、本件の当事者を当時の個々の構成員と解釈したことに起因している。この意味で、やや誤解があり、Stoll の見解に倣ってRGの判例によるGSに関する慣習法を整理すれば（第二節第二款㈢参照）、社団の名称を掲げ、それをもって訴訟法律関係の主体を特定したものと扱うことができるため、回避可能な問題と言える。しかし、そのようにしてBGHの疑問を回避しても、もう一つのBGHの疑問に突き当たる。すなわち、第二の否定の理由は、社団の理事会によって代理される提訴当時の構成員という観念に原告の役割を肯定することは、結局、社団自身に原告能力を認めるに等しいとの評価に基づいている。なるほど、提訴当時の構成員という観念を社団の名称で特定表示することを許せば、社団に原告能力そのものを肯定したこととどこが異なるのか説明に窮すると思われ、その意味で、BGHの主張は正鵠を射ている。もっとも、BGHの説示はやや簡潔すぎるところがある。そこで、六四年判決以前の下級審裁判例の状況を確認し、その上で、改めてBGHの批判の当否を検討することとする。[67]

（イ）　五三年 LG Essen 判決

【1】LG Essen, Urt. v. 22. 7. 1953（NJW 1953, S. 1716）は、ドイツ党が、独立ドイツ党に対しその名称の使用を差し止める旨の仮処分を得たが、異議申し立てにより取り消された事件の控訴審である。本件において、LG Essen は、ドイツ党の理事会構成員（理事）が、氏名権（BGB一二条）を自己の名において主張する訴訟担当（＝1の方法）を否定した上で、ドイツ党の構成員を当事者とする全体名称による訴え（＝2の方法）を認めた。本件判旨は、まず権利能力なき社団にも氏名権は認められると判示した、RG, Urt. v. 13. 12. 1911（RGZ 78, S. 101）を引用し、同判[68][69]

決は、構成員の全体に氏名権が帰属することを認めているとする。しかし、本件では、ＺＰＯ二五三条が要求する個々の構成員の氏名が表示されていない点（これが表示されて初めて人的結合体を個別化し、特定できるとする）で問題があると述べている。

もっとも、LG Essen は、把握できない程の構成員数を擁する団体の場合は、この原則の例外が妥当するとして、次のように述べる。すなわち、「（構成員が多すぎて原則を適用したのでは必要な個別化が不可能な）事案では、人的結合体（Personenmehrheit）が、何らかの形で概念にまで高められた集合名称[70]――ここでは「ドイツ党」――の下で表示され、かつ、定款上その人的結合体を代表ないし代理する権限が付与された個人――ここでは党幹部（Direktorium）――の氏名がＢＧＢ五四条二文[71]にいう「行為者」として当事者欄に記載されているならば、当事者の表示に十分な明確性（Bestimmtheit）が満たされているものと言わねばならない」、と。そして、人的結合体がこのように表示されることで、当事者の表示という技術的・形式的な要請と同時に、人的責任を伴って任命される政党の意思の担い手を具体的に表示するという実体的な要請も十分に満たされる、とされている。

では、六四年ＢＧＨ判決が指摘した全体名称による訴えを否定する理由は、【1】の判旨に関して言うと、どこに向けられたものだろうか。第一の理由について検討すると、【1】は、構成員全体が当事者であるとしながら、当事者欄の表示は、原則として構成員「全員」でなければならないとする。しかもこれは、ＺＰＯ二五三条の帰結であると述べながら、原則の適用が困難な場合には、社団名と代表者名の両方を掲げる例外的な表示でも許されるとしている。もっとも、【1】は、この例外が許されるには、実務上全員の表示が不可能というだけでなく、このような表示の省略なしには、社団は保護に値する利益を裁判上貫徹できない場合である必要がある、とされている。そうだとすると、ＢＧＨが全体名称による訴えを否定した第一の理由に関しては、表示の省略が認められる場合であるかどうかの問題に帰すると考えられる。次に、ＢＧＨが全体名称による訴えを否定した第二の理由を検討すると、【1】においては、当該判旨の結論と原告能力の承認との間の相違が、形式上のものにすぎないことが自認されている。

（ウ）　五七年 LG Bonn 判決

【1】と同旨の判決として、【2】LG Bonn, Urt. v. 10. 5. 1957（NJW 1957, S. 1883）がある。【2】では、全体名称による訴えが許容されるための要件が、次のようにまとめられている。すなわち、1．社団が非常に数多くの構成員を有するために、実務上、すべての構成員を（当事者欄に）掲げることが不可能であること、2．訴えの対象又は基礎は、例えば氏名権や構成員権のように、社団的に統合された構成員のみに帰属しうるものであり、かつ、（理事会には）譲渡できない権利であること、3．社団の財産は、氏名が掲げられた個々の構成員に帰属しており、かつ、訴訟費用を償うのに十分であることが確実であること、である。これら三つの要件が具備されたとき、全体名称による訴えは許容される。[72]

個々の要件を検討してみると、右に引用した要件1・2は、【1】においても同旨が述べられている。問題は、要件3において、社団の財産は「氏名が掲げられた個々の構成員」に「帰属」していなければならない、とされていることの意味である。この点については、【2】における次の補足説明が参考になる。すなわち、訴状における当事者の表示に関するZPO二五三条二項は、muß 規定〔効力規定〕であるが、同条四項によって準用される準備書面に関する一三〇条は、soll 規定〔訓示規定〕であり、法は、当事者の表示そのものと、その表示の仕方を区別している。[73]これにより、ZPOの当事者表示の要請には一定のニュアンスがあることが分かる。そして、この点に着眼すれば、表示されるべき当事者が構成員全員であることを自覚しながら、必要な省略を試みることは、ZPOの禁止するところではない、と解する余地がある、とされる。要するに、BGHが全体名称による訴えを否定する第一の理由は、社団的に結合した構成員を当事者とする訴訟においても、あくまで当事者全員の表示が必要と解するからであるが、【2】は、ＢＧＨのこのような考え方は、ＺＰＯ二五三条・一三〇条を誤解したものである、と指摘しているのである。したがって、【2】を踏まえて、【1】の判旨を読む限り、構成員全員の表示の省略として、社団名と代表者個人名を掲げるという表示方法は、ＺＰＯの下で適法であると解すべきことになる。

さて、以上のような解釈を前提として要件3に目を向けると、「氏名が掲げられた」とされている点は、右に検討した意味で当事者表示を行ったことを意味するものと解することができる。したがって、「個々の構成員」は、省略表示が許された構成員全員を指すものと解することができる。換言すれば、社団財産は、構成員に合手的に帰属し、当事者も構成員全員であるが、表示されるのはすべての構成員ではなく、社団名（全体名称）と理事会構成員（理事）の氏名であり、またこれらの表示によって構成員全員が表示されたことになるのである。

次に、ＢＧＨが全体名称による訴えを否定する第二の理由を検討する。この方法が社団の原告能力の肯定に帰することの問題性は、【2】でも言及されている。そこでは、勝訴した被告が、訴訟費用について原告である個々の構成員の個人財産を対象として執行を開始した事例が検討され、結局は社団財産への責任制限（Haftungsbeschränkung）を認めるか否かの問題と結論づけられている。しかしＢＧＨは、同じ問題を取り上げて、これを肯定すれば、社団自身に当事者能力を認めるに等しい結果になると指摘する。もっとも、訴訟費用につき前述のような責任制限を認めるか否かの問題と、社団の原告能力の承認とは同義のはずがなく、むしろ、当事者表示の省略を加える必要がある。これら両者とも肯定されるならば、ＢＧＨの言う通り、社団自身に当事者能力を認めたに等しい結果になる。したがって、例えば、非経済的社団の場合には、一般に責任制限が肯定されるため、この社団が全体名称による訴えを利用する場合、ＢＧＨの指摘は正しいと考えられる。しかしながら、第二の理由は、【1】が自認している以上、今更といったところがあろう。

なお、【2】では引用されていないが、【1】においては代表者をBGB五四条二文の行為者として表示することが要求されているので、この点について簡単に説明しておきたい。すなわち、BGB五四条二文[74]では、「行為者」は、社団の名の下で第三者との間で行った法律行為について人的に（persönlich）責任を負う、と規定されている。一般に、かかる行為者の責任は、権利能力なき社団の名の下で行為した者に対して法が特別に認めた責任であり、社団財産の責任とは無関係に認められる追加的な（zusätzlich）責任であると解されている。[75]その根拠は、権利能力なき社団には社団登記簿による公示がないのみならず、その代理・責任関係が国家によって承認されていないことと、帳尻を合わせる点にあるとされる（社団政策的な観点）。そして、BGB五四条二文における「行為者」責任の要件としては、社団の名の下で相手方の前に登場したことだけで足りることから考えて、「行為者」は、訴状にその氏名が記載されたことによって社団側敗訴の際に訴訟費用を支払う責任を負うものと解される。したがって、【1】が、代表者個人名を掲げることを要請するのは、単に、原告敗訴の際に被告による訴訟費用の取立てがなされるのをできるだけ容易にする、という効果を狙っただけのことと言えそうである。

もっとも、「行為者」は、社団を代理する権限を有する必要はない、と一般に解されていることにかんがみると、[76]【1】のように「行為者」が代表者でもあるなら（事後の追認を含む）、行為者と並んで社団財産も責任を負うことになるだけであって、代表者の行為者責任が免除されるわけではない、という点には留意が必要である。なお、【1】【2】と同系列の裁判例として【3】LG Köln, Urt. v. 16. 3. 1961（MDR 1962, S. 61）[77]があるが、理論的問題にわたる記述は【1】に酷似するので、紹介を省略する。

（エ）小　括

以上に紹介した判旨にも現れているが、【1】〜【3】の下級審裁判例には、次のような共通の特徴がある（例として【2】要件2)。すなわち、いずれの判旨においても、全体名称による訴えは、氏名権等の譲渡不能な権利に関してのみ許されるとされている。これを前提に、BGHが全体名称による訴えを否定した意義を検討すると、六四年BGH判決の事案では、労働組合自身にのみ帰属する譲渡不能な権利が基礎となっていた。よって、BGHは、氏名権に関する事案ではないとの理由から、全体名称による訴えを否定したのではない。むしろ、より一般的に、全体名称による訴えを許容してきた従前の下級審の裁判実務を否定したものと解される。換言すれば、BGHは、法人でない団体が訴えを提起する事案の処理として、Stoll説や普通法・RG判例による慣習法の系譜に属する全体名称による訴えという方法を禁止したのである(78)。もっとも、【1】~【3】は、仔細に見れば、氏名権等との関係でのみ構成員全員の当事者表示を省略し、またこの限りで、当事者たる構成員を包括的に把握しているにすぎない。これに対して、Stollらの見解は、このような限定がないという点で、両者は異なるのだが、BGHの目からみれば、この差異は無視できるものとされたのである。

以上の分析から、BGHが全体名称による訴えを否定する意図は明確と言わざるを得ない。しかしながら、そこで援用された論拠は、はなはだ不十分ではなかろうか。というのも、BGHが掲げる第一・第二の理由は、結局、実体法上の法主体性を前提にしない当事者能力は認められない、と述べたにすぎず、全体名称による訴えに代表される非連結主義の当事者能力が、理論的になぜ許されないのかという点には、何も答えていないからである。

関連して、六四年BGH判決を評釈したHerbert Fenn(79)は、全体名称による訴えを論評して、「あまりにも見え透いた逃げ道」と批判している。しかしながら、この批判も、やはり全体名称による訴えは、ZPO五〇条一項で採用された連結主義からは理解できない、あるいは、前提が違う、といった当然の反応を述べただけのものである。

ともあれ、非連結主義が否定された真の理由に関しては、第三節において改めて検討することとし、以下では、BGHが推奨する連結主義に基づいた解決策がどのようなものかを先に検討することとしよう。

3　社団の原告能力を肯定した理由

（ア）　原告能力の肯定とその射程

ＺＰＯ五〇条二項が社団の原告能力を否定したことに起因する問題の抜本的解決が、原告能力の肯定であることは明らかである。この解決方法は、ＺＰＯ五〇条二項に正面から違反してしまうという点に問題があるが、ＢＧＨは敢えて結論として原告能力を認めた。まずは、ＢＧＨがそのために提示した理由を見てみよう。ＢＧＨが掲げた理由は、1．ＢＧＢおよびＺＰＯを制定した当時における国家と権利能力なき社団の関係に対する考え方に間違いがあったことが判明し、かつ、現在その考え方が妥当しないことが明白であること、2．ＧＧ九条三項やその趣旨を汲んだ労働裁判所法等にかんがみ、労働組合にはその他の権利能力なき社団に比して優越的地位が付与されていること、3．ＧＧ九条三項の団結自由は、団結に対する私人による違法な侵害からも団結を保護すること、の三点である。

まず、1の理由から検討しよう。ＺＰＯ五〇条二項の問題点は、社団の原告能力を否定した点にあるから、これを回復すれば問題が解決することは自明とも言える。確かに、ＺＰＯの制定に際して原告能力が否定された背景には、当時の団結・結社に対する国家のアレルギーがあったが(80)、その後はＷＲＶを経てＧＧに基づく新たな憲法秩序が構築され、団結・結社の地位が向上した以上、本来あるはずの原告能力を元の通り回復させることは必然とも言える。しかしながら、ＢＧＨは、「一般性」を説く必要性は、本件には存しないとして、原告能力の承認は、部分的領域に限られると判示した。もっとも、このように言う場合には、どの範囲で承認されるのかという射程が問題になる。ＢＧＨが掲げた2・3の理由は、この射程を明確にするためのものである。すなわち、2の理由は、訴訟の主体の観点から、3の理由は、訴訟の客体の観点から、原告能力が承認される権利能力なき社団の範囲を画する役割を担っている。

そこで、2の理由に即して、主体に関する射程を検討すると、BGHによれば、労働組合と政党は、他の権利能力なき社団と異なり、優遇されるのが法秩序全体からの要請であるとされる。その根拠は、労働組合と政党は、国家・社会に対して特別な公共的任務を担っているからである。換言すれば、権利能力なき社団の中で優遇されてよいのは、公共的任務の担い手にふさわしい存在であり、労働組合と政党はこれに該当するとされたのである。

次に、3の理由に即して、客体に関する射程を検討すると、BGHによれば、労働組合の存在・活動に対して民事上許されない侵害があったときは、これに対して裁判所に保護を求めることができなければならない。ただし、訴訟の客体は、私人の団結に対する違法な侵害により団結それ自体に生じた不利益ないし損害に関する権利であって、その性質上譲渡不能でなければならないとされている。

（イ）　客体に関する射程の絞り込みとその当否

以上のように、BGHは、権利能力なき社団に原告能力を認めるに当たり、訴訟の主体と客体の両面から制限を設けた。しかし、主体の限定のみならず、客体まで限定して当事者能力を認めることに問題はないのだろうか。

この点については、六四年判決と同様、譲渡不能な権利と原告能力の承認を結びつけた判断が、【4】LG Hamburg, Urt. v. 18. 12. 1958（NJW 1959, S. 1927）において、特に氏名権に関して行われており、BGHは、【4】を「結論において同旨」として引用している。【4】の判旨は、大略、次のように述べている。

氏名とは、「他人との区別を目的として人格を恒常的に表示するための言語上の標識」である。結合した個々の人格を単一体として統合しかつ表示する氏名（名称）は、法人のみならず権利能力なき社団にとっても不可欠である。また、権利能力なき社団がその人格の本質的な特徴を表示するということは、社団が固有の名称を用いる能力を有することに帰する。よって、氏名権（"Namensrecht" の訳語。社団の場合には「名称権」を意味するが、この訳語を使用する）は本来、人格に帰属するのである。これに加えて、第一に、権利能力なき社団の氏名権の不可侵性が、実体法秩序により保障されている場合、これを実現する裁判上の手続が保障されるべきであること、第二に、人格の表示たる氏名には不可分性があり、社団名の唯一の担い手は当該権利能力なき社団であること、の二点を加味すると、権利能力なき社団は、氏名権の侵害を主張する限りにおいて、原告能力を有する。(81)

ＢＧＨは、前述のように【4】に準拠するのであるが、本件の事案は氏名権そのものではなく、不法行為債権について原告能力を認めたものであるから、客体に関する読み替えが必要である。このことを前提とすると、不法行為債権に限定して権利能力なき社団の原告能力を認めるという客体の限定は、労働組合については原告能力を認めるという主体の限定と併存的に行われるとき、権利保護の範囲は相当に狭くなる。すなわち、労働組合は不法行為債権について原告能力を有するにすぎない。しかも、この不法行為債権は譲渡不能である必要がある。

さて、以上のような六四年判決を検討した文献は、二つの方向で、同判決を整理している。一つは、労働組合は原告能力を有するべきであるが当面は譲渡不能な権利に限定して認めたものと位置づける立場（主体面重視）(82)、他の一つは、氏名権の判例法理と同様、権利能力のない社団も譲渡不能な権利について原告能力を有するべきであるが当面はその結論を労働組合に限定したものと位置づける立場（客体面重視）(83)である。しかし、ＢＧＨ自身は、明示的には、主体面と客体面のどちらか一方を重視するわけではない。とは言え、主体の限定は、数ある社団の中から労働組合を抽出してする法人化に接近するため(84)、労働組合の法秩序内部における地位の向上を反映するには、主体の限定が適しているはずである。

もっとも、六四年判決の時点において、ＢＧＨがどちらか一方を重視する方向性の議論に与しなかったことを好意的に評価する見解もある。(85)すなわち、ＺＰＯ五〇条二項の問題は、本来議会の立法権に委ねるべきところ、様々な事態を想定して理論的な詰めを放棄しながら、権利保護の拒絶か、それとも原告能力承認（制定法違反）か、という二者択一に迫られたＢＧＨが、やむにやまれぬ必要（unabweisbaren Bedürfnis）に迫られて原告能力を認めた点は、法の継続形成のお手本である、というわけである。

（ウ）　六八年ＢＧＨ判決による射程変更

六四年判決は、権利能力なき社団の一部に原告能力を認めた点で画期的であったが、（イ）で検討したように、理論面ではどっちつかずという問題を抱えていた。しかし、六四年判決と同一の原告が提起したBGH, Urt. v. 11. 7. 1968（BGHZ 50, 325）（以下、「六八年〔ＢＧＨ〕判決」という）において、ＢＧＨは、労働組合は譲渡可能な権利を含め一般的に原告能力を有する、と判示した。すなわち、六四年判決が労働組合の原告能力を肯定するに当たって訴訟の客体に関して付した制限が、取り外されたのである。これにより、（イ）で検討した六四年判決の難点は修正されたことになる。

ともあれ、六八年判決の登場によって、「労働組合は当事者能力を有する」という命題が、判例法として確立されたことになる。これは、一方では、ＧＧの団結自由の保障が、民事訴訟における当事者の地位として完全に反映されたことを意味しており、また他方では、ＺＰＯ五〇条二項の違反事例が労働組合一般の訴訟事件へと拡大されたことをも意味している。

特に後者の問題を意識してのことであろうが、六八年判決は、ＺＰＯ五〇条二項の明文に違反した結論の正統性について、次の二点を指摘する。すなわち、1．労働法領域に関する立法全般から看取される「立法者による実質的改廃（matelielle Derogation）」の結果、実際に妥当している法秩序と労働組合の原告能力の不存在とが調和しなくなったこと、2．「法（ｌｅｘ）」として、ひとりＺＰＯ五〇条だけを考えるのではなく、法秩序全体を通じて秩序づけられる労働組合の法的地位を考えるならば、「法に反する（contra legem）」法の継続形成は全く問題とならないこと、である。

右に掲げた判旨1における「立法者による実質的改廃」とは、ZPO五〇条の制定当時に見受けられた権威国家思想が、いまや労働法の分野では存在せず、よって権威国家思想の影響を受けた労働関係の諸立法も改正等によって改善されていることを指しているものと解される（第二節第一款㈡㈣参照）。他方、六八年判決の判旨2は、改善された労働関係諸法から導かれるであろう労働組合の法的地位（特に私法上の地位）にかんがみると、ZPO五〇条二項が規定する労働組合の原告能力の欠如は、あまりにも不似合いであり、その改善手段として、法の継続形成が許されてよいとの評価を述べているものと思われる。

後者の点を少し敷衍すると、別の理論的な説明もされている。すなわち、労働関係諸法から導出される労働組合の地位、つまり、労働組合には原告能力があるという命題は、一種の法源（判旨では「法（lex）」）として観念されるのであり、それに基づいて法の継続形成を行う場合には、「法に反する」という評価が当たるはずがないとされる。なお、労働組合に原告能力を付与する裁判が法に反するかどうかについて、BGHがことさら気づかうのは、GG二〇条三項（裁判の法律・法による拘束）を意識しているからである[86][87]。

ところで、六八年判決については、右に検討した理由づけが、果たして、労働組合の原告能力の承認とZPO五〇条二項との間の衝突問題を説明することに成功しているかどうかを問題とする余地がある[88]。もっとも、結論として労働組合を特別扱いするという六八年判決は、六四年判決が主体の限定と客体の限定を交錯させ、理由づけの面でも合わせ技一本であったために[89]、理論面において安定性が欠けていたことを背景に、これを克服しようとした意欲的な判決と評価できることには留意すべきである。なお、BGHがこれをさらに一歩進めて、ZPO五〇条二項違憲論[90]を唱える方向に進むかどうかについては、否定的に解さざるをえない[91]。

(エ)　小　括

最後に、非連結主義の当事者能力の可能性という観点から、六四年判決と六八年判決の意義を確認しておきたい。六四年判決は、ZPO五〇条二項による労働組合の原告能力の否定という問題を解決するに際して、全体名称による訴えと、労働組合に対する例外的な原告能力という選択問題について、前者を否定し、後者を選んだ。この結論自体から、BGHが非連結主義に対して消極的であることは明らかである。

では、BGHは、連結主義に積極的であろうか。この点に関する六八年判決の結論は、原告能力が否定された権利能力なき社団の中から、労働組合を抽出してこれを救済するというものであった。しかしこの結論は、労働組合に対して権利能力を肯定しない限り、法人と権利能力なき社団との間に第三の範疇の人的結合体を創出することになる。換言すれば、六八年判決の結論は、必ずしも連結主義を意味しないのである。

このように、六四年判決・六八年判決により、ZPO五〇条二項の問題が解決されたわけではなく、なお問題が残っていることには留意すべきである。

(二)　下部組織および一般の社団の当事者能力

1　問題の所在

ZPO五〇条二項の規律内容は、(一)で紹介した労働組合の原告能力に関するBGHの判決によって変更されたが、他方で、政党に関しても、変更を余儀なくされることになった。すなわち、六八年BGH判決の一年前である一九六七年にPartG（政党法）が制定されているが、その三条において、政党の通常裁判所における完全な当事者能力が認められている（第二節第一款(三)3参照）。よって、同条の適用される政党については、ZPO五〇条二項にもかかわらず、原告能力が認められることになった。[92]

右の事情を踏まえると、一九六八年以降におけるZPO五〇条二項の問題は、次のように整理できることになる。第一に、当事者能力を有する政党や労働組合の下部組織にも当事者能力が認められるか、第二に、政党や労働組合以外の一般の権利能力なき社団には、なお原告能力は認められないのか、の二点である。

もっとも、これらの問題が生ずる場面では、六四年および六八年のBGH判決の登場やPartGの制定の前から利用されてきた任意的訴訟担当や全体名称による訴えが、相変わらず有力な代替的な提訴方法であり続けることになる。しかし、以下の考察においては、原告能力が認められない社団の代替的な提訴方法としては、㈠と同様、全体名称による訴えに着目することにしたい。

2　政党の下部組織の当事者能力

（ア）　PartGとZPOの関係

具体的な検討に入る前に、PartG三条とZPO五〇条二項の関係を明らかにしておくのが便宜である。まず、PartG三条では、政党はその名において訴え又は訴えられることができ、党則に別段の定めのない限り、当時最高位の地域団体についても同様と規定されている。つまり、同条の「政党」とは全国政党のことであるから、要するに、全国政党とその州組織には当事者能力が認められることになる。しかし、これらは権利能力なき社団でもあるから、PartG三条とZPO五〇条二項をどのように適用していくかが問題になる。この点について、かつては、PartG三条を「完結した（abschließend）規律」とみなし、下部組織（Kreisverband, Ortsverband, Bezirkverband）に対しても同条の規律が及ぶため、ZPOは適用されず、よって下部組織の被告能力は否定されるとの解釈も存在したようである。しかし一般には、全国政党とその州組織に対しては、PartG三条が優先適用されるものの、同法の要件に該当しない下部組織に対しては、PartGが制定される前と同様、ZPO五〇条二項が適用され、被告能力のみが認められると解されている[93]。

右に述べた関係を前提として、次に、政党の下部組織の当事者能力に関する裁判例を検討する。

（イ）　政党の下部組織の当事者能力

今回収集した裁判例[94]の全般的な特徴は、被告能力に関する事案が非常に多いという点である。原告能力に関する事案は、【5】OLG Frankfurt, Urt. v. 15. 8. 1984（MDR 1984, S. 1030）、【6】OLG Celle, Urt. v. 8. 3. 1989（NJW 1989, S. 2477）の二件にとどまる。

まず、被告能力に関する裁判例から検討する。政党の下部組織に対して、ZPO五〇条二項を適用する場合、多くの裁判例は、同条の「権利能力なき社団」の要件と称して、次のような判断基準を用いている。すなわち、当該団体が、「社団的組織を有し、全体名称を用い（又は、固有の理事会を有し）、構成員の交代に影響されず、全国政党に依存した活動と並んで、独自の任務も行う」かどうかによって、権利能力なき社団か否かを決している[95]。このうち「独自の任務」は、実務上、下部組織の社団としての独立性を事実上左右する重要問題となっており、かねてから争いが絶えなかった。このことを憂慮してか、BGH, Urt. v. 19. 3. 1984（BGHZ 90, S. 331）は、新たな要件[96]を導入したのだが、その実践的意図は、下部組織が独自の定款制定権を有することを独立性の要素とすべきか否か、という問題に決着をつける点にあったと考えられる。そして、同判決は、これを明示的に否定した[97]。このことを前提にすると、下部組織の目的や組織は、独自の定款で規定しなくとも、政党本部又は上位の地域団体の党則（定款）から明らかとなれば足りる。結局、「独自の任務」をどのように考えるべきかという問題については、さしあたり、下部組織が、その所属する地域に密着した政治業務（政党本部の目が届かない業務）を独立して遂行することと考えておけば十分であろう[98]。なお、前記の要件のうち、下部組織の名称については、政党本部の名称に、地域的支部団体であることを示す注記を付さねばならないとされている（PartG 四条）以上、社団的団体に必要とされる「固有の名称」の要求は満たされると考えられている。

次に、原告能力に関する事案を検討する。先に検討した被告能力に関する事案では、権利能力なき社団の要件の審査を経て被告能力の有無が判定されていたのに対して、下部組織が原告側に立った事案では、極めてあっさりと否定の結論が出されている。確かに、ZPO五〇条二項に従えば、たとえ権利能力なき社団に該当しても原告能力は認められないのであるから、社団要件の審査をしても意味がない、と解された可能性は否定できない。もっとも、PartG 三条を下部組織にも適用すべきであるという見解も見受けられる。そこで、次に、同条の拡張適用の可否をめぐる議論を検討してみよう。

PartG 三条の規律は、その政府草案の段階では、全国政党のみに対して当事者能力を認めていた。しかし、当事者能力者を全国政党に限定すると、当該政党にかかるすべての訴訟が一点に集中してしまい、あまりにも負担が大きくなることが懸念された結果、当事者能力者を「当時最高位の地域団体」にまで拡張することになった。これが、PartG 三条の起草者の意図である。ただし、同条では、「党則に別段の定めのない限り」という留保が盛り込まれている。この留保は、本来的当事者能力者が全国政党であることを前提として、政党の団体としての自治に配慮したものである。

さて、前掲の原告能力に関する裁判例のうち、前掲【5】OLG Frankfurt 判決は、PartG 三条の起草者が、当事者能力者を拡張する範囲を「当時最高位の地域団体」にとどめた理由について、政党の綱領に合致した統一的意思形成に配慮したからであるとし、政党が統一的な政治指導を行う上で支障がある場合、「当時最高位の地域団体」の当事者能力は、党則を通じてこれを制限又は排除することができる、と述べて同条の留保を敷衍している。この説明による限り、PartG 三条の拡張適用は無理であろう。また実際に、【5】の結論としても、政党の郡組織

（Kreisverband）の原告能力を否定している。他方、前掲【6】OLG Celle 判決も、政党の下部組織の原告能力を否定しているが、同判決は、代替的提訴方法として信託的譲渡を認めている。なお、おそらくＢＧＨの六四年判決の影響があってのことであろうが、【5】・【6】において、全体名称による訴えが検討された形跡は見当たらなかった。

以上のように、政党の下部組織の当事者能力は、被告能力に限って肯定されている。ところで、裁判例を検討すると、当事者能力が問題となったのが下部組織である点に由来する特徴的な判断も見受けられる。すなわち、下部組織とは言え、一応、その組織体としての独立性に着眼して当事者能力が判定されるのが原則ではあるが、そこでいう「独立性」は、当該組織体に与えられている権限（前掲の「独自の任務」）の有無によって結論が異なっている。このことは、例えば、被告能力に関する事案において「独立性」によって社団要件が修正されていることや、原告能力に関する事案において党則を通じて州組織の当事者能力を制限・排除できるとする解釈の中に、その一端を見出すことができる。この点を重視すると、他の団体に対して従属的な地位にある団体の場合には、そのような地位にない単独の団体の場合とは異なる基準が求められると解する余地がある。(100)

3　労働組合の下部組織の当事者能力

ＢＧＨの前掲六八年判決により、「労働組合は原告能力を有する」との命題が判例となったが、労働組合もまた、政党と同様、全国組織と多数の下部組織という関係があるため、右の判例法理が、下部組織にも妥当するかどうかが問題となり得る。しかしながら、政党の場合とは異なり、右の判例法理がそもそもＺＰＯ五〇条二項の内容を実質的に変更して形成されたものであるだけに、その適用に当たっては謙抑性が求められている。

裁判例を見ると、政党の場合と同様、原告能力に関する事案は少ない。労働組合の下部組織については、次に紹介する【7】BGH, Urt. v. 21. 3. 1972（MDR 1972, S. 859 = ZZP86, S. 212）が、現在の到達点とされる。すなわち、ドイツ郵便労働組合の地区管理団体（Bezirkverwaltung）が原告となった事案において、ＢＧＨは、下部組織たる同地区管理団体の原告能力を否定した。理由とされたのは、地区管理団体は、確かに権利能力なき社団ではあるが、労働協約締結能力（Tariffähigkeit）がないため、労働組合とは言えない、というものである。加えて、権利能力なき社団に対して原告能力が認められるためには、やむにやまれぬ必要（unabweisbaren Bedürfnis）がなければならない、と結論されている。

もっとも、【7】の結論は、六八年判決の直後の判決としては、大方の期待を裏切るものであったようである。すなわち、六八年判決が認めた前掲の命題は、以後のＢＧＨの判決においても踏襲され、将来的には労働組合以外の権利能力なき社団一般にも原告能力が認められていくための端緒になると期待されていたところ、【7】はこの期待を裏切り、六四年判決に戻ったかのような謙抑的な判決をしたのである。

【7】を検討したHerbert Fennは、次のコメントを残している。[101] すなわち、政党の場合には、下部組織が全国組織に依存し、その定款は上層部の定款に矛盾してはならないとの事情があるものの、下部組織が、その依存性の枠内で、また依存性のある業務と平行して独自の活動を行う限り、当事者能力が肯定されている（前述2を参照）。つまり、下部組織が当事者能力を認められるためには、下部組織の定立した請求が、当該下部組織の独自の活動に根差したものであること、換言すれば、定款によって割りあてられた独自の任務と、その任務に必要な手続法上の権限とが結びついている（Verknüpfung）ことが肝要である。[102]

右に紹介したFennのコメントは、政党の下部組織の場合に準じて、労働組合の下部組織の当事者能力を検討しようとするものであり、【7】の結論に対する批判を含んでいる。理論上は大いに参考になり、賛成してよいと思われる。しかし、【7】が、労働組合の当事者能力の問題に与えた影響としては、六八年判決が認めた前掲の命題をできる限り制限的に解釈すべきことを明らかにした点にあることには留意すべきである。[103] なお、ＺＰＯ五〇条二項を適用して被告能力を肯定した裁判例[104]も見受けられるが、政党の場合とは異なり、下部組織であることによって社団性の要件が修正された例はない。

4　政党・労働組合以外の団体の当事者能力

政党および労働組合は、権利能力なき社団でありながらも公共的任務を認められ、制定法あるいは判例によってZPO五〇条二項による原告能力欠如の問題は、克服されるに至った。しかし、それは全国組織や州組織についてであって、下部組織については、相変わらずZPO五〇条二項により原告能力は否定されていた（前述2・3参照）。この点は、下部組織が、政党や労働組合以外の権利能力なき社団一般の扱いと同様であることを意味する。

もっとも、労働組合に関する一連のBGH判決以降に公刊された下級審裁判例においては、当該団体は、労働組合に匹敵する特別な地位を有するか、という角度から当事者能力が検討されるようになっている[105]。これは結局、一般の権利能力なき社団は、ZPO五〇条二項による原告能力の否定という障害を容易に乗り越えられないことを意味している。しかし、このように苦しい状況においてこそ、代替的提訴方法に注目が集まるのであるが、次に紹介する下級審判決は、特に本章で注目している「全体名称による訴え」（第二節第三款㈠参照）との関係で注目すべき内容を含んでいる。

【8】LG Aachen, Urt. v. 14. 10. 1976（NJW 1977, S. 255）は、営業・産業地域建設計画の阻止を企図する市民運動団体（Bürgerinitiativ）が、その活動に関して不適切な報道がなされているとして、報道を掲載した情報誌の出版社を相手取り、ノルトライン・ヴェストファーレン州出版法一一条に基づき、反論記事の掲載を請求した事案において、当該団体の原告能力を認めた。同州の出版法によると、反論記事請求権は、「関係を有するあらゆる人または“Stelle”」に帰属すると規定されているのだが、【8】は、“Stelle”の中には、法人はもちろん、その他の権利能力の

ない組織体、施設、団体も含まれる、と判示している。もっとも、この点については従前異論があり、KG, Beschl. v. 29. 12. 1970（NJW 1971, S. 947）は、反論記事を求める権利が、一般的人格権からの流出物であることを前提にして、権利能力のない団体に反論記事請求権が帰属することはない、と解していた。しかし、【8】は、右の決定を意識的に退けた上で、権利能力のない当該組織体は、同州出版法の枠内において当事者能力を有することを認めている。

事案の解決としては、右に紹介した判旨で十分であろう。ところが、【8】は、本件の枠を越えた他の事例での当事者能力の有無を判断する必要はない、との留保しながら、次のように判示している。「この“Stelle”なる概念が非常に広く解釈されて、“Stelle”の中に、概念にまで高められた集合名称[106]を有しかつこの名称の下で把握可能なすべての組織体等が包含されるのならば、よりいっそう包括的な権利保護が保障されることだろう……（中略）……したがって、正確な表示を有し、それを通じて他の組織体と区別できる“営業・産業地域建設計画に反対する市民運動団体”には、当事者能力が認められうる」。

注目に値するのは、右に引用した判旨において、「全体名称による訴え」を肯定した【3】LG Köln, Urt. v. 16. 3. 1961 を引用しつつ、結論として、本件原告の“Parteifähigkeit（当事者能力）”が認められると判断している点である。というのも、「全体名称による訴え」に必要な要件に基づいて、効果として“Parteifähigkeit”の存在を正面から肯定した裁判例は、これまでに存在しなかったからである[107]。

このように、【8】は、六四年のＢＧＨ判決が「全体名称による訴え」に消極的評価を加えた結果、もはやその活用自体が禁止されたかのような状況が生まれていたにもかかわらず、この提訴方法の存在意義を再確認した裁判例としての意義を有すると言えよう。

5　小　括

以上に検討した裁判例は、いずれもＢＧＨの六四年・六八年判決以降に公刊されたものであり、検討の対象とした主な裁判例は、ＺＰＯ五〇条二項によって原告能力が否定された権利能力なき社団が原告側に立った事案に関するものであった。ＢＧＢ・ＺＰＯの制定時における団結・結社に対する国家のアレルギーにより、不当な地位を強いられていた労働組合や政党も、戦後の新たな法秩序の下でその地位が保障されて以降は、民事訴訟手続においても、原告能力が認められるようになったわけである。しかし、とりわけその他一般の権利能力なき社団については、労働組合や政党の地位が保障された後も、ＺＰＯ五〇条二項により原告能力を否定されたままの状態が続くことになる。

もっとも、ドイツの権利能力なき社団の訴訟上の地位は、その後、民法上の組合に権利能力を認める判例の登場を契機として、大きく方向を転換して行くことになるが、その一端は、第三章で紹介することとする。

第三節　当事者能力概念の構造

第一款　問題の所在

第一章および本章では、当事者能力概念の構成について連結主義と非連結主義を対比して検討を進めてきたが、ドイツの判例や学説の中には様々な主張が見受けられた。それらを連結主義と非連結主義との二項対立を踏まえて類型化すると、次のように分類することができるように思われる。

① 権利能力に基づく当事者能力
② 法（権利）主体性に基づく当事者能力
③ 氏名権等の譲渡不能な権利に限り認められる当事者能力
④ 抽象的人格性に基づく当事者能力

以下では、①〜④の各類型の内容とこれらの相互関係を検討することを通じて、当事者能力という概念の基本構造を分析する。

第二款　連結主義の二つの類型の関係

第一款に掲げた①と②は、連結主義の当事者能力の範疇に属し、実体法上の主体性を要件として訴訟上の主体性を承認する、あるいは、訴訟上の主体性は実体法上の主体性を前提にする、という点では同じである。しかし、①における実体法上の主体性は「権利能力」であって、これは原則として一般的権利能力、つまり国家により承認された法人格を指している。これに対して、②における実体法上の主体性は、①と異なり、国家による承認、すなわち、法人設立制度に関する許可主義の下での許可や、準則主義の下での手続履践を通じた法人格の付与を前提とした主体性ではなく、むしろ、契約当事者間や利害関係人の間の法律関係において当該団体が一個の法主体（権利主体）と扱われる場合を意味している。一部の学説に見られる、部分的権利能力は[108]、「権利能力」の用語を使用していても、それは前記のような国家による承認を前提としないので、②の範疇として整理すべきである。

以上のように、①と②を区別するものは、実体法上の法主体性が国家により承認された法人格かどうかであり、国家が承認した法主体性とその他の法主体性を峻別する発想を前提としている。換言すれば、法人設立主義について自由設立主義から距離を置いた整理である。念のために付言すれば、自由設立主義においては、②を①から区別する必要性が乏しくなるため、①のみで足りることになる。

これに対して、許可主義（特許主義）、準則主義においては、国家によって一般的な法人格を承認された団体（＝法人）と、その他の団体が存在することになる。このとき、法人格は取得していないが、独立の主体として事実上機能している団体がある場合、当該団体の法的地位は、一般的法人格（＝法人）ではなく、何らかの形で制約のある法主体性（Rechtssubjektivität）の限度で、実体法上の地位が認められると解釈されるのが一般的である。問題は、この時点ですでに、同じ実体法上の地位について、法人とそれ以外の法主体が区別され、主体性概念が二元的に把握されている点である。

若干敷衍すると、当該団体について一般的法人格があることを前提にすることができない場合、それでも当該団体を独立の主体として扱うことに意義が認められるときは、前述した法主体性が認められることになる。しかし、この法主体性は、一般的法人格とは異なり、汎用性を備えないため、特定の部分的な法律関係においてのみその存否が問題となる、という性質を有する。[109] 法主体性のこのような性質を前提とすると、およそ法主体性の判断に当たっては、特定の法律関係を想定しなければならないが、訴訟は、まさにその特定の法律関係が存在するかどうかを判断する営みである。この点に着眼すると、法主体性それ自体を独立して判断することはできず、仮に判断されるとしても、それは本案である特定の権利関係の存否に依存するものと言わねばならないことになろう。注目すべきは、このように当該団体について法人格を前提とした検討ができない場合、法主体性の前記の性質から、当該団体の法主体性の存在は、最初から「措定」されることになる。法主体性についてこのような事情があることを正面から受け入れるとき、法主体性が実体法上の主体性概念であることにかんがみ、手続上の主体性は、この法主体性に基づくものと理論構成するのが、②の当事者能力概念であると解される。

第三款　「全体名称による訴え」の二つの類型の関係

第一款に掲げた③と④は、ドイツ法上、必ずしも当事者能力概念によって把握されてきたわけではなく、むしろ、「全体名称による訴え」として当事者能力とは別に整理されてきたものである。すなわち、③は、GG制定以降の下級審裁判例（前掲【1】【2】【3】【4】【8】判決）に現れた[110]見解を想定しており、④は、さしあたり第二節第二款㈢で検討したStollの見解を想定しているが、沿革的には、普通法・RG判例により形成されたGSに由来するものである。両者を見比べると、訴訟形態は同じであるが、③については、要件が厳格になっている。そこで、最初に③について検討した上で④と比較し、両者の関係を明らかにする。

まず、③に関する下級審裁判例によれば、次のような要件が掲げられている。すなわち、1．特定の人格に根差した権利が争いの基礎にある場合であること、2．構成員が非常に多いために全員を訴状に掲載することが不可能又は困難な場合であること、である。

要件1は、氏名権等を典型とした譲渡できない権利については、任意的訴訟担当や信託的譲渡を利用することができないことに対応するものである。譲渡可能な権利であれば、この要件を充足しないので、任意的訴訟担当や信託的譲渡によるべきであるとの主張を含意していることになる。

他方、要件2は、【1】～【3】で検討したように、「全体名称による訴え」がZPOの求める当事者表示の省略を伴うことに対応しており、当事者表示の省略を正当化するために、構成員数の多さが求められている。しかし、【2】がそうであるように、ZPO二五三条等の解釈によっては、この要件を排除することができるので、要件1

に比べて重要性は低いと言わざるを得ない。

③のための要件が以上の通りであるとすると、④と基本的には同じものと考えればよいように思われる。つまり、ZPO五〇条が存在しない時代に淵源を有する④は、ZPO五〇条一項に象徴される連結主義に基づく当事者能力概念が採用された後、その存続が危ぶまれるようになったことは否定できない。しかし、幸か不幸か、ZPO五〇条二項は権利能力なき社団の原告能力を否定した。しかも、それはZPO制定当時の団結・結社に対する国家のアレルギーを背景とした労働組合・政党への不当な処遇の一環であった。戦後に至って、団結・結社が憲法上の地位を保障されるようになると、今度は、これらの地位を回復する方向の解釈論が必要になってくる。ZPO五〇条二項で否定された原告能力について、制定法実証主義の下で、明白に法律に違反しない形で、実質的には社団自身による提訴を許容する方法として脚光を浴びたのが、「全体名称による訴え」であり、その理念型がStollの見解であった。しかし、この見解を下級審裁判例が正面から採用するには、少なからぬ躊躇があったことは想像に難くない。そこで、着眼されたのが、全体名称としての社団名であり、社団自身には法人格がないとしても、社団が氏名権を享受することは可能との解釈を前提として、そのような譲渡不能な権利の保護に限定すれば、「全体名称による訴え」は、ZPO五〇条二項との関係で許されてよい、という解釈論に繋がっていったものと考えられる。以上のような意味において、③は、④の適用場面を限定したものすぎず、したがって、実質的には④と同一のものと位置づけられるものである。

第四款　「全体名称による訴え」と当事者能力

「全体名称による訴え」に関しては、なぜこの提訴方法は当事者能力の問題として正面から扱われないのか、という疑問が生ずるものと思われる。この疑問の前提には、「全体名称による訴え」は、その実質において社団に当事者能力を認めることになるという評価がある。この評価を出発点とすると、前記の疑問は、「全体名称による訴え」を当事者能力として整理することを妨げるものは何かをという点を明らかにすれば、解消するだろう。

理念型としての「全体名称による訴え」はStollの見解において完成されたものと考えられるが、これは要するに、社団の理事会（　）を訴訟上の任意代理人とした場合の本人を、単一体として把握された「当時の構成員全員」と解する考え方である（第二節第二款㈢参照）。これによれば、「当時の構成員全員」は、本来の当事者（原告）でありながら、この構成員が全体的な考察方法によって把握された結果、構成員が交替しても同一性を確保できる一つの単一体として構成される。そして、単一体としての「当時の構成員全員」の全体名称、つまり、全体的に捉えられた「当時の構成員全員」を特定表示する社団名がある限り、個々の構成員の氏名を掲げなくてもよく、その略称として、社団名を表示すれば、「当時の構成員全員」を特定表示したことになるものと解釈される。

問題は、このような解釈がなぜ必要とされたのかであるが、右のような解釈を仮に認めると、訴状や判決書における当事者の表示は、「当時の構成員全員」が本来の当事者であるとしても、社団しか表示されない結果、社団が法人として当事者になった場合と何ら異ならないという点である。このことはStoll自身も十分に理解していたはずである。とすれば、Stollは、この方法を当事者能力と呼ぶことを敢えて回避したと考えるのが自然である(一一)。すなわち、当事者能力の呼称を避けた理由とは、従来、普通法・RG判例によって形成されてきたGSが存在したにもかかわらず、ZPO五〇条一項が連結主義を採用し、しかも同条二項において権利能力なき社団の原告能力が否定されたことにかんがみ、これらの制定法に違反した解釈との批判を回避する点にあったと考えられる。

もっとも、前掲BGH六四年判決は、③を認めた下級審裁判例に言及して、この提訴方法をZPO五〇条二項の脱法行為と批判していた。③は、第三款で検討したように、④について利用要件を制限した以外は④そのものであるから、ＢＧＨとしては「全体名称による訴え」は脱法行為として許されないと考えたことになる。右に検討したStoll の見解は、そうした評価を見越してこれを回避しようとする解釈であったのだが、ＢＧＨはそうした解釈を許さなかったわけである。

では、ＢＧＨが「全体名称による訴え」をＺＰＯ五〇条二項違反（脱法行為）と厳しく評価した背景には何があるだろうか。ＢＧＨが明示的に掲げた否定の理由は、すでに検討したが（第二節第三款㈠２参照）、ここではＢＧＨをして否定の結論に向かわせたものは何かを問題としたい。これには様々な指摘が可能であろうが、第一に、法思想的には、当時の制定法実証主義を挙げることができよう。当時のＢＧＨが、ＺＰＯ五〇条二項が明白に否定したものを解釈によって肯定することは、およそ許されないとの立場であったとすると、全体名称による訴えに対して厳格な態度で臨んだことも首肯できる。第二に、ＺＰＯ五〇条一項の制定により、当事者能力の概念としては、連結主義が制定法の立場になったことも指摘することができる。非連結主義の当事者能力を排斥することは、連結主義を宣言するＺＰＯ五〇条一項が制定された時点ですでに計画されていたと考えることができる。両者が併存する余地は、別途検討の必要があるが、当時は前述した制定法実証主義の影響もあり、両者の関係が二者択一のように捉えられた可能性が高い。この場合、連結主義は、実体法上の主体性概念を訴訟上のそれの先決問題と位置づける考え方であるから、非連結主義のように、団体の実体法上の性質や法主体性を問題とすることなく、当該団体を訴訟上の主体と認めてよいとする考え方とは、およそ相容れないと考えられたとしても不思議ではない。第三に、非連結主義の当事者能力は、法人設立制度が諸邦で異なる法の分立状態の下で発展した経緯があるが、ＢＧＢによる法人制度の統一を前提とするとき、実体法秩序との繋がりを要しない非連結主義は、端的に不要になったと解された可能性もある。どれが決め手かはともかく、右に検討した三点から明らかなように、ＢＧＨにおいては、非連結主義を意識的に排除するだけの理由は、当時十分に存在していたものと言わざるを得ない。

第五款　当事者能力論としての「全体名称による訴え」

(一)　問題の所在

「全体名称による訴え」は、ＢＧＨの六四年判決によって明確に否定され、第四款で確認したように、ＢＧＨにはそうすべき事情があったことは認めざるを得ない。しかし、ドイツの法秩序では位置づけが困難であっても、この提訴方法それ自体は、当事者能力の概念を研究する上で重要な示唆を数多く含んでいると思われる。以下では、「全体名称による訴え」を一つの当事者能力論として受け止めた上で、その基本構造を分析してみたい。

さて、「全体名称による訴え」を当事者能力論として構成するならば、Stoll の見解を範とする限り、単一体として把握され、社団名（全体名称）で特定表示される「当時の構成員全員」は当事者能力を有する、と考えることになろう。「当時の構成員全員」は、社団名で特定表示されて、単一体として観察された結果、当事者の地位を認められるべきは社団（団体）ということになる。もっとも、社団（名）は、単なる表示であって、訴訟上の主体としては、やはり「当時の構成員全員」であるとの反論も予測される。しかし、そうであれば、せいぜい固有必要的共同訴訟の成否が問題となるにすぎないから、そもそもＢＧＨが、「全体名称による訴え」につきＺＰＯ五〇条二項違反を問う必要はないはずである。よって、この提訴方法を当事者能力論として構成する場合の当事者能力者とは、社団を指すものと解すべきである。

では、社団が右のように当事者能力を認められることには、どのような意味があるだろうか。第二款において②の法主体性に関して検討したように、権利能力は国家によって承認された一般的法人格を意味するものと解する限り、そのような法人格を取得しない団体は、特定の法律関係における法主体性の有無が問題となるだけである。そして、特定の法律関係が現に想定されるとき、当該団体はその法律関係において人格が措定されるのが通常である。例えば、ある権利が存在することを前提に、その権利が当該社団に帰属するかどうかを論じる場合、その社団には法人格がないので、社団に法主体性があるかどうかは未定であるにもかかわらず、当時の構成員全員ではなく、社団への帰属の有無が検討対象とされ、当時の構成員全員に帰属する権利については考慮の外に置かれることが多い。このような人格の措定はしばしば無自覚的であり、それ自体が問題とされることもなく、当該団体は主体として扱われていくことに照らし、措定の是非は、具体的な権利義務関係の存否の判断に吸収され、埋没していると考えられる。しかし例外的に、措定された当該団体の人格が、法規範に照らして正当かどうかが問題なることがあり、その場合には、一定の要件の下で、当該団体の法主体性が判定される必要がある。(112) 前述のように、法主体性は特定の法律関係において存在すべきものであり、かつ、それで足りるのが通常である。よって、実体法上の主体性に関しては、そのための要件が考案される必要がある。問題は、前述の特定の法律関係には、訴訟手続も含まれる点であり、よって、訴訟上の主体性に関しても、そのための要件が考案される必要がある。

(二) 要　件

訴訟手続は、当事者が個々の訴訟行為を積み重ねていく過程であると同時に、裁判所との関係が常に存在し、しかも手続がある程度進んだ後に主体性の問題で手続が覆滅されることを避けたいという手続安定の要請を考慮した、過不足のない要件が定立されねばならない。この要件が具備されると、訴訟上の主体性（当事者能力）が肯定されることになるが、その一方で、実体関係上の主体性は、この判断と連動する必然性はなく、別途、実体関係上の主体性（法主体性）のための要件が定立され、かつ、それが充足される限りで、当該団体の法主体性を認めて、問題の権利義務関係の判断をしていくことになる。(113)

以上の一般論を踏まえて、Stoll の見解を検討する。ここでの問題は、Stoll が法人格のない団体を単一体として把握する際、何に着眼していたかという点である。実際、Stoll において、単一体と認められるための要件（メルクマール）とされたのは、社団名（全体名称）の存在と、理事会による代理（対外的機関の存在）である。[(114)] Stoll は、取引上の通念による独立性ある人格の承認という契機を、この二つの要件（メルクマール）から見出している。このうち、どちらが重要であるかは、Stoll 自身が特に論じているわけではないが、右に掲げた社団名にしろ、理事会による代理にしろ、単一体の徴表として把握されていることに照らして考えると、どちらか一方から単一体性が認められれば、「全体名称による訴え」を提起する訴訟上の主体となることができる、つまり、当事者能力を有すると判断されることになる。[(115)]

(三) 効　果

Stoll においては、(二)の要件を具備する団体に対し、訴訟上の主体性、つまり、当事者能力が認められる。もっとも、法人格の存在を前提とすることのできない団体に対して、訴訟手続において、当事者能力が認められるということには、どのような意味があるだろうか。これは、当事者能力の効果の問題と位置づけることができる。

もっとも、ここでの当事者能力は、単一体として把握され、社団名（全体名称）で特定表示される「当時の構成員全員」に対して認められるものであるから、当該団体に当事者能力を認めることの効果は、訴状や判決書の当事者欄に団体名を記載することが許容され、その団体自身が当事者となる点にあり、とりわけ実体法上の効果の発生は予定されていない。

この点は、第一款に掲げた②の当事者能力と比較するとき、重要な視点である。すなわち、②の当事者能力は、法主体性に基づくものであるから、その要件は、法主体性のための要件が考案されることを前提に、それが具備される限り、法主体性が肯定される。そして、当該団体の法主体性から、連結主義の考えにより、当事者能力もまた肯定されると考えることになる。よって、②の当事者能力の対象となる団体は、法主体性のみならず、当事者能力をも有する。これに対して、ここで検討している④の当事者能力は、訴訟上の主体性のために必要な要件が考案され、それを具備したにすぎないから、当該団体には当事者能力は肯定されても、法主体性はこれと区別されることになる。

このように、④の当事者能力には、訴訟上の主体性に関する効果（団体の当事者表示等）しか生じないので、内容上の希薄さが批判されたこともある。しかし、④の当事者能力は、内容の希薄さと引き換えに要件の簡素化を手に入れており、その結果、実質的判断が要請される法主体性、時として不安定になる権利能力（法人格否認を想起されたい）等の、実体法上の主体性概念に振り回されることなく、訴訟上の主体性の存在（訴訟法律関係の帰属点）を保障することができる利点がある。

ところで、④の当事者能力を前提にすると、実体法上の法主体性が、当事者能力と完全に切り離されることになる。そのため、本案で主張されている権利義務の帰属者となることができるかどうかの判断をどこで扱うかが問題となる。もっとも、④の当事者能力においては、当該団体が当事者能力を有することと、当該団体が法主体として本案の権利義務の帰属者となることを切り離すことができるため、後者についてはむしろ、構成員全員への帰属を主張して、当該団体を訴訟担当者として理論構成する余地が生まれる（ただし、私見はこれに対して懐疑的であるが、詳細は第五章で検討する）。この意味で、④の当事者能力を前提とした場合には、形式的当事者という意味での当事者になる資格が認められた団体であっても、当事者適格の構成には選択の余地が生まれる。このとき、当該団体を訴訟担当者とする右のような理論構成（訴訟担当構成）もさることながら、本案で主張されている権利義務関係において当該団体が帰属者であると主張して、団体自身の当事者適格（固有適格）を求めていくことができる（固有適格構成)。この点について、②の当事者能力を振り返ると、そこでの要件は実体法上の主体性を前提とし、一定の要件を満たした団体の法主体性を基礎として当事者能力を肯定するから、当該団体の当事者適格の理論構成として訴訟担当を問題とする余地はない。なお、右の②および④の固有適格構成のいずれにおいても、個々の構成員に帰属する個別的な権利について当該団体の任意的訴訟担当が問題となる余地がある点は別論であることには注意を要する。

(四) 実在性

①の当事者能力のように、実体法上の主体性が権利能力であって、国家により承認された一般的法人格の認められた団体でない限り、当該団体について実体法上の法主体性が認められるか、④の当事者能力が認められるかを、それぞれ一定の要件により裁判所が判断しなければならない。もっとも、(一)で述べたように、法人格を前提とすることのできない団体の法主体性は、特定の法律関係において判定されれば足り、当該団体の人格は往々にして措定されるのであった。しかし、このような判断作用に照らして、人格の措定された団体が、実は存在しなかったという場合は、ある意味で必然的に生じると考えられる。特に④の当事者能力は、その要件が簡素であって、もともと団体が通常使用している名称があるとき、その名称を使って当事者を表示して提訴することを認めるという一種の便法が出発点となっているだけに、当事者として表示された団体が、実在しなかったという事態は十分にあり得るものと予測される。しかし、実在しない団体の出現は、その登記がないだけに、当事者能力の要件を判断する際の資料の調査を慎重に行うこと以外にこれを排除する有効な手段はない(116)。

第六款　戦後に連結主義が維持された理由——仮説の検証

ＢＧＢの制定後から戦後に至っても、ドイツにおける当事者能力の概念構成は、ＺＰＯ五〇条一項（「権利能力を有する者は当事者能力を有する」）を典型とする連結主義の原理に基づいていると解されることには、特に異論はないものと思われる。第三節第二款で見た連結主義の内部における区分のうち、②の当事者能力を基礎づける試みが、戦後ドイツにおいて繰り返されてきたことも、右のような見方の証左となろう。

しかし、この連結主義の原理が、現在に至るまで一貫して支持されてきた理由は何かという問題は、右に示した現状認識とは区別して、検討してみる価値があるように思われる。この点について、第一章では、連結主義原理が維持された背景には、実体法優位の訴訟観ないし法思想があるのではないかとの仮説を提示していた。本章では、第一章で留保していた時代区分の考察を終えたため、この結果を踏まえて、右の仮説を検証する必要がある。しかしそのためには、本章で検討した一連のＢＧＢ判決に再度立ち戻らなければならない。

すなわち、ＢＧＨが、ＺＰＯ五〇条二項による原告能力の否定にもかかわらず、権利能力なき社団である労働組合の原告能力を肯定した際に論拠として提示したのは、ＷＲＶ制定以降に憲法的正統性を認められた労働組合の法的地位を保護する必要性、および、ＺＰＯ五〇条二項との関係のみならず、労働法領域における労働組合の位置づけに対する配慮の必要性であったことは、前述した通りである。(117) これらの論拠は、問題となる団体の実体法上の主体性に頓着しない非連結主義との間に親和性がなく、むしろ、団体の実体法上の地位に着眼して当事者能力を認めている点で、連結主義の範疇に属するものと言うことができる。実際、ＢＧＨは、その六四年判決において、「全体名称による訴え」による解決の可能性を否定したが、ＢＧＨは、この提訴方法が、普通法・ＲＧの判例が形成した非連結主義の当事者能力概念（ＧＳ）に由来し、ＺＰＯ制定後に下級審裁判例において展開されてきたものであることを知らないために採用しなかったのではなく、むしろ、この提訴方法の意義をよく理解した上で明示的に退け、結論として、労働組合を法人と同様に扱う方向で解決を図ったのであった。

もっとも、ＢＧＨのこのような結論は、労働組合が権利能力なき社団である以上、法人設立制度に基づく法人とまったく同じ意味の当事者能力（①のそれ）[118]を労働組合に認めたものと解することはできない。むしろ、労働組合の法的地位を法人と同様に扱うことの延長線上で当事者能力を認めたものと解される点にかんがみ、やはり連結主義の当事者能力（②のそれ）[119]を肯定したものと評価するのが合理的と考えられる。そして、②の当事者能力概念は、①の当事者能力と並んで、当該団体の実体法上の地位をして当事者能力を付与するための直接の根拠とする点において、当事者能力の概念構成としては実体法の優位性を承認する発想であることは言うまでもない。

右のように考えると、そもそもＢＧＢの制定時に見られた権威国家思想、とりわけ当時の団結・結社に対する国家のアレルギーが、戦後になって鎮静化し、これらを弾圧する理由がなくなった時点で立ち止まって考えれば、権利能力なき社団の当事者能力については、普通法・ＲＧの判例法に由来する非連結主義の当事者能力へと回帰する余地も残されていたはずである[120]。にもかかわらず、ＢＧＢ制定時の社団法の統一に伴って台頭してきた連結主義に基づく当事者能力概念が、いまも相変わらず維持されている理由は、社団法の統一と同時に徐々に浸透していった実体法優位の訴訟観ないし法思想がすでにしっかりと根付いてしまい、右に見た団結・結社に対する国家のアレルギーが鎮静化した後もなお、旧来の非連結主義に復帰し、あるいは、再度受容することができなくなったからであると考えることに合理性があるのではなかろうか。このような推察が許されるならば、戦後ドイツにおいて連結主義の当事者能力概念がなお維持されていることに対する疑問は、解消するように思われる。

ともあれ、右に行った検証によって、第一章で提示した仮説は正しかったと言うことが許されよう。もっとも、連結主義の当事者能力が、ドイツ法に深く根付いた実体法優位の訴訟観ないし法思想を背景としているものとすると、さしあたりドイツ法においては、連結主義から離れて当事者能力の概念を構築することは、相当に困難な状況にあるものと言わざるを得ない。

第四節　おわりに

以上により、冒頭に掲げた二つの課題については、これを果たすことができたものと思われる。本章では、特に、非連結主義の当事者能力に拘った検討をしてきたが、ドイツ法の実際の行き方は、それとは異なる連結主義の当事者能力でほぼ固まったと評価することができる。

しかし、非連結主義の当事者能力が、当事者能力論一般に提供してくれた検討の要素は、なお非常に貴重なものであり、そこからは多くの示唆を得ることができる。とりわけ、当事者能力概念を構築する際の、最小の基本構成というものがあるとすれば、非連結主義の当事者能力は、その模範としての価値がある。また、当事者能力概念の構造について、一定の類型を用いて行った検討により、連結主義と非連結主義のそれぞれの基本構造が、より鮮明になったことも大きな収穫である。本章におけるこれらの研究成果は、わが国において、民事訴訟法二九条をどのように構成していくか、それに関する学説[121]をどのように分析していくかを検討する上で、大いに参考になるだろう。ただし、その具体的な検討は、後述の章に委ねることにする。

【注】

（1）個々の文献の掲載は差し控えるが、わが国の文献におけるドイツ法の紹介は、半当事者能力しか認めないドイツ法の条文の紹介か、形式的当事者能力、実質的当事者能力の区別が時代遅れであることを指摘するにとどまる。

（2）旧ドイツ民事訴訟法典（ＣＰＯ）時代において、ライヒ裁判所（ＲＧ）が採用していた。第一章第二節第三款㈢参照。

（3）第一章第三節第三款㈡1(ア)において、準則主義の衣をまとった許可主義、厳格な許可主義と呼んでいたものに対応する。関連する条文を訳出しておくと、ＢＧＢ六一条一項「届出が許可されたときは、区裁判所はその旨を管轄権のある行政当局に通知しなければならない」、二項「行政当局は、社団が公的結社法によって許可されないか又は禁止されうるとき、又は、社団が政治的、社会政策的、宗教的目的を追求するときは、登記に対して異議を述べることができる」。その後、ＢＧＢ六一条二項は、「……又は社団が政治的、社会政策的、宗教的目的を追求するときは……」の文言が削除された。次に、権利能力の剥奪に関するＢＧＢ四三条の規定は、当初、その三項において、「定款上政治的、社会政策的、宗教的目的を有せざる社団がそうした目的を追求するときは、権利能力を剥奪することができる」と規定していたが、ＢＧＢ六一条二項の文言と同様に、その後、当該部分は削除されている。要するに、ＢＧＢ二一条における、「経済的事業を目的としない社団は、管轄権を有する区裁判所の社団登記簿に登記することによって権利能力を取得する」という規律が、準則主義の採用を謳っていることは自明であるにもかかわらず、学説によって「偽装的」な許可主義であると評されたのは、右に紹介した旧六一条二項や旧四三条三項の文言があったからである。よって、これらが失効すれば、ＢＧＢ二一条は特に修正を加えずとも、準則主義の規定になる。なお、区裁判所は、登記申請に対する行政当局による異議の提起を理事会に通知しなければならず（ＢＧＢ六二条）、登記は、異議を提起しない旨が区裁判所に通知されたとき、あるいは、登記の申請から六週間しても異議の提起がないか、異議の提起があってもそれが失効したときにはじめて行われる（同六三条一項、異議の失効については、本条二項（省略）が規律する）。ただし、現行ＢＧＢでは、六一～六三条は削除されている。四三条は、「権利能力を付与された社団は、定款に定めた以外の目的を追求するときは、その権利能力をはく奪することができる」と規定している。なお、二一条は、現在も従前と同様である。

（4）この法理に基づく実体法上の法主体性から直ちに当事者能力を認める立場は、③連結主義の一つの考え方であって、ここには含まれない。

（5）Dieter Reuter, Der nichtrechtsfähige wirtschaftliche Verein, Festschrift für Johannes Semler zum 70. Geburtstag, 1993, S. 931–953 ; Werner Flume, Der nicht rechtsfähige Vereine, ZHR 148（1984）, S. 503–522 ; Karsten Schmidt, Verbandzweck und Rechtsfähigkeit im Vereinsrecht, 1984, S. 80ff. usw. なお、この事情に触れる最近の邦語文献としては、後藤元伸「団体法における団体類型論と法人法定主義（一）」阪大法学四四巻一号八五頁以下、同「独仏団体法の基本構成（一）」阪大法学四七巻二号一六七頁以下がある。

（6）この問題をめぐるドイツ法の議論は、合名会社を素材とした、本間靖規「合名会社の受けた判決の社員に及ぼす効力について（二）」北大法学論集三二巻三号六七七頁以下によってすでに紹介されている。

（7）ＢＧＨ二〇〇一年一月二九日第二民事部判決（BGHZ146, 341）が、その旨判示しているが、本書における同判決の位置づけについては、第三章第一節第二款を参照。

（8）ＷＲＶ一二四条一項「すべてのドイツ人は、刑法に反しない目的のために、社団又は団体を結成する権利を有する。この権利は、予防的措置によってこれを制限することはできない。宗教上の社団又は団体についても、これと同一の規定が適用される」。

なお、以下の本文および注でＷＲＶ、ＧＧの条文を引用する際の訳文は、原則として、高田敏＝初宿正典編訳『ドイツ憲法集〔第６版〕』（信山社、二〇一〇年）によっている。

（9）ＷＲＶ一五九条「労働条件及び経済的条件を維持し促進するために団体を結成する自由は、何人にも、そしてすべての職業に対して、保障されている。この自由を制限し、又は妨害することを企図するすべての合意及び措置は、違法である」。

（10）ＷＲＶ一六五条一項「労働者及び被用者は、企業者と共同して、対等に、賃金及び労働条件の規律、並びに生産力の全体的・経済的発展に参与する資格を有する。双方の組織及びその協定は、これを承認する」。

（11）具体的には、自由労働組合を指すが、これは、一九一九年には、労働組合総同盟（ＡＤＧＢ）を結成する。自由労組幹部は、社会民主党（ＳＰＤ）の上層部を構成し、思想的には、資本主義体制の維持を前提として、漸進的な社会主義化を目指す経済民主主義の路線を選択していた。革命主義に対して改良主義とも称される右の基本政策を採用していた関係で、キール港における水兵の反乱に端を発する一一月革命も、生産手段の即時社会化を目指すというよりは、むしろ、一種のブルジョア革命であったとされる。詳しくは、西谷敏「ドイツ集団的労働法思想の展開過程（14）」法律時報五六巻六号七七頁を参照。

(12) 城内平和については、花見忠著『労働組合の政治的役割』(未来社、一九六五年)一一〇頁以下が詳しい。社会民主党との関係では、安世舟著『ドイツ社会民主党史序説――創設からワイマール共和国成立期まで――』(お茶の水書房、一九九〇年)二二三頁以下。

(13) 具体的には、政治結社の規約や役員名簿の提出義務から労働組合と使用者団体を解放する一九〇八年帝国結社法の改正、団結強制を刑事処罰の対象とする営業法一五三条の廃止、労働組合と使用者団体とが公的委員会に同権的に参加できる旨を定める祖国労働奉仕法の制定等である。詳しくは、西谷・前掲注(11)七二頁以下を参照。

(14) 西谷・前掲注(11)七七頁、および、栗原良子「ドイツ革命と『ドイツ工業中央労働共同体』(一)」法学論叢九一巻三号二四頁以下を参照。

(15) WRV一二四条二項「いかなる組合も、民法の規定に従い、自由に権利能力を取得することができる。その組合が政治的、社会政策的又は宗教的な目的を追求するものであることを理由として、その組合の権利能力の取得を拒むことは許されない」。

(16) 注(3)参照。

(17) 現行法は、本文に掲げた文言のみならず、条文全体が削除されている。

(18) 注(13)参照。

(19) WRV一五九条における団結体そのものの団結自由を保障する精神が、団結からの構成員個人の自由を保障する営業法一五二条二項と相容れないとされたようである。詳しくは、西谷敏「ドイツ集団的労働法思想の展開過程(15)」法律時報五五巻七号五五頁。

(20) 前身は、営業裁判所および商人裁判所(Gewerbe-und Kaufmannsgerichte)だが、一九二六年法は両者の特徴を引き継ぐ。労働裁判所法に関する全般的な沿革については、Germelmann/Matthes/Prütting, Arbeitsgerichtsgesetz, 2. Auflage, 1995, S. 49ff. を参照。また、石川吉右衛門＝花見忠著『西ドイツの労働裁判』(日本労働協会、一九六二年)には、一九五三年法の時点における同法の沿革と概要に関する説明がある。

(21) WRVと政党の関係に関しては、阿部照哉「西独における政党の憲法上の地位」法学論叢六八巻四号二五頁以下、丸山健「政党の憲法学的考察(3)(4)」静岡大学人文学部法経研究一八巻三号一頁以下、一九巻二号一頁以下、佐藤功「西ドイツにおける『憲法と政党』（一）（二・完）」上智法学論集一三巻一号一頁以下、一四巻一号一三頁以下等を参照。

（22）議員団政党（fraktionspartei）の時代、当選した議員は、その母胎となった議員団に所属する義務はなく、自由な意思決定に従って、所属政党を選択できるとされ、議員は、あくまでリベラリストであって、デモクラットではなかったと考えられていた。その結果、議員は、全国民の代表者でなければならず、特定の委任に拘束されない自由な存在であり、議員相互間の自由な討論が、予定調和的に公正な結論に到達するものとされた。議員個人の意思を超えた政党の意思、つまり党派性は認められず、政府の超党派的な意思こそが国政の必然的基盤とされた。この超党派的意思とは、君主の意思であり、こうして、君主主権を背景とした官僚主義と、一九世紀自由主義の影響をうけた反政党主義（伝統的議会主義）は、同一線上に並ぶこととなる（官僚主義的反政党主義）。

（23）ＷＲＶが比例代表制を採用したこと（二二条）から、起草者が政党に対して一定の理解を示していると考えられなくもない面もあるが、制定当初の選挙法では投票用紙に政党名を記載できないことになっていた点等、そうした見方に消極的に作用する要因が多く、やはり本文に述べたような見方が一般的である（阿部照哉「政党」『基本法学２――団体』一五五頁以下、特に一六〇頁を参照）。しかし、一九二五年の選挙法で右の制限がなくなる等、ＷＲＶ制定後の立法によって若干の修正がなされている。詳しくは、丸山健「政党の憲法学的考察（２）」静岡大学人文学部法経研究一七巻一号一頁以下、特に一六頁以下を参照。

（24）Gesetz über die politischen Parteien（Parteiengesetz）vom 24. Juli 1967（BGBl. I. 733）. 以下の本文および注における同法の条文の訳出に当たっては、竹内重年「西ドイツの政党法」法律時報三九巻一一号一〇九頁以下、同「西ドイツの政党法」選挙二〇巻一〇号二三頁・一一号一四頁を参考にした。なお、同法を概説する邦語文献としては、さしあたり、竹内重年「西ドイツ政党法について」ジュリスト三九六号六二頁を、ドイツ語によるものとしては、Walter Breithaupt, Das Parteiengesetz vom 24. Juli 1967, JZ 1967, S. 561ff.; Gerd Roellecke, Das Gesetz über die politischen Parteien und das bürgerliche Recht, DRiZ, S. 118ff. を参照。

（25）PartG 二条「政党とは、連邦又は州において持続的に又は比較的長期にわたって政治的意思の形成に影響を与え、かつ、ドイツ連邦議会又は州議会における国民を代表する活動に協力しようとする市民の団体であって、その事実関係の全貌、特にその組織の範囲及び安定性並びにその構成員の数及びその社会的周知度からみて、その目標設定の真摯さが十分に保障されているものをいう。党員には、専ら自然人のみがなることができる」。

(26) 注(17)参照。

(27) 第一章第三節第三款(三)1の最後で述べたように、自由設立主義を採用した場合、当事者能力と権利能力の区別の必要性は原理的には消滅するが、PartGは、「政党」の自由設立を認めたにすぎず、政党＝法人という意味で自由設立主義を採用したわけではない。

(28) 結社の自由はGG九条一項に定められているが、GG九条二項による制約は、結社の自由にのみ及び、三項の団結自由に対しては適用がないと解釈されている。

(29) WRV一六五条一項「労働者および被用者は、企業者と共同して、対等に、賃金及び労働条件の規律、並びに生産力の全体的・経済的発展に参与する資格を有する。双方の組織およびその協定は、これを承認する」。

(30) なお、株式法（AktG）九八条二項七号が、法律上のいかなる規定に基づいて監査役会を構成すべきかにつき、ラント裁判所に裁判を求めることができる、というときの申立権者の中に、「労働組合の最高組織」を挙げていることも指摘されている。

(31) PartG成立以前の下級審裁判所は、この結論が、通常裁判所における政党の当事者能力の問題に影響することはないとしていた。なお、憲法訴願制度（Verfassungsbeschwerde）との関係では、この制度の概要も含めて、阿部照哉「憲法訴願制度の一考察」法学論叢一〇六巻三号一頁以下（政党の同手続上の地位に関しては、特に九頁）を参照。

(32) ただし、それ自身が納税義務を負うことが前提ではある。

(33) 起草者の意図については、Arthur Nußbaum, Die nichtrechtsfähigen Vereine im Prozeß und Konkurs, ZZP 34（1905）, S. 107ff. 支配的見解としては、さしあたり、Friedrich Stein, Zivilprozeßordnung für das Deutsche Reich, Bd. I, 11. Aufl., des von Gaupp begründeten Kommentars, 1913, S. 144.

(34) 一九〇〇年前後からWRV制定までの時期には、権利能力なき社団の（訴訟上の）地位に関するモノグラフィー（その多くはDissertation）が多数公刊されているが、その今日的意義には疑問があるため、文献の網羅的な掲載は省略する。

(35) Otto von Gierke, Vereine ohne Rechtsfähigkeit nach dem neuen Rechte, Zweite, ergänzte Auflage, 1902; ders, Deutsches Privatrecht, Bd. 1, Allg. Teil., 1895, S. 682.

(36) 社会学的な意味における団体・社団の実在が、直ちに法人格の存在を意味するのではなく、団体・社団が実在するときに、法人格が承認されるのは当然との趣旨である。このように、法的人格者のなりたちにおいて自然人と法人は全く同等であるので、法人なる用語は誤解を招くとも言われる。

（37）Gierke は、前掲注(35)の論文において、当事者能力の問題に言及する際、明らかに"Parteifähigkeit"の語を使用すべき箇所ですら、Rechtsfähigkeit の語を用いて説明を加えている。これを単なる用語法の違いと捉えることも可能ではあるが、Gierke の権利能力概念が、自由設立主義を背景とするものであることに着眼すると、内在的な分析としては、当事者能力という問題領域の自覚的な設定を欠き、しかも実体法上の概念を優先してそれにより一元化を目指す立場と位置づけることができる。なお、第一章第三節第三款㈢1も参照。

（38）ＧＳ（"Gerichtsfähigkeit"も同義）は、当事者能力と訴訟能力がまだ明確には分離して把握されていなかった時代の概念であるため、不明瞭な点が多分に残されていることは否定できない。詳しくは、第一章第二節第二款を参照。

（39）形式的当事者能力、および、その提唱者である Adolf Wach の見解については、第一章第二節第三款㈣を参照。

（40）Lothar von Seuffert, Kommentar zur Zivilprozeßordnung, 11. Aufl., 1910, §50, Note 3. もっとも、Wach の形式的当事者概念は、特に、その名称自体にも批判があったことから（なお、注(43)も参照）、明白に Wach 説に従うわけではない。むしろ、権利能力を前提としない当事者能力という範疇があることを認めた場合、これに法律上の根拠を提供するのがＨＧＢ一二四条であるから、同条の類推によって、権利能力なき社団にも当事者能力を肯定できると主張するものと解される。

（41）本文で、非連結説の一種として、Wach や Seuffert の見解を紹介しているが、厳密には、これを非連結主義の当事者能力として整理することには疑問がある。特に、ＨＢＧ一二四条を類推する学説は、その基礎として、合手組合の法主体性や部分的権利能力を肯定する者が多く、その限りで、連結主義に属するからである。しかし、形式的当事者能力は、権利能力を有しない団体に当事者能力を認める場合を指す用語法であるため、本文では、一応、非連結説の中で紹介した次第である。

（42）Wilhelm Endemann, Lehrbuch des bürgerlichen Rechts, Bd. 1, 8. Aufl., 1901, §46 Anmerk. 19. なお、彼は、ＺＰＯ五〇条の規律に対して最後まで反対した審議会メンバーの一人である。

（43）A. S. Schultze, Zur neuen deutschen Civilprozeßordnung, Zeitschrift für Das Privat-und Öffentliche Recht der Gegenwart（Grünhut）28, S. 513（1901）. Curt Rosenberg, Das Vereinsrecht des Burgerlichen Gesetzbuchs und die Gewerkschaftsbewegung, 1903, S. 35 が、ＺＰＯ五〇条一項は、自然人と法人のみに関する規定であるから、ＺＰＯの下でも、従来通り、社団がＧＳを有することの

障害にはならない、とするのも同旨。なお、Rosenbergは、GSの一つの説明たる形式的当事者能力（Wach・注（40）参照）に対して、社団のGSは、法的な承認が完全でないものの事実上認められた団体的な組織の流出物（属性）なのであって、単なる形式（Form）ではないとの理由で反対している（a. a. O., S. 32）。

（44）Konrad Hellwig, Die aktive Parteifähigkeit der nichtrechtsfähigen Vereine vom Reichsgericht anerkannt, Das Recht 8, S. 207.

（45）直訳的には、訴訟上の任意代理人である。ちなみに、理事会の実体法上の地位は、②の修正以前は、BGB七一四条（組合員に対する任意代理権）が規律するのに対し、②の修正後は、BGB二六条の規律に服し、社団法人の理事会（法定代理人）と同視される。RGは、「通常の（gewönlich）」任意代理人としているが、これは、BGB七一四条（任意代理人）では、その包括的な地位を十分に説明できないことを示唆する。しかし、②の修正後であっても、BGB二六条が当然に適用されるわけではなく、一般には、必要に応じて類推できるにとどまる。

（46）ここで言う、Hellwig本来の主張は、Konrad Hellwig, Lehrbuch des Deutschen Civilprozeßrechts, Bd. 1, 1903, §45. で展開されている主張を指している。なお、本文に紹介したHellwigの特別財産の概念は、機能的当事者概念を提唱したデ・ボア（de Boor, Zur Leehre vom Parteiwechsel und vom Parteibegriff, 1941, S.33ff.）による紛争財産の概念に影響を受け、これを引き継いだものとの評価が加えられている。この点については、高橋宏志『重点講義民事訴訟法（上）〔第二版補訂版〕』（有斐閣、二〇一三年）二四三頁注3、松原弘信「民事訴訟における当事者概念の成立とその展開（三）」熊本法学五四号八七頁以下を参照。また、Hellwigの見解は、後代の学説等によって、ZPO五〇条二項には“nur”がないから原告能力を認めてよいとする説であるかのように引用されることがあるが、それは、System des Deutschen Zivilprozeßrechts, Bd. 1, 1912, §69 I 1b. の記述を根拠とするものである。その他、Anspruch und Klagerecht, 1900, §41. も参照。

（47）Hellwig, Lehrbuch, Bd. 1, 1903, §45. では、社団のメルクマールは、社団名と機関の存在とされている。ちなみに、System の前掲箇所では、この二つに加えて、構成員の交代にかかわらない独立した目的の追求、および、社団財産の形成に関する定款規定が要求されている。

（48）Heinrich Stoll, Gegenwärtige Lage der Vereine ohne Rechtsfähigkeit, in: Die Reichsgerichtspraxis im deutschen Rechtsleben. Festgabe der juristischen Fakultäten zum 50 jährigen Bestehen des Reichsgerichts. Bd. 2, Berlin, Leipzig 1929, S. 49-81.

（49）構成員の新規加入は、訴えの変更にはならないし、構成員の脱退は、構成員の全体に対する訴訟の中断を導かない。

（50）　こなれない訳語だが、法人の場合との差別化のために用いられている用語なので、この訳語を用いる。全体名称の表示は、それをもって当時の構成員全員を表示したと同等の意味を期待される。つまり、全体名称は、それ自体は社団（団体）に固有の名称であって、構成員全員の氏名のリストを意味しない。
（51）　Stoll は、必要的共同訴訟人とだけ言うが、固有必要的共同訴訟となるものと解される。
（52）　本文㈡で検討した Hellwig も、同様の主張をしていたが、代理権を授与する者は、Hellwig の場合、当時の構成員全員であった。
（53）　原告能力の欠如は、宣誓および証人尋問との関係で、実務上困難を招来する。構成員全員に当事者宣誓を課すのは煩瑣である上、うち一人でも拒絶すれば、全体にその効果が及ぶが、個々の構成員ではなく構成員全体を当事者とみるなら、理事会構成員（理事）に当事者宣誓を課すだけで済むことの意義は大きいと言う。なお、当事者宣誓制度は、一九三三年のＺＰＯ改正により当事者尋問制度に取って代わられている。当事者宣誓と訴訟担当との関係については、八田卓也「任意的訴訟担当の許容性について（二）」法学協会雑誌一一六巻三号四五六頁以下が詳しい。
（54）　さしあたり、RG. Urt. v. 18. 1. 1934（RGZ 143, S. 212, insbes., S. 213）を参照。
（55）　Stoll, a. a. O., S. 73ff.
（56）　該当条文については、注（3）参照。
（57）　RG, Urt. v. 2. 2. 1905（RGZ 60, S. 94）.
（58）　RG, Urt. v. 22. 3. 1911（RGZ 76, S. 25）.
（59）　Stoll が、Philipp Heck の利益法学の系譜に属することについては、Karl Larenz, Methodenlehre der Rechtswissenschaft, 1960, S. 54. ff. を参照。
（60）　Adolf Wach, Handbuch des deutschen Civilprozessrechts, Bd. 1（1885）, S. 518ff. insbes., S. 520. なお、Wach の見解の分析については、第一章第二節第三款㈣を参照。
（61）　Ernst Jaeger, Die offene Handelsgesellschaft im Zivilprozeß, Festgabe für Rudolph Sohm（1915）, S. 1ff. insbes., S. 12. で、Jaeger は、「匿名は当事者の詳細な表示を省略したものなので、正確には『当事者能力』は全く問題とならない」とするが、Stoll はこれに賛同する。

（62） Gustav Boehmer, Grundlagen der Bürgerlichen Rechtsordnung, Zweites Buch, Zweite Abteilung, 1952, S. 166ff. insbes., S. 184ff.; Walther J. Habscheid, Der nichtrechtsfähige Verein zwischen juristischer Person und Gesellschaft, AcP 155（1955）, S. 375ff. insbes., S. 415f.

（63） 権利能力なき社団の議論では、慣習法による改廃（Derogation）が語られることがある（vgl. Fritz Fabricius, Relativität der Rechtsfähigkeit S. 214ff.）。Otto von Gierke 等が、ＢＧＢの起草段階で自由設立主義導入を論じた際の慣習法は、ここでは関係がない。大雑把な言い方が許されるなら、「慣習法による改廃」という場合、ＢＧＢ制定後の法実証主義を前提にする限りは、「慣習法≒裁判官法（Richterrecht）」、つまり、判例（Rechtsprechung）、を意味しており、具体的には、ＢＧＢ制定後における権利能力なき社団に関する法の継続形成を指している。しかし、ここでは、②の修正に関する判例が問題となっている。この文脈で、当事者能力を認めるには、権利能力なき社団＝権利能力者という解釈の下、ＺＰＯ五〇条一項に依拠することになるが、すべての権利能力なき社団についてかかる解釈ができるわけではもちろんない。

（64） BGH, VI. Zivilsenat. Urt. v. 6. 10. 1964, BGHZ 42, 210 = Jus 1965, 112 Nr. 4 = NJW 1965, 29 = AP §54 BGB NR. 6 = JZ 1965, 28 = MDR 1965, 34. この判決の事実関係は、ＮＪＷにおいてのみ詳細に収録されている。なお、本判決に言及する主な文献として、Bulla, Aktive Parteifähigkeit von Gewerkschaften im ordentlichen Zivilprozeß, DB 1965, S. 620 ff.; Jost H. Jung, Zur Partei- und Grundbuchunfähigkeit nichtrechtsfähiger Vereine, NJW 1986, S. 157 ff.; Karsten Schmidt, Die Partei- und Grundbuchunfähigkeit nichtrechtsfähiger Vereine, NJW 1984, S. 2249 ff.; Walther J. Habscheid, ZZP 78, S. 236 f.; Fritz Fabricius, Relativität der Rechtsfähigkeit, 1963, S. 10–20; ders, SAE 1969, S. 110 ff.; ders, ZZP 85（1972）, S. 358 ff.; Herbert Fenn, Zivilprozessualer Rechtsschutz unter rivalisierenden Gewerkschaften—BGHZ 42, 210, JuS 1965, S. 175–183.; ders. Zur aktiven Parteifähigkeit von gewerkschaftlichen Bezirksverbänden im Zivilprozeß, ZZP 86（1973）, S. 177 ff.; Thomas Schulz, Die Parteifähigkeitnicht rechtsfähiger Vereine, NJW 1990, 1893. 本判決以前において、このテーマを検討した文献としては、Woftgang Wapler, Nichtrechtsfähige Verein als Kläger im Zivilprozeß, NJW 1961, S. 439 ff. がある。

（65） ＢＧＨは、OLG Frankfurt, Urt. v. 31. 1. 1952（NJW 1952, S. 792）が、譲渡可能な財産権を受託者に譲渡したときに受託者が自己の名において当該権利を裁判上行使することが許されることのアナロジーに基づいて、譲渡できない個人的な権利についても任意的訴訟担当を認めていたことに言及しつつ、氏名権等の一身専属的な権利についてそもそも授権が許されるか、また、理事会構成員（理事）としての地位から保護に値する固有の利益の存在を導出できるか、という疑問を提起して、これらを消極的に評価している。そして、訴訟担当等（＝1の方法）は、任意的訴訟担当の制度を不適切に利用するものであると述べ、本件の差止請求では、氏名権に由来する個人的な権利が問題となっている以上、理事会構成員（理事）は自己の名において権利行使をすることはできない、と結論づけている（同旨、OLG München, Beschl. v. 31. 8. 1954（MDR 1955, S. 33））。

（66）判旨ではこれ以外に、誰を証人とみるべきか、原告が敗訴した場合に、勝訴した被告は誰を相手に訴訟費用を取り立てるべきか、といった問題が指摘されている。後者の問題は、本文の第二の理由において取り上げる。なお、訴訟費用の問題が大きく扱われるのは、ドイツ法が地裁以上の裁判所における弁護士強制主義（ＺＰＯ七八条一項）を前提に、弁護士費用を訴訟費用に含めていることに由来する。ただし、この問題は、当事者たる地位の変位に起因することため、従来は、任意的訴訟担当の許容性をめぐる議論の中で検討されてきた。詳細については、福永有利「ドイツにおける当事者理論の変遷」『民事訴訟当事者論』（有斐閣、二〇〇四年）九六頁（初出：「民事訴訟における『正当な当事者』に関する研究（五）」関西大学法学論集一八巻二号一五一頁）、堀野出「ドイツにおける団体の訴訟担当資格」同志社法学四五巻三号四九八頁、八田卓也「任意的訴訟担当の許容性について（二）」法学協会雑誌一一六巻二号二七七頁を参照。

（67）偽名でもよく、問題は、その名称が指称する主体が同一性を保持することである（vgl. Rosenberg/Schwab/Gottwald, Zivilprozeßrecht, 15. Aufl., 1993, §41 II 2. u. IV）。

（68）ＢＧＢ一二条「他人が権利者に対して氏名を使用する権利を争うとき、又は、他人が権限なく同一の氏名を使用することによって権利者の利益を害するとき、権利者はその他人に対して侵害の除去を求めることができる。侵害が継続するおそれがあるとき、権利者は差止めの訴えを提起することができる」。

（69）ライヒ裁判所は、合唱団「ゲルマニア（Germania）」が、内部対立から二つの合唱団に分裂し、双方が「ゲルマニア」を名乗ったために両者の間でその名称の使用継続が問題となった事案において、本来の「ゲルマニア」はもちろん、分裂してできたグループも権利能力なき社団であることを前提に、ＢＧＢ一二条が権利能力なき社団に対しても適用されることを一般的に判示した。その理由としては、まず、権利能力なき社団に関するＢＧＢ五四条二文の文言、および、ＺＰＯ五〇条二項、七三五条、ＫＯ二一三条における受動的な地位の承認が示唆する法人的な構造が引き合いに出され、補強的に、ＢＧＢ

五四条が組合の章ではなく、法人の章に存在していること（法人にＢＧＢ一二条が適用されるのは当然の前提である）も指摘されている。

(70) "Sammelname" の訳語であるが、構成員個人の氏名を寄せ集めという意味ではなく、本文で繰り返し登場する、「全体名称（Gesamtname）＝社団の固有名」と同義である。

(71) 第二節第一款㈢3の本文を参照。

(72) "Mitgliedersrecht" の訳語であるが、誤解を避けるために説明を加えておくと、これは、権利能力なき社団が、独立の主体として、他の団体の構成員としての地位に就くことができる（LG Duisburg, Beschl. v. 1. 6. 1933, JW 1933, S. 2167f.）ことを意味しており、その権利内容からして不可分で、一身専属的な権利であることから、氏名権と同列に論じられている。

(73) その他、判旨によると、強制執行の領域では、ＺＰＯ七五〇条が執行し又はされる者の氏名を債務名義に掲げることを要求しているものの、被告側当事者に対する社団の執行と、訴訟費用に関する被告側当事者の社団に対する執行とは区別することができるのだから、深刻な困難は生じない、とされている。ＺＰＯ七五〇条は、社団が原告となって敗訴した訴訟で被告が訴訟費用の支払いを求める場合については、以下の本文と同様の処理が可能という趣旨であろうか。

(74) 第二節第一款㈢3の本文を参照。

(75) Soergel/Siebert, Bürgerliches Gesetzbuch, Kommentar, 12. Auf., Bd. 1, 1967, § 54 Bem. 42〔H. Schultze = v. Lasaulx〕; Münchener Kommentar zum Bürgerlichen Gesetzbuch, Bd. 1, 1. Auf., 1978, § 54 Rdnr. 23〔Dieter Reuter〕. なお、ＢＧＢ五四条二文の行為者の責任は、第三者との間の特約で排除することができると解されている。

(76) Soergel/Siebert/ Schultze = v. Lasaulx, a. a. O., § 54 Bem. 42.; Münchener/ Reuter, a. a. O., § 54 Rdnr. 23; Ermann, Handkommentar zum Bürgerlichen Gesetzbuch, Bd. 1, 5. Aufl., 1967, § 54–7〔Harry Westermann〕; Das Bürgerliche Gesetzbuch, Kommentar, herausgegeben von Mitgliedern des Bundesgerichtshofs（RGRK）, 5. Liefern, 12. Aufl., 1974, § 54 Rdnr. 21〔Erich Steffen〕; Palandt, Bürgerliches Gesetzbuch, 47. Aufl., 1988, § 54 6-b〔Helmut Heinrichs〕.

(77) 事実関係は紹介されておらず不明である。判旨は、権利能力なき社団に原告能力を認めることには反対する一方で、名誉権（Ehrensrecht）のように構成員全体に帰属し、かつ譲渡できない個人的権利が問題となる場合には、多数の構成員を擁する大規模組織体の権利保護が不可能になる、と述べた上で、【1】の判旨の表現をそのまま引用して判示している。またその際、BGH, Urt. v. 8. 1. 1954, BGHSt 9, S. 186（insbes. S. 191）が権利能力のない人的結合体に対して、名誉毀損能力を認めたことに言及しつつ、民事事件でも同様の保護の必要性がある旨を補強として述べている。

（78）六四年判決では、第二節第二款㈢㈣で紹介した、Stoll, Boehmer, Habscheid の文献が引用されている。

（79）Fenn, a. a. O., JuS 1965, S. 175; Wilfried Weihrauch, AuR 1966, S. 186.

（80）第一章第三節第三款㈡2参照。

（81）ここではさらに、自己の氏名権が現に侵害され、又は、侵害されるおそれがある場合において、原告として訴えを提起する場合は、ZPO五〇条二項の禁止に違反しないという考え方も提示されている。この考え方は、立法資料でもすでに確認されているように、権利能力なき社団が訴えられて被告としての地位に就いたときは、反訴、上訴、請求異議等の防御的ないし反撃的訴訟行為については原告としての能力を有するという解釈を前提としているものと解される。ただし、このような原告能力は一般的には認められていない。

（82）Weihrauch, AuR 1966, S. 192.

（83）Flume, Richter und Recht, Verhandlungen des 46. DJT, Bd. II, 1967, K 26; Fenn, a. a. O., JuS 1965, S. 177.

（84）確かに、当事者能力だけを肯定するという理解も理論上ありえないではない。しかし、労働組合を特別扱いする以上、当事者能力だけを与えるのでは意味がなく、権利能力を認め、その結果として当事者能力も認められるようにするのが合目的である。この結果、労働組合の当事者能力も、ZPO五〇条二項から一項へと移り、BGB五四条一文は労働組合との関係では適用が排除され、代わりに社団法人の規定が適用されることになる。

（85）注（91）に掲げた、Larenz の文献（NJW 1965, S. 1 ff.）の七頁以下を参照。

（86）一般に、"lex" とは、"Gesetz（制定法）" を指すようである。とすると、判旨において、制定法そのものの変化が語られていることになってしまう。しかし、本文で述べたところから明らかなように、BGHは必ずしもそのような解釈を採らないようである。

（87）連邦憲法裁判所は、法律に反する法の継続形成を明示的には排斥していない（BVerfG, Beschl. v. 14. 2. 1973, BVerfGE 34, S. 269（287 ff.）; BVerfG, Beschl. v. 11. 10. 1978, BVerfGE 49, S. 304（318）; BVerfG, Beschl. v. 19. 10. 1983, BVerfGE 65, S. 182（190 f.））。なお、ÖTVがなした憲法抗告を認めた例がある（BVerfG, Beschl. v. 14. 4. 1964, BVerfGE 17, S. 319（329））。

(88)　六八年判決が、ＺＰＯ五〇条二項違反をいかにして回避するかを問題としていると考える場合には、本文で述べたように解されるべきであろう。しかし、労働組合＝権利能力者としてＺＰＯ五〇条一項に基づく原告能力を主張するならば、ＺＰＯ五〇条二項違反は問題とならない。六八年判決に即して言えば、法秩序全体が示唆する労働組合の地位が、労働組合の権利能力を正統化する、つまり、「立法者による実質的改廃」とは労働組合の権利能力を承認するためのものと解するのである。もっとも、ＢＧＨの議論をこのように解してよいかは問題であり、判決文にはこのように解すべき決め手はないうえに、もしこのように解してしまうと、本判決は「権利能力なき社団の当事者能力」に関する判例ではない、ということになりかねない。なお、注(86)も参照。

(89)　六四年判決は、本文で述べたように、「やむにやまれぬ必要」に基づいて原告能力を認めた事案にすぎないとも言いうる。判決理由において、ＢＧＨは、（1）ＧＧ九条三項を私人間の法律関係に直接適用して労働組合を保護することの必要性、（2）権威国家思想の脱落を契機とした判例・学説の発展によって権利能力なき社団の法理が確立され、その趣旨を訴訟法に及ぼすことの必要性、（3）組合法適用を指示する規定が実際の実務ではもはや重視されていないとの認識、といった点を指摘しているが、そのうちどれを重視しているのかについては、特に説明もなく羅列しているにすぎない。

(90)　筆者の知る限り、正面から五〇条二項の違憲性を唱える見解は存在しない。法人格を取得する努力をしなかった社団に対しては何らかのサンクションが課されるべきである、との考え方が、ドイツでは依然として説得力を有することがその主たる理由であろう。しかし、これに加えて、ＧＧ九条二項では、一般の任意団体に保障される結社の自由が、場合によっては制約され得ると規定されているため、違憲論との関係では、こうした法体系上の制約があることも無視されてはならない。

(91)　本判決について、法学方法論の見地から若干の検討を加えている文献としては、Karl Larenz, Richterliche Rechtsfortbildung als methodisches Problem, NJW 1965, S. 1 ff., insbes., S. 7 f. がある。ここで主張されているLarenzの基本的な立場は、権利能力なき社団に対する組合法適用を指示する法律の適用不可能性を認め、その限りで生ずる法の欠缺は、類推によって補充する、というものである。ＺＰＯ五〇条二項に関する六四年判決については、こうした立場から、法的安定性には欠ける、との留保を付しつつも、同判決を高く評価している。なお、Karl Larenz, Methodenlehre der Rechtswissenschaft, S. 320; ders., Richterliche Rechtsfortbildung als methodisches Problem, NJW 1965, 1 ff.; ders, Festschr. f. Nikisch, 1958, S. 281 ff. その他、Erwin Stein, Die verfassungsrechtliches Grenzen der Rechtsfortbildung durch die Rechtsprechung, NJW 1964, S. 1745, insbes., S. 1748. も参

照。

また、Larenz の法学方法論では、権利能力なき社団の法理は、「事物の本性（Natur der Sache）」に基づいた法の継続形成の成功例として位置づけられている。この位置づけを踏襲しつつ、権利能力なき社団の法理における事物の本性の機能に検討を加えたものとしては、Malte Diesselhorst, Die Natur der Sache, verfolgt an der Rechtsprechung zum nichtrechtsfähigen Verein, Rechtsdogmatik und praktische Vernunft, Symposion zum 80. Geburtstag von Franz Wieacker, 1990, S. 258-280 がある。

（92）なお、注(30)で言及した、株式法（AktG）九八条二項七号の導入もこの時期である。

（93）Walter, a. a. O., JZ 1967, S. 561 ff.; Gerd Roellecke, a. a. O., DRiZ, S. 118 ff.

（94）被告能力に関するものとしては、BGH, Urt. v. 16. 3. 1970, MDR 1970, S. 913（SPD の Landesverband）; LG Bonn, Beschl. v. 11. 6. 1975, NJW 1976, S. 810（CDU の Ortsverband）; OLG Köln, Urt. v. 14. 6. 1977, NJW1978, S. 227（右 LG Bonn 決定に対する即時抗告）; OLG Karlsruhe OLGZ 1978, 227（権利能力のない政党の下部組織）; LG Frankfurt, Urt. v. 21. 9. 1978, NJW1979, S. 1661（SPD の Ortsverein）; OLG Bamberg, Urt. v. 8. 7. 1981, NJW 1982, S. 895（CSU の Ortsverband）; BGH, Urt. v. 19. 3. 1984, BGHZ 90, 331 = NJW 1984, S. 2223（社団の部局 Sektion ＝ドイツ人命救助協会 Deutschen Lebensrettungs-Gesellschaft の Ortsgruppe）; LG Oldenburg, Beschl. v. 23. 1. 1986, GRUR1986, S. 464.（ドイツ共産党 DKP の Kreisorganisation）; LG Arnsberg, Urt. v. 8. 1. 1987, NJW1987, S. 1413.（Junge Union Deutschland という名の CDU の内部団体）。一方、原告能力に関するものは、OLG Frankfurt, Urt. v. 15. 8. 1984, MDR 1984, S. 1030（Kreisverband）; OLG Celle, Urt. v. 8. 3. 1989, NJW1989, S. 2477（CDU の Kreisverband）. なお、OLG Zweibrücken, Beschl. v. 16. 9. 1985, NJW-RR 1986, S. 181（政党の地域団体）は登記能力を否定した事案である。

（95）従来の社団性の要件に「独自の任務の遂行」という要素を付加した形の要件であるが、これは本来、BGH, Urt. v. 16. 3. 1970, MDR1970, S. 913（前掲注(94)参照）においてＳＰＤの州支部が「当時最高位の地域団体」に該当するか否かが争われた際に、「当時最高位の地域団体」の要件としてＢＧＨが提示したものを、その後の下級審が、「権利能力なき社団」の要件に転用したものである。

（96）下部組織の独立性の判定に当たっては、「下部組織が、自己の名で、行為能力を有する独自の組織を通じて、対外的、継続的に任務を遂行すること」が決定的であるとして、「独自の任務」要件からの離脱を試みている。

（97）本判決の判旨では、下部組織の独立性は、定款の内容によって決まるのであって、誰がそれを決議したかは関係がない、また、たとえ下部組織の定款制定権を制限するような規律が存在しても、それは本部と支部の共通の目的を達成するために、あるいは、統一的な組織を保つためになされるだけであって下部組織の独立性を左右するものではない、という指摘がなされている。

（98） 以上の議論については、Martin Kainz, Die Parteifähigkeit regionaler Untergliederungen politischer Parteien im Zivilprozeß, NJW 1985, S. 2616 ff. を参照。なお、下部組織の社団性要件では、独立性の審査が、単独体の場合に比して加重されているようにみえるかもしれないが、それは間違いであろう。社団性の認定は、定款の解釈を通じて行われているが、下部組織の場合、本部の定款を準用ないし引用した定款が作成されることが多いために必要な記述を欠いている場合がある。したがって、下部組織の社団性の認定に当たっては、単独体の場合のような固有の定款のみを用いた書面審査では足りず、上部組織の定款を参照して職務の分掌関係等を調べる必要が生じる結果として、独立性ないし独自の任務の有無に関する審査態様が実質化しているようにみえるだけであるように思われるからである。このように、下部組織に本来的に備わる従属性が、下部組織の社団性要件における独立性の問題を際立たせているだけであるから、理論的には、独自の任務の要件が、社団性の追加要件であるとまで言う必要はない。

（99） PartG 政府草案三条一項「本法の規定に反しない限り、政党は、選択した民法上の法形式において、自由に設立することができる」、二項「すべての政党は、その名において、訴え、訴えられることができる」。

（100） 下部組織の独立性という要件は、本文のように権利能力なき社団であるための要件として議論されるのが一般的である。しかし、若干の裁判例では（前掲の【5】LG Frankfurt 判決等）、請求として立てられている問題が、当該下部組織の所管事項に属するかどうかに着眼して、これが認められる限り当事者能力があるとされている。そして、このときに採用されている判断構造は、当事者適格の判断に類似すると言わざるを得ない。仮にこの分析が正しいとすると、下部組織の独立性を、当事者能力の判断基準である社団性の内容に加えることの是非が問題とならざるを得ない。この意味で、他の組織からの独立性の問題は、当事者能力の審査において、やや異質な側面を有している。なお、政党の下部組織の当事者能力に関するわが国の問題状況について、福永有利「権利能力なき社団の当事者能力・当事者適格」『民事訴訟当事者論』（有斐閣、二〇〇四年）五二一頁（初出：「権利能力なき社団の当事者能力」『木川古稀（中）』〔判例タイムズ社、一九九四年〕三一六頁）は、Ultra Vires の法理を援用する。もっとも、Karsten Schmidt, Gesellschaftsrecht, 3. Auf., 1997, S. 221 によると、ドイツ法は、この概念を知らないとする。

(101) Fenn, ZZP 86, S. 177 ff., insbes., S. 183.

(102) その他にも、Fenn は、【7】が採用する労働組合の前記の定義は一般に採用されていない点等を指摘した上で、他の労働法規の具体例を示しつつ詳細に批判を加えている。

(103) Rosenberg/Schwab/Gottwald, Zivilprozeßrecht, 15. Aufl., 1993, §II 4; Baumbach/Lauterbach/Hartmann, Zivilprozeßordnung, 57. neubearb. Aufl., 1998, Anm. 5F.

(104) BGH, Urt. v. 5. 10. 1978, BGHZ 73, 275, insbes., S. 278 = NJW 1979, S. 1402; BGH, Urt. v. 19. 3. 1984, NJW 1984, S. 2223 = LM §50 ZPO Nr. 39 = JZ 1984, S. 682; OLG Düsseldorf, Urt. v. 14. 5. 1986, NJW–RR 1986, S. 1506（ÖＴＶの Kreisverwaltung）.

(105) OLG München, Beschl. v. 9. 12. 1968, NJW 1969, S. 617では、ドイツ学生連盟（Vervand Deutscher Studentenschaften ＝ VDS）の原告能力が争われたが、ＢＧＨの六四年・六八年判決を引用し、労働組合と同等の歴史および社会的地位を有しないこと、組織が脆弱であって保護の必要性に欠けることを理由として原告能力を否定し、構成員全員又は利害関係のある個人によって提訴するよう促した。また、BGH, Urt. v. 6. 10. 1989, BGHZ 109, 15（NJW 1990, S. 186）においては、権利能力なき社団たる入植者協会（Siedlergemeinschaft）の原告能力が争われたが、六四年・六八年判決に言及して、ＺＰＯ五〇条二項に反して原告能力が認められるのは、特殊な経緯を有し、法秩序において重要な地位を占める労働組合に限られる、との結論を改めて強調している。その後の下級審判決（OLG Koblenz, Urt. v. 3. 3. 1993, NJW–RR 1993, S. 697）においても、学生組合（Burschenschaft）の原告能力が争点となっているが、前掲 BGH, Urt. v. 6. 10. 1989と同様、六四年・六八年判決の拡張解釈に言及し、これを戒めている。なお、被告能力を肯定したものとしては、LG Regensburg, Urt. v. 11. 8. 1987, NJW–RR 1988, S. 184（権利能力ある社団のテニス部）がある。

(106) これについては、注（70）を参照されたい。

(107) 【4】LG Hamburg 判決（第二節第三款㈠3（イ）参照）は、ＺＰＯ五〇条二項に反して正面から「当事者能力」を認めているが、氏名権という譲渡不能な権利が問題となる限度で認めたにとどまる。これに対して、【8】は、一般論として、非連結主義の当事者能力を示唆する意義を有するものと言える。

(108) 本章で検討した見解としては、具体的には、Hellwig の見解（第二節第二款（二）参照）が、独立の特別財産の法主体性が認められる限りで、権利能力なき社団の当事者能力を認めている。他方、部分的権利能力については、Fabricius の部分的権利能力論（Fritz Fabricius, Relativität der Rechtsfähigkeit, 1963, S. 67-110., 186-216）が有名である。そこでは、行為能力を超える範囲での権利能力を観念しないとの見解が主張されている（vgl. Uwe John, Die organizierte Rechtsperson, 1977, S. 162-177）。行為能力の範囲内、つまり、部分的権利能力のある限りで、権利能力なき社団に当事者能力を認めるというように、議論の中心点が実体法上の主体性（権利能力）にある以上、これもまた連結主義の典型である。なお、ドイツ法においては、権利能力なき社団の実体法上の地位は、ＢＧＢ五四条一文の組合法適用指示を経由して、合手（Gesamthand）の法的性質論、法主体性論ないし権利能力論へと繋げる学説の潮流がある。とりわけ、民法上の外的組合については、判例が権利能力を肯定しているが、この点については、第三章第一節第二款を参照。

（109）部分的な法律関係の法主体性のみでは不都合がある場合、特別法により一定の団体を他と区別して一般的法人格を与える規律を整備することは別問題である。ちなみに、PartG 三条は、政党に法人格を与える（法人化する）のではなく、一般的当事者能力を認めることにしている。理論上は、政党の法主体性が肯定されることが前提と解されるが、訴訟上の主体性も、一つの部分的法律関係であると考える限り、本文の説明がここにも妥当する。

（110）前述の説明に反して、【4】と【8】では「当事者能力」が承認されている。しかし、内容的には【1】〜【3】判決を引き継いだものであることは明らかである。

（111）実際、第一章で検討した Wach は、Stoll と同じものを念頭において、「形式的当事者能力」という用語法を創出していた。Stoll がそのことを知らなかったとは考えられないため、自己の主張をして、当事者能力と命名する余地は十分にあったはずである。

（112）団体が自らの法主体性を争うためにも、当該団体は訴訟上の主体性が措定されなければならない。いわゆる訴訟要件をめぐる紛争（Zulassungsstreit）における当事者能力の扱いは、一つの問題領域を形成しているが、ドイツ法において、当事者能力の存否をめぐる争いでは、当該主体の当事者能力は存在するものとみなされる（vgl. Stein/Jonas/Bork, Kommentar tur ZPO, 21. Aufl., Bd. 1, 1992, §50 Rdnr. 32; Baumbach/Lauterbach/Hartmann, Zivilprozeßordnung, 57. Aufl., 1998, §50 Anm. 34. u. s. w）。理論上は、当事者能力が、本案要件としての性格のみならず、訴訟行為要件としての性格を有することの帰結である。

（113）当事者能力概念の構成とその要件は、原則として連動すると解することになる。確かに一般論としては本文の通りなのであるが、PartG 三条の当事者能力は、②の連結主義と解されることからすると、条文上は、「その名称の下で」の文言が挿入されている点と整合しないかのようである。しかし、団体名（全体名称）の存在は、②の法主体性の要件でもあると解するならば、特段の問題は生じない。

（114）普通法理論において、理事(会)は法定代理人とされていたのに対し、Stoll は、理事(会)を「通常の（gewönlich）」任意代理人として説明する。これは、次のような理由があると考えられる。すなわち、普通法時代には当事者能力に関する明文規定がなかったために、訴訟無能力者の法定代理に関する規律が、団体の理事(会)の地位を説明する際に転用されていた。これに対して、Stoll は、権利能力なき社団の定款は、基本的には組合契約と同様に扱われること（BGB五四条一文の組合法適用指示）、および、理事(会)は通常存在する機関であることにかんがみて（おそらくBGB二六条一項一文「社団には理事(会)を置くことを要する」〔＝muß 規定、効力規定〕の類推を認めるものと解される）、理事(会)が通常の任意代理人であることを念押ししたものと解される（同様の解釈は、注（44）の Hellwig にも見られる）。したがって、普通法理論とは異なる方向を選択した、というよりも、BGB五四条一文に対応する解釈を行ったと見るべきである。

（115）③の当事者能力では、氏名権は人格権の流出物と解されていることにかんがみ、団体名（全体名称）の存在の方に重点を置く見解にも一理はある。しかし一般には、団体名（全体名称）の存在と対外的機関の存在のどちらか一方が本当に欠落している団体は、想定し難い。とすると、両方とも必要であるとして、一方が存在すれば、他方が推認される関係と解する方がよいかもしれない。Stoll の見解では、全体的考察を通じて「当時の構成員全員」＝「単一体」の存在を認めるべきものとされているが、右のような意味ではなかろうか。

（116）一般論を述べており、その意味で、Stoll の見解における、理事(会)による代理（対外的機関の存在）にも妥当すると解されるが、ここではとりわけ、民事訴訟規則一四条に基づいて提出される定款・規約を想定している。

（117）第二節第三款（一）３（ウ）において、言及したところを要約したものである。

（118）第三節第一款を参照。

（119）第三節第一款を参照。

（120）第一章では、当事者能力概念の生成期を中心とした考察を行ったが、そこで見られた当事者能力が非連結主義であり、BGB制定に伴う社団法の統一を契機として連結主義の当事者能力が台頭し、支配的になっていった。原点回帰という意味では、非連結主義に立ち戻るのが、当事者能力概念の生成過程からは自然と評価できる面がある。

(121) 兼子一『新修民事訴訟法体系（増訂版）』（酒井書店、一九九二年）一一一頁では、社会学的認識に傾斜した要件の構成が打ち出されており、その点で非連結主義を思わせる内容を要件論に含んでいるが、他方で、効果論としては、事件限りの権利能力を肯定すべきとされ、連結主義に傾斜した側面をも併有する。しかし、兼子説の構造分析は、第五章の考察を待たねばならない。

第三章　民法上の組合の当事者能力

第一節　はじめに

第一款　前章までの考察との関係と本章の課題

本章では、民法上の組合（民六六七条以下）の当事者能力について検討する。前章までは、ドイツにおける権利能力なき社団を素材として当事者能力を検討してきたのに対し、本章においては、わが国の民法上の組合を素材としている点には、説明が必要であろう。

前章までは、当事者能力概念の構成について、連結主義と非連結主義という二項対立を想定し、ドイツ法の当事者能力概念の生成期には両者混在した状態であったが、非連結主義の当事者能力は、普通法以来の沿革を有しながらも、ドイツ民法（以下、〝BGB〟という）による法人設立制度の統一的な整備、ドイツ民事訴訟法（以下、〝ZPO〟という）による連結主義の採用を経験し、その後、ドイツ連邦通常裁判所（以下、〝BGH〟という）によって明示的に否定されることになった。

このようなドイツにおける非連結主義の経緯を前にしたとき、連結主義・非連結主義による当事者能力論の分析は、わが国においても可能ではないか、また、ドイツに見受けられた判例・学説は、わが国にも対応物が存在するのではないか、という疑問が生ずる。そこで、わが国の判例・学説を瞥見してみると、民法上の組合に関する判例・学説の中には、とりわけ非連結主義の当事者能力を彷彿させる素材があることが判明した。

本章は、このような理由から、わが国の民法上の組合に関する判例・学説を素材として、当事者能力を検討するものである。ところで、民法上の組合の訴訟上の地位[1]については、従来、①「社団」の当事者能力を規定した民事訴訟法二九条を民法上の組合に適用することができるか[2]、②同条の適用された民法上の組合は訴訟手続においてどのような地位を有するか、が検討されてきた。①は、同条の適用要件をどのように構成するかに関係するため、要件論と呼ぶことにする。他方、②は、同条の適用を前提とした問題であるから、効果論と呼ぶことにする[3]。そして、本章における検討の対象は、①を含む要件論である。他方、効果論については、社団の場合も含めて、第五章において検討することとしている。

第二款　民法上の組合を取り巻く状況

本章で検討する素材は、わが国の民法上の組合に関する判例・学説であるが、これを素材とした理由は、前述したようにドイツ法との比較法的関心にある。そのため、民法上の組合について、ドイツ法上の位置づけについてもごく簡単にではあるが触れておくことにする。[4]

まず、権利能力なき社団の当事者能力を定めたZPO五〇条二項[5]は、民法上の組合には適用されないという点である。[6] これは、前掲の要件論①と対比すると対照的であるが、その理由は、ZPO五〇条二項が権利能力なき社団に関する規定である一方で、社団と組合は法的性質が異なるとして相互の乗り入れ（類推適用）を否定する、社団組合峻別論が有力だからである。とすると、民法上の組合は、民事訴訟の当事者になることができないのかという疑問が生ずるが、従来は、ドイツ商法（以下、〝HGB〟という）の合名会社の当事者能力に関する規定の類推適用を認める考え方が有力であった。[7] これは、先の社団組合峻別論を前提にすれば、民法上の組合と合名会社がともに合手組合であることの帰結である。

ところが、二〇〇一年にBGHは民法上の組合に対して権利能力および当事者能力を認める判決をするに至った。[8] さらに二〇〇八年には不動産登記能力についても認める判決をしている。[9] とりわけ当事者能力に関しては、民法上の組合は権利能力を有する以上、ZPO五〇条一項に基づいて当事者能力を有するのであるから、当事者能力概念としても原則的な連結主義として、法人と肩を並べる存在になったことになる。しかも、ZPO五〇条二項についても、二〇〇九年九月の改正[10]によって権利能力なき社団の原告能力が認められた。[11] 確かに、このこと自体は民法上の組合にとっては直接的な意味を有しないものの、法人登記をしない団体として共通の基盤をもつ組合と社団が、ともにZPOに基づいて当事者能力を有するに至ったことは、従前の法状況にかんがみると、印象深いものがある。

問題は、以上のようなドイツ法の動向が、本章の考察に影響を及ぼすかという点であるが、言うまでもなく、民法上の組合が権利能力を承認され、それに基づいて当事者能力をも有することになった点が重要である。[12] というのも、この変遷により、ドイツ法内在的には、民法上の組合の当事者能力の有無を議論する意味がほぼなくなったことになるからである。しかし、わが国ではなお民法上の組合は法人ではなく、当事者能力についても議論がある以上、比較法的な考察の対象として、ドイツ法にはなお参照価値があるものと解される。したがって、本章の考察においては、なおドイツ法との比較の視点を採用することとする。

第二節　裁判例の分析

第一款　分類方法と時代区分

民法上の組合の当事者能力を扱った裁判例[13]は少なからず存在する。[14] これらを検討してみると、当事者能力に関する判断の内容に着眼して、次の三つに分類することができる。第一は、当該団体を民法上の組合と性質決定した上で、代表者の定めがあることを基準として当事者能力の有無を決めるものである（以下、「機関型」という）。この類型は大審院の判決に多く見受けられる。第二は、当該団体が、その成立過程や名称等から一応民法上の組合であることを認めつつも、団体の目的、代表者の定め、総会の開催、団体独自の財産、構成員の加入・脱退の許否等の事項が、当該団体について存在することを条件として社団性を認定した上で当事者能力を認めるものである（以下、「社団型」という）。この類型は、表面的には民法上の組合に当事者能力を認めるようであっても、結局のところ、社団の性質を有する団体に当事者能力を認めているにすぎない側面をもっている。最後は、民法上の組合と性質決定された団体について、当事者能力を否定したものである（以下、「否定例」という）。

次に、右に掲げた三つの類型に属する裁判例を、それぞれ、大正一五年の民事訴訟法改正前（以下、「第一期」という）、改正後から最一小判昭和四二年一〇月一九日民集二一巻八号二〇七八頁[15]（以下、「昭和四二年最判」という）まで（以下、「第二期」という）、および、それ以降（以下、「第三期」という）に区分し、かつ、民法上の組合の原告・被告の別を加味して整理すると、表1[16]のようになる。また、法的性質には争いがあるものの、実務上は民法上の組合に準じて扱われることが多い無尽講ないし頼母子講[17]について、同様の整理を行ったものが表2[18]である。

表1　民法上の組合

	第1期		第2期		第3期	
	原告	被告	原告	被告	原告	被告
機関型	3 4		10 13 14※ 17 20 21	12 14※		
社団型			7 11 18		24 25	
否定例	2	1	5 6※ 8 15 16 23	6※ 9 19 22		

※6と14は、原告と被告がともに民法上の組合であったため、原告・被告の両方で表記してある。なお、4も同様に、原告・被告がともに組合であったが、原告能力のみが判断されている。

表2　無尽講・頼母子講

	第1期		第2期		第3期	
	原告	被告	原告	被告	原告	被告
機関型			29※ 30 31 32			
社団型						
否定例	26 27 28			33		

※第二期に属する29は機関型の肯定例である。しかし、掲載誌の記述からは原告・被告の別が判然としないため、長谷部・後掲注（37）末尾の事件名一覧表を参考にして原告に分類した。

ここで採用した時期の区分について説明しておくと、まず大正一五年改正の前後で区切るのは、わが国の民事訴訟法がこの改正によって初めて当事者能力規定をもつに至ったことを重視したからである。すなわち、大正一五年改正前の旧々民事訴訟法（明治二三年法律第二九号）においては、普通裁判籍（一四条二項）および送達の規定（一三八条二項）の中に、法人以外の社団・財団を前提とした文言[19]があったにすぎなかった。しかし、大正一五年の改正によって、現行民事訴訟法（平成八年法律第一〇九号）二九条と同じ内容の旧民事訴訟法（大正一五年法律第六一号）四六条が新設されるに至った。法人でない団体に当事者能力を認める見解は、大正改正前に存在しなかったわけではないが[20]、やはり当事者能力規定（旧四六条および現二九条）の存在を前提とする時期とは区別すべきである。

次に、昭和四二年最判の前後で区切るのは、同判決が最一小判昭和三九年一〇月一五日民集一八巻八号一六七一頁[21]（以下、「昭和三九年最判」という）の示した権利能力なき社団の要件を、当事者能力規定である民事訴訟法二九条（旧四六条）の適用要件に転用したリーディング・ケースとされており、この判例の登場が、民法上の組合の当事者能力に関する裁判例の傾向を整理する上で、重要な節目になると考えたからである。

では、以上のように整理した裁判例について、次の二つの観点から検討を加えることにする。一つは、原告能力と被告能力との間に何か違いがあるか。他の一つは、当事者能力の要件として社団性を重視するかどうかである。

第二款　当事者としての訴訟上の地位

(一)　原告能力

民法上の組合に関する表1をみると、時期に関係なく、また、肯定例（機関型と社団型）か否定例かを問わず、組合の原告能力が争われた事件が多い。無尽講・頼母子講に関する表2をみても、原告能力が問題となった事件がほとんどである。この状況をどのように考えるべきであろうか。

学説においては、当事者能力と任意的訴訟担当の関係に関して、作用範囲の違いを主張する見解がある。すなわち、最大判昭和四五年一一月一一日民集二四巻一二号一八五四頁(22)が、民法上の組合の業務執行組合員に任意的訴訟担当の資格を認めたことを根拠にして、組合が原告の場合は、業務執行組合員が担当者として訴訟追行できるから、民事訴訟法二九条（又は旧四六条）を利用するまでもないとされ、逆に組合が被告の場合は、組合自身に当事者能力を認める方が適当であるとする見解がそれである(23)。この見解は、提唱された当時、ZPO五〇条二項が権利能力なき社団に被告能力のみを認めていたことの意義を積極的に評価して(24)、民事訴訟法二九条の機能を考察するところにその意図があるものと考えられる。

しかしながら、このように割り切ることには疑問の余地がある。第一に、制定当初のZPO五〇条二項における半当事者能力は、国家の社団政策と密接に関連した形で起草された経緯を有しており(25)、ドイツの社団の当事者能力が被告能力に限定されていたことを根拠として、わが国の当事者能力規定の適用範囲を限定するような解釈には慎重でなければならない(26)。

第二に、第一節第二款でも述べたように、ドイツの判例はZPO五〇条二項を民法上の組合に適用していない。つまり、ドイツの一般的な議論状況を前提とする限り、わが国の民法上の組合の当事者能力について比較法的に考察する際、ZPO五〇条二項をもちだすのは筋が違うものと解される。よって、民事訴訟法二九条の作用範囲を考察する際、もしドイツ法の議論を参照するのであれば、組合が原告となる場合を原則として固有必要的共同訴訟とし、業務執行組合員の定めがあるときは、これを法令上の訴訟代理人とみるドイツ民事訴訟法学のかつての通説の立場(27)、ドイツ団体法学において民法上の組合について合名会社に関するHGB一二四条一項等の類推適用を主張していたかつての有力説[28]、そして、民法上の組合に権利能力・当事者能力を認めた最近のBGHの判例[29]に着眼すべきである。

このように考えると、民事訴訟法二九条の作用範囲を、ZPO五〇条二項（二〇〇九年改正前）を根拠として限定すべきではない。むしろ、民事訴訟法二九条によって当事者能力が認められた組合の当事者適格を訴訟担当とする見解が有力化していることも視野に入れると[30]、民法上の組合の原告能力の作用範囲は、任意的訴訟担当等の他の手段（選定当事者、法令上の訴訟代理人、訴訟法上の任意代理人）と同じであって、重畳的な関係にあると考えるべきではなかろうか。このような見方は、組合自身の原告能力を認めた一連の裁判例（表1および表2参照）と並行して、講元による任意的訴訟担当が大審院以来許容され、業務執行組合員による任意的訴訟担当については否定例があるものの、それと拮抗して肯定例が存在していたという状況[31]からも裏づけられるように思われる。

(二)　被告能力

次に、被告能力について検討しよう。民法上の組合の被告能力が問題となった裁判例は、第一期の否定例[32]として〔1〕、第二期の肯定例（機関型）として〔12〕〔14〕、同じく第二期の否定例として〔6〕〔9〕〔19〕〔22〕〔(一)9〕以外は、社団型の否定例[33]がある（表1参照）。他方、講の被告能力が争われたのは、〔33〕（社団型の否定例）のみである（表2参照）。なお、念のために付言しておくと、民事訴訟法二九条は主として組合が被告の場合に作用すると主張する前述(一)の見解によれば、法人でない団体を相手方とする原告の権利保護を拡充する見地から組合の被告能力を肯定した裁判例があってもよさそうだが、収集できた裁判例にはこれに該当するものは存在しなかった。

さて、被告能力に関しては、法人でない団体が金銭給付訴訟の被告である場合、財産的独立性は不可欠の要件であるとする伊藤眞教授の指摘がある[34]。この点について裁判例をみると、被告能力を肯定する〔12〕は、「組合カ法人ニ非サル一ノ社団タルハ論無キニ於テ」とするのみで、財産的独立性には言及していない。(35) また、肯定例の〔14〕は、水利組合は「その各井堰及び水路の管理維持に必要な費用の徴収、支払等の事務を執行する為」代表者を定めた法人格を有しない社団である、としており財産に関する言及があるが、これは代表者を定めた趣旨を指摘しているにすぎない。他方、否定例では、代表者の定めがあっても団体としての独立性がないとの理由で否定する〔19〕を除き、〔6〕〔22〕（および講に関する〔33〕）が財産的独立性に言及している。例えば、〔6〕は、（旧民事訴訟法四六条〔現二九条〕の法人にあらざる社団とは）「少ナクトモ団体ノ名称ヲ有シ団体構成員ノ加入脱退等ノ移動ニ関係ナク団体独自ノ目的ヲ有シ団体財産ニ関スル規定ヲ具備シ且其ノ代表者ヲ有スルコトヲ必要トスル」としており、財産に関する事項も当事者能力の要件の一つとされている（その他、〔22〕〔33〕も同様である）。

ここで注意を要するのは、右の裁判例はいずれも金銭支払請求に関するものではないという点であり、そのため、伊藤説による指摘の是非をこれらの裁判例で確認することはできない。しかし、伊藤教授は、金銭支払請求以外の訴訟において、財産的独立性は、「他の要件と相まって団体の一般的独立性を認定するための補助的要件として働く。この場合には、他の要件によって能力が認定されれば財産的独立性を特に必要としない」とも主張されており、この主張については、右に紹介した裁判例の解釈にも妥当するものと考えてよいように思われる。なお、長谷部由起子教授は、伊藤説の批判的検討を通じて、財産的独立性が不可欠となるのは、金銭支払請求訴訟の被告とされた団体が、固有の財産をもたないことが明らかで、団体債務につき構成員の個人責任を問い得ない場合であるとし、(36) この場合に財産的独立性を欠いているならば、当事者能力は否定されるべきであるとされる。(37) 長谷部教授は、先に取り上げた〔12〕が、財産的独立性に言及せずに、代表者の定めを基準として民法上の組合の被告能力を認めている点につき、本件の団体の場合には、団体に対する給付判決の執行力を各構成員に拡張することが可能であったと分析されている。(38) この分析については、機関型の当事者能力について一般的に財産的独立性を不要とする結論を導きうるとの指摘も可能である[39]。なお、当事者能力の要件としての財産的独立性については、第四章において詳しく検討する。

第三款　当事者能力を肯定した判例の二つの類型

(一)　機関型

ここでも、まず民法上の組合に関する表1をみると、機関型の裁判例は、第一期および第二期に集中しており、第三期には見当たらないのに対し、社団型の裁判例は、第二期以降に初めて登場し、第三期においても維持されていることを指摘できる。なお、第二期以降の否定例の中には、組合と性質決定したにもかかわらず、代表者の定めについて認定を行わずに、当事者能力を否定したものがあることには注意を要する。他方、無尽講・頼母子講に関する表2をみると、第一期において肯定例は機関型・社団型ともに見当たらないが、否定例は三件ある[40]。第二期に至って、肯定例の機関型に属するものが登場し主流をなすが[41]、否定例も一件ある[42]。第三期については、講の当事者能力に関する裁判例としては、肯定例、否定例ともに見出しえない[43]。

さて、右に整理した裁判例を全体としてみると、民法上の組合（講を含む）の当事者能力に関する判決は、機関型から社団型へと推移しているように思われる。この傾向を決定づけたのは、おそらく権利能力なき社団の当事者能力に関する最高裁判決であろう。すなわち、最高裁は、まず最三小判昭和三七年一二月一八日民集一六巻一二号二四二二頁（〔20〕）において、大審院の判例（〔12〕〔31〕）を引用しつつ、民法上の組合について、代表者の定めを重視して民事訴訟法二九条の適用を認める機関型の判決をした[44]。この判決によって、代表者の定めのある民法上の組合は当事者能力を有する、という大審院時代からの判断が、最高裁においても維持されることが確認された（なお、〔21〕最三小判昭和三八年四月二日裁判集民六五号三五七頁は、〔20〕を引用して同様の判示をしている）。

(二)　社団型

最高裁は、昭和三九年最判[45]において、訴外の引揚者更生生活協同組合連盟杉並支部が、建物所有を目的とする土地賃貸借契約の主体となりうるかが争われた際に、「権利能力のない社団といいうるためには、団体としての組織をそなえ、そこには多数決の原則が行われ、構成員の変更にかかわらず団体そのものが存続し、しかしてその組織によって代表の方法、総会の運営、財産の管理その他団体としての主要な点が確定しているものでなければならない」とし、「このような権利能力のない社団の資産は構成員に総有的に帰属する」と判示した。しかも、最高裁は、昭和四二年最判[46]において、実体法上の権利能力なき社団の基準を明らかにした右の昭和三九年最判を引用し、この基準が旧民事訴訟法四六条（現二九条）の「法人でない社団」の解釈においても妥当すると宣言したのである。つまり最高裁は、法人でない団体については、権利能力なき社団の各要件を具体的に検討して社団性を認定し、社団とされた団体についてのみ民事訴訟法二九条を適用するという要件論を一般的な形で提示したのである。これは、本章のいう社団型の判決を、最高裁が権利能力なき社団を素材として追認したことを意味する。その結果、法人でない団体（民法上の組合を含む）の当事者能力という視点でみると、民法上の組合については機関型の要件論、社団的組合（後述）については社団型の要件論、権利能力なき社団については昭和三九最判および昭和四二年最判が採用する要件論、という三つの立場が並存することになる。

もっとも、最後に掲げたものは、理論的にはまさに社団型である。とすると、昭和三九年最判および昭和四二年最判の要件論が、本来の社団型であるとすれば、社団型の下級審判決〔7〕〔11〕〔18〕〔24〕〔25〕）は、判決がされた時期の前後関係を度外視する限り、これらの最判の要件論を組合に転用したものと言うことができる〔25〕の判旨には、転用された社団型の特徴がよく表れている)。このように位置づけることは、社団型の下級審判決に登場する組合が、学説上「社団的組合」と呼ばれてきたことに照らせば[47]、許されてよいように思われる。したがって、民法上の組合の当事者能力を肯定した裁判例の整理としては、大審院以来の機関型と、昭和三九年最判および昭和四二年最判を転用した社団型という二つの基準が並存するものと整理することができる[48]。

第四款　小　括

以上のような裁判例の検討によって、とりわけ、組合の当事者能力と他の提訴手段との間で作用範囲に区別はないこと(第二款㈠参照)、本章で検討した裁判例においては原告能力と被告能力の間で要件の違いがないこと(第二款㈡参照)、および、組合の当事者能力を肯定する判決には二つの類型があること(第三款)、がそれぞれ明らかとなった。以下では、この結果を踏まえて、民事訴訟法二九条に関する要件論を検討する。

第三節　考察—要件論

民法上の組合に当事者能力を肯定した判決は、機関型と社団型の二つに分けることができるが、両者はどのような関係に立っているだろうか。この点を解明するには、冒頭(第一節第一款)で述べたように、非連結主義の当事者能力概念との接点が期待される、機関型について分析を加えるべきである。というのも、民法上の組合に当事者能力を肯定した判例としては、機関型の方が古く、そこから社団型へと推移した経緯を検討することにより、それぞれの特徴も明らかになると期待できるからである。

出発点として、機関型に属する判決の結論を、民事訴訟法二九条の規定に即して定式化すると、「(a)民法上の組合であって、(b)代表者の定めのあるものは、(c)その名において訴え又は訴えられることができる」と整理することができる。行論の便宜上、(c)の検討からはじめる。

第一款　「(c)その名において訴え又は訴えられうる」

(一)　山木戸説と組合名による代用表示

まず、機関型の判決において、当事者能力の意義がどのように把握されているかを検討する。この問題に関する議論の出発点として、機関型の判決について評釈を加えた山木戸克己教授の見解を取り上げる。というのは、この見解が、機関型の判決を指して、「従来の判例が組合に当事者能力を認めているのも、ひっきょう訴訟における当事者表示の方法として組合の名においてすることを認める趣旨ではないであろうか」と指摘しているからである。(49)

山木戸説によると、機関型の判決は、組合員全員の名を表示する代わりに、あくまで便宜上、組合名を表示することを認めただけのものと解釈される。他方で、山木戸説は、民法上の組合に業務執行組合員が定められている場合、この者には原則として代理権が授与されており、その代理権が訴訟代理権を含む包括的な代理権であるときは、業務執行組合員は、法令上の訴訟代理人であるとする。つまり、業務執行組合員は、組合員全員の代理人とされるのである。したがって、機関型の判決が、民法上の組合に当事者能力を認めた趣旨は、業務執行組合員が組合員全員の法令上の訴訟代理人としての地位をもつことを前提として、そのような代表者の定めのある民法上の組合については、本人たる組合員全員の氏名を表示する代わりに、組合名を表示して訴訟追行することを許容する点にあると解釈されている。換言すれば、山木戸説によると、機関型の判決の趣旨は、代表者の定めのある民法上の組合について、便宜的な当事者表示方法を許容した点にあるのである[50]。

さて、機関型の判決を山木戸説のように理解すると、機関型の判決は、民法上の組合に当事者能力を認めていない、という結論になるが、果たしてそれでよいだろうか。確かに、山木戸説によれば、業務執行組合員は、組合員全員の代理人であると解釈される以上、当事者はあくまで組合員全員ということになる。この点について、訴訟法学の通説は、組合が原告側の場合には、組合員全員の固有必要的共同訴訟であり、組合が被告側の場合には、通常共同訴訟であるとしているが[51]、このことは、民法上の組合に対して、機関型の判決がいうところの「当事者能力」が認められたとしても変化はなく、当事者機能の帰属点は、依然として組合員全員ということであろうか。そうだとすると、当事者表示の面では便宜を認めつつも、組合自身を当事者とする訴訟の成立自体は否定されるので、機関型の判決が「当事者能力」と述べたことの意義は、大幅に減殺される[52]。というのも、組合名による代用表示を貫徹できるとしても、それは訴状や判決等の当事者表示だけであって、管轄、送達、中止・中断、当事者尋問等の諸制度との関係では、本来の姿に戻って、組合員全員が当事者として扱われることになるのであるから、当事者表示の便宜を認めることが、かえって手続を煩瑣にする可能性すらある。このように考えていくと、大審院および最高裁が形成してきた機関型の判決を、山木戸説のいう組合名による代用表示の理論をもって理解することは、さしあたり無理があると言わざるを得ない[53]。

(二)　Wach の形式的当事者能力との関係

ドイツにおいては、二〇〇一年のBGH判決が民法上の組合に権利能力・当事者能力を認める判決[54]をする以前から、民法上の組合に当事者能力を肯定する一部の学説が中心となって、当事者表示の問題が議論されていた。この前提として、強制執行手続に関するZPO七三六条が、民法上の組合の財産に対する強制執行のために、組合員全員に対する判決を要求していることに注意を払う必要がある。[55]すなわち、民法上の組合に当事者能力を肯定する立場は、無論、被告能力（執行債務者能力）も肯定するのであるが、その解釈を貫徹する上で、ZPO七三六条が大きな障害になっていたからである。[56]

わが国にはZPO七三六条に相当する規定はないが、組合債務に関する訴訟においては、組合員全員に対する固有必要的共同訴訟でなくともよく、各組合員に対して個別に訴訟を提起して最終的に全組合員に対する債務名義を取得すれば、組合財産に対して強制執行ができるとする見解が有力である。[57]これに対して、組合員全員の表示を組合名で代用する前述の山木戸説を徹底すれば、組合員全員に対する債務名義の代用物として、組合自身に対する債務名義が適法に成立することを認めることになる。とすると、判決手続はさておき、さしあたり執行手続を考えると、執行機関としては、このような債務名義が適法とされるときは、組合自身に当事者能力（厳密には執行債務者能力）が認められたものと扱わざるを得ないはずである。実は、かつて民法上の組合の当事者能力を否定していたドイツの支配的見解が、組合名による代用表示を頑なに拒絶していた理由の一つは、この帰結を受け入れざるを得ないことだったのである。

では、ここで改めて、山木戸説、すなわち、業務執行組合員を法令上の訴訟代理人と解し、かつ、組合名による代用表示を認める見解の意図を検討してみたい。

わが国においては、その名において訴え又は訴えられた者を当事者とする形式的当事者概念が支配的である[58]。この点について、機関型の判決に関する山木戸説によると、民法上の組合の場合、組合名による訴訟が許容されるものの、当事者はあくまで組合員全員であった。この結論は、民法上の組合の訴訟について、形式的当事者概念ではなく、訴訟物たる実体法上の権利義務の主体である者を当事者とする実質的当事者概念に従った場合と同じである。しかし、ここで仮に、組合名による代用表示を許容することを、「当事者能力を認めた」と表現するとすれば、まさにドイツ法において実質的当事者概念が支配的だった当時に、権利能力なき社団の訴訟上の地位の説明に関して主張された、「形式的当事者能力」と同旨であると言わざるを得ない[59]。

もっとも、わが国では、形式的当事者概念がすでに定説であり、これによる限り、たとえ権利能力のない団体であっても、その名において訴え又は訴えられた場合には、その団体が（形式的当事者概念の下における）「当事者」であることに疑問の余地はない。したがって、権利能力のない組合が、それ固有の組合名で訴訟をすることを許可するときは、その名称によって把握される組合形式の組織を有する団体が「当事者」であることを認めることになる。当事者能力とは、従来、民事訴訟においてその名において訴え又は訴えられうる一般的な資格と定義されることにかんがみれば、法人でない団体であっても、その団体にとっての固有名による訴訟が許可されるならば、その団体には当事者能力が認められたと解釈できるはずである。要するに、形式的当事者概念の下で、固有名による訴訟を許可することは、当事者機能の帰属点となりうる主体を新たに創設することになるのであり[60]、その場合における当該主体は「当事者能力を有する」と表現してよいのである[61]。

(三)　要　件

ここまでの考察をまとめると、代表者の定めを基準として組合名による代用表示を許可し、かつ、業務執行組合員を法令上の訴訟代理人と解する山木戸説は、代表者の定めを基準として組合自身に当事者能力を認める見解として再構成することができる。(62)この場合、民事訴訟法三七条も、業務執行組合員に適用される。

この結論については、要件論の角度から、次のような意味をもつと考えられる。ある団体に対して当事者能力を認めるかどうかを検討する際、団体が固有の名称によって訴訟に登場しているかどうか（固有名の存否を含む）は、要件の一つと解される。民事訴訟法二九条の趣旨が、社会生活上の取引主体を訴訟上もそのまま主体として扱うことにあるとすれば、(63)民法における組合代理において、業務執行者が法律行為を行う際、組合員全員の名を示さずに組合名で取引しているとされていることは無視すべきではない。(64)すなわち、訴訟以前の組合活動において当該組合を表象するための特定の組合名が用いられており、その組合名で取引することについて組合員や取引の相手方から異議がなかったという事情の下では、訴訟においてもその組合名が当該組合の固有名とされるべきであろう。疑いがあるときは、裁判所において、従前の組合活動を検討し、当該名称が組合にとって固有名であるかどうかを判断する必要がある。このようにして、業務執行者が組合固有の名称の下で訴訟をするものと認められる場合、組合自身が訴訟における当事者機能の帰属点となり得る主体となることが許されるべきである。

第二款 「(b)代表者の定めがあること」

次に、代表者の定めについて検討を加えてみよう。機関型の判決は、代表者の定めのある民法上の組合に当事者能力を認めるものであるため、以下の考察も、業務執行組合員の定めがある場合に限定する。(65)

(一) 民法の規律

管理処分権に関する通説的な考え方によれば、組合員全員に合有的に帰属する組合財産に関して訴訟をすることは、組合財産の処分に当たるものと思われる[66]。民法学の通説によれば、組合財産の処分は、業務執行の問題であると同時に、代理の問題でもある[67]。そして、組合財産に関する訴訟が常務（民法六七〇条三項により各組合員が専行できる）に該当しないと解するならば、組合財産の処分については、組合業務を組合員の過半数をもって決すると定める民法六七〇条一項が適用される。大審院の判例は、同条の適用範囲につき、業務執行権と代理権を区別せず、代理権は業務執行権の一部に含まれ、これに随伴すると解していた[68]。しかし通説は、民法六七〇条一項は対内的関係たる業務執行権にのみ適用され、対外的関係である代理権については適用されないとする[69]。もっとも、業務執行権は組合契約によって授与することができ（同条二項）、業務執行権を与える契約は、原則としてその範囲において代理権をも授与したものと解すべきであるとされる。さらに、組合契約によって一部の組合員を業務執行組合員と定めた場合、業務執行組合員は、原則として、組合の目的事業を達成するのに必要な範囲で、組合のために一切の事項に関する代理権を授与される[70]。組合契約によって業務執行を委任する方法は、組合契約の定めに従うのは当然であるが、別段の定めがなければ組合の性質から組合員全員の一致によるものと解される[71]。しかし、業務執行組合員が対外的行為をするとき、その行為の内部的な決定には民法六七〇条一項が適用されるため、組合員の過半数が賛成すればよい。業務執行組合員が、常務以外の組合業務につき、内部的な決定の範囲を超えて対外的行為をした場合には、当然無効と解すべきではなく、民法一一〇条等の表見法理を適用するべきであるとの見解が有力である[72]。

(二) 検　討

以上のような民法の規律を踏まえて、機関型における代表者の定めの意義を検討しよう。業務執行組合員を定めた場合は、原則として組合のために一切の事項に関する代理権が付与されるのであるから、業務執行組合員には、これを法令上の訴訟代理人とみるための根拠となる包括的な代理権が授与されているものと解することが許されよう(73)。したがって、業務執行組合員が、包括的な訴訟代理権をもつこと自体は問題がないと思われる。しかし他方で、前掲最大判昭和四五年のいうように、組合契約による業務執行組合員の定めを、訴訟担当の授権があったものと解することができるため(74)、業務執行組合員の定めには、当事者機能の帰属点を変更する趣旨も含まれると解することができる。前述したように、業務執行組合員を法令上の訴訟代理人として、組合員全員の名を表示する代わりに組合名を表示する見解（山木戸説）は、組合自身に当事者能力を認めた見解として再構成できるとすれば、業務執行組合員の定めがあることを、業務執行組合員を代表者とした組合自身の訴訟を認める旨の授権として再構成することは、同様に許されてよいだろう。したがって、組合契約による業務執行組合員の定めは、当事者の選択した提訴方法に応じて、訴訟法の見地から、法令上の訴訟代理人の根拠たる代理権、第三者の任意的訴訟担当の授権、および業務執行組合員を代表者とする組合自身の訴訟追行の授権として評価できるものと解される。

ところで、民法学においては、業務執行者の代理権は、業務執行者が内部的な決定ないし業務執行の範囲を超えて法律行為を行っても、当然に無効とはならず表見法理によって相手方が保護されると解されているのに対し(75)、判例は表見法理の訴訟法への適用を一切否定している(76)。この判例に従う限り、業務執行者が代理権の範囲を超えて訴訟をした場合、機関型の判決においても、代理権（代表権）の欠如によって訴え却下になるおそれがある。この場合には、当事者能力がないのか、それとも他の訴訟要件がないのかが問題となろう。理論的には、組合契約によって業務執行者が定まっている限り、当事者能力はあると考えるべきであり、他方、個々の業務執行（処分）が、内部的な意思決定に基づいて業務執行者に付与された権限の範囲に属するかどうかは、訴訟能力の問題と考えるべきだろう。[77] もっとも訴訟物たる権利関係を処分する権限が、組合契約に従い業務執行者を定めるに当たってこの者に付与された権限の範囲に含まれると解される通常の場合には、当事者能力・訴訟能力ともに認められる。また、組合契約には業務執行者を置く旨の定めがあっても、何らかの事情で現実には業務執行者が不在であることもあり得る。しかしこのような場合には、訴訟法上の特別代理人（民事訴訟法三五条等）によって訴訟を維持することができると解すべきである。さらに、業務執行者の権限が欠缺している場合に、特別代理人を選任して訴訟を維持できるかについても、一定の場合には許されるものと解される。[78]

第三款　「(a)民法上の組合であること」

(一)　組合性に関する判断の位置づけ

最後に、機関型の判決において、(a)の要素がどのように機能しているかを検討する。機関型の裁判例をみると、裁判所は、ある団体が民法上の組合に該当するかどうかを判断するための基準の提示や、それへの当てはめといった作業を必ずしも積極的に行っていないように見受けられる。例えば、当該団体が組合であるかどうかを特に検討せずに「組合」であるとの結論を前提として論旨を展開するもの（〔3〕〔4〕〔13〕）、あるいは、当事者間に争いがないことを理由に「組合」とするもの（〔12〕〔14〕〔17〕）が大多数であり、証拠に基づいて「組合」であると認定した例としては、〔20〕のみである。しかも、前掲の単に結論だけを述べた判決（〔3〕〔4〕〔13〕）は、〔12〕〔14〕〔17〕

と同様、当事者間に争いがないために、敢えて基準に照らして組合性を判断するまでの必要がなかったものと推察すると、職権調査の余地は別として、裁判所が組合性の基準を提示しなかったことは、やむを得ないとも言えよう。これに対して、〔20〕は、基準を示すべきであった。すなわち、〔20〕は、最高裁の判決であり、原審が「組合」であるとした判断に拘束されているが、その原審も、当該団体が組合であると認定する際に基準を提示していなかった。

他方、無尽講・頼母子講に関する機関型の判決をみると、当該団体が講であると述べるのみで、「組合」であるとは認定せずに当事者能力を認めるもの〔29〕〔32〕と、証拠に基づいて「組合」と認定するが、基準を示していないもの〔30〕〔31〕がある。

結局のところ、機関型の裁判例において、組合の基準は明らかにされていないようである。もっとも、組合契約の成立要件（民法六六七条一項）に照らせば、一般に、組合とは二人以上が各自出資して共同事業を営むことを目的とする団体、という意味に解すべきであろう。[79] 右に検討した機関型の裁判例が、このような一般的な定義に反するような基準で組合性を判断しているとは考えにくいところである。

ところで、右の定義や民法の規定では、「出資」が前面に出ているが、組合契約が有効に成立するためには、一定の目的が存在することと、それを当事者全員の共同の事業として営むことの二点について合意が必要と解されており、組合規約でこれらの点が定まれば、当事者全員が出資義務を負うことは当然とされる。[80] 組合契約によって生じた出資請求権も組合財産に属するとの通説[81]による限り、包括財産としての組合財産の存在は、契約の発効と同時に観念されうるものと解される。ただし、出資は労務をもって目的とすることができるため（民六六七条二項）、組合財産に属する個々の財産が現実に存在するかどうかは別問題である。[82]

(二) 社団的組合に関する裁判例の場合

社団性を要件とする社団型の裁判例では、機関型における(a)の部分が、「権利能力なき社団に準じた民法上の組合（社団的組合）であること」となるため、一応、両者の間には明確な差異がある。この点に関する社団型の判旨を仔細にみると、昭和三九年最判および昭和四二年最判の前後で表現に若干のぶれはあるものの、基本的には、これらの最判で採用されている権利能力なき社団の要件に即して社団性を認定しているように見受けられる。

したがって、(a)の要素に関しては、機関型と社団型の間で差異が見られる。これは、民事訴訟法二九条の適用対象となる団体を、その団体の法的性質に根差して選別する基準についての差異であって、実体法上の社団と組合の区別に由来する。しかしながら、いわゆる社団組合峻別論については、民法学説上、これに懐疑的な有力説[83]が存在しており、これを支持する学説も多い。本章の考察との関係では、これらの見解が、昭和三九年最判の要件[84]は、社団と組合を区別する基準として役に立たないと主張している点が重要である[85]。というのも、これに従う限り、組合であっても、昭和三九年最判の権利能力なき社団の要件をすべて満たすことになるからである[86]。判例内在的にみても、最高裁は、昭和三九年最判とほぼ同じ実体をもった団体について、民法上の組合と性質決定したことがあるが（最二小判昭和三八年五月三一日民集一七巻四号六〇〇頁）、このことは右のような見解の重要な論拠ともなっている。

(三) 社団と組合の区別の相対化と要件論

では、(二)の検討を通じて明らかになった、「社団と組合の区別の相対化」という観点は、当事者能力の要件論にとってどのような意味があるのだろうか。

わが国では、社団と組合の関係について、ドイツ法に由来する社団組合峻別論に準拠して両者を対立的に把握することを前提に、法人にふさわしいのは継続性のある組織を備えた社団型の団体であると解してきた。しかし、近時の民法学説は、フランス等では法人が組合の特別なものとして発展してきた経緯を踏まえ、「権利能力なき社団とは法人に近い効果を与えられる組合」と分析する見解が有力に主張されている(87)。要するに、組合と区別された社団という概念を否定し、法人でない組合のうち一定の要件を満たすものを、財団法人と区別する意味で権利能力なき社団と呼んでおけば足りるというわけである(88)。その結果、民法上の組合に関する規定と社団法人に関する規定は、不法行為責任、手形責任等の個々の問題に対処する際に適切な規定を混在させて適用することになっても構わないとされている。「社団と組合の区別の相対化」が意味するところを、以上のように解するならば、当事者能力に関しても一つの推論が成り立つように思われる。

㈡で確認したように、社団型の判決を機関型から区別するのは、民事訴訟法二九条を適用する際に、社団型の判決が社団性を要件としている。しかし、「社団と組合の区別の相対化」によって、社団性の要件は、組合の要件でもあるとすれば、昭和三九年最判は、権利能力なき社団の要件ではなく、法人に近い種類の組合の要件を明らかにしたことになる。とすると、昭和四二年最判は、法人に近い組合について当事者能力を認めた判決ということになる。すなわち、このような「法人に近い組合」も「組合」である以上、昭和四二年最判は、機関型の判決である昭和三七年最判と同様、民事訴訟法二九条の適用対象となる団体を組合と定めた判決と解されるのである。確かに、民事訴訟法二九条には、「社団」という文言があるが、これは後に続く「財団」と区別するための用語法にすぎないため、同条が組合に対して適用されることに解釈上の問題はない。このように解した場合には、民事訴訟法二九条との関係で、機関型と区別された社団型は独自の意味をもたないことになる結果、当事者能力に関する判例は、大審院以来、一貫して機関型によるものと理解されることになる。とすると、従来は権利能力なき社団の当事者能力に関するリーディング・ケースと位置づけられてきた昭和四二年最判は、先例としての価値が相対的に低下せざるを得ず、せいぜい大審院以来の機関型の判例が「法人に近い組合」にも妥当することを確認した事例判決、という位置づけに甘んじることになろう。

いずれにせよ、右のような推論が可能であることを考慮に入れると、民事訴訟法二九条の適用基準として、機関型の判決を主軸として構築するのが合理的である。この見地からすると、先に掲げた近時の民法学説に従う限り、民法六七七条以下の組合は、従来の社団と対置された組合ではなく、「団体」としての最低限の要素を備えた法形式として再構成する必要がある。そして、民事訴訟法二九条の適用対象が、このような団体であると構成した（機関型の判決における(a)の部分を「団体であって」と書き換えた）場合には、その適用に際して、団体の性質決定に拘泥する必要がなくなる。(89)この前提の下で団体性を判断する際には、当該団体にとって固有の財産が構成員の個人財産から区別された形で存在しているかどうかが要件になるものと解すべきである。(90)

第四款　当事者能力概念の系譜

(一)　山木戸説による非連結主義の継受

ここまでに検討した機関型の定式（第三節の冒頭を参照）は、社団と組合の区別の相対化を踏まえて再構成すると、「(a)団体であって、(b)代表者の定めのあるものは、(c)その名において訴え又は訴られることができる」と整理することができる。それでは、この定式は、前章までの考察で明らかになった、連結主義および非連結主義の当事者能力概念とどのような関係に立つだろうか。

第一款で、機関型の要素として(c)を検討した際、山木戸説を取り上げたところであるが、この見解は、特に明言していないものの、その内容は、前章において検討した「団体名（全体名称）による訴え」そのものと言ってよい。つまり、ドイツにおいて、普通法・RGの判例により形成されたGS（法廷に立つ資格）に由来し、戦後Stollにより整理された提訴方法は、わが国にも支持者を見出すことができるのである。そして、すでに第二章第三節第五款で検討したように、「全体名称による訴え」は、非連結主義の当事者能力概念として再構成することができるが、このことは山木戸説にも妥当する。実際、第三節第一款㈢において、組合名による訴えが、組合員全員の当事者表示の代用であることに加えて、代用表示された組合自身を当事者と構成することができることを論じたのは、その点を明らかにするためであった。このように考えると、右に整理し直した機関型の定式は、非連結主義の当事者能力概念が具体化されたものと解することができる。

ところで、民事訴訟法二九条を適用した場合の効果については、兼子説に代表される伝統的な通説に従えば、「個別事件の解決を通じて権利能力を認めるに帰する」[91]（以下、「事件限りの権利能力」という）と解されてきた。これは端的には、法人でない団体に当事者能力が認められる場合、当該団体の権利能力も肯定されることを意味する。これが文字通りの意味であれば、民事訴訟法二九条に基づいて当該団体に認められる当事者能力の効果は、連結主義の性格を帯びていると言わざるを得ない。しかし、そうだとすると、民法上の組合の当事者能力について、機関型の定式によって具体化された要件は非連結主義であるのに対して、効果については連結主義というように、一見すると奇妙な組合せが生まれることになる。実はこの点は、民法上の組合の当事者能力に関する裁判例の傾向に一定の影響を与えた可能性がある。そこで、次にこの点を検討してみたい。

㈡　機関型から社団型への変遷とその理由

民法上の組合の当事者能力に関する裁判例を整理すると、基本的には、大審院以来の機関型と、昭和三九年最判および同四二年最判に準拠した社団型が並存している。しかしながら、下級審裁判例においては、とりわけ昭和四二年最判の後、社団型が主流となりつつある。社団型では、たとえ民法上の組合の法的性質を有する団体であっても、社団の実質を備えた団体である限り、民事訴訟法二九条が適用されている。しかも、若干の裁判例では、社団の実質を備えない単なる組合（契約関係）と性質決定された場合には、当事者能力が否定されている[92]（否定例）。このような場合、従来は機関型によって当事者能力を肯定する余地もあったにもかかわらず、いまや当事者能力が否定されてしまうということは、社団型が唯一の基準となりつつあることを示唆するものと思われる。

では、右のような社団型の主流化は、なぜ生じたのであろうか。換言すれば、実務はなぜ、民事訴訟法二九条を適用する際に、従来の機関型の要件に代えて、社団性に執着するようになったのであろうか。あくまで試論の域を出ないが、社団型が主流化した理由を考えてみると、それは民事訴訟法二九条を適用した場合の効果が「事件限りの権利能力」であることを前提として、この効果を付与するに価する団体を選別し、この効果を正当化する根拠が社団性に求められたからであろう。この点に関して、㈠では、機関型の判例は、要件論において非連結主義、効果論において連結主義をそれぞれ採用する、という組合せになっていると指摘したが、このような要件と効果の不均衡が、実務においても自覚され始めた結果、前述したような機関型から社団型へという実務の変遷が生じたのではなかろうか。

㈢　連結主義の日独比較

以上のように、民法上の組合の当事者能力に関する裁判例の傾向を分析した結果、要件面では社団型が主流になった一方、効果面では通説の「事件限りの権利能力」が妥当することを前提として考えてみると、全体として、わが国では連結主義の当事者能力概念が採用されていると評価することができる。もっとも、わが国の当事者能力概念が連結主義であるとしても、要件面において社団性を認定できた団体について、法主体性が承認される、あるいは、権利能力が認められる、といった見解が一般的であるとは言い難い。つまり、機関型にとって代わった社団型の要件である社団性は、厳密には「団体性」（第三節第三款（三）で検討した、社団と組合の区別が相対化された「団体」としての最低限の要素）の意味に解すべきであるから、依然として法主体性や権利能力には必ずしも直結しない非連結主義的な概念にとどまるのである。

若干敷衍すると、ドイツの判例は、民法上の組合に権利能力を認め、またその範囲内では、ZPO五〇条（判決文には明示されていないが、実質論としては第一項。注（8）も参照）に基づいて当事者能力も認められると判示しており、この当事者能力概念が連結主義であることには疑問の余地がない。ドイツ法の特徴は、「権利能力に基づく当事者能力」（〔実体的〕社団性→法主体性または権利能力→当事者能力）と言い換えることができる。これに対して、わが国の当事者能力概念も、伝統的な通説を例として全体的に観察すれば、連結主義の性格を帯びていることは前述したが、そこでは必ずしも実体法上の主体性概念（法主体性・権利能力）に基づいて当事者能力が肯定されているわけではない。要件面における非連結主義的な特徴とは対照的に、効果面では事件限りの権利能力が許容されている点では、「権利能力を伴う当事者能力」（団体性〔社団性〕→当事者能力→〔事件限りの〕権利能力）とでも言うべき様相を呈している。前述（二）で指摘した判例の変遷は、権利能力なき社団の法理（社団の法人化を目指す法理）の影響もあって、わが国の判例の形成過程では「権利能力に基づく当事者能力」が意識されていたものと推察されるが、訴訟法学（兼子説等）においては、民事訴訟法二九条の「社団」について昭和三九年最判の権利能力なき社団の要件を鵜呑みにしてこなかったため、要件面においてなお非連結主義的な特徴が維持されたと考えられる。いずれにせよ、要件面と効果面の間の不均衡は解消されていないため、とりわけ効果面についてはさらに検討を加える必要がある。しかし本章では、これ以上深入りする余裕はない。

第四節　おわりに

本章ではこれまで、民法上の組合を素材として、その当事者能力に関する裁判例および学説の検討を行った。その結論として、民法上の組合の当事者能力については、わが国では否定説もなお存在するものの、肯定すべきである。理由をまとめておけば、1．本章で検討した裁判例から明らかなように、実務は大審院以来から当事者能力を肯定し、昭和四二年最判以降、判断基準が機関型から社団型に変遷した後も肯定例があることに照らし、実務上支障があるわけではないこと、2．機関型と社団型はともにドイツ法の影響が濃厚であるところ、ドイツ法自身は、最近になって民法上の組合について権利能力・当事者能力を肯定したこと、3．社団と組合の区別の相対化を支持する見解は、わが国の学説上もすでに有力であり、これによる場合には、組合であることを理由として社団性ないし団体性を否定することはもはや困難であること等を考慮すると、肯定説に合理性があると言えよう。[93]

ところで、民法上の組合に当事者能力を認める場合、当該組合自身が判決の名宛人となることができる。第三節第四款㈢で指摘したように、わが国の連結主義は、ドイツ法のような「権利能力に基づく当事者能力」ではなく、「権利能力を伴う当事者能力」という性質を有するということは、必ずしも法人でない団体自身への権利義務の帰属を前提とした請求が定立されない可能性を残すことになる。その結果、わが国においては、法人でない団体の当事者能力を肯定する一方で、当事者適格の構成を当該団体による訴訟担当と構成する解釈論が生じている。その合理性の問題を含む、法人でない団体の当事者適格の問題に関しては、第三節第四款㈢で指摘した問題とともに、第五章で検討を加える。

【注】

（1） 民法上の組合の当事者能力を扱った主な文献としては、鈴木重勝「民法上の組合の訴訟当事者資格」早稲田法学三八巻三・四冊（一九六二年）一一三頁、上田徹一郎「組合と訴訟・執行」『契約法体系Ⅴ』（有斐閣、一九六三年）一三七頁、宮井忠夫「民法上の組合の訴訟当事者能力」同志社法学八一号（一九六三年）三八頁、来栖三郎「民法上の組合の訴訟当事者能力」『菊井先生献呈論集・裁判と法（上）』（有斐閣、一九六七年）三三一頁、飯倉一郎「訴訟における団体とその構成員」『講座民事訴訟3』（弘文堂、一九八四年）八七頁、山本克己「民法上の組合の訴訟上の地位（2）――組合の当事者能力」法教二八七号（二〇〇四年）七二頁等がある。

（2） 従来の通説は、本文①の問題を否定していた。例えば、加藤正治『民事訴訟法要論』（有斐閣、一九五五年）一一四頁、兼子一『新修民事訴訟法体系〔増訂版〕』（酒井書店、一九六五年）一一〇頁、三ヶ月章『民事訴訟法（法律学全集）』（有斐閣、一九五九年）一八一頁、我妻榮『債権各論中巻Ⅱ』（岩波書店、一九六二年）七九七頁、上田・前掲注（1）一三七頁、菊井維大『民事訴訟法上〔補正版〕』（弘文堂、一九六八年）八九頁、小山昇『民事訴訟法〔第五版〕』（青林書院、一九八九年）八八頁（但し、組合への民訴二九条の類推適用を認める）、松本博之＝上野泰男『民事訴訟法〔第8版〕』（弘文堂、二〇一五年）二五〇頁等がある。

これに対して、肯定説も近時は有力であり、例えば、来栖・前掲注（1）三四八頁、新堂幸司『新民事訴訟法〔第五版〕』（弘文堂、二〇一一年）一四七頁、鈴木・前掲注（1）一二一頁、飯倉・前掲注（1）一一四頁、高橋宏志『重点講義 民事訴訟法（上）〔第2版補訂版〕』（有斐閣、二〇一三年）一七九頁、伊藤眞『民事訴訟法〔第4版補訂版〕』（有斐閣、二〇一四年）一二二頁等がある。

（3） 従来、民事訴訟法二九条の効果論として、民法上の組合を債務者とする債務名義に基づいて、組合員の個人財産に対して強制執行を開始することができるか、という問題に言及されることが少なくなかった。本章において、この問題を扱う余裕はないが、主な文献として、来栖・前掲注（1）三四八頁、新堂・前掲注（2）一二二頁、伊藤眞『民事訴訟の当事者』（弘文堂、一九七八年）七六頁以下、飯倉・前掲注（1）一〇三頁、高橋・前掲注（2）一五六頁等がある。なお、ドイツ法の議論状況については、青木哲「民法上の組合の債務と強制執行（一）」法協一二一巻四号（二〇〇四年）四三五頁以下が詳しい。

（4） Stein-Jonas/Jacoby, Kommentar zur Zivilprozeßordnung, 23. Aufl., Bd. 1, 2014, § 50 Rdnr. 16,17.

（5）ＺＰＯ五〇条については、第一章第三節第三款を参照。戦後の展開については、第二章を参照。

（6）Stein-Jonas/Bork, Kommentar zur Zivilprozeßordnung, 21. Aufl., Bd. 1, 1992, § 50 Rdnr. 17.

（7）Karsten Schmidt, Gesellschaftsrecht, 4. aufl., 2002, 1763ff 等のほか、第二章第二節第一款㈠2参照。なお、ドイツの合名会社は、民法上の組合と法的性質は同じであるとされるが、わが国と異なり法人ではないと解するのがドイツの通説である（上柳克郎「合名会社の法人性」『会社法・手形法論集』〔有斐閣、一九八〇年〕一六頁等）。

（8）ＢＧＨ二〇〇一年一月二九日第二民事部判決（BGHZ146, 341）。なお、以下の本文でも述べるように、二〇〇一年のＢＧＨ判決は、民法上の（外的）組合に対して権利能力を肯定して、その枠内で当事者能力も認められると述べているが、その際に、ＺＰＯ五〇条を引用するのみで、特にその一項と二項を区別していない。すでに本文で指摘したように、ドイツ法では、組合の法的性質を合手とすることに異論はなく、社団に関する二項の適用の可否は最初から議論の俎上にも上らない点で、わが国の二九条をめぐる議論状況とは異なる。このことを踏まえると、二〇〇一年のＢＧＨ判決のいうＺＰＯ五〇条は、一項を指していると解すべきであるように見えるが、実はさほど単純ではない。すなわち、権利能力なき社団について、支配的見解は五〇条一項の適用を否定している。しかし他方で、部分的権利能力論を唱える論者の一部は一項の適用を認めており、そこでは、社団に関するＢＧＢ五四条一文による組合法適用指示に着目し、従前の社団組合峻別論を排してこれを素直に解する限り、社団も合手と解する余地があることが根拠とされている。この見解によると、社団も組合もＺＰＯ五〇条一項があれば当事者能力を認めることができるようになるが、そのような解釈は、ＺＰＯ五〇条二項を空文化することに帰する。このことにかんがみると、二〇〇一年のＢＧＨ判決が、社団組合峻別論を前提として、社団の当事者能力は依然としてＺＰＯ五〇条二項を根拠にする一方で、民法上の組合については、社団と組合の区別に配慮して五〇条二項を回避しながら、同条一項の権利能力が自然人・法人のそれに限定されてきた伝統的解釈にも配慮して、敢えて五〇条を引用するにとどめ、一項までは引用しなかった（つまり、一項・二項のいずれを根拠にするかを棚上げした。なお、注(11)(12)も参照）としても不自然ではない。

（9）ＢＧＨ二〇〇八年一二月四日第五民事部判決（BGHZ179, 102）。

（10）Gesetz zur Erleichterung elektronischer Anmeldungen zum Vereinsregister und anderer vereinsrechtlicher Änderungen v. 24.9.2009 (BGBl.I 3145).

(11) ＢＧＢ五四条一文により、権利能力なき社団には組合の規定が適用される関係で、社団についても二〇〇一年のＢＧＨ判決を無視できなくなったことが背景にあると考えられるが、他方で、ＺＰＯ五〇条一項ではなく、なぜ同条二項を改正しなければならなかったか、という疑問が残る。おそらくは、社団と組合の区別についてなお完全には整理が進んでいないことが影響していると思われるが、ここでこれ以上検討する余裕はない。

(12) この結果として、ＢＧＢ五四条一文の組合法適用指示により、権利能力なき社団も、権利能力を有することになるが、本章ではさしあたりこの点には言及しないこととする。

(13) なお、学説の中には、民法上の組合に当事者能力を認めた判決について、その団体の実質は組合ではなく社団であったと指摘する見解がある(〔12〕の評釈をした、我妻榮・判民昭和一〇年度七一事件評釈三〇二頁、村松俊夫「判批」民商三巻一号〔一九三六年〕一三〇頁等が、本文のような指摘をしている)。しかしながら、このような指摘は、組合の当事者能力を否定する自説の結論を前提とした過剰な概念操作である。しかも、すべてをこのように整理できるわけでもない。そこで、以下では、判決において決定された団体の性質を尊重しつつ検討を進めることとする。

(14) 民法上の組合の当事者能力が問題となった裁判例で、今回検討の対象としたのは、次の〔1〕から〔25〕である。以下の表示は、それぞれ、通し番号・判決名・掲載誌(組合の種類/請求内容)を表している。なお、管理組合、森林組合等、名称は組合だが、その性質が通常は社団と分類される団体の裁判例は除外した。

〔1〕広島控判裁判年月日不明・新聞六八三号(明治四三年一二月一〇日)二六頁(産牛組合/売掛代金請求)
〔2〕大判大正六年四月一九日民録二三輯七三三頁(同業組合/前渡金返還請求)
〔3〕東京地判大正八年八月二三日評論八巻民法一一三七頁(白光社(民法上の組合)/仮処分申請)
〔4〕東京地判大正一五年一〇月一六日評論一六巻民訴三三二頁(人力車組合/家賃及び電話使用料請求証書訴訟)
〔5〕東京区判昭和七年六月一七日新聞三四三八号一二頁(中央乳友会/立替金請求)
〔6〕広島控判昭和七年七月二五日評論二一巻民訴三七〇頁(耕地整理組合/物品引渡請求)
〔7〕札幌地判昭和八年五月一五日新聞三六〇九号七頁(用水組合/組合出資金の内金請求)
〔8〕宮城控判昭和八年六月二二日新聞三五七四号五頁(西谷貯蓄会/貸金請求)
〔9〕朝高院判昭和八年八月二五日評論二三巻民訴九三頁(民法上の組合/抹消登記請求)

（10）大判昭和八年九月二二日法律新報三四五号一一頁（用水組合／組合出資金の内金請求）（〔7〕の上告事件）
（11）東京控判昭和八年一一月二二日新聞三六六二号七頁（帝都製氷組合／組合員脱退無効確認・損害金請求）
（12）大判昭和一〇年五月二八日民集一四巻一一九一頁（日英合板従業員組合／建物機会等引渡請求）
（13）大判昭和一五年一〇月一一日新聞四六三五号七頁（組合協和商会／清算金請求）
（14）広島地尾道支判昭和二五年一月一三日下民集一巻一号一五頁（慣習上の水利組合／水利権確認・水溜施設収去）
（15）東京地判昭和三〇年三月三一日下民集六巻三号六一六頁（英国法上のパートナーシップ／仮処分申請）
（16）大阪地判昭和三一年一二月八日下民集七巻一二号三五八三頁（三銀行団債権管理委員会／売掛金債権請求）
（17）東京高判昭和三二年一二月二五日東高民時報八巻一二号三一八頁（九十九里地曳網漁業協同組合／契約金支払請求）
（18）東京地判昭和三七年四月二日下民集一三巻四号六三三頁（清算中の土地区画整理組合／建物所有権確認・建物明渡等請求）
（19）大阪高判昭和三七年四月二八日判タ一三五号九五頁（債権者団／所有権移転登記等）
（20）最三小判昭和三七年一二月一八日民集一六巻一二号二四二二頁（三銀行団債権管理委員会／売掛代金等請求）（〔16〕の上告事件）
（21）最三小判昭和三八年四月二日裁判集民六五号三五七頁（債権者団／担保契約取消等請求）
（22）福岡地判昭和四四年一二月二四日判時五九三号八三頁（福岡愛馬会／建物明渡請求）
（23）前橋地裁沼田支部判昭和四七年三月三一日判時六六六号八一頁（債権者会／差押債権支払請求）
（24）東京高判昭和五二年四月一三日判時八五七号七九頁（土地共有者の組合／土地明渡請求）
（25）東京高判昭和五九年七月一九日訟月三〇巻一二号二七四四頁（債権者委員会／差押処分無効確認請求）

（15）評釈として、可部恒雄「判批」『最高裁判所判例解説民事編昭和四二年度』四七五頁、鍛冶良堅「判批」民商五八巻五号七五八頁、木村鐘台「判批」法協八五巻一〇号一四二二頁、萩大輔「判批」『続民事訴訟法判例百選』（有斐閣、一九七二年）二二六頁等がある。
（16）表1の〔　〕内の番号は、注(14)の裁判例に対応している。
（17）講の当事者能力が問題となった裁判例で、今回検討の対象としたのは、次の〔26〕から〔33〕である（以下の表示は、民法上の組合の場合（注(14)）と同様である）。

(26) 大判明治三三年一一月一四日民録五輯一〇巻五四頁（頼母子講／返掛米請求）
(27) 大判明治三四年五月九日民録七輯五巻六二頁（頼母子講／預け金取戻請求）
(28) 大判明治三四年六月一五日新聞四三号一〇頁（頼母子講／掛金払込請求）
(29) 大判昭和八年二月九日法学二巻一一三二頁（頼母子講／給付金請求）
(30) 大判昭和一〇年一二月二四日裁判例九巻民事三五〇頁（頼母子講／無尽払込金請求）
(31) 大判昭和一五年七月二〇日民集一九巻一二一〇頁（頼母子講／掛戻金請求）
(32) 大阪地判昭和三一年一月三〇日下民集七巻一号一五七頁（頼母子講／掛金請求）
(33) 大阪高判昭和三五年九月三〇日高民集一三巻七号六五七頁（地蔵講／建物収去土地明渡請求）

(18) 表2の〔　〕内の番号は、注(17)の裁判例に対応している。
(19) 旧々民事訴訟法一四条二項は、「公又ハ私ノ法人及ヒ其資格ニ於テ訴ヘラルルコトヲ得ル会社其他ノ社団又ハ財団等ノ普通裁判籍ハ……」と、また、同一三八条二項は、「公又ハ私ノ法人及ヒ其資格ニ於テ訴ヘ又ハ訴ヘラルルコトヲ得ル会社又ハ社団ニ対スル送達ハ……」と規定していた。また、同一九条にも、「会社其他ノ社団」という文言がある。なお、旧々民事訴訟法は、ドイツ旧民事訴訟法（CPO）を翻訳的に継受したものであるが、そこにも同様の規定があった。CPOの時代における当事者能力の議論については、第一章第二節第三款を参照。
(20) 〔4〕は、旧々民事訴訟法の規定（一九条および一三八条二項）に基づいて民法上の組合の当事者能力を肯定している。
(21) 評釈として、宮田信夫「判批」『最高裁判所判例解説民事編昭和三九年度』四〇八頁、福地俊男「判批」民商五二巻五号七三三頁、星野英一「判批」法協九六巻一号一〇七頁、徳本伸一・法学三〇巻四号四九一頁、山田誠一「判批」『民法判例百選（総則・物権）〔第五版〕』二六頁等がある。
(22) 宇野栄一郎「判批」『最高裁判所判例解説民事編昭和四五年度下』、中野貞一郎「判批」民商六五巻四号六一七頁の他、名津井吉裕「判批」『民事訴訟法判例百選〔第三版〕』（有斐閣、二〇〇三年）四一頁に掲載の文献。
(23) 中野・前掲注(22)六二六頁、高橋・前掲注(2)一五五頁。
(24) 第一節で述べた通り、現行ZPOでは、原告能力が承認されている。
(25) 権利能力なき社団の被告能力の承認は、これによって社団を相手方とする原告が保護される側面のあることは間違いない。

しかし、起草当時の議論は、権利能力なき社団の弱体化のための手段と考えられていた。すなわち、原告能力の否定は、権利能力なき社団が団体として権利を取得し訴訟を通じてこれを実現する地位を一般的に拒否することにより、社団の勢力の拡大を阻止する意図があった。他方で、被告能力の肯定は、社団債権者のためにその権利の追及のために有利な地位を与え、最終的には社団を解体に追い込むことが企図された。とすると、ZPO五〇条二項が制定された当時における国家の社団政策との関係を棚に上げ、同項による被告能力の承認のみに着眼して、これを積極的に評価することには疑問がある。詳しくは、第一章第三節第三款㈡2を参照。

(26)　ZPO五〇条二項が、権利能力なき社団の原告能力を承認するに至った以上、この見解は、前提の一つを失っている。よって、わが国の判例が、原告側で業務執行組合員の任意的訴訟担当を認めたこととの関係で、本文のような解釈が合理的かどうかだけが問題となるが、この点でも、民事訴訟法二九条の作用範囲を被告能力に絞るような必要はないし、組合が原告として同条の適用を求めることが、特段困難という事情もないと考えられる。

(27)　Stein-Jonas/Bork, 前掲注(6)　§ 50 Rdnr. 17a.

(28)　HGB一二四条一項は、「合名会社ハ其ノ商号ノモトニ権利ヲ得義務ヲ負ヒ土地ニ付所有権其ノ他ノ物権ヲ取得シ又裁判所ニ訴ヘ又ハ訴ヘラルルコトヲ得」、また、二項は、「会社財産ニ対スル強制執行ニハ会社ニ対スル執行力アル債務名義ヲ必要トス」と規定する（訳文は、上柳・前掲注(7)一〇頁および一八頁等を参考にした）。同条の組合への類推適用をめぐる議論については、Karsten Schmidt, 前掲注(7)　1763f に掲げられた諸文献を参照。

(29)　前掲注(8)参照。

(30)　高田裕成「民法上の組合の当事者能力」『福永有利先生古稀記念　企業紛争と民事手続法理論』（商事法務、二〇〇五年）一頁以下等。詳しくは、第五章第四節を参照。

(31)　講元の任意的訴訟担当を認めるものとしては、大判昭和一一年一月一四日民集一五巻一頁、大判昭和一一年一二月一日民集一五巻二一二六頁、最三小判昭和三五年六月二八日民集一四巻八号一五五八頁等がある。民法上の組合に関するものとしては、肯定例として、大判大正四年一二月二五日民録二一輯二二六七頁、大判昭和七年七月五日新聞三四四八号一三頁、大判昭和一〇年一月三〇日法学四巻七号一五四頁、大判昭和一七年一月二四日判決全集九輯一七号三頁等があり、否定例としては、大判明治三九年一二月一八日民録一二輯一六五九頁等がある。なお、最大判昭和四五年の前に、最二小判昭和三七年七月一三日民集一六巻八号一五一六頁が、民法上の組合の清算人に関して、組合の代理人又は選定当事者としてはともかく、組合員からの任意的訴訟信託を受けて自己の名で訴訟を担当することは許されない旨を判示したことに対しては、学説の批判が強かった。なお、福永有利「任意的訴訟担当について」関大法学論集一一巻三・四・五合併号三一九頁、同「任意的訴訟担当の許容性」『民事訴訟当事者論』（有斐閣、二〇〇四年）（初出：中田淳一先生還暦記念『民事訴訟の理論（上）』〔有斐閣、一九六九年〕七五頁を参照。

(32)〔1〕は、特別法（本件では産牛馬組合法）に基づき届出及び官の認可を得ていない組合につき、「凡そ訴訟当事者となり得る者は必ず独立したる人格者たることを要し独立の人格なき組合の如き事は訴訟当事者たる能力なき論を俟たず」と、法人法定主義から直接的に能力を否定する。

(33)〔9〕は、組合員の共同で所有する目的物の登記が、民法上の組合の名義でされていた場合について、「登記ニ関スル訴ハ組合員又ハ共有者ヲ被告トスルノ外ニ途ナク」と結論のみを述べたものである。〔19〕は、代表者の定めがあるだけでは権利義務の担い手としての独立性を認めるに足りないとするものであるが、他の要件が必要であることを前提としていることから、社団性を要件とする社団型と評してよいだろう。しかし、判決文では、代表者の定め以外には、目的について指摘があるのみで、代表者の定めのほかに何が必要なのかは明示していない。

(34)伊藤・前掲注(3)七一頁および七五―七六頁。なお、同書二九頁によると、財産的独立性とは、「団体に独自の財産があるか、独自の財政が維持されているかなどの要素」とされている。

(35)〔12〕は、「斯クテ組合全員カ其代表者ニ依リテ外ニ対シテ活動スルノ機会ト必要ト其ノ多キヲ加フルニ及ヒ、却ツテ便宜上組合ソノモノノ名ヲ以テ百般ノ事ニ従フニ至リ」と述べて、「夫レ組合カ法人ニ非サル一ノ社団タルハ論無キニ於テ、而モ右ノ如キ代表者アル場合ニ於テ、是取リモ直サス民事訴訟法四十六条ニ依リ何々組合ノ名ニ於テ訴訟当事者タルヲ得ルモノニ非スシテ之ヲ何トカ為ス」としていることから、代表者の定めを重視した肯定例（機関型）である。なお、これは〔20〕の最判によって引用されている。

(36)権利能力なき社団の構成員の責任は、有限責任であるとするのが判例である。すなわち、最三小判昭和四八年一〇月九日民集二七巻九号一一二九頁は、「権利能力なき社団の代表者が社団の名においてした取引上の債務は、その社団の構成員全員に、一個の義務として総有的に帰属するとともに、社団の総有財産だけがその責任財産となり、構成員各自は、取引の相手方に対し、直接には個人的債務ないし責任を負わないと解するのが相当である」とする。社団の成立要件と有限責任の関係に関する判例の立場については、構成員が無限責任を負う団体を組合と認定し、構成員が有限責任である団体を社団と認定していると解する余地のあることが指摘されている（河内宏『権利能力なき社団・財団の判例総合解説』〔信山社、二〇〇四年〕三一頁）。本文の長谷部説は、団体債務について構成員が無限責任を負う場合は財産的独立性（社団の要素）を不要とし、構成員が有限責任しか負わない場合は財産的独立性を必要とするというように、効果から発想する点で類似した考え方である。しかし、この考え方に従うと、少なくとも団体が金銭支払請求訴訟の被告である場合、当事者能力を認めるためには、構成員が団体債務につき無限責任を負うかどうかを常に判断せざるを得ない。

(37) 長谷部由起子「法人でない団体の当事者能力――財産的独立性の要件をめぐって――」成蹊法学二五号（一九八七年）九五頁、特に、一二〇頁。

(38) 長谷部・前掲注(37)一一八頁。

(39) 本文の長谷部説によると、構成員が無限責任を負う団体の場合、財産的独立性は不要とされるが、そのような団体は、実体法上の性質決定では組合とされるように思われる。裁判実務では、その当否はともかくとして、団体の実体法的な性質決定を行ってから能力判定を行うという判断構造を採用していると考えられるが、このことを踏まえると、長谷部説は、民法上の組合の場合、当事者能力の要件として財産的独立性を不要とする立場と評することができる。

(40) 〔26〕は、民法施行前であれば世話人を訴訟上講の代表者とする慣例があったが（この指摘は〔27〕〔28〕にもある）、自然人と法人のみを権利義務の主体と定めた民法の施行後は、講が法人の資格を有しない以上、講の代表者も存在しないとして、法人法定主義から直接的に能力を否定する（〔1〕も同旨）。また、同時期の〔27〕〔28〕は、講元ないし世話人が、講員の代表者として提訴したにもかかわらず、原審が講の代表者としての提訴と認定して訴えを却下したのに対して、上告審が原審の認定を不当として差し戻したものである。〔27〕は、講自身が当事者として提訴するのを認めないことを前提としているため、否定例に加えられる（〔28〕もほぼ同旨）。

(41) 頼母子講の当事者能力を肯定する大審院判決のうち、機関型の特徴が明確な〔31〕は、「被上告講会規約ニ依レハ、被上告講会ハ明治四十四年十月十日大城有保ノ発起ニ係ル頼母子講ニシテ、民法上ノ組合ノ性質ヲ有スルモノト解スルヲ相当トスルヘク、而シテ世話人ハ講金ノ取立其ノ他諸般ノ事務ヲ処理シ、講会ニ関スル総テノ行為ニ付特別ノ委任ヲ要セス当然裁判上及ヒ裁判外ノ行為ヲ為スノ権限ヲ有スルコト亦右規約ニ依リ明カナルヲ以テ、世話人ハ講会ノ代表者ナリト謂フヘク、従テ被上告講会ハ民事訴訟法第四十六条ニ所謂法人ニ非サル社団ニシテ代表者ノ定アルモノニ該当シ、訴訟当事者能力ヲ有スルモノトス」としている。これは〔20〕の最判によって引用されている。

(42) 社団性の存否を問題としており、社団型の否定形である。このように、第二期には、講に関する裁判例においても社団型が登場している。

(43) 第三期に属するものとして、最二小判昭和五六年一月三〇日判時一〇〇〇号八五頁、東京高判昭和六一年七月一七日判時一二〇一号八五頁があるが、どちらも正面から当事者能力を扱ったものではない。

(44) 評釈として、真船孝允「判批」『最高裁判所判例解説民事編昭和三七年度』四九七頁、小山昇「判批」民商四九巻三号三四一頁等がある。この判決を詳細に検討した最近の文献として、山本・前掲注(1)七二頁以下がある。

(45) 評釈等については、注(20)参照。

(46) 評釈等については、注(14)参照。

(47) 村松・前掲注(13)一三〇頁、鈴木・前掲注(1)一二一頁、松本・後掲注(40)七九頁等は、民法上の組合であっても、その実質が社団である場合には、旧民事訴訟法四六条(現二九条)の適用を認めると論じていた。なお、宮井・前掲注(1)五〇頁および六二頁は、いわゆる「社団的組合」という団体類型を否定するようである。

(48) 民法上の組合に当事者能力を認めた裁判例が、二つの系統に分類できることは、上田・前掲注(1)一三七頁が、すでに指摘している。

(49) 山木戸克己「民法上の組合の清算人に対する組合員の任意的訴訟信託の適否」(判批)法律時報三五巻八号九〇頁以下。なお、ドイツの合名会社の当事者能力に関する判例ついて、上柳・前掲注(7)二二頁参照。

(50) 本文に紹介した山木戸説の内容は、第二章で詳細に検討した、「全体名称による訴え」とほぼ一致する。法令上の訴訟代理人も任意代理の性質を有することに照らせば、まったく同一と言ってもよい。ここでは組合名が、当時の構成員全員の表示を意味する全体名称に該当する。

(51) 兼子・前掲注(2)三八四頁、三ヶ月・前掲注(2)二一八頁、小山・前掲注(2)四八六頁等。ただし判例は、組合財産たる不動産についての抹消登記請求は、保存行為(民法二五二条但書)として組合員の一人が単独でできるとする(最三小判昭和三三年七月二二日民集一二巻一二号一八〇五頁）。なお、学説の整理については、上田徹一郎・井上治典編『注釈民事訴訟法（2）』（有斐閣、一九九二年）八六頁〔徳田和幸〕等を参照。

(52) 松本博之「非法人社団の当事者能力と実体関係」民商九三巻臨時増刊(2)『特別法から見た民法』（一九八六年）七六頁、来栖・前掲注(1)三四四頁。

(53) 組合名による代用表示を認める見解では、代表者について法定代理の規定の準用を認める民事訴訟法三七条を業務執行組合員に適用することもできないと考えられる。民事訴訟法三七条の代表者は、組合自身が民事訴訟法二九条によって能力が認められることを前提とするからである。また、代用表示を認める見解は、能力の否定を前提とする以上、業務執行組合員によって代理されるのは、表示とは異なり全組合員であるから、能力者たる組合員の代理人たる業務執行組合員に対して、無能力者の法定代理の規定を法人等の代表者に準用することを認めた民事訴訟法三七条を適用することはできないだろう。

(54) 前掲注(8)参照。

(55) ＺＰＯ七三六条は、「民法第七〇五条により締結された組合の組合財産に対する強制執行のためには、組合員全員に対してなされた判決を必要とする」と規定する。訳文は、法務大臣官房司法法制部編『ドイツ民事訴訟法典』（法曹会、二〇一二年）によった。

(56) 民法上の組合の当事者能力を扱う文献の多くがこの問題に取り組んでいるが、最近の文献では、Johannes Wertenbruch, Die Haftung von Gesellschaften und Gesellschaftsanteile in der Zwangsvollstreckung (2000), S. 288ff. がこの問題を論じている。なお、同じ問題は、訴状の当事者表示との関係でも議論されていたが、詳細は、第二章第二節第三款㈠2（ア）参照。

(57) 鈴木録彌編『新版注釈民法（17）』（有斐閣、一九九三年）八五頁〔品川孝次〕。

(58) 新堂幸司・小島武司編『注釈民事訴訟法（1）』（有斐閣、一九九一年）三八九頁〔小島武司〕、新堂・前掲注(2)一一〇頁、高橋・前掲注(2)二〇七頁以下等。

(59) 形式的当事者能力の概念については、第一章第二節第三款㈣で紹介した、Adolf Wach の所説を参照。Wach の見解は、本文の山木戸説のように、組合名による訴訟を認めることが、「当事者能力」を意味すると解釈した学説の一例である。ドイツにおいて権利能力なき社団・財団が形式的当事者能力を有すると表現された理由の一つは、法文上、「その名において訴えられうる社団又は財団」という文言（ドイツ旧民事訴訟法〔ＣＰＯ〕については、第一章第二節第三款㈡参照）があったことに由来する。

(60) ただし、帰属点たりうる主体の設定に伴って、訴状および判決の当事者表示、当事者能力以外のすべての当事者機能の帰属点が組合員全員から組合自身に当然に変更されないことはもちろんである。その他の機能の帰属点を変更するには、当事者適格の判断を要する（ただし、注(77)に掲げた判例のように、給付訴訟では能力と同時に適格も肯定される）。また、帰属点たりうる主体の設定によって、組合に権利能力が認められるかどうかは別の問題である（なお、注(89)参照）。

(61) 若干敷衍すると、そもそも形式的当事者能力という表現が生まれた背景には、当時のドイツ訴訟法学において、実質的当事者概念が支配的であり、これによれば権利義務の主体となりうる者のみが当事者であるとされる結果、権利能力なき社団・財団等はおよそ当事者にはなれないという評価が存在した。このような前提の下では、民事訴訟においてその名において訴え又は訴えられうる一般的な資格としての当事者能力が、自然人と法人だけに認められることも当然の帰結であった。しかし、注(59)でも紹介したCPOの法文の文言解釈からして、権利能力なき社団・財団は訴訟上の主体になれると言わざるを得ないのも事実であった。形式的当事者能力というWachの概念は、こうしたジレンマを解消するため作り出されたものである。ここにいう「形式的」とは、実体法上の権利義務の帰属主体になれないことを意味すると同時に、当時支配的であった実質的当事者概念の下では、「真の当事者ではない」という意味も込められていたと解するのが素直である。このように分析すると、本文でも述べたように、わが国で支配的地位を占める形式的当事者概念によれば、権利能力がないとしても、組合は「当事者」となることができることに加えて、組合員全員の氏名の表示を組合名で代用するという法技術（本文に紹介した山木戸説）を許容したとき、組合に対して「形式的」でない方の当事者能力を認めたことになるのである。

(62) ドイツ法において、制定当初のZPO五〇条二項による、権利能力なき社団の原告能力の欠如を補完する方法として、下級審裁判例において「全体名称による訴え」が利用されていたこと、またこの提訴方法が、原告能力の禁止を潜脱するもので、実質において、社団の原告能力を意味することについては、第二章第三節第五款の検討を参照されたい。なお、同様の読み替えは、本文で紹介した山木戸説においても成立する。注(61)参照。

(63) なお、旧民事訴訟法四六条の立法過程の議論は、「民事訴訟法改正調査委員会議事速記録第五回（大正一一年一月三一日）」松本博之・河野正憲・徳田和幸編著『日本立法資料全集12民事訴訟法（3）〔大正改正編〕』（信山社、一九九三年）六三～六八頁、「第六回（大正一一年二月七日）」同六八―七三頁を参照。また、宮井・前掲注(1)三六頁以下が詳しい。

(64) 森泉章『新・法人法入門』(有斐閣、二〇〇四年)一〇二頁。なお、権利能力なき社団の要件に関する昭和三九年最判は、「権利能力のない社団は『権利能力のない』社団でありながら、その代表者によってその社団の名において構成員全体のため権利を取得し、義務を負担するのであるが、社団の名において行われるのは、一々すべての構成員の氏名を列挙することの煩を避けるために外ならない」とするが、これは、社団の取引においても、社団の固有名をもって構成員全員の名の表示に代えることを認める趣旨のように思われる(〔12〕の判旨(注(35)参照)も同旨であろう)。また、ドイツにおいて、社団名を匿名(Deckname)として捉える見解があることについては、第二章第二節第二款㈢を参照。

(65) 業務執行者の定めのない組合の場合、各組合員は、原則として各自単独で組合目的の達成に必要な範囲で、全組合員を代理する権限を有する。この場合、組合契約の中に、代理権授与行為が包含されるものと解される。対外的業務執行と対内的業務執行(代理権)の関係は、以下の本文で述べる業務執行者の定めのある場合と同様である。すなわち、判例は、民法六七〇条一項の適用範囲を、対内的業務執行のみならず対外的業務執行(代理権)にも及ぼすため、常務以外の事項は、組合員の過半数の決議によらなければ他の組合員を拘束しないとされ(大判明治四〇年六月一三日民録一三輯六四八頁、大判大正七年七月一〇日民録二四輯一四八〇頁)、逆に、組合員の過半数の者によって行われた法律行為の効果は組合員全員に帰属する(最二小判昭和三五年一二月九日民集一四巻一三号二九九四頁)としている。

これに対して、学説は、民法六七〇条一項は対内的業務執行にのみ適用され、対外的業務執行(代理権)については、常務以外の事項につき、組合契約で過半数の決議による旨の特段の定めがない限り、原則に戻って各組合員が単独代理権を有すると解する見解が有力である。判例の立場では、取引の相手方は過半数かどうかを常に調査しなければならなくなり不便であること等を根拠とする。もっとも、福永教授は、組合員の過半数以上が原告となるか、提訴に同意することを要求する判例の立場も、各組合員が単独で組合員全員を代理して提訴できるとする民法学説も不当であるとして、訴訟法学としては、組合員全員による提訴(固有必要的共同訴訟)を要すると主張されている(福永有利「共同所有関係と固有必要的共同訴訟――原告側の場合」民訴雑誌二一号(一九七五年)四九頁以下)。

(66) 判例は、特殊な共有とするが(大判昭和七年一二月一〇日民集一一巻二三一三頁、大判昭和一一年二月二五日民集一五巻二八一頁、最三小判昭和三三年七月二二日民集一二巻一二号一八〇五頁)、通説は合有としている(我妻・前掲注(2)七九八頁以下等)。なお、通説は、組合財産の共同所有を、民法二四九条以下の共有から区別する根拠を、組合員による組合財産上の持分の処分が禁じられること（民法六七六条一項）、および、清算前の分割請求が否定されること（同二項）に求めている。このように区別された合有的な（特殊共有的な）帰属方式は、権利のみならず、義務にも妥当すると解されている（品川・前掲注(57)八一頁）。

(67) この点については、福永有利「当事者適格理論の再構成」『民事訴訟当事者論』（有斐閣、二〇〇四年）一二九頁（初出：『山木戸克己教授還暦記念　実体法と手続法の交錯（上）』〔有斐閣、一九七四年〕三四頁、特に三七頁以下）を参照されたい。なお、通説的な管理処分権の考え方を批判的に検討する最近の研究として、堀野出「管理処分権に関する一考察」香川法学二一巻三・四号（二〇〇二年）五一一頁以下がある。

(68) 森泉・前掲注(64)九五頁。

(69) 森泉・前掲注(64)九五頁。

(70) なお、組合契約で一部の組合員に代理権を授与した場合、他の組合員は組合を代理することはできないと解されている（森泉・前掲注(64)一〇七頁）。業務執行権とともに代理権も授与されている限り、他の組合員は業務検査権をもつだけである（森泉・前掲注(64)九九頁）。

(71) 森泉・前掲注(64)九八頁。

(72) 森泉・前掲注(64)一〇五頁。なお、組合契約で定めた代理権の制限を越えた行為をした場合も同様である。

(73) 兼子・前掲注(2)一三〇頁は、法令にはこれを認める明文の規定がないことを理由として、業務執行組合員が法令上の訴訟代理人であるとの解釈（大判大正八年九月二七日民録二五巻一六六九頁）に反対している。しかし、山木戸・前掲注(49)九二頁、上田・前掲注(1)一三九頁、福永・前掲注(65)四六頁以下等、賛成の見解も有力である（特に、右の福永論文は、法令上の訴訟代理人の制度趣旨に踏み込んだ検討を加えており、説得的である）。

(74) 山本弘「権利能力なき社団の当事者能力と当事者適格」『新堂幸司先生古稀祝賀　民事訴訟法理論の新たな構築（上）』（有斐閣、二〇〇一年）八四九頁以下、八七三頁。

(75) 判例は、組合契約等で業務執行者の代理権限を制限しても、その制限は善意無過失の第三者に対抗できないとする（最二小判昭和三八年五月三一日民集一七巻四号六〇〇頁）。学説につき、森泉・前掲注(64)一〇六頁を参照。

(76) 最二小判昭和四一年九月三〇日民集二〇巻七号一五二三頁、最二小判昭和四三年一一月一日民集二二巻一二号二四〇二頁、最三小判昭和四五年一二月一五日民集二四巻一三号二〇七二頁、最二小判昭和五七年一一月二六日民集三六巻一一号二二九六頁。なお、学説につき、新堂幸司＝小島武司編『注釈民事訴訟法（1）』（有斐閣、一九九一年）五一〇頁以下〔高見進〕を参照。

（77）　権利能力なき社団の構成員の総有に属する権利について、社団の代表者が訴訟をするには構成員全員の特別の合意を要するとする判例（最二小判昭和五五年二月八日判時九六一号六九頁、最三小判平成六年五月三一日民集四八巻四号一〇六五頁）によって表面化した問題点をどこで処理するかの問題である。この点については、当事者適格の問題として処理することも考えられるが（本章の元になった論文で採用した立場）、そのように考えると、給付訴訟の当事者適格に関する判例（原告能力につき、最三小判平成二三年二月一五日判時二一一〇号四〇頁、被告能力につき、最一小判昭和六一年七月一〇日判時一二一三号八三頁）が、給付請求権の主体であると主張する者、給付義務の主体であると主張される者に当事者適格を認めており、また、この当事者適格の基準に例外を認めない見解（例外否定説）が通説であることを考慮すると、右の結論は例外的に訴え却下を許容する見解（例外的却下説）を意味することになる。これは筆者の意図に反するため（私見が例外否定説であることについて、名津井吉裕「当事者能力と当事者適格の交錯」法律時報八八巻八号（二〇一六年）四頁参照）、本文のように解すべきである（旧稿の立場を改める）。なお、団体の当事者能力をとするとき、その機関の意思決定ないし代表（代理）権限の問題は、民事訴訟法三七条の適用を前提として当該団体の訴訟能力に分類される。ここでは、代表者（機関）そのものの定めと、当該機関に付与される権限の問題が区別される。

（78）　権利能力なき社団に関して述べられたものではあるが、共同代表者の一部が欠けている場合、社団と代表者の利益が相反する場合、および、訴訟の提起につき総会の決議を要するにもかかわらず、総会の開催に一時的な支障がある場合には、訴訟上の特別代理人という便法が認められるとする見解がある。福永有利「権利能力なき社団の当事者能力・当事者適格」『民事訴訟当事者論』（有斐閣、二〇〇四年）五一〇頁（初出：「権利能力なき社団の当事者能力」『木川統一郎先生古稀記念民事裁判の充実と促進（上）』〔判例タイムズ社、一九九四年〕三一五頁）。福永教授は、権利能力なき社団の場合には、訴訟上の特別代理人のほかに、仮理事（民法五六条）の選任も認めている（右の福永論文では、最判昭和五五年（七〇二号事件、注(77)参照）が検討されており、原審まで同一事件だった最判昭和五五年（七〇一号事件）では、上告審係属中に社団（門中）の代表者が死亡したために、裁判所は仮理事の選任を認めている）。仮理事については、民法が、法人と理事の利益が相反する場合について、理事が欠けている場合に関する同五六条を準用していること（同五七条）に照らせば、訴訟上の特別代理人についても同様に考えてよいと思われる。

（79） 来栖三郎『契約法』（有斐閣、一九七四年）六二七頁。ここでの組合には、匿名組合は含まれないが当座組合は含まれる。

（80） 我妻・前掲注（2）七七四頁、福地俊夫・前掲注（21）五一頁。

（81） 我妻・前掲注（2）七九九頁、品川・前掲注（57）五七頁。

（82） 長谷部説は、団体債務につき構成員の個人責任を認めるべき団体の場合には、財産的独立性がなくても当事者能力を承認するが、ここでの財産的独立性の意味には注意を要する。おそらく、長谷部説の財産的独立性は、本文で述べたような包括財産としての組合財産ではなく、組合財産に属する個々の財産に着目したものではないだろうか。というのも、〔12〕の被告は、出資をすべて労務とする組合だったことから、長谷部説はこの組合には財産がないという前提の下で、右の結論を導いているからである（長谷部・前掲注（37）一一七頁）。なお、この問題については、第四章で包括的に検討する。

（83） 星野英一「いわゆる『権利能力なき社団』について」『民法論集第1巻』（有斐閣、一九七一年）二二七頁。

（84） 最判昭和三九年によって提示された社団性の要件は、「1．団体としての組織をそなえること、2．そこで多数決の原則が行われること、3．構成員の変更にかかわらず団体そのものが存続すること、4．その組織によって代表の方法、総会の運営、財産の管理その他団体としての主要な点が確定していること」である。もっとも、1の要件については、その不明確さが指摘されているが（星野・前掲注（21）一一一頁）、ここでは山田教授の見解（山田誠一「判批」法協九九巻三号（一九八一年）五一五頁）に従って、1の要件を細分化してみると、団体としての組織とは、「1-1．団体の意思決定、業務執行、対外的代表を行う機関が存在し、それらが機能していること、1-2．右の意思決定、業務執行、対外的代表行為の対象となる団体財産が、構成員の固有の財産から独立していること」を意味すると考えられる。

なお、本書の立場では、1-1は、本文の基準(b)において判断されるので、団体性の要件としては、1-2に掲げられた「団体財産が構成員から独立していること」だけが問題となる。1-2の要素が、民事訴訟法二九条の要件となるかどうかについては、最二小判平成一四年六月七日民集五六巻五号八九九頁の検討を交えて、第四章で詳細に検討する。

（85） 河内・前掲注（36）、同「権利能力なき社団」法学教室一〇六号四六頁等。

（86） 河内・前掲注（36）一〇頁以下によると、注（84）に掲げた社団性に関する2の要件については、組合の業務執行には多数決の原則がとられていること（民六七〇条一項）、３の要件については、組合員の死亡・破産は脱退事由にすぎず、組合員が変更しても組合そのものは存続すること（民六七九条）から、これらの要件によって、組合と社団を区別することはできないとされている。

もっとも、河内教授は、この指摘には、次の意味で留保が必要であるとされる。すなわち、２の要件については、業務執行組合員の解任や組合員の除名について全員一致主義が採用され（六七二条二項・六八〇条）、３の要件については、やむを得ない事由があるとき、各組合員は組合の解散を請求できる（六八三条）ため、個々の構成員の意思によって、団体そのものの存続が左右され得ることから、社団性の要件にまったく意味がないとも言えないと指摘される。そして、そうであるからこそ裁判例においてこの定義が多用されているとされる（河内・前掲注(36)一〇頁）、と分析されている。

なお、４の要件については、そこで列挙されているような事項が成文化されているかどうかを問わず、団体の内部規範として確定していることと解する説（山田・前掲注(84)五一九頁）と、執行機関（代表）と決議機関（総会）とが区別され、団体の運営がされているかどうかを問うものであると解する説（河内・前掲注(36)一〇頁）が主張されている。

(87)　星野・前掲注(83)二六八頁以下、内田貴『民法Ⅰ（第二版補訂版）』（東京大学出版会、二〇〇〇年）二一三〜二一九頁、大村敦志『基本民法Ⅰ』（有斐閣、二〇〇一年）三四〇頁。

(88)　大村・前掲注(87)三四〇頁。

(89)　この結論は、「非連結主義」と呼ぶことが可能である。すなわち、要件論としては、民事訴訟法二九条の適用の前提として、実体法上の権利能力・法主体性を要件としない、および、実体法上の団体の法的性質についても要件としない、の二点が認められるからである。他方、効果論としても、民事訴訟法二九条が適用されたことによって、必然的に、当該団体に権利能力が付与されるわけではない（注(60)参照）。

(90)　注(89)を参照。

(91)　兼子・前掲注(2)一一一頁。

(92)　〔7〕〔11〕〔18〕〔24〕〔25〕といった一連の社団型の下級審判決の他、第二期以降の否定例では、「当該団体は組合であって社団の実質をもたない」と述べながら、組合とされた団体について、機関型の基準で当事者能力を認める可能性がまったく検討されていない。

（93）従来、組合の当事者能力を否定する見解は、肯定説に対して、民事訴訟法二九条を組合に適用することは、「典型的な民法上の組合の財産関係と調和しない」と批判していた（松本・前掲注（52）八〇頁等）。また否定説は、業務執行組合員の定めのない組合の場合、各組合員には単独の代理権があることを前提として、組合に当事者能力を認めるときは、他の組合員の利益を不当に害するとも主張している（松本・前掲注（52）七九頁等）。しかし、本文において、当事者能力を肯定できるとする組合は、業務執行者の定めのある場合に限られる（第三節第二款を参照）。

第四章　当事者能力の要件としての「財産的独立性」

第一節　はじめに

第一款　本章の課題

第三章では、法人でない団体に当事者能力が認められるための要件について、民法上の組合を素材としつつも、社団と組合の区別の相対化を踏まえて一般的な検討を行った。その結果を踏まえて、民事訴訟法二九条の適用対象は、社団と組合の区別を捨象した「団体」として再構成されると解する場合、どのような要素を備えたものが「団体」になるのかが問題となる。この点について、民法上の組合を素材とした検討によって、固有の団体名（組合名）および代表者の定めが不可欠であることはすでに明らかであるが、とりわけ財産的側面に関しては、十分に検討できたとは言い難い。そこで、本章では、民事訴訟法二九条の適用対象の財産的側面を検討する。すなわち、法人でない団体が当事者能力を認められるための要件として、団体に財産があることが不可欠かどうかを検討することが、本章の課題である。

このような本章の課題について、従来の判例・学説を踏まえて、もう少し敷衍しておきたい。まず、判例との関係であるが、民事訴訟法二九条の「社団」については、その要件を定めた規定は、民事訴訟法はもちろん、民法その他の法令にも存在しない。しかし、最一小判昭和三九年一〇月一五日民集一八巻八号一六七一頁（以下、「昭和三九年最判」という）は、ある団体が取引上の主体になることができるかどうかが問われた事案において、「団体としての組織を備え、多数決の原則が行われ、構成員の変更にかかわらず団体そのものが存続し、その組織において代表の方法、総会の運営、財産の管理その他団体としての主要な点が確定（しているもの）」、と判示した。右に引用した判旨は、一般に、「権利能力なき社団」の要件を明らかにしたものと言われている。

判例はその後、最一小判昭和四二年一〇月一九日民集二一巻八号二〇七八頁（以下、「昭和四二年最判」という）において、旧民事訴訟法四六条（現行二九条）の適用要件を論じる際に、昭和三九年最判の前掲箇所を引用し、原審が、「権利能力なき社団」の要件を満たすと認めた団体に対して、同条を適用して当事者能力を認めた判断を是認した。この判断によって、判例内在的には、昭和三九年最判は、民事訴訟法二九条の「社団」の要件をも明らかにしたものとする見方が一般的である。[1] しかし、「社団」の財産的側面については、昭和三九年最判は「財産の管理……が確定〔していること〕」と判示しているにすぎないことから、判例の立場が必ずしも明確でない状況が続くことになった。

これに対して、学説においては、伊藤眞教授の研究成果が公表されたことを契機に、財産の存在は「社団」にとって不可欠の要件ではないとの見方が有力化し、いまや多数説を形成しつつある。[2] しかしその一方で、多数説とは異なり、「社団」の要件として財産の存在は不可欠であると主張する有力説がある。[3]いずれも指導的な学説であるため、「社団」の財産的側面の要件をどのように解すべきかについて見通しが悪く、不便を感じざるを得ない。そこで、本章の課題を検討するに当たっては、両者が具体的にどのような点において対立し、また対立することになった原因は何かを分析・整理する作業を重視することにした。

もっとも、このような作業は、しばしば具体性を欠いた抽象論となりがちである。そこで、「社団」の財産的側面について言及した、最二小判平成一四年六月七日民集五六巻五号八九九頁[4]（以下、「平成一四年最判」という）の事案を素材として利用し、具体的な検討を心がけることにした。叙述の便宜上、次にその事案と判旨を紹介する。

第二款　平成一四年最判の紹介

（一）〔当事者〕　Y（被上告人）は、いわゆる預託金会員制のゴルフ場である船橋カントリー倶楽部を経営する株式会社（以下、「本件ゴルフ場」という）である。X（上告人）は、本件ゴルフ場の特別会員、正会員及び平日会員によって組織され、会員相互の親睦とクラブライフの向上を期することを目的としている。

（二）〔Xの内部規約〕　Xは、内部的な規約として、船橋カントリークラブ規則及び同細則（以下、単に「規則」、「細則」という）を有する。規則によれば、Xの総会は特別会員及び正会員をもって組織され、年一回の定時総会の決議事項は、前年度の重要事項の報告、新年度の運営方針、理事及び監事の選任並びに予算及び決算であり、出席会員の過半数をもって議決される。Xの運営に関する諸事項については、総会において選任された理事をもって構成される理事会において、過半数の理事が出席し、出席理事の過半数により決定され、理事会の下に八つの分科委員会を設け、関係事項を分担処理している。また、理事会において互選された理事長がXを代表し、会務を統括処理することとされている。なお、Xには固有の事務所はなく、Xの定時総会や理事会は、その都度適宜の場所を借り受けて開催されている。また、Xには専属の従業員はなく、専ら理事らによって運営され、重要事項の報告、収支決算書及び収支予算書等を記載した事業報告と題する文書は、Yが作成している。

（三）〔Xの財産的基盤〕　Xには固定資産はなく、規則又は細則にもXが財産を管理する方法等について具体的に定めた規定はない。細則によれば、Xの会員の負担すべき年会費、使用料その他に関しては理事会において決定され、会員は年会費を前納するものとされている。他方、規則には、Xの会計業務はすべてYが行い、Xの総会で選任された監事の監査承認を受けるものと規定されている。また、（四）で述べる協約書には③の定めがあるところ、Xの運営に要する通常経費は、Xが年間の活動計画に基づき、毎年、予算として一定額を計上するものの、年度当初に一括して支払うのではなく、実際のXの活動状況に対応し、その要請に応じる形でYから逐次支払われていた。

（四）〔XY間の協約書〕　Yの元代表取締役による会員権の不正売却が刑事事件に発展したことを契機として、昭和四七年一〇月ごろ、XとYの間で、ゴルフ場の健全な経営とXの明朗な運営を図り、互譲の精神に基づく両者の調和と発展を期して、概ね次のような内容の協約書（以下、「本件協約書」という）が調印された。すなわち、本件協約書においては、①XはYの健全な経営に協力する義務を負い、Yは本件ゴルフ場においてXが社会通念上快適なプレーをすることに支障を来たさないようにする義務を負うこと、②Xは①の目的達成に必要な範囲において、理事会の指示により、分科委員会の一つである財務委員会又はその補助者に限り、Yの経理内容を調査することができること、③年会費、使用料その他の収入はすべてYの収入とし、Yはこの収入をもってゴルフ場施設の整備運営に充てるほか、Xの運営に要する通常経費を負担すること、④会員数の増減、施設の著しい増改築、ゴルフ場の移転、売却及び閉鎖並びに預託金証書の取扱いについては、XとY双方の合意を必要とすること等が定められている。

なお、本件協約書の調印後、規則について、本件協約書が会員を拘束する旨の条項（第四条）や、本件協約書の履行に関する事項は理事会が決定する旨の条項（第三一条第一号）、Yの一方的事由によって預託金を返還する場合、会員は本件協約書の前記④に基づく理事会並びに会員総会の決議に従う旨の条項（第一〇条）が追加される等の改正があった。

（五）〔訴訟上の和解〕　Xの会員であったA外五名が、Yに対し、商法二八二条二項（現：会社法四四二条三項）に基づき書類の閲覧を求めた千葉地方裁判所佐倉支部昭和五七年（ワ）第三八号計算書類閲覧等請求事件について、昭和五七年八月二三日、Yが本件協約書の前記②の条項を有効と認める旨の訴訟上の和解が成立している。

（六）〔Xの請求〕　本件訴訟は、XがYに対し、主位的には、本件協約書第三条に定められた前記②の経理内容調査権に基づき、予備的には、商法二八二条二項に基づき、書類等の各謄本の交付を請求した事案である。

（七）〔第一審・原審〕　第一審（千葉地裁平成一三年二月二一日判決）及び原審（東京高裁平成一三年八月二二日判決）は、概略、次のように述べてXの当事者能力を否定し、本件訴えを却下した。

Xは、代表の方法、総会の運営等を定めた規約を有し、団体意思の決定方法について多数決の原則が定められ、会員の入退会にかかわらずXの同一性が失われることがない等、団体としての形式、外観を備えており、権利能力のない社団の要件を一応満たしているようにも見える。

しかしながら、Xには、固有の事務所や固定資産はなく、Xの規則等においても、財産の管理等について定めた規定はない。また、規則及び本件協約書において、Xの会計業務はすべてYが行うものとされ、Xの会員による会費収入もすべてYに一旦帰属し、その中からYがXの運営に要する通常経費を負担するものとされていたこと、そして、現実にも、右通常経費たるクラブ活動費は、右のような形でYからXに交付され、しかもYは予算に定められたクラブ活動費の全額を年度当初に一括して支払うのではなく、XからYに対しクラブ活動費の支出を要請し、Yにおいてその要否や金額等を検討した上で必要額を拠出するという運用であったこと等からすれば、結局のところ、Xの運営はYの計算に基づき、その財政的基盤の上に成り立っているというべきであり、これをもってYの財産から独立したXの固有の資産が存在するとも言い難い。したがって、Xは、単なる親睦団体という性格を超えて、それ自体独立して権利義務の帰属主体たるべき社団の実体を有するということはできないのであるから、Xを民事訴訟法二九条にいう法人でない社団ということはできず、Xには当事者能力がないというべきである。

（八）〔上告受理申立て〕　Xは、概略、次のような理由に基づき、上告受理を申し立てたところ、受理された。

第一に、財産的基盤があることを民事訴訟法二九条の必須の要件とした原判決は、最高裁の判例（昭和三九年最判）に違反する。

第二に、XとYの間で交わされた本件協約書第三条（経理内容調査権）に基づく訴訟において原判決がXの当事者能力を否定したことは、当事者間の合意が履行されないときに司法救済を求める途を閉ざすものであって、裁判を受ける権利を著しく害する。

第三に、財産面以外についてXが社団の実体を有することは原判決も認めるところであるが、Xは規則・細則に基づき予算・決算を自ら管理しており、財産面についても、会員及びYから独立した別個の存在として実在する「社団」であるから、Xの当事者能力を否定した原判決は違法である。

（九）〔判決要旨〕　右のようなXの申立てに対し、本判決は、次のように述べて、原判決を破棄、第一審判決を取り消して、事件を第一審裁判所に差し戻した。

「民訴法二九条にいう『法人でない社団』に当たるというためには、団体としての組織を備え、多数決の原則が行われ、構成員の変更にかかわらず団体そのものが存続し、その組織において代表の方法、総会の運営、財産の管理その他団体としての主要な点が確定していなければならない（最高裁昭和三五年（オ）第一〇二九号同三九年一〇月一五日第一小法廷判決・民集一八巻八号一六七一頁参照）。これらのうち、財産的側面についていえば、必ずしも固定資産ないし基本的財産を有することは不可欠の要件ではなく、そのような資産を有していなくても、団体として、内部的に運営され、対外的に活動するのに必要な収入を得る仕組みが確保され、かつ、その収支を管理する体制が備わっている等、他の諸事情と併せ、総合的に観察して、同条にいう『法人でない社団』として当事者能力が認められる場合があるというべきである。

これを本件について見ると、前記一〔筆者注――前記（一）（二）〕の事実関係によれば、Xは、預託金会員制の本件ゴルフ場の会員によって組織された団体であり、多数決の原則が行われ、構成員の変更にかかわらず団体そのものが存続し、規約により代表の方法、総会の運営等が定められているものと認められる。財産的側面についても、本件協約書の前記（ウ）〔筆者注――前記（四）の③〕の定め等によって、団体として内部的に運営され対外的にも活動するのに必要な収入の仕組みが確保され、かつ、規約に基づいて収支を管理する体制も備わっているということができる。さらに、XとYとの間で本件協約書が調印され、それに伴って規則も改正されているところ、その内容にも照らせば、Xは、Yや会員個人とは別個の独立した存在としての社会的実体を有しているというべきである。以上を総合すれば、Xは、民訴法二九条にいう『法人でない社団』に当たると認めるべきものであり、論旨は理由がある。

以上と異なる見解に立ってXの当事者能力を否定した原審及び第一審の判断には、いずれも判決に影響を及ぼすことが明らかな法令の違反がある。したがって、原判決を破棄し、第一審判決を取り消し、本件を第一審裁判所に差し戻すこととする。

よって、裁判官全員一致の意見で、主文の通り判決する。

（亀山継夫、河合伸一、福田　博、北川弘治、梶谷　玄）」

第三款　考察の前提

(一)　本判決の位置づけ

平成一四年最判については、その事案において民事訴訟法二九条が適用された団体が、預託金会員制ゴルフクラブであって、従来この種のゴルフクラブに団体性を否定する見解が有力であったため、大いに注目されたが、本章の課題との関係では、民事訴訟法二九条に関する判例内在的な位置づけを確認しておく必要がある。

すなわち、民事訴訟法二九条に関する先行研究によると、法人でない社団の裁判例は、次の四つの場面に整理することができる。すなわち、(A)法人でない団体が原告で、訴訟物が金銭給付請求以外である場合、(B)法人でない団体が原告で、訴訟物が金銭給付請求である場合、(C)法人でない団体が被告で、訴訟物が金銭給付訴訟以外である場合、(D)法人でない団体が被告で、訴訟物が金銭給付請求である場合である。

右の四つの場面と、本判決以前の判例で問題となった事案の対応関係を整理しておくと、まず、(A)および(B)の場面は、昭和四二年最判によって当事者能力が肯定されている。また、(C)の場面は、大判昭和一〇年五月二八日民集一四巻一一九一頁が当事者能力を肯定している(ただし、民法上の組合と性質決定された団体の事例である)。これに対して、(D)については、最上級審の判例はなく、ただ下級審裁判例として、金銭給付訴訟の被告となった団体につき、会費制度がないことを理由に当事者能力を否定したものがあるにとどまる。

もっとも、最近になって、最三小判平成二二年六月二九日(民集六四巻四号一二三五頁。以下、「平成二二年最判」という)が登場し、権利能力なき社団を債務者とする金銭債権の債務名義(仮執行宣言付判決)に基づいて社団財産である不動産に対して強制執行を開始できることが明らかになった。特に、この事案の債務名義の前駆手続は(D)

であるから、間接的ではあるが、最高裁は、(D)における当事者能力の肯定に好意的であると評することができる。ともあれ、ここでの問題は、平成一四年最判の位置づけである。この点については、同最判は(A)の事案で当事者能力を肯定したものであり、新味に欠けるところがある。しかし、本判決は、第二款で紹介した通り、民事訴訟法二九条の「社団」の財産的側面に関する要件を明らかにした最初の最高裁判決であり、その判示は、右の(A)〜(D)のいずれかの場面に限定されない一般的なものであるから、民事訴訟法二九条の要件論における重要判例であることに疑問の余地はない。

(二)　法人制度改革——与件

本判決の前後において、法人制度改革が進行していたことは周知の通りである。第一章および第二章においては、ドイツ法を考察する際、当事者能力概念と法人制度との有機的関係に着眼した考察方法を採用しているが、わが国の法人制度改革の動向は、民事訴訟法二九条の現代的意義を考える上で、注目すべき与件と考えられる。実際、平成二〇年一二月から施行された新しい法人制度が、法人でない団体の地位をめぐる議論に影響を及ぼすことを示唆する見解もある。[11] 以下では、平成の法人制度改革の概要を概観し、(三)において、その影響を検討することにする。

さて、法人制度改革に向けた動きとしては、本判決の登場以前から、非営利目的の法人制度を抜本的に見直す動きが活発化しており、平成一〇年には特定非営利活動促進法[12](平成一〇年法律第七号)、平成一三年には中間法人法(平成一三年法律第四九号)が相次いで成立した。[13] 中間法人法は、いわゆる権利能力なき社団の法理[14](非法人社団に社団法人と同様の法的地位を認める解釈論)の適用対象である、営利も公益も目的としない中間的な団体一般に対し、準則主義により法人格を取得する途を開いた点において画期的なものであった。すなわち、中間法人として、有限責任中間法人と無限責任中間法人の二つの類型が用意され、前者は有限会社、後者は合名会社をそれぞれ下敷きとして起草されていた。同法によると、中間法人は、「社員に共通する利益」を図ることを目的とし、「剰余金を社員に分配すること」を目的としない「社団」である（同二条）。「社員に共通する利益」とは、「社会全般又は不特定多数の者の利益」である「公益」と異なることを意味し、「営利」とは「剰余金を社員に分配すること」と規定されている。ここまでの法人制度改革の結果として、中間的な団体については、民法の公益法人および中間法人の制度が並立する状態が生じていた。

もっとも、当時は公益法人制度改革が政治課題であったこともあり、さらに抜本的な見直しが進められた[15]。その結果、現在では、「一般法人法」（正確には、一般社団法人及び一般財団法人に関する法律〔平成一八年法律第四八号〕）が制定、平成二〇年一二月一日から施行され、これに伴い中間法人制度および民法の公益法人制度はともに廃止された[16]。この一般法人法は、従前の中間法人法を踏襲した点も多く[17]、特に設立に関しては、準則主義を引き継いでいる。特筆すべきは、民法の公益法人制度が廃止され、一般法人法とは別に公益認定法（正確には、公益社団法人及び公益財団法人の認定等に関する法律〔平成一八年法律第四九号〕）が成立した関係で、（一般）団体の法人格の取得と、税制上の優遇措置を伴う（一般）法人に対する公益認定とが[18]、制度上完全に分離された点である。これにより、公益法人となるには、まずは非営利の一般社団（財団）法人となった後、公益認定を受ける必要があるのに対し、その必要がなく、非営利・非公益の中間的な法人（一般法人）のままでよい場合には、この一般法人こそが、新しい法人制度における法人の基本的な存在形式となった。

(三)　民法上の組合に関する制度改革

以上のような法人制度改革の流れは、民法上の組合にも波及し、法整備が進んだ。特に注目されるのは、有限責任事業組合法（有限責任事業組合に関する法律〔平成一七年法律第四〇号〕）および会社法（平成一七年法律第八六号）の合同会社である。前者は、民法上の組合に関する特則として、同法の定める組合契約（＝有限責任事業組合契約。同三条一項）に基づいて成立する法人格のない組合であり、設立（組合契約書の記載事項）の登記を前提として、組合債務に対する組合員の有限責任を認める（同一五条）[19]。他方で会社法は、内部関係が組合である人的会社を持分会社（合名会社・合資会社・合同会社）としているが、このうち合同会社は、社員全員が有限責任社員となる形態である。両者は、イギリス法におけるリミテッド・ライアビリティ・パートナーシップ（ＬＬＰ）、アメリカ法におけるリミテッド・ライアビリティ・カンパニー（ＬＬＣ）の日本版とされ[20]（有限責任事業組合がＬＬＰ、合同会社がＬＬＣに相当）、営利目的の組合の構成員に有限責任が認められた[21]。これらの新制度を視野に入れると、団体類型として組合であることは、わが国の法秩序の下で、組合員の無限責任や法人格の不存在とは直結しなくなったと言わざるを得ない[22]。しかも、㈡で紹介した一般法人法との関係も加味すれば、社団と組合の区別を前提として有限責任や法人格を論じる議論の枠組み、例えば、「組合＝構成員の無限責任・非法人」、「社団＝構成員の有限責任・法人」といった団体の法的性質に依存した伝統的な思考様式が、わが国ではすでに制度的な裏づけを喪失したと評価すべき状況にあるものと言えよう。この点は、第三章の検討において、民事訴訟法二九条の「社団」につき、社団と組合の区別の相対化を前提として、両者の法的性質から解放された「団体」と解する方向性を示したが、この方向性と軌を一にしていると言うこともできるだろう。

㈣　権利能力なき社団の法理への影響

では、以上のような一連の法人制度改革は、法人でない団体の法的地位を考える上で、どのような意味があるだろうか。この点について、権利能力なき社団の法理や民事訴訟法二九条の当事者能力は、従来、民法の公益法人制度が、法人設立のために許可主義を採用していたため、非営利・非公益の中間的団体が民法上の公益法人（旧民三四条）になりにくい状況を前提としていた。特に権利能力なき社団の法理は、この前提によって法人格を否定される中間的団体のために法主体性や有限責任を基礎づけるための理論であった。ところが、一般法人法が整備された現在では、非営利・非公益の中間的団体であっても、設立登記により法人格を取得することができるため[23]、権利能力なき社団の法理の前提が崩れている[24]。実際、このような与件の変化を根拠として、権利能力なき社団の法理に対して疑問を呈する見解もあり、法人格を進んで取得しない団体は法的に不存在として処理すべきとの主張は、確かに傾聴に値する。

しかし、このような議論に同調する前に、検討すべき問題があるはずである。すなわち、新しい法人制度の下でも、設立中の一般法人や旧公益法人からの移行に挫折した団体（旧法人）等の扱いをめぐる問題を、回避することは困難である。また、非営利・非公益の中間的団体の設立に際して準則主義を採用しても、法人格の取得を望まず、任意団体に留まろうとする団体がなくなるとは考えられない[25]。というのも、準則主義は法人格取得の自由を前提とするものであって、法人格の取得を強制しないからである[26]。さらに言えば、現実に団体としての活動がある場合、これを無視し、さらにその存在を否定することが、新しい法人制度において必然的な対応であるかという疑問もある。つまり、団体としての実際の活動実績等にかんがみ、当該団体の法主体性を必要な範囲で肯定していく立場もまた成り立つはずである。結局、新しい法人制度の整備によって、権利能力なき社団の法理の前提の一部が崩れたのは確かだが、それだけではまだこの法理を駆逐することはできないと言うべきではなかろうか。

(五)　民事訴訟法二九条の存在意義と当事者能力概念

(四)と同様の疑問は、当事者能力にも生じ得る。すなわち、新しい法人制度によって法人化の途が開かれた現在、民事訴訟法二九条は不要であり、同二八条で足りるのではないか、他方、一般法人法に従って法人化しない団体は訴訟上保護する必要はないのではないか、といった疑問がそれである。

しかし、第三章における考察の結果、民事訴訟法二九条に関する裁判例は、大審院以来、非連結主義に由来する機関型が主流をなしており、昭和四二年最判以降、社団型へと変遷しているが、要件論としてはなお非連結主義であった。効果論に関しては、伝統的な通説による事件限りの権利能力を前提とする限り、連結主義というべきであるが、このような特徴を有するわが国の当事者能力概念は、ドイツ法のように「権利能力に基づく当事者能力」ではなく、「権利能力を伴う当事者能力」とでも言うべき、変則的なものである。

以上を踏まえると、新しい法人制度の整備が、当事者能力論に影響するのではないか、という前述の疑問は、要件論に関する限り、非連結主義を採用する裁判例の動向に照らして、否定的に評価すべきであろう。これに対して、効果論については、事件限りの権利能力という効果が連結主義的であることにかんがみ、法人化しない団体にこれを与えて法人と同様に扱うべきではないとの指摘は成り立ちうると思われる。

そこで、この点についてどのように考えるかであるが、㈣で検討したように、権利能力なき社団の法理が、新しい法人制度の下で当然には駆逐されないとすれば、それとの均衡上、当事者能力論においても、連結主義的な効果は排除されないと解することに合理性があるのではなかろうか。

㈥　小　括

以上のように、右に取り上げた与件の当事者能力論への影響を否定できるとすれば、本章は、第三章において十分に検討できなかった「団体」の財産的側面の検討を課題とすれば足りるものと解される。

以下では、「団体」の財産的側面に関する学説を検討するが、まず第二節において、平成一四年最判が登場する前の学説を扱い、続く第三節において、本判決の登場後の学説を検討した上で、本判決に対する私見を述べる。第四節では、団体の属性にとって外在的な周辺事情を取り上げ、当事者能力の判断への影響の有無を検討する。第五節では、本章で行った検討の結果を振り返り、民事訴訟法二九条の要件審査の在り方について検討を加える。

第二節　財産的独立性の二義性——財産的独立性とは何か

民事訴訟法二九条の「団体」の財産的側面について一定の要件を必要とする見解（以下、「必要説」という）は、新堂説、伊藤説の登場を契機としている。それ以前には、「団体」を定義する際、財産的側面に言及されることはなかったようである。[27]

新堂説は、必要説における代表的な見解であるが、実は平成一四年最判の前後で「揺らぎ」が認められる。すなわち、本判決以前の体系書によれば、民事訴訟法二九条の「団体」は、「人の結合体で、その団体の活動から生じた債務の引当てに供しうるように構成員から独立して管理されている独自の財産を有するもの」と定義されていた。これに対して、本判決後の体系書においては、「人の結合体で、その団体の活動に必要な財産的基礎があり、これが構成員から独立して管理されているものを指す」と微妙に変化している。そのため、以下では、前者を「新堂旧説」、後者を「新堂新説」と表記して区別したい。[28][29][30]

第一款　必要説の系譜

(一)　星野説の意義——法人概念と団体財産

では、新堂旧説は、どのようにして成立したのだろうか。この見解については、従来、星野説の影響が指摘されている[31]。すなわち、星野説によれば、「法人」の意義は、「構成員の個人財産から区別され、個人に対する債権者の責任財産ではなくなって、法人自体の債権者に対する排他的責任財産を作る法技術[32]」とされ、また、法人と同様の扱いをしてよい団体（権利能力なき社団の法理が適用される団体）とは、「排他的責任財産[33]が形成されている団体」とされている。

ここでは、次の二点が注目される。第一に、通説が当時採用していた社団・組合という団体類型に言及されていないこと、第二に、法人と同様の扱いが許される団体の条件として「排他的責任財産」なる観念に言及されていることである。

前者から検討すると、民法学の通説は、社団と組合の区別を前提として[34]、社団とは構成員が全一体として結びついた単一体、組合とは個性のある組合員相互の契約関係として対比していた。このような「社団組合峻別論」は、ドイツ法から継受され、わが国にも広く浸透し、裁判実務に対しても古くから強い影響を与えてきた。特に、昭和三九年最判が示した権利能力なき社団の基準において、組織性が強調され、機関構成や多数決原理の妥当について言及されたのは、以上のような理論を前提にしたものと解されている。

このような通説に対して、星野説は、社団組合峻別論における二律背反的な発想、つまり、社団と組合の区別を前提に、ある団体がひとたび社団と判断されると、旧民法の社団法人（公益法人）に認められる団体法的な効果を認める、といった判断様式を徹底的に批判した。その一方で、星野説は、ある団体にいかなる効果を与えるかの問題は、当該団体をめぐる個々の問題に即して判断すべきであると主張し、当該問題の解決に必要な効果をまず確定し、そこから遡って、当該効果を与えるのに相応しい要件を決定する、という従来とは逆の考え方を提唱した。星野説によれば、社団と組合を区別する従来の基準は、曖昧で役に立たないと批判されることになる。

さらに近時は、星野説の論旨を引き継ぐ有力説が、社団を組合の一種とみる考え方、つまり、組合こそが団体の一般的法形式であり、組合はそもそも社団と排他関係になく、組合のうち一定の要件を満たすものが社団である、といった整理をしている。[35]このような学説の傾向は、伝統的な「社団組合峻別論」を相対化する意義を有する。

次に、第二点目を検討すると、星野説において、「法人」は「排他的責任財産を作る法技術」と定義されるが、[36]「責任財産」とは、一般には、強制執行によって摑取される個々の財産を指すものである。とすると、星野説で用いられた「責任財産」は、一般の用語法とは異なるように思われる。

例えば、法人債権者の権利が金銭債権である場合、法人の総財産が「責任財産」となるが、現実に換価されるのは総財産に属する動産・債権・不動産等の個々の財産の中から、執行債権者が強制執行の対象として選んだものである。一方、法人債権者の権利が特定物債権である場合、「責任財産」は当該債権の目的物であって、これ以外の財産を法人が保有していても、それは「責任財産」に含まれない。

よって、星野説が法人債権者の引当てとなる財産を「責任財産」と表現した意図が何であるかが問題となるが、おそらく法人債権者の権利として金銭債権を想定したことが原因であろう。しかし、法人債権者の権利が金銭債権に限られないことは自明であるから、この用語法は本来避けるべきだろう。結局、星野説が「法人の技術性」[37]を説明する際に「責任財産」と述べたのは一種の比喩であり、正確には「法人の財産」の意味に解すべきである。ここでいう「財産」は、金銭執行の事例では「責任財産」と同義となるが、より一般的には、構成員の個人財産から区別された個々の財産の集合体としての包括財産（一種の目的財産）を意味することになる。

以上の検討により、星野説は、右のような「財産」を形成している「団体」に対して「法人」という効果を付与する見解と理解することができる。なお、星野説によれば、ある「団体」が、右のような「財産」を形成しているかどうかは、「構成員の財産から区別されて独立に管理されているか否か、特にそれが外部から見てかなり明らかであるか否かをもって判断されるべきである」[38]とされている。これは、具体的には、社団定款や組合規約等の客観的な資料に基づく判断になるものと解されるが、この点は第三節第三款(一)で再び検討する。

(二)　新堂旧説の意義──星野説の当事者能力への適用

では、新堂旧説は、星野説とどのような関係にあるだろうか。(一)の検討を踏まえて、新堂旧説の定義を見る限り、両者は類似点が多いと言えよう。すなわち、新堂旧説は、「団体の活動から生じた債務の引当てに供しうるように構成員から独立して管理されている」、「独自の財産」を有する人的結合体に対して当事者能力を付与すべきとするが、この点は、星野説が、「責任財産」（＝「財産」）を有する「団体」に対して法人という効果を付与すべきと説くのに酷似する。両者が異なるのは、「団体」に付与される効果が、新堂旧説では当事者能力であるのに対し、星野説では権利能力（法人）であるという点である。また、新堂旧説は、民事訴訟法二九条を民法上の組合にも適用しているが[39]、その定義からして、団体類型としては組合であっても、組合員の個人財産から区別された組合財産が形成されている限り、そのような「団体」に民事訴訟法二九条を適用できることは明らかである[40]。

以上のように見てくると、新堂旧説は、星野説と同様、団体類型として「社団」と「組合」の区別を相対化し、「財産」を有する「団体」に当事者能力を付与している点にかんがみ、星野説を当事者能力に応用したものと見ることができるように思われる。

㈢　団体財産と個々の財産の区別

ここまでの考察を振り返ると、「団体」に主体性を認める要件として、「責任財産」あるいは「独自の財産」[41]という概念が登場した。㈡で確認した通り、これらは団体債権者の引当てのために構成員の個人財産から分別管理された個々の財産の集合体（包括財産の観念であり、目的財産の一種）としての「財産」を意味している。ここでは、個々の財産とその集合体である目的財産としての財産との区別が存在する。よって、以下では、目的財産としての「財産」のことを「団体財産」[42]と呼び、この包括的な財産に属する「個々の財産」[43]と区別することにする。

この区別の結果、「団体」の財産的側面に関しては、①「団体財産」が形成されているかどうか、②「団体財産」に属する「個々の財産」が存在するかどうか、という二つの問題が区別されることになる。

㈡までに検討した新堂旧説は、「団体財産」の形成を必要と説く見解であった。では、「個々の財産」の存在を必要と説く見解はあるだろうか。次に、この点を検討しよう。

第二款　もう一つの必要説

㈠　伊藤説の分析

伊藤説によれば、民事訴訟法二九条の要件は、対外的独立性、対内的独立性、内部組織性、財産的独立性の四点から構成されるが、このうち財産的独立性は、「団体に独自の財産があるか、独自の財政が維持されているかなどの要素」[44]と定義される。そして、この財産的独立性は、⑴法人格のない団体が金銭給付訴訟の被告であるときは、当事者能力の不可欠の要件であるのに対し、(2)その他の事件類型ではこのように解する必要はなく、「他の要件と相まって団体の一般的独立性を認定するための補助的要件として働く」、とされている。(45)

伊藤説では、(1)について、次のように補足されている。すなわち、(1)のように解すると、自然人や法人を被告とする金銭給付訴訟では、債務者の無資力は当事者能力の問題とならないのに対し、法人でない団体を被告とした訴訟では、債務者が無資力である限り、当事者能力が否定される、といった不均衡が生じる。(46)しかしこの点は、確認訴訟であれば、当事者能力をパスしても当事者適格において無資力の団体を排除できるのに対して、給付訴訟では、請求権の性格上、当事者適格が問題にならないため、敢えて当事者能力で債務者の資力を判断するという利益考量に基づくものとされる。(47)

以上に紹介した伊藤説は、特に金銭給付訴訟の被告能力（前記(1)）について、必要説であることに異論はないと思われる。問題は、そこで必要とされるものが何かである。結論から言えば、民事訴訟法二九条の「団体」である要件として、「個々の財産」（＝②）を不可欠とするものと解される。この結論の根拠となり得る記述を引用すると、例えば、「金銭給付判決の被告となっている団体が財産的独立性を有しない場合には、当該判決は紛争解決機能を果たしえない」(48)、「団体に当事者能力を認めても、財産的独立性がなければ無意味な判決となる」(49)、「財産的独立性のない団体の場合には、判決の実効性のないことがあらかじめ判明している」(50)等がある。

右の引用部分に含まれる「紛争解決機能」や「判決の実効性」が、団体債権者の債権の執行による「満足」を含意していることは、その論旨から明らかであろう。とすると、当事者能力に不可欠な財産的独立性を判断する際には、団体債権者による強制執行の実効性（執行が奏功し、債権が満足するかどうか）が審査されることになる。一般に、団体を債務者とする金銭執行により摑取される責任財産は債務者の総財産であるが、(51)伊藤説においては、判決手続の目的である紛争解決の実効性の中に「執行債権者の満足」が含まれるものとすると、「責任財産」に含まれる

「個々の財産」が潤沢であるほど、つまり「資力」があるほど、紛争解決の実効性（つまり「満足」）は高まると考えることになる。これに対して、判決手続の段階で、債務者に「資力」がない（無資力である）と判明すれば、被告とすべきではないことになる（つまり、被告能力が否定される）。このように伊藤説は、団体債権者の終局的な満足に着目した要件論を展開するところに特徴がある。

(二)　問題点

(一)で分析した伊藤説については、次のような疑問がある。

第一に、伊藤説の(1)に関する補足説明によれば、確認訴訟では当事者適格の審査を通じて無資力団体を排除できるとされているが、一般的な見解とは思われない。一般には、むしろ、確認訴訟では当事者適格は確認の利益に埋没すると理解されており（例外を認める見解もあるが、その例外にも該当しない）、また、訴えの利益一般に視野を広げても、当事者適格の判断において、執行可能性（ないし実益）を考慮しないのが通説である(52)。

第二に、自然人であるか、法人その他の団体であるかを問わず、資力が偶然の事情に左右されることに異論はない。とすると、事実審の口頭弁論終結時（基準時）に資力を肯定しても、その後の執行段階において当該主体が無資力となる可能性がある。しかしこれでは、基準時における資力の判断は無駄であり、資力を当事者能力の要件としたこと自体に疑問が生ずる(53)。

しかし、伊藤説はこの疑問に応接していない。では、一般論として、右の疑問を解消する余地はあるだろうか。一つの反論として、当事者能力を認める判断に拘束力があると主張することが考えられる。前訴判決で社団の資力を認めて当事者能力が肯定されている場合には、強制執行はそれを前提として行わねばならないと解するのである。しかしながら、このように考えることには疑問がある。まず、資力の存在は当事者能力の要件であるから、これが肯定されても判決主文には含まれず、既判力は期待できない。可能性があるとすれば、せいぜい証明効であろう(54)。また、資力を当事者能力の要件にするといっても、その判断基準をどうするかが問題である。仮に請求額を基準としてそれに見合った財産を団体が保有するかどうかを判断すべきものと解するとき、その判断は、基準時における判断であるから、実際にその資力が問題となる執行時との関係では、将来の資力を予測する判断にならざるを得ない。しかし、基準時において将来の執行時における団体の資力を予測的に判断することが、現実に可能かは大いに疑問である(55)。仮にこの判断ができたとしても、執行時において現実には、すでに費消されたり、毀損したりして、予定された資力が存在しない場合、前訴判決において団体の資力を肯定した判断には、どのような効力が生ずるのかも、問題である。執行時の資力を無視できるのであれば、最初から要件としない立場と結論として同じである。他方で、執行時の資力は無視できないとしてその時点で何等かの異議申立てを経由して、執行債務者能力を否定できるとすれば、資力を要件とした結果、手続が極めて不安定になる。どちらの結論も満足のいくものではないとすれば、やはり資力を当事者能力の要件とすること自体を否定すべきである。なお、この立場では、無資力の団体に対する給付判決が当然に生ずるが、それ自体には一定の意味があるとの指摘もある(56)。

第三に、執行債務者たる団体は、執行手続上は執行を受任すべき立場であるが、執行手続には民事訴訟法二九条が準用されるため（民執二〇条）、無資力を同条の要件と解する場合、団体が無資力のとき、執行債務者能力が否定され、執行手続が不適法となってしまう。同様の準用規定は倒産手続にもあるため（破一三条、民再一八条、会更一三条参照）、団体が無資力すなわち債務超過のとき、倒産能力が否定され、倒産手続が不適法になる。これらの帰結が不合理であることは自明である。

第四に、団体の資力を当事者能力の要件とすると、第二で指摘したように、その判断基準は、請求額を基準としてそれに見合った財産を団体が保有するかどうかであると考えざるを得ない。しかし、団体が被告となる金銭給付訴訟において、常に団体の総財産の金銭的評価をしなければならないとなると、手続コストの上昇は堪え難いものとなろう[57]。しかも、当事者能力の判断が、請求額との関係で決定されること自体、当事者能力が民事訴訟の当事者となる一般的資格であることと整合しないのではなかろうか。

最後に、伊藤説と同様、団体の資力を当事者能力の要件とする見解に対して、その固有財産の全部の帰属が争われる場合には、本案の審理が終了しなければ当事者能力を判断できなくなることを理由に批判する見解（以下、「萩説」という）があるので[58]、その当否を検討しておくことにする。もっとも、萩説は固有財産の全部の帰属が争われる具体例を示していないので、「本案」として特定物の引渡請求を考え、当該目的物が原告団体の唯一の財産である事例について考えてみたい[59]。

萩説は、請求認容判決について、一方では当事者能力の関係で当該目的物が団体の固有財産かどうかを審査し、他方では本案の関係で同じ問題を審査しなければならないことを疑問とする。しかしながら、この疑問の核心は、本案の審理が終了しなければ当事者能力を審査できない点ではなく、当該目的物の固有財産性をめぐる判断が当事者能力と本案とで重複して審査される点にあると言うべきである。確かに、訴訟要件を本案判決要件と位置づける通説によれば、このような二重の審査は、訴訟経済の観点から疑問の余地がある。しかし判例によれば[60]、当事者能力の判断の基準時は、本案のそれと同様、事実審の口頭弁論終結時であるから、二重の審査と言っても、時期を異にして二度の審査をするのではなく、一個の問題が二つの観点から一度だけ審査されるにすぎない。果たしてこれが訴訟経済の観点から許されない無駄と言うべきかは問題である[61]。

また、萩説と同様の観点から、必要説に対して、次のような疑問を呈する見解（以下、「菅野説」という）がある。すなわち、裁判所が当該目的物は被告の所有であるとの心証が固まった場合には、同時に原告（団体）の当事者能力も否定される結果、請求棄却の本案判決ができないことになり、従前の本案審理が無駄になる、と批判される[62]。

確かに、訴訟要件を本案判決要件と位置づける通説によれば、この結論に至ると考えられる。しかし、本案審理の結果は、当事者能力欠缺を理由とした訴え却下判決（原告敗訴）に結実している以上、これを無駄と評することは問題であろう。しかも、訴訟要件の中には、本案判決要件の例外を認めるべきものがあり、当事者能力はこれに該当するとの見解が見られる。(63) これに従えば、当該目的物が原告たる団体の財産かどうか（当事者能力）が不明な場合でも、被告が所有するとの心証が固まれば、本案で原告の請求を棄却できることになるため、菅野説は、この見解に対する配慮を欠いているにすぎないとも言えよう。

結局のところ、最後に挙げた伊藤説に対する二つの批判は、どちらも成功しているとは思えない。(64) しかし、第一～第四の問題点にかんがみ、伊藤説のように、「個々の財産」ないし「資力」を当事者能力の不可欠の要件とすることは、問題があると言うべきである。

(三)　事件類型に応じた要件の定立

(一)の冒頭に掲げた伊藤説は、全体として、事件類型に応じた要件の定立を認めている。もっとも、このような論旨を展開する背景には、次のような事情があると考えられる。すなわち、一般に金銭債権の責任財産は債務者の総財産とされるが、債務者が団体であれば、構成員の個人財産から区別された目的財産としての団体財産が責任財産に相当する。しかし、金銭債権に基づく強制執行（金銭執行）において摑取の対象となるのは、債務者の財産（団体財産）に属し、かつ、差し押さえられた「個々の財産」である。つまり、金銭債権の場合には、団体財産に属するすべての「個々の財産」が摑取の対象となり得るため、団体財産を責任財産として捉える必要がある。これに対して、特定物引渡請求を認容した確定判決を債務名義とする強制執行（非金銭執行）においては、責任財産は、債務者の財産であるところの当該特定物であって、債務者の財産（団体財産）に属するその他の「個々の財産」、さらにはその総体としての「資力」は、責任財産とは直接の関係はない。

以上を前提にすると、伊藤説において、債務者の財産（団体財産）に属する「個々の財産」を指すものとして理解された財産的独立性が、金銭給付訴訟以外の場面において、当事者能力の補助的要件とされるのは当然である。これに対して、特定物の引渡執行においては、当該特定物が債務者の財産かどうかが問われることはあっても、それ以外の「個々の財産」や債務者の「資力」は考慮の外に置かれる。したがって、事件類型に応じた要件を定立するという伊藤説の試みは、財産的独立性を「個々の財産」と理解した同説の帰結にすぎない。そうである以上、㈡で検討した問題点が払拭されない限り、右に検討した二元的な要件論もまた説得力を欠くことになる。

第三款　整理と分析

㈠　分析枠組みの設定

第三款までの検討を通じて、「団体」の財産的側面に関する必要説には、二通りの考え方が存在していたことを確認することができた。結局、必要説と一口に言っても、着眼点が異なるときは、そのことを踏まえた検討をしない限り、議論が錯綜するおそれがある。

そこで、「団体」の財産的側面に関して、次の視点に注目し、あらかじめ分析枠組みを設定しておくことにする。注目する視点は、ここまでの検討を踏まえた次の二点である。第一に、当該団体において団体財産が形成されているか、あるいは、それを前提として分別管理される個々の財産が存在するか、という視点である。第二に、「団体」の財産的側面として着眼すべきものとされた要素が、当該団体に当事者能力を認める上で不可欠の要素であるのか、あるいは、他の主要な要素との関係で補助的な要素であるのか、という視点である。

これらの二つの視点は、表3のように整理することができる。そして、各視点について要素の組合せを考えると、α・β・γの三通りの組合せが成立すると考えられる。

まず、αの組合せは、民事訴訟法二九条の「団体」と認められるには、「団体財産の形成」のみならず、団体独自の財産として分別管理される「個々の財産」が存在することの両方を不可欠の要件と考える立場を意味する。内容からして、この立場は、必要説として徹底しているため、「狭義の必要説（α型）」と呼ぶことができる。具体例としては、第三款で検討した、金銭給付訴訟の被告能力に関する伊藤説を挙げることができる。

次に、βの組合せは、民事訴訟法二九条の「団体」として「団体財産の形成」は不可欠の要件であるのに対し、分別管理される「個々の財産」の存在は不可欠の要件ではなく、団体の一般的独立性を判断するための補助的要件ないし資料と考える立場を意味する。この立場は、「団体財産の形成」については必要説であると同時に、「個々の財産」についてはこれを補助的要件と位置づけることから、「補助的要件説」と呼ぶことができる。以下では、これを「β型の補助的要件説」という。

最後に、γの組合せは、民事訴訟法二九条の「団体」として、「個々の財産」はもちろん、「団体財産の形成」についても不可欠の要件ではなく、財産的側面の全体が、団体の一般的独立性を判断する一資料と考える立場を意味する。この立場は、財産的側面の全体を資料とする点で、βの組合せとは異なるものの、考慮要素の位置づけとしては、やはり「補助的要件説」と呼ぶべきものである。以下では、これを「γ型の補助的要件説」という。

表3　団体の財産的側面の分析枠組み

		必要の程度	
		不可欠の要件	補助的要件
必要の対象	団体財産の形成	α　β	γ
	個々の財産	α	β　γ

では、これまでに検討してきた学説は、右に整理した三通りの立場のうち、どれに該当するであろうか。この観点から、以下では、学説及び判例の立場を整理することとする。

(二)　平成一四年最判が登場する前の判例

当時の判例として着眼すべきは、権利能力なき社団の要件を提示した昭和三九年最判、および、この要件を旧民事訴訟法四六条（現二九条）の解釈に応用した昭和四二年最判であることは言うまでもない。これらの最判に関する文献は多いが、当事者能力の観点から分析を行ったものとして有益な内容を含むのは、菅野論文である。[65]

これによると、昭和三九年最判が、[66] 権利能力なき社団の要件として掲げた「財産の管理」は、「固有財産の存在」ではなく、「管理の方法」の意味で解釈すべきとされている。[67] つまり、菅野論文の用語法に従って敷衍すれば、「固有財産の存在」と「（財産の）管理方法」は、概念上区別することができるところ、この区別を前提とする限り、固有財産のない社団であっても、定款を通じて（財産の）管理方法が確定しているときは、判例の基準（昭和三九年最判、昭和四二年最判）に基づき当事者能力を肯定してよいと論じている。

菅野説による昭和三九年最判の分析は、同最判を当事者能力規定の要件に転用した昭和四二最判にも妥当する。この前提の下で菅野説の論旨を検討し、(一)の分析枠組みに照らしてみると、「固有財産の存在」は、(一)における「個々の財産」に相当し、他方で、「管理の方法」は、構成員の個人財産から独立した財産を分別管理しているかどうか、つまり、「団体財産の形成」に相当すると考えられる。菅野説によれば、判例は、「管理方法」（＝「団体財産の形成」）を基準として、当事者能力を肯定するものと分析されているが、ここでいう「基準」とは、不可欠の要件であることを意味すると解されるため、平成一四年最判が登場する前の判例は、「β型の補助的要件説」ということになる。

このことは、菅野論文の次の記述からも裏づけられる。すなわち、「通常、団体固有の財産は団体の活動の経済的基礎であり、経済的基礎が強固であるほど団体としての性格が明確になるから、権利能力なき社団であるか否かの判断に当たり、固有財産の有無が重要な資料となることは多いであろう」、とされる。(68) ここでは、「固有財産の存在」（=「個々の財産」の存在）は不可欠の要件ではないが、「重要な資料」になるとされているのであるが、それは、金銭給付訴訟の被告能力を除いた事件において、「個々の財産」が「補助的要件として働く」と説く伊藤説と同旨と考えられる（第三款㈢参照）。

㈢　伊藤説

伊藤説については、第三款で分析したところであるが、ここでは、㈠の分析枠組みへの当てはめという見地から、再度検討を加えておきたい。

問題となるのは、伊藤説が、昭和三九年最判に登場する「財産の管理」をどのように扱っていたかという点である。結論から言えば、伊藤説は、これを内部組織性として位置づけている。すなわち、伊藤説によれば、内部組織性とは、「組織運営、財産管理などについて規約が定められているか、総会などの手段によって構成員の意思が団体の意思形成に反映されているかなどの要素」(69)と定義され、前段は形式的組織性、後段は実質的組織性と呼ばれる。そして、形式的組織性は、「第三者が団体の独立性を判断する」ための要件であって、「意思決定の方法、代表者の選任などが規則として定められ、それが客観的に認識できること（書面等）によって」(70)、充足される。しかも、形式的組織性は、事件類型を問わない不可欠の要件とされている。(71) したがって、伊藤説は、昭和三九年最判にいう「財産の管理」、つまり「団体財産の形成」を不可欠の要件としていることになる。

第三款で検討したように、伊藤説が、金銭給付訴訟の被告能力に関して、「個々の財産」を不可欠の要件とすることには問題があったが、以上の検討を踏まえると、金銭給付訴訟の被告能力に関する伊藤説は、狭義の必要説（α型）に分類できることになる。

他方、伊藤説は、金銭給付訴訟以外の当事者能力に関しては、「個々の財産」は、当事者能力の補助的要件にすぎないとしているが、この点では、β型の補助的要件説に分類できることになる。

㈣　新堂旧説とそれ以前の通説

最後に、第一款㈡で検討した新堂旧説の位置づけを検討する。この見解は、「団体財産の形成」を必要とすることは前述したが、「個々の財産」については特に言及していない。しかしながら、第一款㈠で検討した星野説が、前者のみを想定した議論であることは明らかであり、その応用としての新堂旧説もこの点は同様と解されることから、β型の補助的要件説に分類してよいと考えられる。要するに、新堂旧説においては、「団体」の財産的側面に関する不可欠の要件となる要素として「団体財産」に着眼した結果、「個々の財産」はそれに伴って補助的要件になったと考えることになろう。

関連して付言すれば、新堂旧説が登場する前の伝統的な通説には、「団体財産の形成」を自覚的に論じていた形跡がなかったが、そうした状況において「団体財産」の必要説を提唱したからこそ、インパクトがあったとみることも可能であろう。ただし、当時の通説が、本当に「団体財産の形成」を度外視していたかは、別論である。というのも、この当時は、ドイツ法から継受した社団概念（社団と組合を峻別した場合の社団）が前提となっていたと解されるところ、それが判例法理に結実したものが、昭和三九年最判と考えられる。そして、同最判は、㈡において菅野論文に即して検討した結果、β型の補助的要件説に分類できるからである。

これらの推論が正しいとすれば、結局のところ、平成一四年最判以前の学説状況は、金銭給付訴訟の被告能力に関する伊藤説を除けば、すべてβ型の補助的要件説であったと考えることができるだろう。つまり、平成一四年最判は、こうした状況において登場したわけである。

では、平成一四年最判は、従前の議論状況に対してどのような影響を与えたであろうか。次にこの点を検討したい。

第三節　判断基準の分析

第一款　不要説の登場とその分析

本論に入る前に、平成一四年最判の関連する判旨を抜粋し、次の(a)〜(c)のように区分する。「〔財産的側面についていえば、〕(a)必ずしも固定資産ないし基本的財産を有することは不可欠の要件ではなく、そのような資産を有していなくても、(b)団体として、内部的に運営され、対外的に活動するのに必要な収入を得る仕組みが確保され、かつ、その収支を管理する体制が備わっているなど、(c)他の諸事情と併せ、総合的に観察して、同条にいう『法人でない社団』として当事者能力が認められる場合がある」。[72]

右に引用した判旨について、必要説の代表的な見解である新堂説は、好意的な評価を加えている。[73] にもかかわらず、平成一四年最判を評釈した文献の多くは、本判決を「不要説」を採用したものと把握する。[74] 両者は、一見すると矛盾する。なぜこのようなことが起きるのだろうか。

この問題を解く鍵は、本判決以前には見かけなかった「不要説」の位置づけにあると考えられる。よって、以下では、本判決が、本章の分析枠組み（第二節第三款㈠参照）の中のどこに位置づけられるかを考えることにより、「不要説」の正体を明らかにしたい。

まず、引用した判旨(a)の「固定資産・基本的財産」、および、判旨(b)の「収入を得る仕組み」は、文言から見て、ともに分別管理の対象である「個々の財産」を指すものと考えられる。とすると、判旨(c)は、これらの「個々の財産」を「総合的に観察」して当事者能力を判断すべきことを説いたと考えられる。このように考えるとき、本判決は、β型の補助的要件説に分類すべきである。

もっとも、判旨(b)の「収入を得る仕組み」は、分別管理それ自体を意味する「収支を管理する体制」と〝かつ〟によって結合されている。分別管理は、第二節第三款㈡で紹介した菅野論文の分析によれば、「団体財産の形成」と同義である。これらを踏まえると、本判決は、「団体財産の形成」を含めて「総合的観察」の対象になると判示したものと解すべきである。このように考えるとき、本判決は、γ型の補助的要件説に分類すべきである。

右に導出した二つの見解（β型とγ型）は、どちらも補助的要件説であるから、「個々の財産」は不可欠の要件ではなく、「総合的観察」の対象とする点では共通する。問題は、平成一四年最判が、β型とγ型のどちらの補助的要件説であるかである。

この点、γ型の補助的要件説は、第二節第三款㈣で検討したように、平成一四年最判の前に自覚的に論じられた形跡が認められない。とすると、本判決は、β型の補助的要件説と考えるのが妥当ではなかろうか。このようにβ型と考えた場合には、「団体財産の形成」は不可欠の要件と解することになるのであるから、本判決を「不要説」と表記するのは不正確である。この結論については、「不要説」とはγ型の補助的要件説を意味するのではないかとの疑問もあろう。しかし、先に引用した判旨の手前で述べられている内容を加味する限り、その解釈は困難と考えられる。すなわち、本判決は、「……財産の管理その他団体としての主要な点が確定して……」と述べて昭和三九年最判を引用した後で、「これらのうち、財産的側面についていえば……」と続けているのであるが、この記載ぶりは、昭和三九年最判（＝β型）で言及された「財産の管理」を敷衍する趣旨に出たものと読むのが素直である。そうである以上、本判決もまたβ型でなければならない。

結局、平成一四最判を評釈した文献の多くは、本判決の立場を「不要説」と受け止めているが、これは、本判決が「個々の財産」を不可欠ではないと判示したことを重視するあまり、昭和三九年最判との関係を看過し、誤解したものと言うべきである。本判決は、β型の補助的要件説であると位置づけることによって初めて、「個々の財産」として例示された財産に対し、「補助的要件」ないし「重要な資料」としての意義を付与することができると言えよう。(75)

第二款　新堂新説の登場とその分析

平成一四年最判を評釈した文献の多数は、β型の補助的要件説（「不要説」とも呼ばれる）であったが、同最判を踏まえた他の見解として、新堂新説が注目に値する。

まず、新堂新説において、民事訴訟法二九条の「社団」は、「人の結合体で、その団体の活動に必要な財産的基礎があり、これが構成員から独立して管理されているもの」、と定義されている(76)。これを新堂旧説（前掲）の定義と比較すると、旧説における「独自の財産」が、新説では「財産的基礎」に変更され、しかも「団体の活動に必要な」という限定が付されている。新堂新説が、平成一四年最判の登場を契機として「社団」の定義を変更したことは明らかである。問題は、この変更にどのような意味が込められているかである。この点について、新堂新説では、「団体の継続的活動に必要なかぎりでは、財産的基礎が確保されなければ、団体としての訴訟活動自体も不可能であろう。本件判決が認める程度の財産的基礎は不可欠と考えられる」とされている[77]。

さて、右に引用した記述における「財産的基礎」は、本書における「個々の財産」を意味するものと解される。この点については、他の解釈を示唆する異論があるかもしれないが、新堂新説は、金銭給付訴訟以外の当事者能力に関する伊藤説等を引用して、補助的要件説を批判した後に、最後に引用した記載を続けていることから、新堂説は「個々の財産」を不可欠と論じたものと判断せざるを得ない。つまり、本章の分析枠組み（第二節第三款(一)参照）の下では、狭義の必要説（α型）に該当することになる。

しかしながら、新堂旧説は、β型の補助的要件説に分類されていた。とすると、新堂説は、「個々の財産」を補助的要件とする立場（β型）から、これを不可欠の要件とする立場（α型）に改説されたのだろうか。しかしながら、そのように考えた場合には、金銭給付訴訟の被告能力に関する伊藤説（＝狭義の必要説〔α型〕）の問題点（第二節第二款(二)参照）が、新堂新説にも妥当することになる。

では、どのように考えればよいだろうか。新堂新説は、先に引用した記載から明らかなように、旧説に比べて「狭義の必要説（α型）」に寄った主張をしていることは確かである。しかし、それだけでβ型からα型に改説したと評価することは、「狭義の必要説（α型）」の問題性にかんがみ、妥当とは言えない[78]。そこで、次のように解すべきである。

すなわち、新堂新説は、旧説と同様、β型を基調として、当事者能力の審査における「個々の財産」の取扱いにつき、平成一四年最判を参考にしながら、重要な「個々の財産」とそうでない「個々の財産」を区別する発想を取り入れたものと考えるべきである。前者の重要な財産とは、平成一四年最判を参考にする限り、「収入を得る仕組み」である。このように、新堂説による主張の変更の意図は、β型の補助的要件説の枠組みにおいて実現されるように解釈することができる。そして、新堂新説をこのように解するとき、「団体」の財産的側面に関する要件をめぐる学説の対立は、β型の補助的要件説という一つの方向に収斂するものと評価することができる。

第三款　補助的要件説の再検討

(一)　基本構造

「団体」の財産的側面の要件は、ここまでの検討の結果、β型の補助的要件説が妥当である。平成一四年最判の後に登場した新堂新説も、それ本来の主張は別として、β型の補助的要件説に分類できるできることは、前述した通りである。

ところで、当事者能力は訴訟要件であるが、裁判における当事者能力の判断構造は、権利義務を定めた実体規定と同様に整理することができる。[79] すなわち、当事者能力という効果を発生させる要件を定めた法規範がある場合、裁判所は、当該要件に該当する事実の主張立証に基づいて当該事実を認定できるときに当事者能力を認めるべきである。これを「団体」の財産的側面の要件に関して敷衍すれば、β型の補助的要件説においては、「団体財産の形成」は不可欠の要件であるのに対し、「個々の財産」は補助的要件であることに着眼すると、前者を主要事実（要件事実）、後者を間接事実と位置づけることができる。

まず、「団体財産の形成」は、昭和三九年最判の分析等によれば、「財産の管理」と同義と解すべきである。[80] 問題は、「団体財産の形成」がどのようにして判断されるかである。この点、定款や規約等では、団体の活動のために必要な財産の管理についての定めが規定されているので、通常は、このような定めのある定款や規約等の書面に基づいて審査されることになろう。

では、「団体財産の形成」が、定款や規約等の証拠によって直接に認定できないときは、どのように判断すべきであろうか。「個々の財産」の存在は、第二節第三款(四)で行った検討の結果、従来、「団体財産の形成」を判断する際の資料と解されてきたと評価することができる。つまり、「個々の財産」が存在するときは、経験則上、それを構成員の個人財産から分別して、「団体」の財産として管理できる体制が当該団体に備わっているものと推認されてきたと考えられる。例えば、団体名義の銀行預金口座に残高があるときは、当該団体に「個々の財産」として預金債権が存在することのほか、当該財産が団体のために管理されているとして「団体財産の形成」も認められることになろう。もっとも、不動産の場合には、団体名義のものは存在しないが、定款や規約等で不動産の管理を委託された構成員が存在し、その個人名義で登記されているときは、前述と同様に考えることができるだろう。[81]

以上に対して、「個々の財産」が存在せず、そこから「団体財産の形成」の不存在が疑われる場合には、民事訴訟法二九条を適用できないものと判断すべきである。これは、「団体財産の形成」を不可欠の要件としたことの帰結であって、他の不可欠の要件が具備されていたとしても、右の結論は左右されない。

(二)　平成一四年最判における「個々の財産」の認定

β型の補助的要件説は、(一)で述べたように、要件事実を踏まえた定式として整理することができる。そこで、(一)で整理した定式を踏まえて、平成一四年最判の事案に登場した「個々の財産」が、どのように処理されたかを確認しておきたい。

本判決は、結論として法人でない団体であるXの当事者能力を認めたわけであるが、この結論は、第一審および原審とは逆のものである。最高裁が、この結論に至った理由は、詰まるところ、(カ)クラブ活動費、(キ)クラブ対抗競技会費用、[82](ク)訴訟協賛金、[83]に対する評価の違いにあると考えらえる。

すなわち、第一審では、（カ）〜（ク）がXの「財政的基盤」に該当する否かが問われた。具体的には、（カ）はX固有の資産ではないとの理由から該当しないとされ、（キ）および（ク）は使途が特定された財産であるとの理由から該当しないとされた結果、Xの当事者能力が否定されている[84]。原審の判断も同様であった。

まず、（カ）に関する本判決の判断を検討する。（カ）は、基本的にはXの会費に相当すると評価されているが、本件では、まずXの会員からYに支払われた後、Xの活動状況に応じて、Xの要請に基づいて、逐次YからXに支給されていたことが認定されている[85]。これは、団体の会費としては異例の仕組みである。もっとも、この背景にはXY間の特別な事情があることも認定されている。すなわち、Xの会員は当初、Yに対する年会費とXに対する年会費を、各別の銀行口座に振り込んでいたところ、煩瑣を嫌うXの会員からの苦情を受けて、本来はX独自の収入である（カ）を、Xに代わってYが自己の年会費とともに一括して徴収し、その三割程度をYがXに対して支給するようになったのである。

もっとも、（カ）のような仕組みは、Xの請求をYが拒めない限り、法的にはXのYに対する「経費支払請求権」と評価することができる[86]。しかもこれは、Xの会費に相当する以上、Xの重要な「個々の財産」として「収入を得る仕組み」に当たるものと解される[87]。

また、Xにおいては、その理事会の指示に基づいて財務委員会が組織され、Xの財産（特に、X名義の銀行口座）の収支はそこで管理されていた[88]。とすると、Xには、「収入を得る仕組み」（＝経費支払請求権）の「収支を管理する体制」が整っていると認めることができる。

次に、（キ）および（ク）を検討するが、これらはX自身が徴収している点で、（カ）とは異なる。もっとも、（キ）は会費制であるから、「収入を得る仕組み」という属性をもった「個々の財産」と認めることに、特に支障はないであろう。これに対して、（ク）は募金であり、一般には不定期に行われ、集まる額も不確定であるから、会費制のような安定した財産と比較すると見劣りするのは確かである。しかしながら、これもやはり「収入を得る仕組み」の一つと認めることができるだろう。[89]ただし、(ク)を「収入を得る仕組み」と認めるということは、要するに、資金提供の呼びかけに対して各会員が任意にこれに応じるという緩やかな関係（＝会員間の結束力・団結心・信頼関係等を背景した関係）を「収入を得る仕組み」と認めることになる点には留意すべきである。

(三)　本件事案と判断基準の関係

平成一四年最判は、(二)で確認した通り、Xは「収入を得る仕組み」を有すると認めた上で、当事者能力を肯定したことになる。しかし、β型の補助的要件説は、もともと「個々の財産」が存在することを不可欠としない立場であることにかんがみると、「経費支払請求権」という「個々の財産」が存在するような団体の当事者能力が争点となった事件において、β型の補助的要件説を再確認する判例法理を展開する必要があったのか、という疑問が生じても不思議ではない。[90]

確かに、本件のXのような団体の当事者能力を判断するだけであれば、狭義の必要説（α型）によって「団体」の財産的側面の要件を構成しても、Xには当事者能力を認めることが可能である。この意味で、右の疑問には説得力があるが、他方で、「個々の財産」が皆無である団体の場合、β型の補助的要件説であれば、当事者能力を肯定できるとまで言えるかどうかは問題である。僅かでも「個々の財産」があれば、β型のみならず、α型でも当事者能力を肯定でき、「個々の財産」が皆無であれば、α型のみならず、β型でも当事者能力を否定すべきだとすると、見た目の違いほどには両者の見解は異ならないように思われる。そこで、本判決については、「個々の財産」のうち「収入を得る仕組み」といった重要な財産と、それ以外の「個々の財産」を区別する意図に出た点にこそ、着眼すべきであろう。これは、α型とβ型を実践面で比較したときにはさほど違いがないことを考慮すると、当事者能力を認めるにふさわしい財産的側面を備えた団体を選別する指針を提示したものとして、有意義である。
以下では、このような問題意識をもって、平成一四年最判の判断基準を、再検討することにする。

(四)　平成一四年最判の判断基準の再検討

第三節第一款において、平成一四年最判の判旨を(a)〜(c)に区分したが、以下でも、この区分を踏襲して検討を加えることにする。

まず、判旨(a)の「固定資産・基本的財産」、判旨(b)の「収入を得る仕組み」は、ともに「個々の財産」であるから、β型の補助的要件説においては、両者とも「総合的に観察」される対象である点で違いはない。しかし、本判決は、あらゆる「個々の財産」を判断資料の一つとして同列に位置づけるわけではない。むしろ、判旨(a)の「固定資産や基本的財産」のような財産、例えば土地・建物等の不動産を保有していなくても、判旨(b)にいう「収入を得る仕組み」に該当する財産が存在する場合には、それを使って「団体」としての活動ができるはずであるとの経験則に基づいて、本件団体に当事者能力を認めることができる。

換言すれば、「団体財産の形成」(＝財産の管理)は、不可欠の要件として主要事実に該当するの対し、「個々の財産」はそれが存在すれば「団体財産」は形成されているとの経験則に基づいて主要事実を推認できる間接事実に相当するところ、本判決は、「個々の財産」の中には、「団体財産の形成」を推認するのに大いに役立つ重要な財産(＝間接事実)と、それほどでもない財産(＝間接事実)の区別が存在することを指摘した上で、前者に相当する財産として「収入を得る仕組み」を例示したものと解することができるだろう。

新堂説は、このような本判決から示唆を得て、新説を提唱したと考えられる。具体的には、「本件判決が認める程度の財産的基礎」は不可欠と論じているが、ここでいう「不可欠」とは、右に分析した本判決の意義に照らせば、

「団体財産の形成」が不可欠の要件として主要事実を構成するという意味ではなく（この点はβ型の補助的要件説を前提に当然のこととして）、むしろ、「収入を得る仕組み」が「個々の財産」の中でも特に重要な財産であることを指摘したものと解すべきである。もし文字通りに「個々の財産」を不可欠の要件としたものと解すると、狭義の必要説（α型）に対する批判を回避できないからである。

したがって、本判決と新堂新説は同旨と解すべきである。新堂新説が、本判決に示唆を受けたことに照らせば、この結論はある意味当然と言えよう。

次に、判旨(b)における「収支を管理する体制」について、簡単に検討しておくことにする。「収支を管理する体制」は、広い意味では財産管理のことであるから、本判決も引用する昭和三九最判において要件とされた「財産の管理」と同じものである。これは、すでに検討したように、「団体財産の形成」に相当する。注目すべきは、このような「収支を管理する体制」と「収入を得る仕組み」が「かつ」で結合されている点である。これは、前述した分析を前提とすれば、不可欠の要件としての「団体財産の形成」（＝「収支を管理する体制」）を推認することができる間接事実の中でも、経験則上特に結びつきが強い重要な間接事実として「収入を得る仕組み」を抽出したことを意味すると考えるのが素直であろう。[91]

最後に、判旨(c)の「総合的観察」について、簡単に検討しておくことにする。ここまでの検討においては、本判決の立場は、β型の補助的要件説であることから、「団体財産の形成」は不可欠の要件であると解してきた。しかしこの場合、(一)の末尾で指摘したように、「団体財産の形成」の不存在は当事者能力の否定に直結する。

これに対して、本判決には別の解釈も成り立つ余地がある。すなわち、民事訴訟法二九条を適用する際の不可欠な要件は、「団体財産の形成」以外にも存在するため、[92]判旨(c)が「総合的に観察」すると述べた趣旨は、「団体財産の形成」が欠ける場合でも、他の不可欠の要件が具備されていれば、民事訴訟法二九条を適用することを認めたことにあるのではないかという疑問である。

しかしながら、右の疑問は、本章の分析によれば、γ型の補助的要件説と同旨であることがすぐに判明するだろう。しかもこの見解を採用できないことは、第二節第三款㈣および第三節第一款において検討済みである。よって、判旨(c)を右のように読むことはできないものと解すべきである。

以上の検討により、平成一四年最判の判断基準については、わが国の学説の系譜を踏まえて、一通り分析することがすることができたように思われる。本章で試みた分析は、すでに本判決を評釈した文献には「収入を得る仕組み」を重要な間接事実として位置づけたものは存在しなかったという点では、新味があると思われる。そして、この意味において、既存の文献が本判決をして「事例判決[93]」と位置づけることには疑問がある。むしろ、本判決が、β型の補助的要件説を踏襲しつつ、「団体財産の形成」（＝財産の管理）という不可欠の要件を判断する際に注目すべき重要な間接事実として、「収入を得る仕組み」を例示した点は、理論面のみならず、実践面でも大きな意義を有すると見るべきであって、「新判例」と呼ぶ価値は十分にあるだろう。

第四節　当事者能力の周辺事情の扱い

第一款　問題の所在

一般に、民事訴訟法二九条を適用する際には、法人でない団体が民事訴訟の当事者となるのに適した組織等を備えているかどうか、すなわち、当該団体の「属性」を検討すべきものと解されてきたように思われる。しかし、法人でない団体の当事者能力が問題となるような事案では、必ずしも当該団体の属性に還元できない周辺事情が検討され、時には結論を左右することがある。

しかしその一方では、そのような事情が当事者能力の結論に影響を及ぼすことを許してよいかという疑問もある。そこで、以下では、平成一四年最判の参考として、当事者能力の周辺事情に検討を加えることとする。具体的には、訴訟係属前において相手方が団体を独立の交渉主体として扱ってきたという事情がある場合にこの事情をどのように考えるか、および、当該団体が当事者とならなければ、他に適当な当事者が存在しないという事情がある場合にこの事情をどのように考えるか、の二点について検討する。(94)

第二款　訴訟前の交渉過程

(一)　団体の相手方による法主体性の承認

法人でない団体が登場する訴訟において、訴訟係属前に、相手方当事者が当該団体を構成員から独立した交渉主体として扱ってきたという事情（以下、「団体の相手方による法主体性の承認」という）がある場合、(95)裁判所は、この事情を考慮して当事者能力を認めなければならないだろうか。

平成一四年最判の事案で右の事情に該当するものを挙げるとすれば、次の二点である。第一に、一連の経緯からXY間で協約書が作成され、そこには本件請求の基礎となった、経理内容調査権（本件協約書第三条）が規定されたこと（第一節第二款(四)参照）、第二に、Xの一部会員による別件訴訟で、Yは、本件協約書第三条を理由に、Xが会員を超えた存在であり、必要書類は当該一部の会員ではなくX自身に閲覧させるべきと主張し、第三条の有効性を認める旨の訴訟上の和解が成立したこと[96]（第一節第二款㈤参照）、である。

原審は、右の二つの事情を踏まえて、（当事者能力は）「訴訟手続の利用を認められるべき資格に関して公益上必要とされるものであって、相手方当事者がその有無を争ったかどうかに左右されるべきものでもない[97]」と説示し、Xの当事者能力を否定した。これに対してXは、上告受理を申し立てる際に右の二つの事情を指摘して、YがXの当事者能力を争うことは許されないと主張した[98]。ところが、最高裁は、右の二つの事情には触れずにXの当事者能力を認めている。

さて、原審が、当事者能力の判断は、「団体の相手方による法主体性の承認」という事情には左右されることなく、団体の属性を判断すべきとした点は、一般的な考え方に従ったものと思われる。最高裁が、右の事情に言及しなかったのは、原審と同様に考えた結果と見るのが素直だろう。

もっとも、平成一四年最判の事案では、XY間で「経理内容調査権」が協約書において合意され、あるいは、訴訟上の和解においてその協約内容が有効と認められたにとどまる。つまり、Xは「経理内容調査権」を有する主体（契約当事者）であることが、「経理内容調査権」を合意する際の前提とされた場合であった。

では、当事者能力の存在が直接に合意された場合はどうか。確かに、契約等の当事者の一方が法人でない場合、爾後の訴訟で当事者能力が争点とならないよう、その存在を合意することは、考えられないことではない。ここで検討すべき問題は、当該団体が当事者となった訴訟において、相手方が当事者能力の欠缺を指摘し、当該団体が当事者能力の合意の存在を主張立証した場合、裁判所は、当事者能力を肯定しなければならないかどうかである。

この点は、結論から言えば、先の原審と同様、当事者能力という資格が公益的理由から必要とされたものと考える限り、職権調査の対象となることはもちろん、団体の当事者能力を認める旨の合意が訴訟前に成立していたとしても、裁判所は、職権で当事者能力を審査できるものと解さざるを得ないだろう。一般に、訴訟契約は明文でそれを許した規定がなくても有効と解されているが、当事者能力には妥当しないものと扱うことになる。この観点からは、当事者能力の存在について当事者双方の主張が一致し、自白を観念できる場合も同様である。

もっとも、団体の法人格の取得が制限されていた当時であればともかく、現在の新しい法人制度の下では、団体を法人として扱うことと、公益法人となることとは明確に区別された以上、団体の当事者能力が専ら前者にかかわることにかんがみると、原審のように公益性を理由として当事者能力の処分性を否定する考え方を今後も維持することには、疑問の余地がある。少なくとも、旧民法を前提に民事訴訟法二九条の「社団」を通じて公益法人を透かし見ることができなくなった以上、公益性といってもその内容は、当事者能力が民事訴訟の一般的資格であることに根差した訴訟内在的な制約でなければならないと考えられる。

そこで、訴訟内在的な制約を検討してみると、当事者能力そのものを合意することは、任意訴訟禁止の趣旨に照らして問題があると言えよう。すなわち、訴訟追行主体となる条件を満たさない団体を審査し、排除することができる裁判所の権限は、民事訴訟手続の基本構造に由来するため、当事者間（少なくとも当事者の一方は法人でない団体）の合意によってこれを制約することは許されないと解するのが合理的である[99]。この観点から言えば、当事者能力の存在が、訴訟物たる権利に関する合意やそれを内容とする訴訟上の和解の前提となる場面においても、裁判所による当事者能力の判断権は排除されないと解するのが、整合的である。したがって、「団体の相手方による法主体性の承認」という事情は、それを認定することができても、当事者能力の判断に影響することはないものと解すべきである。

このように解する場合、「相手方による団体の法主体性の承認」という事情はおよそ無意味かというと、そうではない。むしろ、民事訴訟法二九条の効果に関する通説が、「事件限りの権利能力」を認めることについて[100]、それが決して突飛な発想ではなく、むしろ、訴訟前の交渉過程等を十分に認識した上で、それを訴訟法理論として昇華させた結果であることを裏づける意味を有することには、留意すべきである。(101)

なお、関連して、民事訴訟法二九条の立法趣旨との関係にも言及しておきたい。従来、本条の立法趣旨は、法人でない団体が社会活動を営む過程で他人との間に紛争を生じた場合、団体の相手方が誰を訴えるべきかを一々検索するのは煩瑣であるから、当該団体を当事者と認めて団体の相手方をかかる煩瑣から解放し、団体の相手方に便宜を図ることにあると解されてきた。(102)「団体の相手方による法主体性の承認」は、右の立法趣旨と同様の状況における、団体の相手方の態度に関する事情であるから、この事情があることを本条の適用に際して積極的に評価することは、本条の立法趣旨に適うとも考えられる。(103)

しかし、「団体の相手方による法主体性の承認」という事情が本条の立法事実に該当するとしても、具体的な事件で本条の適用を直接に正当化する根拠になるとは解されない。その理由は、結局、先に検討した当事者能力の合意と同様、民事訴訟の基本構造との抵触に帰着する。(104)

以上の検討により、本件において、Xの当事者能力を認める際、「団体の相手方による法主体性の承認」に該当する事情が決め手にされなかったことは、妥当である。

(二)　信義則

団体の相手方に「信義に反する」行動があった場合、いわばその制裁として、団体の当事者能力を認めることに合理性があるだろうか。平成一四年最判の事案では、Yについて右のような評価をする文献が多いが、(105)ここでは、いわば信義則を根拠としてXに当事者能力を認めることができるかどうかが問われていると考えられる。

信義則の問題であるので、関連する事実関係をあらかじめ確認しておきたい。まず、本件は書類等閲覧請求の事案であるが、Xがその根拠として「経理内容調査権」について、Yはもはや争う余地がなかったこともあり、防御活動を本案前の主張に絞っている(106)。そのうち、Yが、Xの当事者能力を問題視したのは、「経理内容調査権」を規定した本件協約の一方当事者がXであり、当事者適格を崩すことは無理と考えたからであろう。こうして、YはXの当事者能力の欠缺を指摘し、Xが当事者能力の存在に有利な事情として主張したものが、(一)の「団体の相手方による法主体性の承認」にかかる二つの事情であった。

もっとも、Yにしてみれば、これらの事情ならば、自己に不利な前言を翻して争えば、Xの当事者能力は崩れて、訴え却下判決に持ち込めると考えたとしても、不思議ではない。実際、Yは、そのように主張し、第一審および原審は、Xの当事者能力を否定して、Xの訴えを却下したのであるから、Yの訴訟戦術は大成功を収めたわけである。

問題は、Yの右のような訴訟戦術が、信義則違反にならないか、またこれを肯定するとき、Xに当事者能力を認めなければならないか、という点である。そこで、本件の訴訟前の交渉過程を振り返ると、「団体の相手方による法主体性の承認」に該当する二つの事情は、Yが、Xを本件協約や訴訟上の和解において独立の主体と扱ったことにより、Y自身も一定の利益を得てきたことを意味する。それにもかかわらず、Xが訴訟を提起した途端、一転してXの当事者能力を争うというYの訴訟戦術は、訴訟前においてXとYの間で形成された信頼関係を破壊するものであり、Yの信義則違反が問われても仕方のない面があったと言えよう。

では、このようなYに対する制裁として、Xの当事者能力を認めるべきだろうか。結論から言えば、このような判断は、(一)において検討した当事者能力の合意と同様、民事訴訟の基本構造と抵触し、許されないものと解すべきである。Yの主張が信義則に違反するのであれば、その限りでYの主張を否定的に評価すれば足り、その上で、通常通り、Xの団体としての属性を審査して当事者能力を判断すべきである。

第三款　他の適格主体の不存在

法人でない団体が登場する訴訟において、当該団体以外に当事者に適した主体が存在しないという事情（以下、「他の適格主体の不存在」という）がある場合、裁判所は、この事情を考慮して当事者能力を認めなければならないだろうか。

平成一四年最判の事案では、XY間の本件協約に定められた「経理内容調査権」が書類等閲覧請求の根拠であるから、Xの当事者能力を否定したとき、当該請求について訴訟を追行するに適した主体（原告）は存在しなくなる。[107]にもかかわらず、Xの当事者能力を否定した場合、「経理内容調査権」に基づく書類等閲覧請求は、およそ訴訟を通じて実現することができなくなるが、果たしてそれでよいかどうかは問題であろう。

この点について、判例に目を向けると、本件と同様の事情があった東京地判昭和五六年五月二九日判時一〇〇七号二三頁（以下、「昭和五六年東京地判」という）[108]において、裁判所は、団体に当事者適格を認める判断を先行させ、当事者能力を当事者適格に合わせる形で（つまり、当事者能力の要件を緩和する等して）判断したと解されている。[109]このように当事者適格が当事者能力の結論を規定する現象のことを、講学上「当事者能力と当事者適格の交錯」と呼ぶことがある。[110]

では、当該団体以外に当事者に適した主体が存在しない場合、裁判所は、当事者能力の判断基準を緩めてでも、当該団体に当事者能力を認めなければならないだろうか。この点について、本件の第一審および原審は、他の適格主体の不存在という事情があったにもかかわらず、Xの当事者能力を否定した。これに対して、最高裁は、Xの当事者能力を肯定したが、右の事情には一切触れていない。以上を要するに、第一審および原審は他の適格主体の不存在という事情に配慮せず、最高裁もこの事情に言及していないことにかんがみれば、この事情はXの当事者能力の判断には影響しなかったと言うべきだろう。

もっとも、本件の事案も、昭和五六年東京地判と同様、「当事者能力と当事者適格の交錯」が論じられてもおかしくない事案であった。にもかかわらず、そうならなかった背景の一つとして、この現象に対する学説上の評価が、いまだ定まっていないという点を挙げることができる。というのも、従来、両者の交錯を歓迎して、正面から受容する見解が有力に主張されてきた(111)。また、当事者能力の概念を当事者適格と連続的に捉えることで、両者の交錯を問題視しない見解もある(112)。しかし、これらの見解に従えば、当事者能力は当事者適格に従属し、その結果として両者の区別が曖昧となり、結局は当事者能力が当事者適格の判断に埋没してしまうおそれがある。

このように、当事者能力を判断する際に、他の適格主体の不存在という事情に着眼すると、当事者適格に合わせて当事者能力を判断しようとする誘因が強く働く結果、当事者能力という訴訟要件に課された役割を果たすこと、つまり、当該団体が民事訴訟の当事者として訴訟を追行するにの適した属性を有しているかどうかを審査することができなくなるのである。とすれば、やはり他の適格主体の不存在という事情についても、(一)において検討した当事者能力の合意と同様、これを考慮すべきではない(113)。この点につき、本件の一連の裁判では、他の適格主体の不存在という事情が度外視されているが、妥当な処理と言うべきである。

第五節　おわりに——当事者能力の判断と団体の属性

本章のこれまでの考察により、民事訴訟法二九条の要件の審査に当たって、考慮すべき事項、考慮すべきではない事項が明らかになってきたものと思われる。最後に、本章の考察を振り返り、民事訴訟法二九条の要件審査の在り方について若干の検討を加えて、本章を締めくくることとしたい。

民事訴訟法二九条（旧四六条）に関する判例は、権利能力なき社団の基準（昭和三九年最判）を法人でない社団の基準と転用して（昭和四二年最判）、同条の「社団」の定義（要件）を確定している以上、同条の適用問題は、訴訟に登場した団体が解釈等を通じてあらかじめ確定された団体の属性に適合するかどうかの判断を意味してきたものと解される。同条の「社団」は当初、社団組合峻別論に忠実に解されたが、社団と組合の関係が見直された結果、同条を適用すべき「団体」とは何かという観点から、適用要件の明確化が進められてきたものと解される。したがって、社団と組合の区別が相対化された後も、民事訴訟法二九条は、「団体」としての属性を備えるものに適用すべきことに変わりはない。そして、同条の団体として必要な属性は、本書の立場では、団体名、代表機関の存在、そして団体財産の形成であることは、本章までの考察を通じて明らかにしてきたところである。(114) これらの属性は、いずれも同条を適用する際に不可欠であり、裁判所は、これらの不可欠の属性（要件）に該当する具体的事実を認定して、同条の適用の有無を判断しなければならない。

もっとも、民事訴訟法二九条の適用に際しては、当事者から主張される様々な事情の中から、どのような事情が同条の適用にとって重要であり、また、どのような事情が同条の適用に際して考慮すべきではないのかを見極める必要が生ずる。

第三節で検討したのは、団体の財産的側面に関する不可欠の要件（属性）は何か、補助的要件である「個々の財産」のうち、不可欠の要件である「団体財産の形成」を認定する際に特に役に立つ財産はどのような類型の財産か、という点であった。平成一四年最判は、「収入を得る仕組み」という「個々の財産」が、「団体財産の形成」という団体の属性を認定する上で、重要な資料になる旨判示している。

第四節で検討したのは、「団体の相手方による法主体性の承認」、「他の適格主体の不存在」という事情が、民事訴訟法二九条を適用する際にどのように扱うべきかという問題である。結論として、これらの事情は、団体の属性とは直接の関係がないものであり、考慮すべきではないことを確認した。

このように、民事訴訟法二九条の適用に関する判断は、同条の「団体」として必要な属性を当該団体が具備するかどうかについて行われる。この前提には、当事者能力が民事訴訟の当事者となる一般的な資格であるという意義づけがあり、これに忠実に同条の適用を判断しようとする限り、団体の属性に着眼せざるを得ない。また、周辺事情に左右されることなく、法適用を安定させるためにも団体の属性以外の周辺事情からは距離を置くべきなのである。これは、当事者能力が民事訴訟の基本構造に基づいてそれに与えられた固有の役割を果たすことができるための解釈なのであって、一般的な定義に執着した単なる形式論ではない。

右のような立場では、周辺事情が当事者能力を要請するときでも、民事訴訟法二九条の「団体」に必要な属性を備えない限り、当該団体の当事者能力は否定され、訴えは却下される。もっとも、平成一四最判は、狭義の必要説（α型）を排して、β型の補助的要件説を踏襲しつつ、団体の財産的側面の不可欠要件（団体財産の形成）が肯定されるための目安（収入を得る仕組み）を明らかにした点は、同条を適用する場面では積極的に作用するものと推察される。にもかかわらず、同条の要件を具備しなかった団体は、訴え却下判決を受けた後、団体としての組織を再構成して捲土重来を期すか[115]、さもなくば選定当事者制度（民訴三〇条）をはじめとする他の提訴方法を考えなければならない。

【注】

（1）本文の見方を前提として、昭和四二年最判は、民事訴訟法二九条の「社団」の当事者能力に関するリーディング・ケースと言われる。大審院以来の判例が、民法上の組合にも当事者能力を認めてきたことを考慮すると、組合型の団体で確立した判例法理を、社団型の団体にも適用した事例判断にすぎない面もある。この点については、第三章第三節第三款㈢を参照。

（2） 伊藤眞『民事訴訟の当事者』（弘文堂、一九七八年）一九―八七頁、長谷部由紀子「法人でない団体の当事者能力――財産的独立性の要件をめぐって――」成蹊法学二五号（一九八七年）九五頁以下、新堂幸司＝小島武司編『注釈民事訴訟法（1）』（有斐閣、一九九一年）四二五頁以下〔高見進〕。また、本件の第一審判決（千葉地判平成一三年二月二一日民集五六巻五号九一七頁、判時一七五六号九六頁）を検討した、井上治典「ある権利能力なき社団の当事者資格」『新堂幸司先生古稀祝賀民事訴訟法理論の新たな構築（上）』（有斐閣、二〇〇一年）五九七頁以下には、長谷部論文以降の裁判例を追加した裁判例一覧が掲載されている。

（3） 新堂幸司『新民事訴訟法〔第五版〕』（弘文堂、二〇一一年）一四六頁。

（4） 調査官解説として、高部眞規子『最高裁判例解説民事篇平成一四年度』（法曹会）四四四頁、同法曹時報五六巻一〇号一五六頁、同「時の判例」ジュリ一二三六号一〇四頁がある。また判例評釈としては、堤龍弥「判批」判例評論五二九号九頁（判時一八〇九号一七一頁）、名津井吉裕「判批」法教二七〇号一一八頁、長谷部由起子「判批」ジュリ一二四六号（平成一四年度重要判例解説）一二〇頁、西野喜一「判批」判タ一一二五号（平成一四年度主要民事判例解説）一七八頁、川島四郎「判批」法セ五七六号一一九頁、福永有利「判批」リマークス二七号（二〇〇三〈下〉）一〇四頁、安達栄司「判批」NBL七六九号七一頁、山本弘「判批」伊藤眞＝高橋宏志＝高田裕成編『〈別冊ジュリスト一六九号〉民事訴訟法判例百選（第三版）』（有斐閣、二〇〇三年）二八頁、和田直人「判批」東京都立大学法学会雑誌四四巻一号四六七頁、上田竹志「判批」九州大学法政研究七〇巻一号二四九頁等がある（なお、本判決を掲載する判タ一〇九五号一〇五頁以下の枠書コメントも参照）。

（5） 預託金（会員）制という組織形態は、ゴルフクラブの発展史において最も新しい形態である。かつては社団法人制が主流をなしたが、その後は設立許可（旧民三四条〔現在削除〕）にかかる主務官庁の審査が厳しくなり、またゴルフ場建設に要する巨額の資金を広く調達するのに適した組織形態が望まれ、株主会員制ゴルフラブが多くなった。もっとも、社団法人制ゴルフクラブには法人格があり、当事者能力に問題はない（民訴二八条）のに対し、株主会員制ゴルフクラブの会員は、株主たる地位とクラブメンバーの地位を併有し、ゴルフクラブの方は権利能力なき社団である。この株主会員制ゴルフクラブの当事者能力を扱った、東京地判平成三年一一月二七日判時一四三五号八四頁、最二小判平成一二年一〇月二〇日判時一七三〇号二六頁は、当事者能力を認めている。すなわち、株主会員制の場合、ゴルフ場は会社が所有し、その運営をゴルフクラブが担うものとされ、前述した経緯も手伝って、可能な限り旧来の社団法人制ゴルフクラブに近いシステムとする工夫がされてきた。右に紹介した判例が、株主会員制ゴルフクラブの当事者能力を肯定した理由はここにある。ゴルフクラブの経緯については、藤井英男＝古賀猛敏『ゴルフクラブ会員権の法律知識』（青林書院、一九八七年）三頁以下が詳しい。最近の状況については、今中利昭＝今泉純一『会員権問題の理論と実務〔全訂増補版〕』（民事法研究会、二〇〇一年）等を参照。また、裁判例を検討したものとしては、須藤雅彦「裁判例よりみたゴルフ会員権の理論（3）」判タ三六四号八四頁以下、山口忍「ゴルフクラブ会員の預託金返還請求権」判タ四〇七号三一頁、高見進「前掲平成三年東京地判の判批」今中利昭編『ゴルフ法判例72』（経済法令研究会、二〇〇一年）五八頁、石原全「前掲平成一二年最判の判批」前掲『ゴルフ法判例72』五六頁等がある。

（6）宇田一明「預託金制ゴルフクラブの非社団性」札幌学院法学一三巻二号二八一頁以下のほか、潮見佳男「会員制ゴルフクラブの団体性と契約性」金法一六一四号三六頁以下を参照。

（7）預託金会員制ゴルフクラブの当事者能力を扱った裁判例は、本判決以前においては、本判決の原審・第一審（本文第二款(七)参照）を含め、当事者能力を否定するものがほとんどであり（①東京高判昭和四九年一二月二〇日判時七七四号五六頁、②最三小判昭和五〇年七月二五日民集二九巻六号一一四七頁、③横浜地判昭和五三年九月二七日判タ三七二号一〇一頁、④東京地判昭和五四年七月一〇日判時九四四号六五頁、⑤最一小判昭和六一年九月一一日判時一二一四号六八頁等）、公表された肯定例としては、神戸地判平成一一年九月二四日金判一一〇三号三九頁等があるにすぎない。学説としても、宇田・前掲注（6）二八一頁以下が、否定説の正当性を強調するほか、服部弘志『ゴルフ会員権の理論と実務』（商事法務、一九九一年）四頁・七六頁以下が団体としての実質をもたない「疑似クラブ」と批判している。また、今中＝今泉・前掲注（5）一七頁以下でも、この種のクラブの社団性が否定されることに異論はないとの指摘が見られる。預託金会員制のゴルフクラブでは、通常は理事会も設置されないが、設置されていても、施設経営企業の「代行機関」と解されるようである。このような判例・学説の状況にかんがみると、平成一四年最判は、預託金会員制ゴルフクラブの当事者能力に関する裁判例として、かなり特異な存在と受け止められたものと推察される。

もっとも、後述する中間法人法が平成一三年六月一五日に公布、平成一四年一月三〇日に施行されたのを機に、預託金会員制ゴルフクラブを中間法人にして法人格を取得させ、ゴルフ場をめぐる危機的状況、すなわち、金融機関からの借入金の返還、預託金の償還、過剰供給や不況による来場者の減少（値引き合戦）による収入減等を解決しようとする試みもされていた（経済産業省サービス産業監修・社団法人ゴルフ場事業協会等編『ゴルフ場事業と中間法人』〔商事法務、二〇〇三年〕）。ゴルフ場経営会社の倒産事件が急増し、かつ、そこに占める預託金会員制ゴルフクラブの比率が九割前後という現実があり、預託金返還に応じることは、即ゴルフ場経営会社の倒産につながる、という危機感から、権利能力なき社団、さらには中間法人のスキームを利用して据置期間の経過した預託金の返還請求を食い止める動きが現れたのである（前掲『ゴルフ場と中間法人』四頁以下）。この動きから翻って見ると、預託金会員制ゴルフクラブには、通常は社団の実体がないとされるにもかかわらず、公表裁判例としては僅かだとしても、前述したように社団の実体を有するものも現れてきた背景には、ゴルフ場経営会社の危機的状況への対策の一環として、クラブ組織の強化があったものと考えてよいだろう。

（8）注（2）に掲げた伊藤論文・長谷部論文において前提とされた枠組みである。

（9）その他、確認訴訟や形成訴訟に関しても、類似の整理ができないわけではなく、またその作業にも意味があると考えるが、論旨を簡明にするため、本文では他の訴え類型には言及しないことにする。

（10）長崎地判昭和四一年七月二九日判タ二〇五号一七一頁（自動車整備修繕事業者の団体）。その他、横浜地判昭和五三年九月二七日判タ三七二号一〇一頁（預託金会員制ゴルフクラブ）は、ゴルフクラブとしての会費制度が存在せず、クラブ運営の経費はすべてゴルフ場会社から支出されていたとして、固有財産は存在しないとしている。

（11）四宮和夫＝能見善久『民法総則〔第八版〕』（弘文堂、二〇一〇年）九〇頁。ただし、能見説自身は、「市民が団体を形成して目標を追求する際に、法が予定している法人類型を利用するか、それを利用せずに団体活動をするかは、市民の自由である」との見地から、後者に対しても「法は不当に不利に扱わないようにすべき」と論じている。

（12）ＮＰＯ（Non Profit Organization）法とも呼ばれ、主にボランティア活動のような社会貢献活動の促進を図ることを目的とし（同一条）、法人は「不特定かつ多数のものの利益の増進」に寄与する特定非営利活動を目的としなければならない。この活動の具体例は、同法別表に掲げられた一七の活動に限定され、設立も所轄庁（都道府県知事）の認証にかかる（同一〇条一項）。民法の公益法人の設立にかかる許可主義が、主務官庁の自由裁量とされるのに対し、ＮＰＯ法人の設立は、その申請が所定の要件を具備するかどうかを所轄庁が認証（一種の確認行為）するもので、裁量の幅は小さいと解されている。このように、ＮＰＯ法も、中間法人法と同様、非営利団体の法人格取得を認めるものだが、どちらかというと、特定の公益的団体に法人格を与える一連の特別法による法人（学校法人法による学校法人、社会福祉法人による社会福祉法人、宗教法人法による宗教法人、協同組合法による協同組合等）と並び、それに一例を加えるものと言えよう。実際、本文に述べる一般法人法が成立した後も、中間法人法とは異なり、同整備法による廃止の対象とされていない。なお、ＮＰＯ法制定を後押ししたのが、阪神淡路大震災の折に注目されたボランティア団体であったことは周知の通りである。文献として、堀田力＝雨宮孝子編『ＮＰＯ法コンメンタール』（日本評論社、一九九八年）等参照。

(13)　一般法人法までの法人制度改革を概観し、新制度の概要を伝えるものとして、山田誠一「一般社団法人及び一般財団法人に関する法律について」みんけん五九〇号一一頁以下、中田裕康「一般社団・財団法人法の概要」ジュリ一三二八号二頁等がある。公益法人関連三法の概要については、新公益法人制度研究会編著『一問一答　公益法人関連三法』（商事法務、二〇〇六年）があるほか、相澤敦「公益法人制度改革関連3法」ジュリ一三二三号八八頁以下、范揚恭「公益法人改革関連法の概要」金法一七七六号一七頁以下等を参照。また、中間法人制度の成立時までの法人制度の概要については、森泉章『新・法人法入門』（有斐閣、二〇〇四年）等がある。中間法人法に関しては、相澤哲＝杉浦正典編著『一問一答　中間法人法』（商事法務、二〇〇二年）のほか、相澤哲「中間法人法の概要」ひろば（二〇〇一年一一月）四頁以下の特集記事等を参照。

(14)　公益性と営利性の関係については、必ずしも明確とは言い難い。この点を正面から扱ったものとして、能見善久「公益的団体における公益性と非営利性」ジュリ一一〇五号五〇頁以下があるが、公益・非公益と営利・非営利は次元を異にする二つの軸と解すべきとする。本文に述べるように、中間法人法の成立を経て、公益性・営利性の概念はかなり明確になったが、一般法人法を踏まえて言えば、能見説のような捉え方が立法の基礎にあるように見受けられる。この点については、雨宮孝子「非営利法人の立法論」ＮＢＬ七六七号三四頁以下等も参照。

(15)　雨宮孝子「中間法人制度」法教二五三号二頁は、中間法人制度ですべての中間的団体の法人化ができるわけではなく、その意味で限定的であり、むしろ民法改正により非営利法人の規定を整備する方向もあったと指摘している。中間法人制度が、当初より公益法人制度改革ないし一般法人法までの「つなぎ」であったことを窺わせる。

(16)　整備法（正確には、一般社団法人及び一般財団法人に関する法律及び公益社団法人及び公益財団法人の認定等に関する法律の施行に伴う関係法律の整備等に関する法律（平成一八年法律第五〇号））の第一条が中間法人法を廃止する旨を定めるとともに、同法は、存立中の有限責任中間法人、無限責任中間法人、民法の社団法人・財団法人等について経過措置等を規定している。

(17) 重大な例外の一つとして、中間法人法の無限責任中間法人は、一般法人法においてこれに対応する類型を見出せない。整備法によれば、一般法人法の施行時に特例無限責任法人として従前の中間法人法の適用を受けるが(同二四・二五条)、施行日から一年以内に一般法人に移行しない場合、解散したものとみなされる(同三七条)。

(18) 一般法人法とは別に「公益社団法人及び公益財団法人の認定等に関する法律(平成一八年法律第四九号)」が制定され、一般法人法と同時に施行されている。従前の旧民法三四条の公益法人のように主務官庁の自由裁量ではなく、公益認定の基準が法定され(同五条)、透明性は相当に高いものとなっている。なお、公益性の認定に関しては、雨宮孝子「非営利法人における公益性の認定」ジュリ一三二八号一二頁以下等参照。

(19) 我妻榮=有泉亨=清水誠=田山輝明『我妻・有泉コンメンタール民法〔第二版追補版〕』(日本評論社、二〇一〇年)一一九〇頁(第三編第二章④)は、有限責任事業組合の立法について批判的であり、民法上の組合に対する特別法としての位置づけに疑問を呈している。

(20) 経済産業省産業組織課「人的資産を活用する新しい組織形態に関する提案――日本版LLC制度の創設に向けて――(平成一五年一一月)」が有益である。LLC法制定後の概観として、和仁亮裕=遠藤聖志「合同会社」川村正幸=布井千博編『新しい会社法制の理論と実務』(経済法令研究会、二〇〇六年)二〇六頁以下、LLP法につき、渡邊佳奈子「有限責任事業組合契約に関する法律(LLP法)について」民情二二七号一七頁等参照。なお、これらに先行して、投資事業有限責任組合契約に関する法律(LPS法ないしファンド法)(平成一〇年法律第九〇号)がある(当初の法令名は、中小企業等投資事業有限責任組合契約に関する法律)。

(21) いかなる場合に有限責任を肯定すべきかについては、江頭憲治郎『株式会社法〔第六版〕』(有斐閣、二〇一五年)三五頁以下が示唆的である。上場会社等の小株主につき、①少額投資の糾合の必要、②所有と経営の分離、は正当化理由になるが、大株主(特に閉鎖会社の株主)の場合、③失敗の可能性が高くても社会的に望ましい企業活動の促進の必要、④会社債権者の方が株主よりリスク負担能力が勝るケースがある、等が正当化理由になるとされる。本文の新制度の有限責任は、③・④と同様の観点から正当化されるべきものと思われる。

(22) 小粥太郎『民法の世界』(有斐閣、二〇〇七年)三七頁以下も同様の指摘をする。

(23) ただし、作成した定款が公証人により公証されていることが前提である。これに基づき単独で設立登記の申請を行い、設立登記が完了すれば、それと同時に団体には法人格が付与される。旧民法三四条の公益法人においては、設立が主務官庁の許可にかかる許可主義であり、しかも設立許可を申請する団体が公益を目的とする団体かどうか（公益法人としての優遇措置を享受させるに足る団体かどうか）も同時に審査され、かつ、その判断は主務官庁の自由裁量とされていた（医師会の設立不許可処分に関して、最一小判昭和六三年七月一四日判時一二九七号二九頁参照）。この枠組みは、平成一三年の中間法人法によって崩されていたのであるから、厳密には、本判決の当時すでに本文に述べた状況変化が生じていたことになる。なお、公益法人の存在理由に関して、中田裕康「公益法人制度の問題の構造」NBL七六七号一二頁以下が有益な分析を加えている。

(24) 社団に関して言えば、中間法人法以降、すでにこの問題性は顕在化している。大村敦志『基本民法I　総則・物権総論〔第三版〕』（有斐閣、二〇〇七年）三五一頁は、権利能力なき社団の法理につき、法人制度の存在にもかかわらず、法人格のあるものとないものとの区別を無にすると評して、その是非を問うている。中間法人法の成立時点で同様の疑問を呈するものとして、小粥・前提注(22)五二頁等。これに対して、四宮＝能見・前掲注(11)一四九頁は、同法理の適用厳格化の方向に対して批判的である。

(25) 大村・前掲注(24)三五五頁は、注(24)で紹介した指摘に加えて、小規模団体は一般法人法の詳細な規定になじまないと指摘し、この方向を予測する。

(26) 相澤哲＝内野宗揮編『わかりやすい中間法人法』（有斐閣、二〇〇二年）九頁。なお、権利能力なき社団から中間法人への移行手続につき明文規定はなく、単に中間法人を設立することになる。従前の非法人社団が有していた財産、行っていた事業は、設立された中間法人に譲渡することによって、人的のみならず物的にも移行を行い、その後当該社団は解散して移行は完了する。右の移行方法のほか、当該社団の財産や事業を基金として現物拠出することも可能である。相澤＝杉浦・前掲注(13)二三頁参照。

(27) 兼子一『新修民事訴訟法体系』（酒井書店、一九五四年）一一〇頁は、「社団は一定の目的のための多数人の結合体であってその構成員各自の生活活動から独立した社会活動を営むと認められる程度に達したもの」とする。この定義には、後述の新堂説のように、財産的側面への言及がない。しかし、構成員の各自の活動から区別された団体固有の事業が要件とされている点にかんがみ、その事業の遂行に必要な団体財産の形成は当然に予定されていたと解する余地はあろう。

(28) その他、高橋宏志「紛争解決過程における団体」『基本法学2 団体』(岩波書店、一九八三年)二九一頁、高見進「法人格のない団体の訴訟と判決の効力――団体の性格を考慮する視点から」瀬川信久編『私法学の再構築』(北海道大学図書刊行会、一九九九年)四〇一頁以下が必要説を支持している。しかしこの中で、高橋論文の見解は、その後、高橋宏志『重点講義 民事訴訟法(上)〔第2版補正版〕』(有斐閣、二〇一三年)一八一頁注(5)によって改説されている。なお、裁判例としては、本件の第一審判決、原判決のほか、前掲注(10)に示した二件の下級審裁判例等が必要説と解されている。

(29) 新堂幸司『新民事訴訟法〔第二版〕』(弘文堂、二〇〇一年)一二一頁。なお、この定義は、同『民事訴訟法〔第二版補正版〕』(弘文堂、一九九〇年)九四頁以来維持されていたものである。

(30) 新堂・前掲注(3)一四六頁。なお、この定義は、同『新民事訴訟法〔第三版〕』(弘文堂、二〇〇四年)一二九頁で採用されて以降、維持されている。

(31) 長谷部・前掲注(2)九六―九七頁、高見・前掲注(2)四〇〇頁。

(32) 星野英一「いわゆる『権利能力なき社団』について」『民法論集第一巻』(有斐閣、一九七〇年)二七〇―二七一頁。

(33) 星野・前掲注(32)二八四頁によれば、これは、「団体に対する債権者のために構成員に対する債権者を劣後させるものであり、団体に対する債権者の保護、ひいては団体活動の保護・促進という機能を持つ制度」である反面、「構成員に対する債権者を害する恐れ」、「構成員の意思のみにより、あるいは契約によって、債権者に対する責任を免脱しうる財産を作ることを認める」ことになる、とされる。

(34) 我妻榮『新訂民法総則(民法講義Ⅰ)』(岩波書店、一九六五年)一二八頁等。

(35) 大村・前掲注(24)三五一頁。なお、結社(アソシアシオン)の自由を契約の自由から捉えて個人の自由と構成する見方が、大村敦志『新しい日本の民法学へ』(東京大学出版会、二〇〇九年)(初出:「『結社の自由』の民法学的再検討・序論」NBL七六七号)一六頁以下で展開されているが、大村説の組合の理解を知る上でも有益である。

(36) 星野・前掲注(32)二八一頁、二九一頁。

(37) こうした状況を踏まえて考察された「法人」の意義については、能見善久「法人の法的意義の再検討」NBL七六七号四三頁以下が有益である。四宮=能見・前掲注(11)七七―八一頁、八八―九〇頁も参照。

(38)　星野・前掲注(32)二九一頁。

(39)　新堂・前掲注(3)〔第五版〕一四七頁。さらに、同書一四八―一四九頁は、「組合財産の独立性がある程度確保されている以上、代表者の定めのある組合には、代表者によって組合の名で訴えまたは訴えられる途を認めるのが、少なくとも組合財産が引当てとなっている紛争については簡単明瞭な解決方法といえよう」とされる。一方、団体が金銭支払請求訴訟の被告である場合を除いて補助的要件説を採る伊藤説（第二節第二款㈠参照）も、団体類型にかかわりなく民事訴訟法二九条を適用する。組合に対する適用肯定説は、現在では多数説と言ってよい。本書も、適用肯定説を支持することにつき、第三章第四節を参照。

(40)　この点については、第三章第三節第三款を参照。関連する文献として、高田裕成「民法上の組合の当事者能力」『福永有利先生古稀記念　企業紛争と民事手続法理論』（商事法務、二〇〇五年）一頁以下がある。

(41)　法人である一般社団法人・合同会社には特に規定はないが、法人でない有限責任事業組合に関しては、有限組合二〇条が、「組合員は、組合財産を自己の固有財産及び他の組合の組合財産と区別して管理しなければならない」と定めて、組合債権者の引当財産につき条文上の配慮が施されている。以下の本文で使用する「分別管理」の概念は、同条に準拠する。

(42)　最高裁の判例（最一小判昭和三二年一一月一四日民集一一巻一二号一九四三頁、前掲昭和三九年最判、最三小判昭和四八年一〇月九日民集二七巻九号一一二九頁）のように、団体財産は構成員に帰属する（厳密には、構成員全員に総有的に帰属する）と解する場合、団体に「固有の財産」というものは、本来存在しない。しかし、法形式としては各構成員に帰属した個人財産であっても、団体の事業に必要な財産については、各構成員による自由な処分が許されないとの制約（前掲昭和三二年最判は、権利能力なき社団の財産につき、その構成員は共有の持分権又は分割請求権を有しないとする）がある。本文の考察において、「団体財産」は、構成員全員に帰属する財産であり、かつ、各構成員が自由に処分できる個人財産とは区別された財産を指すが、この「財産」はそうした性質を有する個々の財産を総称し、あるいは包摂する包括的な「財産」を意味する。

(43)　団体財産に属する「個々の目的物」は、財産の種類に応じて様々な態様で存在しうるものであり、それが構成員の個人財産から独立しているか否かを判断する場合には、不動産、債権、動産のそれぞれについて、誰に帰属する財産（あるいは、構成員の処分が禁止された財産）であるかを判断することになる。本文のような物の引渡請求においては、「個々の目的物」

が、本案の訴訟物たる権利の目的となり、執行段階では責任財産を構成することがある。このとき、責任財産は団体財産と一致しない。

(44) 伊藤・前掲注(2)二九頁

(45) 伊藤・前掲注(2)七一頁。

(46) この結論について、伊藤・前掲注(2)六八頁は、無資力が債務者の偶然の事情に左右されることを理由に挙げている。

(47) 伊藤・前掲注(2)六七頁。

(48) 伊藤・前掲注(2)七一頁。

(49) 伊藤・前掲注(2)六七頁。

(50) 伊藤・前掲注(2)六八頁

(51) 中野貞一郎『民事執行法〔増補新訂六版〕』(青林書院、二〇一〇年)二九三頁等。なお、団体の全財産が責任財産となると言っても、第三者異議、差押禁止財産等の例外があることは言うまでもない。

(52) 確かに、団体の資力は、当事者能力ではなく、訴えの利益で評価すべきとする見解もある(福永・前掲注(4)一〇六頁)。しかし、法人や自然人が金銭給付訴訟の被告となった場合には、被告の資力を調査し、原告の請求額に照らして不足があるという理由で、訴えの利益を否定することには問題があろう(山本・前掲注(4)二九頁も同旨)。法人でない団体の場合に、これと異なる扱いを正当化できる根拠はないものと思われる。

(53) 菅野孝久「住民団体・消費者団体の当事者能力」『民事訴訟法の争点〔新版〕』(有斐閣、一九七九年)七八頁以下(特に八〇頁)、萩大輔「判批」『続民事訴訟法判例百選』(有斐閣、一九七二年)二六頁以下。

(54) 証明効については、奈良次郎「判決効をめぐる最近の理論と実務」『新・実務民事訴訟講座(2)』(日本評論社、一九八一年)二九一頁、特に三〇八頁以下参照。

(55) 仮差押えを活用する場合は、一応別論である。なお、権利能力なき社団の財産に対する金銭執行の方法を示した、最三小判平成二二年六月二九日民集六四巻四号一二三五頁(第七章参照)に続き、最二小決平成二三年二月九日民集六五巻二号六六五頁(第八章参照)が登場し、仮差押えの方法として、申立書に仮差押えの目的物となる不動産が当該社団の構成員全員の総有に属する事実を証する書面を添付すればよく、しかもその書面は(強制執行とは異なり)確定判決である必要はないとしている。

(56) 高橋・前掲注(28)〔重点講義〕一七六頁注(2)は、税金との関係等でのみ金銭給付判決を必要とし、強制執行を予定しない原告が存在する旨を指摘する。なお、長谷部・前掲注(2)一〇〇頁は、形成の利益等の訴訟要件についても、偶然性に左右される面があるため、偶然性の一事をもって、財産的独立性（ここでは、資力）の問題を当事者能力の要件から除外すべきではないと論ずる。しかし、形成の利益の審査において偶然性のある要素が考慮されるからと言って、本文の当事者能力についても同様とは言えないだろう。というのも、一般に訴訟要件の審査にも法的安定の要請が働くとすれば、偶然性の高い要素を基準に据えると、予測可能性が害されるので問題がある、とも言えるからである。

(57) 長谷部・前掲注(2)一一三—一一四頁で検討されている。端的には、当事者能力を審査するために、債務者（団体）につき倒産事件と同様の財産評定をしなければならないのか、という問題である。

(58) 萩・前掲注(53)二七頁は、最二小判昭和四二年六月三〇日判例時報四九三号三六頁の事案を引用している。しかしながら、この事件は所有権確認等請求であることを除き、詳細は不明である。

(59) 本案が金銭給付請求である事例は、「固有財産の全部の帰属が争われる場合」の具体例として妥当ではない。例えば、団体が金銭給付訴訟の被告である場合、執行手続との関係では、債務者の総財産が責任財産となるから、請求額が団体の総財産を上回るというときは、「固有財産の全部の帰属が争われる場合」とは、請求額が団体の総財産を上回る場合を指すと解される余地がある。しかしこの場合は、無資力として当事者能力はないとの判断が可能となり、萩説の論旨が妥当しないからである。

(60) 最二小判昭和四二年六月三〇日判時四九三号三六頁。評釈として、上田徹一郎「判批」ジュリ三九八号二八八頁がある。

(61) 控訴審で初めて当事者能力が問題になり、原判決を取り消し、訴え却下を自判した場合（第一審に差し戻した場合も同様）、第一審の本案判決は確かに無駄になるが、これは必要説に起因する問題ではない。

(62) 菅野・前掲注(53)八〇頁。

(63) 鈴木正裕「訴訟要件と本案要件との審理順序」民商五七巻四号五一三頁。議論の概況について、新堂幸司＝福永有利編『注釈民事訴訟法(5)』（有斐閣、一九九八年）四九頁〔福永有利〕等参照。

(64) 菅野・前掲注(53)八〇頁は、社団の設立許可申請では資産が不要であるとして、必要説を批判している。すなわち、主務官庁が社団法人の設立許可をする際、資産が皆無であっても設立許可は適法とされ、「資産の総額」を零と記載した設立登記申請は受理されること（昭和三三年一〇月一八日民事四発一七八号民事局第四課長心得回答）との対比で、権利能力なき社団の要件として固有財産は不要であると論ずる。

旧民法において、「資産の総額」は登記事項であり（四六条一項六号）、積極財産から消極財産を差し引いた純資産を意味する（昭和三九年二月二六日民事四発七二号法務省民事局第四課長回答）。「資産の総額」が零となるのは、資産・負債ともに皆無の場合と、資産と負債が全く一致する場合があり得るが、問題は前者である（後者は、実際には債務超過の場合が多いと思われるが、この場合に「資産総額」を零と記載しても、受理されない〔昭和四二年一〇月一二日民事四発第八〇二号民事局第四課長電報回答〕）。前者の設立登記申請は、具体的には、資産・負債の記載欄とも空白のまま、「資産の総額」のみを零と記載する体裁になるが、これは、資産未定の設立登記申請は受理されないこと（明治三一年一〇月一五日民刑一八三八号司法省民刑局長回答）、また、「資産の総額」の記載のない設立登記申請も受理されないこと（昭和二二年一二月一三日民事甲一五六〇号法務府民事局長回答）と両立するかは疑問である。仮に古い実務が更新されているとしても、旧民法では、①「資産に関する規定」は定款の必要的記載事項であって（旧民三七条四号）、資産の構成・管理・運用等の記載が必要とされ、②法人は、設立時及び毎年一定の時期（又は毎事業年度の終了時）に財産目録の作成を要する（同五一条一項）とされていた以上、資産皆無の設立登記申請には、適法性の点で疑問が残る。しかし、①については、平成二〇年八月施行の一般法人法では必要的記載事項から脱落した（一般法人一一条）。それでも、②については、一般社団法人の成立の日における貸借対照表につき作成が義務づけられ（同一二三条一項）、各事業年度における計算書類（貸借対照表、損益計算書）及び事業報告書並びに付属明細書の作成も義務づけられている（同条二項）以上、新しい法人制度の下でも、やはり適法性の問題が残る。なお、一般法人法では、一般社団に対する定款規制が、財産的側面で緩和されたように見えるが、社団法人と財団法人の差別化を徹底した規律にすぎない（同一一条と同一五三条の対比）。したがって、仮に資産皆無の設立登記申請が受理されるとしても、それを根拠とした必要説批判は、説得力に欠ける面がある。

(65) 菅野・前掲注(53)七八頁以下。

(66) 判旨の該当部分は、第一節第一款に引用したものを参照。

(67) 菅野・前掲注(53)八〇頁。

(68) 菅野・前掲注(53)八〇頁。ここで引用した箇所は、高橋・前掲注(28)〔重点講義〕一六〇頁が、必要説〔新堂旧説〕に従った自らの旧説（高橋・前掲注(28)「紛争解決過程における団体」二九一頁）を改める際にも引用している。同旨を説くのは、長谷部由紀子「法人でない団体の当事者能力」『民事訴訟法の争点〔新版〕』（有斐閣、一九八八年）一〇二頁以下等。ただし、長谷部・前掲注(2)九五頁以下は、伊藤説を踏まえつつ、財産的独立性が要求されるのは、団体が金銭給付訴訟の被告であり、かつ、構成員が無限責任を負わない場合であるとし、これ以外では補助的要件説を採用している（なお、長谷部・前掲〔争点〕一〇三頁では、財産的独立性が当事者能力の要件から脱落している）。

(69) 伊藤・前掲注(2)三〇頁。

(70) 伊藤・前掲注(2)七四頁。

(71) 伊藤・前掲注(2)七六頁。

(72) 第一審および原審が、固定資産を必要とする厳格な（と言うより、行きすぎた）必要説に立っていたのを牽制する趣旨と解される（なお、名津井・前掲注(4)一一八頁参照）。

(73) 平成一四年最判を評釈した福永・前掲注(4)一〇五頁、井上・前掲注(2)五八〇頁、長谷部・前掲注(2)一一二頁、川島・前掲注(4)一一九頁、堤・前掲注(4)一七五頁等。

(74) 「不要説」の呼称は、高部・前掲注(4)「時の判例」一〇六頁、川島・前掲注(4)一一九頁等、注(4)に掲げた評釈のほとんどで使用されている。ただし、高部解説は後に、高部・前掲注（4）〔最高裁判所判例解説民事篇〕四五三頁において、「総合考慮説」という呼称を並列的に追加しているが、中身は変わらない。

(75) 高橋・前掲注(28)一五六頁も、本判決後の解説において、「個々の財産」（＝財産的独立性）につき、「独立性認定の補助資料、諸ファクターの一つという位置づけでよいのではなかろうか」とする。

(76) 新堂・前掲注(3)〔第五版〕一四六頁。なお、新堂説〔新・旧〕において、社団は「人の集まり」、財団は「財産の集合体」と呼ばれ、特に前者につき「団体」の表記が使用される。

(77) 新堂・前掲注(3)〔第五版〕一四八頁。これは、新堂・前掲注(30)〔第三版〕一二九頁において、本文の引用の第二文について、「団体の活動に必要な（財産的基礎…）」とされていた点が改められたものである。両者は、内容的に同じと考えられるが、この改訂によって、新堂説が、本判決を狭義の必要説（α型）と位置づけることを前提に、これによっていることが明白になったと言うことができる。

(78) 高田・前掲注(40)二一頁注(30)は、新堂新説につき、「およそ社団固有の財産が（現に存在しているかどうかでなく、）存在する可能性がない団体について当事者能力を否定する見解」と解し、本章の分析枠組み（第二節第三款(一)参照）にいう、β型の補助的要件説に分類している。しかし、その上で、「執行当事者能力との連続性を前提に当事者能力の規律を考えている」とも指摘する。高田説自身は、執行当事者能力と当事者能力を切断可能とする立場であるが、新堂新説をこのように見る背景には、高田説も、新堂新説が狭義の必要説（α型）に寄っているとの印象を抱いたからではなかろうか。

(79) 松本博之＝上野泰男『民事訴訟法〔第八版〕』（弘文堂、二〇一五年）二五三頁が、証明責任に言及するのも、同様の前提と解される。

(80) 第二節第三款(二)において紹介した菅野説の分析による。

(81) 団体財産である不動産は、団体名義では登記できないが、代表者個人名義（最二小判昭和四七年六月二日民集二六巻五号九五七頁）又は定款等で登記管理を委託された構成員の個人名義（最三小判平成六年五月三一日民集四八巻四号一〇六五頁）で登記することで団体財産として公示され、団体に対する債務名義に基づいてこれらの個人名義で登記された団体財産である不動産について強制競売を開始することができる（最三小判平成二二年六月二九日民集六四巻四号一二三五頁）。詳細は、主に第七章を参照。

(82) Xの有志会員等による寄付によるもので、クラブ活動費とは別個に、毎年収支が明らかにされ、残高は次年度に繰り越されている（井上・前掲注(2)五八二頁以下参照）。

(83) 本件訴訟の提起および追行費用として、会員に拠出を募集し、平成一一年と平成一二年の二度にわたって九四六万円が集められたものである（井上・前掲注(2)五八二頁以下参照）。

(84) 第一審は、Xについて、「それ自体独立して権利義務の主体たるべき社団としての財政的基盤」を欠くと述べて、当事者能力を否定している。当事者能力概念としては、ドイツ法を彷彿させる、「権利能力に基づく当事者能力」のように見えるが、これは、わが国の判例の主流ではない（第三章第二節第三款を参照）。

(85) 一般に、従来の預託金会員制ゴルフクラブは、独自には会費の徴収をせず、その活動費はゴルフ場会社によって支出され、独自の財産的基礎がないのが通例とされてきた。東京地判昭和五四年七月一〇日判時九四四号六五頁もその一例であるが、判旨によれば、訴外の預託金会員制ゴルフクラブはゴルフ場会社の「業務代行機関」とされている。しかし、この判決は、最判昭和三九年の個々の要件（代表の方法、総会の運営、財産の管理）を丹念に検討した結果、社団としての独立性を否定したものであり、預託金会員制ゴルフクラブを「業務代行機関」（社団の一機関）と決めつけたわけではない。

(86) 経費支払の時期や方法が、年度初めに一括して支払う形態であるか、活動状況に応じて逐次支払う形態であるかは、問題にならない。

(87) 原審との違いを考えると、原審は、（カ）が生まれるに至った特殊な事情を認定したにもかかわらず、これをYの収入と認めて、第一審の判断を維持したのに対し、最高裁は、Yが（カ）の会計業務をしていることを認定しながらも、（カ）が現在の仕組みを備えるに至った特殊な事情を考慮して、「収入を得る仕組み」に該当すると認めたわけである。

(88) 現実の収支管理がYに委託される場合でも、Xの財務委員会が関係書類のチェックを通じてYの右業務を監督している。

(89) なお、本件の事案では、（カ）や（キ）が「収入を得る仕組み」に該当するため、（ク）の該当性を否定しても、Xの財産的側面の判断には影響しないが、本文に述べた点に留意して、「個々の財産」の一種と認めるべきである。

(90) 山本・前掲注（4）は、この点を踏まえて、本件の事案において、最高裁の立場を明らかにしたことの是非を問題としている。もっとも、理論上はともかく、現実には、「個々の財産」を有しない活動中の団体というものは、存在し難いのかもしれない。

(91) この点に関連して、福永説（前掲注(2)一〇六頁）は、本判決の趣旨につき、「財産の独立した管理体制が確立していることだけではなく、団体の活動資金を確実に入手できる方法のあることも重要な判断要素であることを明らかにしたもの」とされ、「収入を得る仕組み」（判旨ⓑ）の具体例としては、各会員が具体的な額を負担するといった決議ないし合意でもよいとされる。このように、金銭債権として成立を認め得る限り、特に形式や態様を問う必要はないとの指摘は、示唆に富む。本書も同様の立場であることについては、注(89)を参照。

(92) 民事訴訟法二九条の要件については、第五節で改めて全体的に取り上げる。

(93) 高部・前掲注(4)〔最高裁判所判例解説民事篇〕四五八頁、同・前掲注(4)〔時の判例〕一〇六頁が、本判決を事例判決とするほか、多くの評釈が、これを支持している。川島・前掲注(4)一一九頁（名津井・前掲注(4)一一九頁も同様であるが、本文で述べたように改める）。

(94) 平成一四年最判の事案では、この他にも、第一審判決およびそれを引用した原判決の中で、Yに対するXの独立性が検討されている。預託金会員制ゴルフクラブは、従来、ゴルフ場経営会社の「業務代行機関」ではないかと疑われてきたが、Xについてもその点が問題とされたことになる。しかし、本件のXをY法人の一機関（＝「業務代行機関」）と決めつけるのは、そもそも無理と考えるべきである。というのも、Xの理事会構成員等の役員は独自に決定されており、また訴訟前にXY間でXの法主体性を前提とした協約が締結されている等の事情があったからである。よって、本文では、右の問題を取り上げないこととした。なお、右の問題は、一言で言えば、「他の法主体からの独立性」と言うことができる。もっとも、本文のように、民事訴訟法二九条を適用する際の判断対象を当該団体の「属性」と考える場合には、「他の法主体からの独立性」も一つの周辺事情と位置づける方が、判断基準を明確にするには、合理的と思われる（これに対して、対外的独立性として、この事情を民事訴訟法二九条の要件要素とするのは、伊藤・前掲注（2）三〇頁参照）。この点に関しては、名津井吉裕「当事者能力と当事者適格の交錯」法律時報八八巻八号（二〇一六年）四頁、とくに一〇頁以下も参照。

(95) 団体に対する法人格の付与は、所定の手続（旧民法では、主務官庁の許可であり、一般法人法の下では、設立登記）を経たことを条件とするのが法の建前である。しかし、契約等の交渉過程において、団体の相手方が、当該団体を主体とみなして、事実上当該団体に権利義務が帰属するときと同様の状況を生じさせるは可能である。このとき、法人格のない団体が独立の主体のように扱われる状況は、法人法定主義（旧民三三条、現民三三条一項）に反するので、許されないと主張してみても余り意味はない、とされている（星野・前掲注(32)二八三頁参照）。これは、「団体の相手方による法主体性の承認」という状況の発生は回避できない（禁止しても、発生する）ことを意味するが、このような認識は極めて重要である。

(96) 第一点目は、第一審においてXが主張しており（民集五六巻五号九二二頁）、第二点目は、原審においてXが「信義則違反」の問題として取り上げたものである（民集五六巻五号九五四頁）。

(97) 民集五六巻五号九五六頁参照。

(98) Xは、本件の協約を和解に見立てて、そこでの「合意が履行されないときに司法救済を求めうるのは当然のことであり、このとき相手方が……当事者能力を争うことは許すべきではなく、それを裁判所が許して当事者能力を認めないとすれば……和解契約に関し、裁判を受ける権利が保証［ママ］されない」とする（民集五六巻五号九一一頁）。

(99) 通説は、公益性を理由として自白法理の適用を否定している。もっとも、当事者能力が訴訟行為の有効要件であり、訴訟行為には任意訴訟の禁止がある点にかんがみると、当事者能力に関する自白禁止も、任意訴訟の禁止のコロラリーと解し得る。いずれにせよ、自白法理を否定する根拠は、訴訟手続の基本構造との関係に求めるべきである。

(100) 兼子・前掲注(27)一一一頁等。

(101) 本文の通説における「権利能力」は、本来は法人設立手続を経て付与されるべき「一般的権利能力（法人格）」を意味しないことは、自明である。つまり、一般的権利能力（法人格）を有する団体である法人のためには、民事訴訟法二八条による当事者能力が存在し、そうでない団体のためには民事訴訟法二九条による当事者能力が用意されるのであって、当該団体が当事者となる訴訟事件で権利能力があるものと扱うことは、同条が許容していると考えることになる。詳細については、第五章を参照。

(102) 兼子・前掲注(27)一一〇頁等、体系書等において指摘されることが多い。なお、和田・前掲注(4)四七七頁が、大正改正時（旧民訴四六条の立法時）における、改正調査委員会の議論を紹介している。

(103) いわゆる紛争管理権の議論は、当事者適格に関するものではあるが、この着想を当事者能力にも投影するとき、このような疑問が生ずるように思われる。紛争管理権については、伊藤眞「紛争管理権再論――環境訴訟への受容を目指して――」『竜嵜喜助先生古稀記念　紛争処理と正義』（有斐閣、一九八八年）二〇三頁以下等参照。

(104) 若干敷衍すると、民事訴訟法二九条を適用した効果について通説に従うとき、法人でない団体も、同条の適用によって、当該事件において「法人」と同様に扱われるが、このような扱いを認めるか否かは、当該法制における一つの政策問題であって、わが国はこれを肯定していることになる。これは、前述のように法人でない団体が事実上法人と同様に社会で活動できるとの認識を背景とするという意味で、「団体の相手方による法主体性の承認」は、立法事実の一つである。しかし、一旦制定された本条を具体的事件において適用する場面においては、この事情を決め手とすることに合理性はない。なぜなら、訴訟前に法主体と認めれた団体であっても、民事訴訟の基本構造に即して一定の条件を満たすものだけに当事者能力を与えることは可能であり、その条件こそが本条の適用要件である以上、その具備を審査する権限が裁判所に留保されるからである。この点を無視すれば、訴訟の主体に関する判断が恣意に流れ、収拾がつかないだろう。よって、「団体の相手方による法主体性の承認」という事情は、現在では、本条の存在および本条を適用した場合の効果を説明するための論拠としての意義に尽きており、本条の適用の可否を審査する際にはこれを考慮すべきではないのである。

（105）本件におけるYの態度を、信義に反すると指摘する学説は多い。井上・前掲注（2）五八六頁、山本・前掲注（4）二九頁、堤・前掲注（4）一七四頁、安達・前掲注（4）七五頁、名津井・前掲注（4）一一九頁。

（106）本件では、当事者能力のほか、訴えの利益が争点となっている。これについては、井上・前掲注（2）五九〇頁以下が詳しい。

（107）本件協約の「経理内容調査権」は、それが各構成員により個別に行使されることに問題があることを踏まえて、XY間の合意に基づき成立したものであるから、構成員全員による総有ではなく、X自身に帰属すると見るのが素直である。この意味で、Xは自己の権利を訴訟において行使することが想定されるのであり、Xによる訴訟担当ではない。

（108）原告たる「中町環境を守る会」と被告学校法人の間で、本件校舎の屋上を使用しない旨の協定が締結され、原告が、その協定に基づき被告に対し校舎屋上の使用差止めを求めたという本件と類似の事案において、東京地裁は次のように述べている。すなわち、「現に被告としては原告と種々交渉をし、協定まで結んでいることは、被告自身原告に対してその個々の構成員とは別の社団性を是認し、一面では効果的に対処しているともいえる（交渉の窓口を一本化できているという点において）のであって、このことも考慮されてしかるべきである」、と。結論として、「中町環境を守る会」の当事者能力が認められている。

（109）福永有利「住民団体・消費者団体の当事者能力」『民事訴訟当事者論』（有斐閣、二〇〇四年）四八〇頁および同・前掲注（4）一〇六頁では、訴訟前の交渉過程から、当該団体以外に当事者適格を認められる者が存在しないという事情の下では、「当事者能力の要件をある程度緩和することも認められるべき」と指摘されている。また、高橋・前掲注（28）一五四頁も、「協定を結んだ地域住民団体以外に適切な当事者は存在せず、当事者適格を認める判断が優先して地域住民団体の当事者能力を肯定させた」事案とする。同様の主張は、井上・前掲注（4）五七九頁、堤・前掲注（4）一七五頁、安達・前掲注（4）七五頁（いわば「契約当事者限りでの当事者能力」を認める余地が生じている、と指摘する）にも見られる。

（110）福永有利「判批」新堂幸司＝青山善充＝高橋宏志編『民事訴訟法判例百選I〈新法対応補正版〉』（有斐閣、一九九八年）八八頁のタイトルにその例を見出すことができる。なお、名津井・前掲注（94）四頁でもこの問題を検討している。

（111）小島武司「住民団体・消費者団体の当事者能力」『新・実務民事訴訟講座（1）』（日本評論社、一九八一年）二七九頁以下によれば、拡散利益をめぐる訴訟において、住民団体、環境保護団体、消費者団体に適格を認め、これに合わせて当事者能力も認める考え方が、裁判へのアクセスという正義のバランスを踏まえた高次の司法政策的観点から導かれるとの見方もある。なお、Xは原審で、裁判を受ける権利を論拠として掲げている。

(112) 新堂・前掲注(3)〔第五版〕一四四頁によると、当事者能力は、本案判決をしても無駄になるような当事者を選別する観念として当事者適格と同じ目的をもつとし、当事者能力をして「すべての訴訟物に共通する当事者適格の問題」と捉えている。最近では、このような捉え方を支持する学説が増えている（伊藤・前掲注(2)一二三頁以下、小島・前掲注(111)一二七九頁以下等）。この見解は、本文に述べたように、当事者適格の判断が先行し、当事者能力の結論を規定する現象を容易に説明することができる。この点に関しては、名津井・前掲注(94)四頁も参照。

(113) なお、「当事者能力と当事者適格の交錯」という観点から引用される、仙台高判昭和四六年三月二四日行裁例集二二巻三号二九七頁（福永・前掲『民訴百選Ⅰ』八八頁）は、分校学区内の住民四名が結成した分校存置対策委員会が教育委員会による分校廃止処分の不存在確認等を求めた事件であるが、仙台高裁は、同委員会に当事者能力が認められるとしても、当事者適格がない限り、訴え却下を免れないと判示している。この種の事案でも、当事者能力を当事者適格と区別して判断する姿勢が崩れるとは限らないことを看取できる。但し、通説的な立場を採用しつつ、例外的に、適格優先の判断方式によることを認める見解もある（福永・前掲『民訴百選Ⅰ』八九頁）。

(114) 第三章第三節は、民法上の組合に関して不可欠の要件を検討したものだが、社団と組合の区別の相対化を踏まえて「団体」の属性（不可欠の要件）を示したものが本文である。なお、「団体名」は、民事訴訟法二九条の文言としては登場しないが、本条の当事者能力を付与することは、当該団体を訴訟手続上の「当事者」（例えば、民訴一三三条二項一号、同二五三条一項五号、同一一五条一項各号等）とすることであるから、当事者が一個の主体として特定できなければならないことは当然である。理論的系譜については、第三章第三節第一款を参照。

(115) 団体が被告である場合、組織を立て直した団体が被告として再登場することは通常は考えにくい。よって、被告能力の欠缺で敗訴した相手方の方が、より深刻である。もっとも、判例は被告側の固有必要的共同訴訟の成立について限定的な姿勢であり、広く個別訴訟を許している（最二小判昭和四三年三月一五日民集二二巻三号六〇七頁、最二小判昭和四五年五月二二日民集二四巻五号四一五頁等）。ただ、確認訴訟ならばこの恩恵に浴することはできても（前掲昭和四五年最判）、給付訴訟の場合、確定判決に基づいて強制執行をするためには構成員全員に対する債務名義を要するため（前掲昭和四三年最判）、原告は被告構成員の全員に対して全勝しなければならない。

第五章　法人でない団体の当事者能力の再構成

第一節　はじめに

本章では、法人でない団体に当事者能力を認めたときの効果を検討する。本書ではすでに、法人でない団体の当事者能力の概念について比較法的検討を行い、ドイツ法は「権利能力に基づく当事者能力」という特徴を有するのに対し、わが国は「権利能力を伴う当事者能力」と分析できると指摘した(1)。

若干敷衍すれば、ドイツ法は、法人でない団体に当事者能力を認める前提として当該団体の権利能力を肯定し、法人でない団体を権利義務の主体とする判決を許容することから、ドイツ法の当事者能力は、要件面における権利能力との連結の強さに特徴があると言うことができる。これに対して、わが国の前述した特徴は、通説を形成している兼子説のものである。すなわち、兼子説は、法人でない団体（兼子説では「社団」であるが、第二款(一)で述べる理由から「団体」と表記する）に「当事者能力を認めることは、個別的事件の解決を通じて、権利能力を認めることに帰する」(2)（以下、「事件限りの権利能力」という）とする。すなわち、この見解によると、民事訴訟法二九条の適用要件として、法人でない団体の権利能力を要求しない一方で、同条の適用された団体には「事件限りの権利能力」を認め、効果面において権利能力と連結していることから、「権利能力を伴う当事者能力」というべき特徴を有している。

ところで、近時は、民事訴訟法二九条の団体の当事者適格を第三者の訴訟担当と構成する見解が有力である。もっとも、この見解が、右に指摘した「権利能力を伴う当事者能力」と調和するか否かは、一つの問題である。また、民事訴訟法二九条の団体の当事者適格の構成が、同条の特徴と関連するものとすれば、両者の関係も検討すべきである。本章は、これらの検討を踏まえて、民事訴訟法二九条の団体の当事者能力が、団体の当事者適格をめぐるどの理論と調和し、全体として民事訴訟における法人でない団体の地位をどのように構成すべきかを検討することを課題とする。

そこでまず、第二節において、「事件限りの権利能力」を提唱した兼子説の骨子を明らかにする。次に、わが国における法人でない団体の当事者能力の構造を分析し、「権利能力を伴う当事者能力」の再構成を試みる。その上で、法人でない団体の当事者適格に関する理論との関係を検討し、私見を述べることとする。

第二節　事件限りの権利能力

第一款　法人でない団体の権利能力

第一節に掲げた兼子説に代表される通説は、法人でない団体に当事者能力を認めたときの効果として「事件限りの権利能力」を肯定する（第一節）。もっとも、通説にいう「権利能力」には、若干の検討が必要だろう。まず、これが自然人や法人に認められる権利能力と同義ではないことは、民事訴訟法二九条を同二八条と対比すれば明らかと思われる。というのも、民事訴訟法二八条は、当事者能力は民法その他の法令に従うと規定するところ、当事者能力の実体法上の対応物が権利能力であることを加味すれば、同条に基づいて当事者能力が従うべきものが、自然人および法人の権利能力であることは自明だからである。ここでは、特に法人のそれが関係するが、法人の成立および存続については、わが国は法人法定主義（民三三条）を採用するところ、現在は一般法人法[3]に従い、設立手続を履践した団体は、法人格を取得するすることができる（一般法人二二条）。成立した法人（同三三条）の権利能力は、自然人とは異なり、法文上はその目的の範囲内に制限されるものの（民三四条）、判例・学説によってその範囲は広く解されていることから、一般的な権利能力と解しても差支えない[4]。

これに対して、「事件限りの権利能力」は、法人でない団体に民事訴訟法二九条を適用した効果として付与されるものであるから、前述した法人の一般的な権利能力と同義ではないと解するのが自然である。では、この「権利能力」は、右の一般的権利能力と全く異質のものであろうか。この疑問は、民事訴訟法二九条により法人でない団体に当事者能力が認められたことの効果をどのように解すべきかという問題へとつながることになる。

もっとも、この点に関する基本的な検討は、第三章において民法上の組合を素材としてすでに行ったところである。そこで、以下では、若干の要点に絞って検討結果を振り返った上で、特に「事件限りの権利能力」に注目し、本書のこれまでの検討を踏まえて再構成を試みる。

第二款　法人でない団体の当事者能力

(一)　法人でない団体に必要な属性

「事件限りの権利能力」を提唱した兼子説は、社団と組合を区別して、社団に対してのみ当事者能力を認めていた[(5)]。これは兼子説が、社団法人を範として法人でない社団を法人と同様に扱う理論（権利能力なき社団の法理）[(6)]に基づいて、民事訴訟法二九条（当時は旧四六条）の適用範囲も決まると解していたことの帰結である。しかし近時は、フランス法等との比較法的検討に基づく民法学説が、社団は法人に近い組合であることを指摘して、社団と組合の区別を相対化し、両者を連続的に捉える観点を積極的に導入しており、この方向の議論はすでに有力である。このことにかんがみると、民事訴訟法二九条の「社団」とは、そもそも「組合」とは異なる法的性質を備えた団体ではなく、せいぜい同条の財団と区別する意味で「社団」とされたにすぎないものと解することになる。このとき、同条の「社団」とは、社団と組合の区別から距離を置いた「団体」の意味に理解すべきである[(7)]（なお、本章でこれまで使用してきた「団体」も、右と同様である）。以上のように考える限り、「事件限りの権利能力」も、これを提唱した兼子説に従って「社団」に限定する理由はないだろう[(8)]。

さて、民事訴訟法二九条は、右の検討により、法人でない「団体」の当事者能力を定めた規定と解されるが、この「団体」が、どのような属性を備える必要があるかは、同条の適用要件に直結し、重要である。ところが、この「団体」を定義した明文規定はないため、解釈によらざるを得ない。

この点、権利能力なき社団の要件を判示した最一小判昭和三九年一〇月一五日民集一八巻八号一六七一頁（以下、「昭和三九年最判」という）が、最一小判昭和四二年一〇月一九日民集二一巻八号二〇七八頁によって、民事訴訟法二九条（当時は旧四六条）の法人でない社団の解釈に転用された結果、判例内在的には、前者の要件がそのまま当事者能力の要件となった。昭和三九年最判の基準は、「団体としての組織を備え、多数決の原則が行われ、構成員の変更にかかわらず団体そのものが存続し、その組織において代表の方法、総会の運営、財産の管理その他団体としての主要な点が確定（しているもの）」とされている。もっともこれは、社団と組合の区別を前提とした「社団」の定義であったため、前述したように社団と組合の区別から距離を置いた「団体」の要件としては、不満が残ることは言うまでもない。

そこで、民事訴訟法二九条の趣旨に立ち返り、条文上明確に要求されている要件を踏まえ、さらにその要件相互の関係に関する解釈を通じて、同条の適用対象として必要な属性を決定する必要がある。この観点から、条文上の要件として抽出すべきものとして、(a)法人でない団体であること、(b)当該団体に代表者の定めがあること、(c)当該団体に固有の名称があること、を挙げることができる。[9]

まず、(a)については、団体が構成員から独立した存在として社会活動を営むには、構成員の個人財産と区別された団体財産が形成されている必要があることから、具体的には、団体が自己固有の財産を形成して、独自に管理できることを指すものと理解することができる。[10] 次に、(b)は、代表機関の存在を意味し、団体が対外的に活動するための組織が必要という趣旨である。この代表機関は、構成員個人とは区別された団体としての意思決定をしたとき、それを執行する機関としての役割をも担う。また、団体としての意思決定は、総会を開催して全員一致による場合もあれば、過半数あるいは特別多数決による場合、さらに代表者による決定もここに含まれるものと解される。よって、民事訴訟法二九条が、意思決定の方法および機関をことさら要件として掲げず、代表者の定め（代表機関・執行機関）のみを要件として掲げたことには合理性があると考えられる。そして、この要件の具備については、定款、規約ないし契約等の団体の基本的な組織を規定した文書、その他当事者能力を判断するために必要な資料（民事訴訟規則一四条参照）に基づいて判断されることになる。なお、民事訴訟法二九条が適用される団体の代表者は、団体の法定代理人となる[11]（三七条）。最後に、(c)は、訴訟前において社会活動を営む際に必要であるのはもちろんのこと、団体がそれ自身として訴え又は訴えられるには、当事者となるべき団体が特定されることが不可欠だからである（第三章第三節第一款を参照）。

(二) 効果論

民事訴訟法二九条は、右のような属性を備えた「団体」が当事者として「訴え又は訴えらえる」ことを許容した規定と解される。では、必要な属性を備えた法人でない団体が「訴え又は訴えられる」とき、当該団体にはどのような効果が生ずるか。

この点を考えてみると、民事訴訟法二九条にいう「訴え又は訴えられる」とは、法人でない団体が、団体名をもって「当事者」になることを指すものと解される。この「当事者」は、形式的当事者概念において「その名において訴え又は訴えられる者」が「当事者」と定義されることを前提とする。一般に当事者能力は、民事訴訟の当事者となることのできる一般的資格と定義されるが、そこにいう「当事者」も形式的当事者概念におけるそれであることは言うまでもない。とすると、民事訴訟法二九条は、法人でない団体も「訴え又は訴えられる」と定めることにより、当該団体も形式的当事者概念における「当事者」となることができる（「当事者」となる資格がある）ことを明らかにした規定と言うことができる。[12] その意味するところを若干敷衍すると、形式的当事者概念における「当事者」は、その定義からして、実体法上の権利義務の主体であるかどうかの問題から切断されている。そのため、訴え又は訴えられた際に、手続追行主体が名称・住所によって特定されている限り、当該主体は「当事者」となるのであり、よって判決の際にはその名宛人になる。民事訴訟法は、右に掲げた以外にも手続追行主体が備えるべき種々の権能・責務を「当事者」に結びつけているが、[13] このことを加味するとき、「当事者」という地位は「当事者機能の帰属点」を意味すると言うことができる。

もっとも、法人でない団体の財産関係は、一般に構成員全員に共同的に帰属するものとされるため、右のような「当事者」との間に緊張関係が生ずる。これは当事者能力概念の生成期から存在する問題であり、第一章および第二章では、この点を含めたドイツ法の比較法的検討を行ったところである。これによると、生成期の当事者能力概念は、実体法上の主体性概念である権利能力を前提としない訴訟上の主体性概念（非連結主義の当事者能力）であったところ、この概念は民法典の統一に伴う実体法優位の思想が浸透するに従い、しだいに駆逐されていった。そして民法典の制定後は、法人でない団体を当事者機能の帰属点とする考え方への抵抗が強まったことを背景に、法人でない団体（正確には社団）においては構成員全員が当事者機能の帰属点であることから出発し、当該団体の代表者を構成員全員の代理人とみなし、訴状等に表示された団体名（正確には社団名）は、構成員全員の名の代用（略称）とする見解が有力に主張されていた。学説の中には、このことを説明する概念として「形式的当事者能力」を提唱するものがあり、またそこから「当事者能力」に期待された内容や、団体名で当事者表示をした訴訟が「当事者能力」の範疇に含まれること等の示唆を得ることができた。

一方、わが国にも、民法上の組合の当事者能力に対する疑問を背景として、業務執行組合員を法令上の訴訟代理人（民訴五四条一項）とする見解があった。[14] すなわち、業務執行者は、組合員全員（ただし、業務執行組合員を除く）

の訴訟代理人であるから、業務執行の際は当事者（組合員全員）の顕名をしなければならない（民九九条一項）。しかし、これを徹底して組合員全員の名を訴状等に表示することは、固有必要的共同訴訟と同様、煩瑣に耐えられない。そこで右の見解は、大審院以来の判例が民法上の組合に当事者能力を認めるのは、手続面の煩瑣に配慮したものと解し、判例は個々の組合員の当事者表示の代用として組合名による当事者表示を許し、その限りで組合を当事者に引き付けて扱う便法を認める趣旨であると主張した。留意すべきは、この見解もまた、民法上の組合を当事者と同様に扱うのは当事者表示に限られ、当事者機能の帰属点は依然として組合員全員としている点である。[15]

さて、右に紹介してきた見解からは、次の示唆を得ることができる。すなわち、団体名の表示によって構成員全員の名の表示に代用させるという当事者表示の方法は、講学上「（形式的）当事者能力」と捉えることができること、そして、右のような当事者表示は、団体自身を当事者権能の帰属点と認める解釈を伴うときには、構成員全員の表示に代わる便法（あるいは形式的当事者能力）にとどまるものではなく、むしろ、名実ともに本来の当事者能力を肯定したものと解されることである。これらの示唆を踏まえると、法人でない団体に民事訴訟法二九条を適用するということは、裁判所が当該団体を「当事者」（＝当事者機能の帰属点）[16]として認めることを意味するものと言うことができる。

(三)　請求の定立との関係

民事訴訟法二九条の適用効果が(二)に分析した通りだとすると、「事件限りの権利能力」は、どのように位置づけられるだろうか。

同条の要件を満たした団体は「当事者」（＝当事者機能の帰属点）となるが、これは訴訟手続上の地位にとどまり、当該団体の「権利能力」までは意味しない。一般に、権利能力は実体法上の権利義務の帰属点と解されるところ、これを団体に付与する作用を法人（設立）制度に独占させることができ法人法定主義（民三三条）の建前である以上、裁判所が民事訴訟法二九条を適用した効果としてこれを行うことができるないのは当然である。しかし、民事訴訟は、原告が訴え提起を通じて定立した請求について中立の裁定機関である裁判所がこれを審判する営みであり、請求は原告が裁判所の判断を求めるところの権利主張を内容とする。この権利主張について、裁判所は、民法その他の実体法を基準としてその当否を判断しなければならないが、判断の結果は当事者の間で相対的な通用力を有するにとどまる。

右に述べた一般論を踏まえると、確かに、法人でない団体は法人制度に基づく一般的な権利能力を有しない。しかしその一方では、そのような団体であっても社会的には実在し、団体としての活動を営み、その過程で生じた紛争において当事者になることは避けられない。すなわち、社会生活において実在する団体と取引等で接触した者は、必ずしも当該団体が法人登記を経ているかどうかを調査し、法人でないと判明した途端、取引を回避しあるいは交渉を途中で打ち切るとは限らない。とすると、法人でない団体が当事者となった紛争がこじれた場合に、当該団体が団体名をもって当事者表示をし、代表者が当該団体のために訴訟追行をする形で訴訟に登場したときは、当該団体が定立しあるいは団体に対して定立された請求の中で、当該団体が権利義務の主体と扱われていたとしても、訴訟前の当該団体の活動の延長として何ら不思議なことではない。むしろ、訴訟提起が問題となった途端に、従前の団体活動を構成員全員の権利義務関係に引き直さなければならないとすると、関係者の間に無用な混乱を引き起こし、場合によっては訴訟を通じた事件処理自体が不可能になるおそれがある。そうだとすると、法人でない団体は、相手方との相対的な事件処理の限りでは、当該団体を権利義務の主体として扱って請求を定立しあるいは相手方から請求を定立されることを認めることは合理的であり、民事訴訟法二九条はこのことを許容した制度と解することができる。

よって、法人でない団体に当事者能力を認めることは、第一義的には、当該団体を当事者機能の帰属点とすることではあるが、当該団体の訴訟への関与が、自ら請求を定立しあるいは相手方により請求を定立されることを伴う場合、請求において当該団体が権利義務の主体とされることに配慮した理論が必要となる。これが「事件限りの権利能力」であり、訴訟前に活動実績のある団体の当該紛争における地位が、訴え提起を契機として否定されないようにする上で不可欠の理論である。

ここまでの検討をまとめると、法人でない団体に民事訴訟法二九条を適用することは、第一義的には、当該団体を当事者（＝当事者機能の帰属点）として認許することであるが、当該団体が訴訟に登場する際に、これを権利義務の主体として構成した請求が定立され、そこに当該団体を権利義務の主体とする主張が含まれているときは、この主張の認容についても同条適用の効果に含めるべきである。このように考えると、効果については二層構造となるが、民事訴訟法二九条の適用の有無は、「団体」に必要な属性の具備を基準として一体的に判断すべきである。

なお、民事訴訟法二九条を適用し、請求に含まれた団体を権利義務の主体と構成する主張を認容するときは、請求において当該団体による又は当該団体に対する権利が主張されていることにかんがみ、当該団体の当事者適格は、それ固有のもの（以下、「固有適格」という）と解して差支えないだろう。

第三節　法人でない団体の当事者適格

第一款　当事者適格の構成

民事訴訟法二九条が適用される団体の当事者適格については、大別して、次の二つの構成が考えられる。[17] 一つは、法人でない団体には財産が帰属しないので、当該団体が当事者となるときは、構成員全員に共同的に帰属する権利義務について当該団体が訴訟担当者となるものと考える立場である。以下では、これを「訴訟担当構成」[18]と呼ぶことにする。

これに対して、法人でない団体は、その当事者能力（民訴二九条）に基づいて当該団体を権利義務の主体と構成する訴訟において、当該団体に固有の当事者適格（固有適格）が認められるとする立場である。以下では、これを「固有適格構成」[19]と呼ぶことにする。

さて、右に紹介した訴訟担当構成は、次に掲げる若干の判例を契機として登場した見解であるが、とりわけ固有適格構成に対する優位性を主張して近時にわかに有力化している。[20] これに対して、固有適格構成は、第二節で検討した兼子説に代表される通説の立場である。

第二節の考察により、民事訴訟法二九条を法人でない団体に適用したときの効果は、「当事者機能の帰属点となることの認許」および「事件限りの権利能力の主張の認容」の二点に整理できることに照らし、「権利能力を伴う当事者能力」の特徴を有すると解される。にもかかわらず、民事訴訟法二九条を適用した団体の当事者適格を訴訟担当と構成するときは、必ずしも「事件限りの権利能力」を必要としないため、第一節で述べた通り、同条の意義は大幅に減殺される。そこで、以下では、この点を含意する訴訟担当構成の当否を検討することとする。

もっとも、法人でない団体が、個々の事件において当事者適格を認められるとき、それが固有適格であるか、それとも訴訟担当であるかは、当該事件における請求の立て方に左右される面があるため、これに配慮した検討が必要である。また、当該団体には当事者適格があることを前提にすると、右の対立は、特に当該団体が受けた判決が構成員に拡張されるかどうかの問題とも密接に関連する。そこで、まずは請求の立て方との関係を検討し、訴訟担当構成の内容を明らかにする。その後、第四節において、判決効拡張との関係を扱うことにする。

第二款　請求の立て方

㈠　確認訴訟の判例

訴訟担当構成が有力化する契機となった裁判例は、最二小判昭和五五年二月八日判時九六一号六九頁、および、最三小判平成六年五月三一日民集四八巻四号一〇六五頁である。後者を例とすると、入会地管理団体が、社団構成員に総有的に帰属する不動産について総有権の対外的な確認を求めた事案において、同団体の当事者能力を前提に総有権確認請求の原告適格が認められている。すなわち、判例は、民事訴訟法二九条の適用される団体が、他人である構成員全員に帰属する総有権（ないし総有関係）の確認訴訟において原告適格を有すると判断している。

もっとも、確認訴訟の当事者適格は、通常は確認の利益の判断に吸収されるため、対象となる法律関係について確認判決をすることに法律上の利益が認められるときは、当事者適格も認められると考えるのが一般的である。(21)しかし平成六年最判は、原告適格を有する入会地管理団体の受けた確定判決の既判力が構成員に拡張されることを予定した論旨であったことにかんがみ、確認訴訟の当事者適格に関する右の一般論とは異なって、確認訴訟の原告適格は、訴訟担当とされたものと分析されている。(22) そして、訴訟担当構成は、右の判例法理をより一般的に普及させる意図を有するものと解される。(23)

(二)　給付訴訟における請求の立て方

では、右のような訴訟担当構成は、法人でない団体の当事者適格一般にも妥当し、よって給付訴訟の当事者適格も、訴訟担当と解すべきであろうか。試みに、平成六年最判の事案を給付訴訟に引き直してみると、法人でない団体が提起した給付訴訟においては、訴訟物たる給付請求権は構成員全員に帰属することを前提に、構成員全員への給付を求める趣旨の請求を立てる必要があるものと解される。この場合における団体の原告適格は、その請求の立て方からして訴訟担当であることは明らかである。

もっとも、最三小判平成二三年二月一五日判時二一一〇号四〇頁は、法人でない団体であるマンション管理組合(社団)が提起した給付訴訟において、当該管理組合に給付請求権が帰属すると主張されている以上、当該管理組合に当事者適格が認められると判示している。(24) つまり、原告が法人でない事案において、給付訴訟の当事者適格の一般的基準(25)が適用されたのである。しかしながら、この結論は、原告が法人でない団体であっても、訴訟物である給付請求権が当該団体に帰属する旨の主張が可能なことを前提としない限り、導出できないはずである。つまり、右の平成二三年最判の判旨は、固有適格構成とよく調和する。

もっとも、訴訟物である給付請求権は当該管理組合の構成員全員に総有的に帰属することに拘れば、右最判を前提としたその後の差戻審において、当該管理組合による給付請求が棄却される可能性も残される。その場合でもなお、右最判が固有適格構成と親和的と言うためには、若干の注釈が必要となることは確かである。(26) しかしながら、本件で右のような理由から請求棄却判決をすると、そもそも当該管理組合に民事訴訟法二九条を適用したことの意義の大半が失われることの方が問題である[27]。このことを考慮すれば、当該管理組合の請求を認容するか、又は訴訟物たる権利の団体への帰属可能性を否定すること以外の本案に関する理由からこれを棄却すべきである。

(三)　訴訟担当構成と直接給付請求

訴訟担当構成は、訴訟物たる給付請求権の帰属者が構成員全員であるとの建前を堅持するため、(二)で述べた通り、被告に対して訴訟外の構成員全員への給付を求めることになるはずである。ところが、法定訴訟担当とされる債権者代位訴訟においては、代位債権者への給付を求めること（以下、「直接給付」という）が判例によって許容されている[28]。また、判例・通説は、代位債権者が法定訴訟担当における担当者とされることに基づき、代位債権者の受けた確定判決の既判力は被担当者（被代位権利の帰属者）である債務者に拡張されると解している[29]。しかも、被代位権利の目的である金銭等の第三債務者からの給付については、代位債権者の弁済受領権限が想定されている[30]。右のような債権者代位訴訟を範とすれば、訴訟担当構成においても、当該団体の弁済受領権限を前提として、団体への直接給付を認めつつ、当該団体が当事者として受けた確定判決の既判力は構成員に拡張されると解する余地がありそうである。

しかしながら、訴訟担当構成において、「団体への直接給付」を認めることには疑問がある。というのも、訴訟担当構成の固有適格構成に対する批判は、団体の財産関係が構成員全員に帰属することに反する点を論拠としていたが、団体への直接給付を認めるときは、固有適格構成に対する批判が、自らに向けられることになるからである。つまり、訴訟担当構成においても、直接給付訴訟を提起する団体は、弁済受領権限その他の何らかの実質権に基づく給付請求権を有すると主張せざるを得ない。にもかかわらず、訴訟担当構成はこれまで、必ずしもこの問題への対処を自覚的に展開していないように思われる。[31]

もっとも、右のような検討結果は、訴訟担当一般における直接給付そのものを否定しない。[32] むしろ、訴訟担当における担当者が、法人でない団体である場合に限られる。なお、固有適格構成においても、法人でない団体が給付請求権の帰属主体であると構成した主張の取扱いは一つの問題であるが、これに対処する理論が「事件限りの権利能力」であることは、第一款で述べた通りである。

㈣　訴訟担当構成と当事者表示の匿名化

第三者の訴訟担当に関しては、その利用により、実体的法律関係の帰属者を匿名化できる[33]と指摘されることがある。しかし、㈢で検討したように、訴訟担当構成によるときは、請求の立て方は、構成員全員に対する給付を求めるもの（以下、「間接給付」という）でなければならない。この場合には、訴訟担当構成に従って法人でない団体に当事者能力および当事者適格が認められ、訴状および判決書の当事者表示を団体名によってする限りでは帰属者（構成員）を匿名化できても、請求との関係では、帰属者（構成員）の匿名化が挫折することには注意を要する。

例えば、平成六年最判では、団体の当事者適格は訴訟担当であるとしても、当該団体は、他人である構成員全員に帰属する総有権を確認訴訟の対象としている以上、原告（団体）と被告の間で既判力をもって確定されるべき総有関係の帰属者（総有権者）が表示されない限り、確認対象の特定は不十分とされるものと解される。若干敷衍すれば、土地甲の所有権確認訴訟において、原告が、被告に対し、土地甲が自己の所有に属することの確認を求める場合、土地甲に対する特定人（原告）の所有権が確認の対象となるが、右の総有権確認訴訟もこれと同様のはずである。しかし、原告は構成員全員ではなく訴訟担当者としての団体であり、土地甲は団体自身の所有ではなく構成員全員に総有的に帰属することの確認を求める場合には、帰属者が誰であるかを特定しない限り、確認の対象を特定したことにならず、よって訴えは不適法となるはずである。結局、帰属者が構成員全員であるとの建前を堅持する限り、構成員全員に帰属する権利を団体が訴訟担当者になって提訴しても、請求の特定との関係で、帰属者たる構成員全員の特定表示を免れることはできない。このように、訴訟担当は必ずしも匿名化をもたらさないが、その原因は、訴訟担当者が法人でない団体である点に求められる。

ところで、㈢の検討の結果、訴訟担当における担当者が法人でない団体の場合は、直接給付はできず、間接給付を要すると分析したが、右に行った検討により、間接給付の場合には、匿名化が挫折することもまた明らかになったわけである。詰まるところ、法人でない団体において訴訟担当構成を採用するときは、民事訴訟法二九条の制度趣旨とされた訴訟手続の簡素化は実現しないのではなかろうか。確かに一般的に言って、匿名化を実現しようとするときは、直接給付とすべきであるが、訴訟担当構成においてこれを認めることには、前述した批判が妥当するのである。したがって、残された途は、固有適格構成しかないものと解される。

そこで、次に、固有適格構成における匿名化の位置づけを考えると、法人でない団体に対して民事訴訟法二九条が適用されることにより、構成員の匿名化が生ずる。つまり、法人でない団体が団体名を当事者欄に表示して訴訟に登場し、当該団体が自らを権利義務の主体として構成した請求を定立し又は相手方によって定立されたことを前提に、当該団体が当事者機能の帰属点となることを裁判所が認許したことの帰結として、構成員は匿名化される。

この点について、一般的権利能力を有する法人の場合には[34]、訴訟前に構成員はすでに匿名化された状態であり、団体のほかに請求の主体を考える必要はないのであるが、民事訴訟法二九条の適用される団体は法人（一般的権利能力者）ではない以上、同条の適用によって初めて構成員の匿名化が生ずることになる。もっとも、訴訟前においても、当該団体は一々構成員全員を表示して取引等をするわけではなく、通常は団体名が使われているため、法人でない団体であっても訴訟前に匿名化されている場合が多いことは否定できないが、法人のそれは制度的に保障されているのに対し、法人でない団体の場合には、事実上匿名化された状態であるにすぎない。[35] 民事訴訟法二九条の適用は、この事実状態について、事件処理に必要な限りでこれを認許して法的保護を与えるものと言えよう。他方、法人でない団体の当事者適格を訴訟担当と構成するときは、前述のように、間接給付をせざるを得ない上に、請求の特定との関係で構成員全員の表示が必要とならざるを得ない。

したがって、法人でない団体の場合、構成員の匿名化は、当事者適格の理論構成に左右されると言えよう。ただし、担当者が自然人ないし法人であるときは、訴訟担当と直接給付の組合せによって実現される匿名化もあり得ることは、㈢で述べた通りである。

第四節　構成員の地位

第一款　問題の所在

法人でない団体に当事者能力が認められた場合、当該団体は当事者機能の帰属点と認められることに加え、団体を権利義務の主体として定立された請求に関して、事件限りの権利能力も認められることは、第二款㈢で述べた通りである。では、団体を当事者とする訴訟の係属中に、構成員全員による又は構成員全員に対する「同一」の訴訟が提起された場合、これは適法だろうか。また、例えば、団体の敗訴判決の確定後、構成員全員が「同一」の団体債務について訴訟を提起した場合、これに前訴判決の効力が及ぶだろうか。[36]

右の二つの問題は、法人でない団体の当事者適格の構成として、訴訟担当構成と固有適格構成のどちらを採用するかによって結論が異なるように思われる。[37]すなわち、訴訟担当構成では、当該団体の受けた確定判決の既判力は、構成員全員に拡張されるので（民訴一一五条一項二号）、構成員もまた相手方との間で既判事項を争うことができなくなる。よって、相手方は構成員全員による再訴から保護される。また、既判力拡張がある限り、団体の訴訟が係属する場合、構成員全員による訴訟も、重複訴訟の禁止（民訴一四二条）に触れる。よって、構成員全員による訴訟には併合強制の規制が働くため、相手方は実質的な二重応訴から保護される。このように訴訟担当構成は、構成員への既判力拡張を肯定し、もって相手方の保護が図られるものと解される。

これに対して、固有適格構成では、民事訴訟法二九条の適用される団体は「法人」に準じた扱いをすることになるため、団体を当事者とする訴訟の確定判決の既判力は、当該団体に生じ（民訴一一五条一項一号）、訴訟外の第三者たる構成員には拡張されない。とすると、相手方は、団体に勝訴しても、構成員全員による実質的な再訴があれば、その応訴負担を免れないことになる。また、団体を当事者とする訴訟が係属するときでも、構成員全員による訴訟は、重複訴訟の禁止（民訴一四二条）に触れない。とすると、相手方は構成員全員による実質的な二重応訴の負担を免れないことになる。これらの帰結は、相手方の保護を考えるとき、決して満足の行くものではなかろう。そこで、以下では、固有適格構成による右の帰結について、再検討を試みることとする。

第二款　検　討

固有適格構成から導かれた第一款の帰結は、一言で言えば、法人でない団体を「法人」と同様に扱う法技術に由来する。しかし、法人でない団体は、民事訴訟法二九条の適用によって「法人」と同様に扱われる存在にすぎないこともまた事実である。とすると、第一款の帰結を修正するには、この点についてより立ち入った考察が必要である。そこで、まず、法人でない団体の法律関係を再度確認し、解決の糸口を探ってみたい。

(一)　法人でない団体の法律関係

法人でない団体は当事者能力が認められて、当事者機能の帰属点となる以前は、社会生活上の主体にすぎないことに異論はないだろう。そうだとすると、当該団体の主体性を否定すれば、当該団体は、代表者（個人）と構成員の関係に還元されることになる。例えば、民法上の組合の場合、権利能力なき社団の法理の適用を否定して、組合員の契約関係に還元されると主張する学説は古くから存在するが、この前提で、業務執行者を組合員の法令上の訴訟代理人と解釈する見解があることは、すでに紹介した通りである。[38]そしてこの場合、民法上の組合の法律関係は、業務執行者と組合員の関係に還元される。伝統的な権利能力なき社団についても、これを法人に引き寄せる解釈（権利能力なき社団の法理）を採用しなければ同様であり、代表者と構成員の関係に還元される。いずれにせよ、法人でない団体の財産は、構成員全員に共同的に属する財産とされるが、当該財産を対外的に管理処分する権限は、代表者と構成員の関係を前提として、構成員全員か、又は、団体設立時（定款・規約・組合契約等）であるか、具体的な処分時の特別な同意（総会決議等）かはともかく、授権がある限り、代表者にあると考えられている。

右のような代表者と構成員の関係は、前述した法令上の訴訟代理人説に端的に示されているように、代理関係として把握され、よって代表者（＝代理人）が対外的行為をするには顕名を要する。しかし、構成員が多数であるために顕名が不便な場合、「固有名」を設定して構成員全員の名を掲げる煩瑣を回避する便法が用いられることが多い。この便法は、一面において当該団体を「法人」と観念する判断作用を伴うが、法人法定主義の下では、この意味の「法人」は事実上の存在にすぎず、法的には依然として、代表者（＝代理人）と構成員の関係として把握される。

これに対して、民事訴訟法二九条は、一定の要件の下で、右のような事実上の存在を当事者機能の帰属点として認許する権限を裁判所に付与している。したがって、同条が適用されると、従前の代表者と構成員の関係に「団体」が追加され、代表者・団体・構成員の三者関係へと移行することになる。

では、この三者関係において、代表者・団体・構成員は相互にどのような関係に立つのだろうか。この点について、民事訴訟法三七条は、同二九条を適用された団体を訴訟無能力者とみなし、代表者を当該団体の法定代理人とする代理関係が成立するものと規定している。しかも、この法定代理関係は、民事訴訟法二九条が適用される以前における代表者と構成員の代理関係（法令上の訴訟代理）を否定するものではなく、むしろこの代理関係を前提として、重畳的に成立する。そのため、代表者の権限も、従前は構成員からの授権に基づくのみであったのに対し、民事訴訟法二九条の適用に伴う代表者と団体の間の法定代理関係が、代表者を要として重畳的に成立することにより、団体の権限として把握できるようになるのである。これと同時に、代表者と構成員の代理関係（法令上の訴訟代理）についても、民事訴訟法二九条の適用に伴う代表者と団体の法定代理関係を介して、団体と構成員の間の代理関係として把握できるようになる。このとき、代表者と構成員の代理関係（法令上の訴訟代理）は任意代理であるから、団体と構成員の間の代理関係もこれに準じたものと解される。(39)

(二)　分析の視点

さて、(一)で分析したように、民事訴訟法二九条の適用により、事実上の存在である法人でない団体が当事者機能の帰属点と認められる結果として、従前の代表者と構成員の二者関係は、代表者・団体・構成員の三者関係として把握できるようになるが、このとき一つの疑問が生ずる。すなわち、法人でない団体が当事者となることに伴い、それまで当事者機能の帰属点となるべき存在であった構成員全員はどうなるか、という問題である。

大別すると、二つの考え方があり得る。すなわち、民事訴訟法二九条の適用により、団体が当事者機能の帰属点になると、もともと当事者権能の帰属点であった構成員に加えて、団体も追加的に当事者権能の帰属点となるのか（以下、「帰属点の追加」という）、それとも団体のみが当事者権能の帰属点となり、構成員は当事者機能の帰属点としての地位を喪失するのか（以下、「帰属点の交替」という）、である。

右の二つの考え方は、当事者機能の帰属点であった構成員全員が、民事訴訟法二九条の適用を契機として、その地位を失うかどうかの点において異なるが、この点は、事件限りの権利能力とも密接に関係する。というのも、帰属点の交替は、構成員について当事者機能の帰属点としての地位が否定される場合であるため、法人でない団体の法律関係は、当事者機能が帰属する当該団体に集約される。これに対して、帰属点の追加の場合、法人でない団体の法律関係は、構成員全員と団体とに分属すると解することになる。

さて、法人でない団体の当事者適格について、訴訟担当構成は、その請求の立て方に着眼すれば、法人でない団体に当事者能力を認めることにより、帰属点の追加が生じているとみることに問題はないものと思われる。これに対して、固有適格構成は、その請求の立て方、および、事件限りの権利能力にかんがみると、法人でない団体に当事者能力を認めたことにより、帰属点の交替が生じているとみることができる。しかし、帰属点の追加の可能性が全くないかについては、なお吟味する意味があろう。というのも、帰属点の交替は、事件限りとは言え、法人でない団体が「法人」である場合と何ら異ならない帰結となるのであるが、果たしてそれが法人でない団体に当事者能力を認めた効果として必要にして十分と言えるかについて、疑問の余地があるからである。

すなわち、法人でない団体の当事者能力が必要とされた理由は、構成員全員の顕名の煩瑣、あるいは、相手方当事者が構成員を探索することの煩瑣を回避することにあったとされている[40]。とすれば、団体自身あるいはその相手方が、これらの煩を厭わない場合には、構成員全員が訴え又は訴えられること自体を否定できないと解するのが自然ではなかろうか。法人でない団体の当事者能力は、もともと法人の一般的権利能力とは異なるものであり、団体をめぐる訴訟事件を処理するのに必要な範囲で法人に準じた扱いをする法技術にすぎないと解される以上、右の限度を超えて、帰属者である構成員から当事者権能の帰属点としての資格をはく奪し、帰属点の交替を認めることを正当化するには、手続面の煩瑣の回避とは別の理由が必要だろう。

(三)　帰属点の交替を伴う固有適格構成

では、固有適格構成において、法人でない団体に当事者能力を認めたことにより、帰属点の追加を超えて帰属点の交替と解すべき理由は、どのように考えるべきであろうか。この点を検討するには、再度、兼子説に立ち戻ることが有益である。

兼子説については、団体に事件限りの権利能力を認める場合、構成員の権利帰属性の否定を含意していた、とする高田教授の分析がある。[41] つまり、兼子説にいう「権利能力」は、構成員との関係でも「法人」の権利能力と同等のものであるから、請求の中で、団体に帰属すると主張された財産権について、構成員に留保される権利はないことを予定したものと解するのである。[42]

右のような分析から、例えば、団体を当事者とする訴訟において団体が原告として敗訴した判決又は団体が被告として勝訴した判決が確定した場合、構成員全員が原告となり、又は、構成員全員を被告とする実質的に同一の内容の再訴を否定することができるとされる。重複訴訟についても、団体による訴訟が係属する場合、構成員全員重複訴訟もまた許されないものとされる。

もっとも、この結論は、事件限りの権利能力を文字通り「法人」のそれと同様と指摘しただけでこの結論を導くことには躊躇を覚える。実際、高田論文においても、団体を当事者とする訴訟とは別に、構成員全員を当事者とす

る同一の訴訟を許容することは、判決の実効性を害するとの理由が加味されて、結論として否定されている。(43)

とすると、固有適格構成においては、法人でない団体の当事者能力の効果として事件限りの権利能力が肯定されるとしても、帰属点の交替までは認められないものと解すべきである。この点は、法人の場合における法人を当事者とする訴訟と構成員全員を当事者とする同一の訴訟との関係と、法人でない団体の場合におけるそれとを別物と見れば、当然のことである。よって、固有適格構成においても、法人でない団体に当事者能力を認めたことにより、当該団体が当事者機能の帰属点となった場合、それは帰属点の追加を意味するものと解すべきである。

(四)　固有適格構成と判決の反射的効果

(三)で検討したように、固有適格構成において、法人でない団体に当事者能力を認めた効果としては、事件限りの権利能力を当該法人に認容しただけでは、構成員全員による又は構成員全員に対する同一の訴訟が封じられることの説明が十分でないとすると、他に何かを手当てを用意しなければならないだろう。

もっとも、構成員全員を当事者とする同一訴訟の提起は、実際には稀と考えられるため、したがって議論の実益はないとの見方もあり得る。(44) そのように考えるときは、何の手当てもしないという選択肢もあり得る。(45) しかしその一方で、訴訟担当構成による場合は、既判力拡張によって構成員全員を当事者とする訴訟を封じることができる以上、固有適格構成において何の手当ても講じられないとすれば、それが固有適格構成の難点と解される余地もないわけではない。

そこで、固有適格構成においては、法人でない団体を当事者とする訴訟の確定判決の効力は、構成員全員を当事者とする同一の訴訟に対して反射的に及ぶとする解釈を採用すべきである。

すなわち、法人でない団体の当事者能力は、(二)で検討したように、本来は代表者（機関）と構成員の二者関係しか存在しないにもかかわらず、構成員全員の名を掲げることの煩瑣を回避するべく、その代用表示である団体名を掲げて提訴した事実上の存在（団体）に対して、裁判所が当事者機能の帰属点となることを認許した結果にすぎない。団体を当事者とする訴訟と言っても、請求の内容は、実体法秩序においては構成員全員に帰属する権利義務であるものが、権利者・義務者を逐一明らかにする代わりに団体に事件限りの権利能力を認めることにより、団体の権利義務として再構成されて主張されているのである。法人でない団体に当事者能力が認められても、構成員全員と区別された別個の団体やそのような団体の権利義務が存在するに至るわけではない。そうである以上、法人でない団体を当事者とする訴訟は、同時に構成員全員を当事者とする訴訟でもある（帰属点の追加）と解すべきである。

このように解する限り、法人でない団体を当事者とする訴訟について確定判決があったときは、構成員全員と相手方との間に確定判決があったのと同様の効果が、反射的に生ずると考えるのが合理的であろう[46]。そして、このような反射的な効力を肯定する前提の下では、法人でない団体を当事者とする訴訟が係属する場合には、判決効の拡張がある場合における民事訴訟法一四二条の類推適用に準じて、構成員全員を当事者とする訴訟について重複訴訟禁止の効果が生ずると解すべきであり、よって別訴提起は禁止され、かつ併合強制が働くものと解される[47]。

以上のような解釈は、法人でない団体の当事者能力が、事件処理に必要な限りで当該団体を法人化する法技術であることにかんがみると、帰属点の追加によって生ずる構成員全員を当事者とする訴訟のリスクを管理するという目的との関係では、必要にして十分な手当てと言えるのではなかろうか。

なお、法人でない団体には執行当事者能力があるため（民執二〇条、民訴二九条）、団体を債務者とする確定判決を債務名義として団体財産に属する財産を執行の対象とする強制執行をすることができる[48]。このとき、団体を債務者とする債務名義の執行力が、第三者である構成員全員に共同的に帰属する財産（団体財産）に対して及ぶことの説明についても、右のような反射的効力が有効に機能するものと思われる。しかし、具体的な手続については、判例が登場しており、その検討は第七章で行うこととする。

第三款　構成員の訴訟参加

構成員については、法人でない団体を当事者とする訴訟の係属中、訴外第三者である構成員全員が当該訴訟に参加できるか、参加できるときにはその態様はどうかという点も問題となる。法人でない団体と互換性のある地位（第二款㈣）が認められるのは、訴外第三者である構成員全員であって、個々の構成員ではない。とすると、構成員全員を当事者とする訴訟が稀であるのと同様、構成員全員による訴訟参加も稀であると解されるため、実益は乏しい面があるが、理論上は検討しておく意味があろう。

さて、仮に構成員全員が訴訟参加することがあるとすれば、法人でない団体に当事者能力が認められたことにより、構成員全員に従前認められた当事者機能の帰属点としての地位に加えて、当該団体は当事者機能の帰属点となるから（帰属点の追加）、両者の地位は、同一の権利義務について併存すると解される。しかも、法人でない団体を当事者とする訴訟についての確定判決の効力は、反射的には構成員全員にも及ぶと解される。反射的な効果も、判決効拡張の一種と考える限り、構成員全員は一体として共同訴訟参加（民訴五二条）をすることができるものと解される（参加後は、類似必要的共同訴訟）。同様に、構成員全員の補助参加は、共同訴訟的補助参加となる。

第五節　おわりに――「権利能力を伴う当事者能力」と連結主義

法人でない団体の当事者能力は、わが国においては「権利能力を伴う当事者能力」というべき特徴があることは、第一節で指摘した通りである。では、この当事者能力は、本書が当事者能力概念を分析する観点としてきた連結主義および非連結主義のうち、どちらに分類すべきであろうか。

本章の検討により、法人でない団体の当事者能力は、法人の「一般的権利能力」と同義ではなく、むしろ、当事者機能の帰属点となり、個々の請求において事件処理に必要な限りで団体を権利義務の主体と構成することを許容する法技術にとどまることが明らかになったと思われる。この点にかんがみると、わが国における法人でない団体の当事者能力は、ドイツ法の「権利能力に基づく当事者能力」とかなり異なることは確かである。しかし、事件処理の限りという制約はあるにせよ、当事者能力の効果として、当事者機能の帰属点となる地位（当事者）を認め、法人でない団体を権利義務の主体と扱う判決を許容し、よって団体自身が債権者又は債務者となった強制執行も可能となること等にかんがみると、わが国の「権利能力を伴う当事者能力」もまた、連結主義の一種に分類するのが合理的であるというのが本書の結論である。

なお、訴訟担当構成における法人でない団体の当事者能力は、事件限りの権利能力の享受を予定しないので、当事者能力概念としては専ら非連結主義であると解さざるを得ない。また、前述した「権利能力を伴う当事者能力」を前提として、本書の冒頭（第一章第一節第一款）で取り上げた当事者能力に対する「違和感」が何であったかを振り返ってみると、それは「権利能力を伴う当事者能力」（連結主義）を暗黙の前提としながら、訴訟担当構成における当事者能力（非連結主義）に接したときに抱いた素朴な印象であったように思われる。本章の検討からすでに明らかなように、筆者は、法人でない団体の当事者適格に関する理論構成の一つである訴訟担当構成に対しては消極的であり、理論的な解明は進んでも、右の違和感からは今なお解放されていない。この問題を解決するには、「（事件限りの）権利能力を伴う当事者能力」を意識的に受け入れるしかないだろう。

【注】

（1）第三章第三節第四款㈢および第四章第一節第三款㈤を参照。

（2）兼子一『新修民事訴訟法体系〔増補版〕』（酒井書店、一九六五年）一一一頁。

（3）一般社団法人及び一般財団法人に関する法律（平成一八年法律第四八号）、有限責任事業組合契約に関する法律（平成一七年法律第四〇号）の整備が重要である。法人制度改革と民事訴訟法二九条の関係については、第四章第一節第三款㈡を参照。

（4）最大判昭和四五年六月二四日民集二四巻六号六二五頁は、株式会社の政治献金の事案で、（会社の定款における）「…目的の範囲内の行為とは、定款に明示された目的自体に限局されるものではなく、その目的を遂行するうえに直接又は間接に必要な行為であれば、すべてこれに包含される…」とするが、その趣旨は、一般法人法の下での法人に対し、民法三四条が適用されることを前提に当該法人の目的にも妥当すると解される。

（5）兼子・前掲注（2）一一一頁。現在でも、社団と組合の峻別を前提に、組合の当事者能力を否定する見解として、松本博之「非法人社団の当事者能力と実体関係」民商九三巻五〇周年記念Ⅱ（一九八六年）七三頁以下、松本博之＝上野泰男『民事訴訟法〔第八版〕』（弘文堂、二〇一五年）二五〇頁以下がある。

（6）本文で言及した、一般法人法の制定に至る法人制度改革を経た現在、民法学においても、権利能力なき社団の法理は、その役割を終えたと指摘されている。後藤元伸「権利能力なき社団論の現在—ドイツ民法典制定過程における議論の再評価」阪法五五巻三＝四号（二〇〇五年）一〇四三頁（一〇五五頁）等参照。本書の立場については、第四章第一節第三款㈣を参照。

（7）第四章第五節を参照。

（8）第三章第三節第三款を参照。

（9）以下の記述は、第三章第三節以下で検討したことの要点である。
（10）この点については、第四章で詳論した。
（11）団体に当事者能力が認められる以前は、構成員と代表者の二者関係にあったものが、団体の当事者能力を肯定することにより、団体・代表者・構成員の三者関係に組み替えられることになる点については、特に判決効拡張との関係で、第四節で検討する。
（12）このように述べると、当事者能力がない限り、形式的当事者概念における「当事者」にはなれないかのような誤解が生じるおそれがある。しかし、当事者能力が、本案判決要件として機能する場面を想起すれば、当事者能力を欠く団体もまた「当事者」であって、訴え却下判決の名宛人になる資格までは否定されないことは自明である。この意味で、形式的当事者概念における「当事者」であるかどうかの問題と、当事者能力の問題は区別すべきであるが、その反面として右の「当事者」の概念が極めて無内容となることは、形式的当事者概念が見出された当初から指摘されてきた点であり、現代においてはもはやこの当事者概念を採用する民事訴訟体系の下では織り込み済みと言ってよいだろう。
（13）具体例は多いが、ここでは民事訴訟法一三三条一項一号、同一一五条一項一号、同二五三条五号等の「当事者」、同三〇条各項の「原告又は被告」等を想起されたい。
（14）山木戸克己「民法上の組合の清算人に対する組合員の任意的訴訟信託の適否〔判批〕」法時三五巻八号九二頁。組合の対外的活動に必要な機関としての業務執行者は、組合契約に基づいて、代理権のほか、包括的な管理権限が付与されるため、商法二一条一項等の明文規定がないにもかかわらず、法令上の訴訟代理人との解釈が成り立つ。
（15）この見解自身は「形式的当事者能力」を問題としないが、その内容は、結局のところ、同旨と考えられる。
（16）当該団体が民事訴訟の「当事者」として当事者機能の帰属点になることができるとしても、特定の請求について本案判決を受ける資格としての当事者適格まで認められるわけではない。この点は、後述の第三節以下を参照。
（17）理論構成としては、本文に掲げたものの中間的な存在として、他人の権利義務を訴訟担当者として訴訟追行する場合でありながら、訴訟担当者の当事者適格は、固有の利益によるものと分析して、これを「固有適格構成」と呼ぶ見解がある（八田卓也「判批〔最三小判平成二三年二月一五日〕」リマークス四四号（二〇一二年）一二二頁は、本文で「固有適格構成」と呼んでいるものを「権利主体構成」と呼んで区別している）。しかし、右のような場合も、第三者の訴訟担当であることに変わりはない。むしろ、第三者の訴訟担当でありながら、判決効の拡張を否定する結論を導くことができる点にこの理論構成の意義がある。もっとも、この理論が提唱される契機となった債権者代位訴訟等では、訴訟担当者である代位債権者が、自らの債権を実現させるという自己固有の利益があると分析されている（福永有利『民事訴訟当事者論』〔有斐閣、二〇〇四年〕一五六頁、五一一頁以下）。これと対比したとき、法人でない団体を訴訟担当者とする訴訟において、構成員への判決効拡張を否定すべき事情があるか、換言すれば、構成員全員に帰属する権利関係において団体に独立の訴訟を許容してでも保護すべき固有の利益が認められるのはどのような場合かが問われなければならない。しかし、以下の本文でも述べるように、法人でない団体による訴訟担当を前提とする限り、団体への直接給付を認めることはできないはずであり、仮にこれを許容するとしても、債権者代位では代位債権者の債務者に対する返還債務を受働債権、被保全債権を自働債権とする相殺を許容されるために代位債権者が自己の債権を優先的に満足させられる点が固有の利益の判断において重要な意義を有する点にかんがみると、これと同等のものを団体による訴訟担当において見出すことはできない。そうである以上、債権者代位を一つの典型とする固有適格の用語法を、法人でない団体による訴訟担当における団体の当事者適格の分析に流用すべきではない。

（18）　名津井吉裕「法人でない団体の当事者適格の訴訟担当構成について」民訴雑誌五五号（二〇〇九年）二〇二頁でも検討を加えたことがあるが、以下の本文は、その後の研究を踏まえて再考したものである。

（19）　本文において使用する「固有適格」は、団体自身を権利義務の主体と構成する請求を前提としているので、八田・前掲注（17）一二二頁のいうように、「権利主体構成」とも言えなくはない。しかし、次のような理由から、これを選択肢に加えるべきではない。というのも、いま問題となっているのは、法人でない団体の当事者適格をどのように理論構成すべきかという点だからである。すなわち、一般には形式的当事者が訴訟追行権を有する限り「正当な当事者」となるところ、請求において審判が求められた権利義務が、①形式的当事者に帰属すると主張されているが故にその者は「正当な当事者」になるのか、それとも、②形式的当事者ではなく、訴訟外の他人に帰属するにもかかわらず、一定の合理的理由があるため、形式的当事者が「正当な当事者」になるのか、のいずれであるかが問題なのである。前者であれば、当該「正当な当事者」に判決効が生ずれば足りるのに対し、後者であれば、当該「正当な当事者」のみならず、訴訟外の他人にも判決効が拡張されねばならない。このような相違点があるために、固有適格と訴訟担当を区別する必要が生ずるのであり、また区別の実益も認められるものと考える。なお、第四節第二款㈣では、構成員全員に対する判決の反射的効果を認めているため、右に述べた区別は、少なくとも私見の固有適格構成においては相対化されるとの印象を与えるかもしれない。しかし、この判決の反射的効果は、第三者訴訟担当における実質的利益帰属主体に対する既判力の拡張とは理論上異質のものであり、直ちに相対化を招くものではない（この点については、注(46)も参照）。

(20)　坂田宏「当事者能力に関する一考察」民訴雑誌五一号（二〇〇五年）九二頁、山本克己「入会地管理団体の当事者能力・原告適格」法教三〇五号（二〇〇六年）一一一頁等。八田・前掲注(13)一二三頁以下もこの立場によっている。

(21)　新堂幸司『新民事訴訟法〔第五版〕』（弘文堂、二〇一一年）二七一頁、二九一頁等。

(22)　山本弘「法人格なき社団をめぐる民事手続法上の諸問題（2）」法教三七五号（二〇一一年）一四三頁。

(23)　注(20)および注(17)に掲げた文献を参照。

(24)　以下の論旨は、名津井吉裕「給付訴訟の原告適格―法人でない社団の場合」法教三七八号〔別冊付録・判例セレクト二〇一一［Ⅱ］〕（二〇一二年）二八頁と同旨である。

(25)　給付訴訟においては、自らが給付請求権を有すると主張する者、原告によって給付義務者と主張される者である限り、当事者適格が認められる。新堂・前掲注(21)二九〇頁、伊藤眞『民事訴訟法〔第四版補訂版〕』（有斐閣、二〇一四年）一八二頁等。

(26)　法人でない団体が当事者機能の可能的帰属点となること（法人でない団体の当事者能力）を認める場合には、請求において当該団体を権利義務の主体とする趣旨の主張をも認容しない限り、換言すれば、事件限りの権利能力をも認めない限り、本案判決は、たとえ当該請求におけるその他の点に問題がなくとも、請求棄却とならざるを得ない。この請求棄却は、訴訟物たる権利義務という客体に関する問題ではなく、当該権利義務が誰に帰属するかという帰属の問題である。この帰属の問題は、いわゆる「実体適格」（"Sachlegitimation" の訳語としては、「事件適格」も用いられるが、中野貞一郎「当事者適格の決まり方」同『民事訴訟法の論点』〔判例タイムズ社、一九九四年〕に従い、「実体適格」を用いる）の問題であることに留意すべきである。すなわち、「当事者」を形式的当事者概念によって把握し、訴訟追行権によって正当な当事者を決定する限り、当事者が主張する権利義務が、当事者によって帰属者と主張された主体に帰属しないことは、訴訟追行権ではなく、本案の問題として位置づけられる。例えば、原告として登場した団体が自己の権利として主張した権利が構成員全員に総有的に帰属すると判断された場合、当該団体を当事者機能の可能的帰属点と認めるならば、当該団体が当該権利を自己の権利として主張することは許容されるため（事件限りの権利能力）、給付訴訟の当事者適格の一般原則によって当該団体に当事者適格（訴訟追行権）が認められる。他方、本案の処理において、訴訟物たる権利が構成員全員に総有的に帰属することを理由に、当該団体には実体適格がないとして請求を棄却する場合は（本文参照）、当該団体に当事者能力を認めた意味の大半が失われる。ここでの問題は、訴訟物たる権利が、法人でない団体の財産（団体財産）に属するかどうかであるから、当該権利が構成員全員に総有的に帰属する権利か、法人でない団体の実質的な単独所有か、といった法人でない団体の財産の帰属者をめぐる理論構成上の問題（実体適格の一種）は棚に上げるべきであり、本案においては訴訟物たる権利の客体面の審理に集中すべきである（なお、名津井吉裕「当事者能力と当事者適格の交錯」法律時報八八巻八号（二〇一六年）四頁、とくに六頁以下も参照）。この点は本来、法人でない団体の当事者適格に関する理論構成（固有適格か、訴訟担当か）には依存しないはずであるが、固有適格構成においては、法人でない団体を帰属者とする権利主張を認容すべきことを自覚することにより、おのずと析出されるところがある。他方、訴訟担当構成の場合には、法人でない団体の財産権は構成員全員に総有的に帰属するという実体法的な理論構成の一つがそのまま当事者適格の理論構成に反映されているため、実体適格の問題を意識しづらい面がある（ただし、青木哲「給付訴訟における権利能力のない社団の当事者適格と本案の問題について」『伊藤眞先生古稀祝賀　民事手続の現代的』〔有斐閣、二〇一五年〕の考察においては、実体適格が意識されているものと思われる）。いずれにせよ、法人でない団体における実体適格は本案の結論を左右しないことを自覚した解釈をすべきである。

(27) このような請求棄却判決を批判する見解として、上原敏夫「判批」判評二六六号（一九八一年）二六頁（二八頁）参照。

(28) 大判昭和一〇年三月一二日民集一四巻四八二頁。なお、この判例は、「民法（債権関係）の改正に関する中間試案」（平成二五年二月二六日決定）でも踏襲され（第一四-三-（一））、「民法（債権関係）の改正に関する要綱仮案（案）」（平成二六年八月二六日決定）においても維持されている（第一五-四）。

(29) 大判昭和一五年三月一五日民集一九巻五八六頁。学説については、高橋宏志『重点講義民事訴訟法（上）〔第二版補訂版〕』（二〇一三年）二五〇頁以下等を参照。

(30) 前掲注(28)に掲げた中間試案を参照。なお、民事訴訟法五五条一項は、訴訟委任に基づく訴訟代理人に訴訟代理権を授与したときには、それに当然に含まれる権利として、弁済受領権限を掲げている。代理と訴訟担当の関係を踏まえたとき、この規律は訴訟担当者の権限として弁済受領権限を外すことが困難であることを示す根拠となろう。

(31) この状況が生じた理由の一つとして、平成六年最判等の事案が、総有権確認請求の原告適格であったことを挙げることができる。ただし、山本克己・前掲注(20)七八頁では、「弁済受領権者は誰かという問題は残る」とされ、萌芽的な問題意識が現れている。

(32) これを許容した場合の訴訟上の問題点については、「《シンポジウム》債権法改正と民事手続法」における報告「債権者代位訴訟と第三者の手続関与」(名津井吉裕) 民訴雑誌六〇号 (二〇一四年) 八七頁以下を参照。

(33) 匿名化は、厳密には、帰属者の権利を否定して、帰属者を構成員とする法人に権利義務を集中させること(法人化)によってしか実現しないものである。しかし、訴訟法学においては、帰属者を当事者として表示しない場合にも用いられる。用語法について、山本克己「信認関係として見た法定訴訟担当」論叢一五四巻四＝五＝六号 (二〇〇四年) 一三六頁以下も参照。

(34) 法人の場合、構成員の匿名化は、法人という法技術に内在したものである。また、そうであるが故に、法人ないし会社制度の発展過程では、構成員が匿名化されてしまうことが問題視されたこともあった。

(35) 権利能力なき社団の法理に関する昭和三九年最判は、「社団の名において行われるのは、一々すべての構成員の氏名を列挙することの煩を避けるために外ならない」と述べている。これは、権利能力なき社団の法理それ自体が、匿名化機能を有することを指摘したものである。

(36) 本文と同様の問題は、業務執行者の任意的訴訟担当を通じて「同一」の訴訟が提起される場合にも生ずる。もっとも、民事訴訟法三〇条は、法人でない団体の当事者能力に対して、任意的訴訟担当 (選定当事者) を補充的に位置づけている。しかし、民法上の組合の業務執行組合員による任意的訴訟担当を認めた最大判昭和四五年一一月一一日民集二四巻一二号一八五四頁があることから、この補充性は判例によって緩和されているとの解釈も可能であり、その場合には、両者の併存も可能と解する余地がある (山本克己「民法上の組合の訴訟上の地位 (1)」法教二八六号 (二〇〇四年) 七二頁以下)。本章の考察との関係では、民事訴訟法二九条を適用した効果が、構成員の地位との関係で、帰属点の追加と解されるとの結論が、右の解釈と同旨と解することができる。なお、このほか、固有必要的共同訴訟も同様の位置づけとなる。

(37) この問題を検討した文献として、高田裕成「民法上の組合の当事者能力」『福永有利先生古稀記念　企業紛争と民事手続法理論』(商事法務、二〇〇五年) 一頁以下がある。

(38) 山木戸・前掲注(14)九二頁。

(39) 高田・前掲注(37)二七頁は、訴訟担当構成からの分析に際してではあるが、業務執行者と組合員の間を法定代理(民訴三七条)と捉え、これを介して組合員と組合の間に訴訟担当を成立させることに民事訴訟法二九条の意義があるとする。代理と訴訟担当が通底する前提からの説明と捉えることができるが、民事訴訟法三七条の適用対象は、訴訟担当構成を前提としても、本文に述べたように、組合それ自体と業務執行者(代表者)とみるのが素直と思われる。

(40) このことは、昭和三九年最判・前掲注(35)で指摘されている。

(41) 高田・前掲注(37)一七頁等。

(42) 高田・前掲注(37)一九頁は、「構成員の地位を論ずる契機は存在しない」と表現する。

(43) 高田・前掲注(37)一七頁。

(44) 構成員全員の名を掲げての訴訟となるのであり、そもそもこれが煩瑣で無理だからこそ、法人でない団体の当事者能力が認められることにかんがみ、構成員全員を当事者とする訴訟のリスクは、かなり少ないものと推察される。

(45) 高田・前掲注(37)一七頁では、兼子説は、事件限りの権利能力をもって、構成員全員を当事者とする訴訟を封じることができると解していたものと推察されている。

(46) この反射的効果は、厳密には、社団と構成員全員の双方に同時的に生ずるものであるが、後者が訴訟外の第三者であるために社団の既判力が構成員全員に反射的に及ぶと表現せざるを得ない。詳細は、名津井吉裕「法人でない社団の受けた判決の効力」『松本博之先生古稀祝賀　民事手続法制の展開と手続原則』(弘文堂、二〇一六年)五九一頁以下を参照。

(47) 併合された請求は、合一に確定すべきであり、類似必要的共同訴訟が成立する。

(48) 高田・前掲注(37)二二頁によれば、社団に対する判決によって社団に対する強制執行を許すドイツ民事訴訟法七三五条について執行力拡張を説く見解があるとされる。本書の立場では、法人でない団体を債務者とする確定判決の効力が、構成員全員に対して反射的に及ぶという解釈がこれに対応する。

第六章　法人でない社団の登記請求訴訟

第一節　はじめに

法人でない社団は、民事訴訟法二九条に基づいて民事訴訟の当事者になることができる。よって、当該社団は判決の名宛人になることができるが、訴訟当事者として本案判決を受けるには、さらに当事者適格がなければならない。この点について、判例は、法人でない社団が原告として登場した事案において、「給付の訴えにおいては、自らがその給付を請求する権利を有すると主張する者に原告適格がある」と判示し、給付訴訟の当事者適格の一般的基準とされてきたものを、法人でない社団に対しても適用している(1)。

では、右のような論旨は、法人でない社団を原告とする不動産の登記請求訴訟においても妥当するだろうか。すなわち、不動産の登記請求訴訟は確かに給付訴訟ではあるが、法人でない社団には法人格がないのであるから、社団自身の名義による登記を許さない不動産登記制度および実務の下では[2]、社団に原告適格を認めても、社団名義の不動産登記ができない以上、社団の請求を認容する意味がないはずである。しかし他方で、法人でない社団は、社団自身が当事者となった不動産登記に関する訴訟事件では常に勝訴できないとすると、民事訴訟法二九条の存在意義に疑問が生ずる。

最一小判平成二六年二月二七日民集六八巻二号一九二頁[3]（以下、「平成二六年最判」という）は、右に指摘した問題について、最高裁判所の立場を明らかにしたものである。本章では、平成二六年最判を素材として、法人でない社団による登記請求訴訟の構造を検討することを課題とする。以下では、まず平成二六年最判の事案と判旨を紹介し（第二節）、判例によれば、法人でない社団による不動産の登記請求訴訟の構造がどのようなものとなるかを分析することとする。この作業を通じて、不動産の登記請求訴訟における法人でない社団の地位を明らかにしたい。

第二節　事案と判旨

（一）〔当事者等〕　X（被上告人・控訴人・原告）は、消防組織法一八条一項及びこれを受けた盛岡市消防団設置条例に基づいて設置された盛岡市の消防団に所属する分団の一つであり、ZはXの代表者である。

ところで、Xの沿革は、江戸時代の町火消「よノ字組」に遡り、文化一〇年（西暦一八一三年）には、盛岡城下に組織された八組の町火消の一つとして存在していた民間の消防団体であった。これが明治六年頃には「よ組」と改称され、明治二七年五月以降は「盛岡消防組第四部」、昭和一四年四月以降は「盛岡市警防団第五分団」、そして、昭和二二年九月以降に現在の名称である「盛岡市消防団第五分団」になったものである。

他方、Bは、前記「よ組」の組頭であるAの五男であるが、昭和一四年四月六日に死亡し、Bの長男Cが昭和一五年五月九日にBを家督相続した後、Cが平成四年一月一九日に死亡し、Cの三女であるY（上告人・被控訴人・被告）が、Cの権利義務を承継した。

（二）〔本件土地〕　本件土地は、明治四〇年以降に分筆されたものであるところ、分筆前の土地甲は、もとはDの所有であり、明治二二年八月一三日、DからEに売買を原因として所有権移転登記が経由され、明治三三年八月二日、EからAに売買を原因として所有権移転登記が経由された。その後、甲は、甲一と乙に分筆され、甲一は大正一〇年四月二五日にAからBに贈与を原因とする所有権移転登記が経由された後、大正一二年二月二八日、甲一ノ一（＝本件土地）と丙に分筆された。また同日、本件土地は、同日、単独名義のままでは名義人が勝手に処分するおそれがあるため、Bから、盛岡消防組第四部の役員であるFその他一〇名に対する贈与を原因とする各持分一一〇分の一（Fその他一〇名の合計一一〇分の一〇）の所有権一部移転登記、つまり、共有登記が経由された結果、Bの共有持分は、一一分の一〇（一一〇分の一〇〇）となった。Bの共有持分は現在、Cを経由して、Yに承継されている。

（三）〔本件建物〕　本件建物は、明治二四年に分筆前の土地甲の上に建築され、明治三三年八月二日、E名義で所有権保存登記が経由されるとともに、EからAに売買を原因として所有権移転登記が経由された。その後、大正一二年二月二八日、本件土地と同様の理由から、AからFその他一〇名に対して贈与を原因とする各持分一一分の一（Fその他一〇名の合計一一分の一〇）の所有権移転登記が経由された。本件建物に対するAの共有持分である一一分の一は、B及びCを経由して、現在Yが承継している。

（四）〔Xの請求〕　本件は、本件土地（＝甲一ノ一）及び本件建物が権利能力のない社団であるXの構成員全員に総有的に帰属することを前提として、Xが、Yに対して、本件土地持分及び本件建物持分について、主位的には委任の終了を原因として、Zへの各持分移転登記手続を求め、予備的には時効取得を原因としてZへの各持分移転登記手続を求めた事案である。

（五）〔第一審・原審〕　第一審（盛岡地判平成二二年五月一〇日金判一四三九号二八頁）は、Xの請求のうち、本件建物持分についての請求を認容し、本件土地持分についての請求を主位的・予備的ともに棄却したので、Xが、棄却部分について控訴を提起した。原審（仙台高判平成二三年七月一四日金判一四三九号二二頁）は、Xの控訴を容れて、第一審判決（請求棄却判決）を取り消し、Xの主位的請求（委任の終了を原因とする請求）を認容した。

（六）〔上告受理申立て〕　そこで、Yは、①権利能力のない社団の構成員全員に総有的に帰属する不動産については、当該社団の代表者が自己の個人名義に所有権移転登記手続をすることを求める訴訟を提起すべきものであって、当該社団自身が代表者の個人名義に所有権移転登記手続をするよう求める訴訟を提起することはできないこと、②権利能力のない社団の構成員全員に総有的に帰属する不動産については、当該社団の代表者である旨の肩書を付した代表者個人名義の登記をすることは許されないから、「被上告人代表者Z」名義に持分移転登記手続をすることを命じた原審の判断は違法であること、の二点を理由として掲げて、上告受理を申し立てた。

（七）〔判決要旨〕　最高裁は、結論として、原審の判断を是認して、Yの上告を棄却したが、その際に、Yの主張した上記①および②の理由をともに退けている。②については、原審が「被上告人代表者Z」と表記したのは、後掲判旨で引用される最二小判昭和四七年六月二日民集二六巻五号九五七頁が否定した代表者の肩書を付した所有権登記を許容する趣旨ではないことを確認することにより、排斥されている。[4]以下に紹介する判旨は、①に関するものである。

「訴訟における当事者適格は、特定の訴訟物について、誰が当事者として訴訟を追行し、また、誰に対して本案判決をするのが紛争の解決のために必要で有意義であるかという観点から決せられるべき事柄である。そして、実体的には権利能力のない社団の構成員全員に総有的に帰属する不動産については、実質的には当該社団が有しているとみるのが事の実態に即していることに鑑みると、当該社団が当事者として当該不動産の登記に関する訴訟を追行し、本案判決を受けることを認めるのが、簡明であり、かつ、関係者の意識にも合致していると考えられる。また、権利能力のない社団の構成員全員に総有的に帰属する不動産については、当該社団の代表者が自己の個人名義に所有権移転登記手続をすることを求める訴訟を提起することが認められているが（最高裁昭和四五年（オ）第二三二号同四七年六月二日第二小法廷判決・民集二六巻五号九五七頁参照）、このような訴訟が許容されるからといって、当該社団自身が原告となって訴訟を追行することを認める実益がないとはいえない。

そうすると、権利能力のない社団は、構成員全員に総有的に帰属する不動産について、その所有権の登記名義人に対し、当該社団の代表者の個人名義に所有権移転登記手続をすることを求める訴訟の原告適格を有すると解するのが相当である。そして、その訴訟の判決の効力は、構成員全員に及ぶものと解されるから、当該判決の確定後、上記代表者が、当該判決により自己の個人名義への所有権移転登記の申請をすることができることは明らかである。なお、この申請に当たって上記代表者が執行文の付与を受ける必要はないというべきである。」

「以上によれば、被上告人の請求を認容した原審の判断は、是認することができる。論旨は採用することができない。

よって、裁判官全員一致の意見で、主文のとおり判決する。

（山浦善樹　櫻井龍子　金築誠志　横田尤孝　白木勇）」

第三節　検　討

第一款　本章の課題

平成二六年最判の判旨（第二節（七）参照）によれば、法人でない社団（団体）は、社団財産である不動産につき、所有権の登記名義人に対して代表者個人への所有権移転登記手続を請求する訴訟の原告適格を有する。第一節では、法人でない社団が原告となって当該社団への所有権移転登記手続を求める訴訟には問題があることを指摘した。しかし、この訴訟と、平成二六年最判の事案のように、法人でない社団が原告となって代表者個人への所有権移転登記を求める訴訟とでは、かなり事情が異なる。というのも、法人でない社団の財産である不動産について代表者個人名義の登記が許される限り、原告の請求を認容する余地があるからである。問題は、代表者個人への所有権の移転登記を求める訴訟を提起する主体が、代表者個人ではなく、法人でない社団でもよいかどうかである。

本章の課題は、第一節で述べたところに即して言えば、法人でない社団が原告となった場合の所有権移転登記請求訴訟の構造を検討することにある。そこで、以下ではまず、法人でない社団の財産の公示方法と請求の趣旨の関係を検討して基本的な構造を明らかにする（第二款）。その上で、構成員との関係（第三款）、代表者との関係（第四款）、登記申請資格（第五款）を検討し、第六款において、本件判旨が訴訟担当構成、固有適格構成のいずれと親和性があるかを考える。最後に、本判決が認めた登記請求訴訟の形態を、法人でない社団が当事者となる訴訟の中でどのように位置づけるべきかを検討する（第四節）。

第二款　公示方法と請求の趣旨

不動産登記実務は、社団名義による所有権登記を従来否定しており[5]、本判決もこれを前提とする。すなわち、社団財産である不動産は、構成員全員に総有的に帰属する財産であるから[6]、公示方法としては、構成員全員による共有名義の登記のほか[7]、代表者個人の名義による登記や、定款等で登記管理者とされた構成員の名義による登記[8]が利用されてきた。このうち、代表者個人名義による公示方法は、本判決も引用する最二小判昭和四七年六月二日民集二六巻五号九五七頁[9]（以下、「昭和四七年最判」という）によって認められたものである。すなわち、代表者の交替に伴い、新代表者が原告となって、旧代表者（登記名義人）に対して新代表者の個人名義への所有権移転登記手続を求めた事案において、同最判は、「本来、社団構成員の総有に属する不動産は、右構成員全員のために信託的に社団代表者個人の所有とされるものであるから、代表者は、右の趣旨における受託者たるの地位において右不動産につき自己の名義をもって登記をすることができるものと解すべき」であると判示している。

昭和四七年最判が認めた社団財産たる不動産の公示方法によると、代表者である個人は、当該個人が単独で所有する財産の登記名義人になるのと同様に、社団財産たる不動産につき、所有権の登記ができることになる。したがって、社団財産たる不動産が、代表者（あるいは定款上の登記管理構成員）[10]以外の者の名義で登記されている場合、構成員全員は登記名義人に対して真正な登記名義を回復するための所有権移転登記請求権を総有すると解することになる一方、代表者たる個人は、構成員全員のための受託者として、当該登記請求権を単独で行使することができる。昭和四七年最判の事案では、実際に、代表者たる個人が原告となって、登記名義人に対する代表者個人への所有権移転登記手続請求が認容されている。

これに対して、本件事案では、社団名義の登記ができないことを前提に、請求の趣旨において社団は代表者個人への所有権（持分）移転登記を求めていることに注意を要する。すなわち、権利者が給付目的の自己への引渡しを求める場合（以下、「直接給付（型）」という）と、他人への給付を求める場合（以下、「間接給付（型）」という）とを区別すると、本件社団が掲げた請求の趣旨は間接給付型である。つまり、本判決は、社団が間接給付を求める限りで、その原告適格を認めたことになる。確かに、社団自身は登記名義人になることはできないから、社団への直接給付（社団への所有権移転登記手続）を求める請求は無理であるとしても、代表者個人への間接給付を求め得るのであれば、その限りで社団の原告適格を認める余地があろう。実際、代表者個人名義による公示方法を認めた昭和四七年最判を前提として、社団が登記名義人に対し代表者個人名義への所有権移転登記手続を求める訴訟の原告適格を有するかどうかが問われた事案において、大阪高判昭和四八年一一月一六日判時七五〇号六〇頁（以下、「昭和四八年大阪高判」という）はこの提訴方法を肯定している。[11]

さて、本件判旨（第二節（七）参照）の引用部分の冒頭では、「実体的には権利能力のない社団の構成員全員に総有的に帰属する不動産については、実質的には当該社団が有しているとみるのが事の実態に即していることに鑑みると、当該社団が当事者として当該不動産の登記に関する訴訟を追行し、本案判決を受けることを認めるのが、簡明であり、かつ、関係者の意識にも合致している」とされている。この点については、先の昭和四八年大阪高判でも、訴訟において社団を権利主体として扱うことを許容することによって、社団独自に当事者適格を認める理論構成（以下、「固有適格構成」という）が支持されており、学説のみならず、裁判実務においてもこれが伝統的な通説となっている。[12] ただし、本件社団は、間接給付型の請求の趣旨を定立しているため、一見すると固有適格構成を必要としていないように見える点には留意したい。

第三款　構成員に対する判決効の拡張

本件判旨によると、「（本件）訴訟の判決の効力は、構成員全員に及ぶもの」とされている。特に参照条文は掲げられていないものの、社団の原告適格の理論的基礎を第三者の訴訟担当に求める限り、民事訴訟法一一五条一項二号の適用と解することになろう。では、本判決が、社団の原告適格についていわゆる訴訟担当構成を採用したものと解してよいか。しかしこの点についても、先に引用した本件判旨（第二節第二款参照）の冒頭部分において、社団を権利主体と扱う固有適格構成に親和的な説示がされていることに注意を要する。学説上、固有適格構成に該当する場合、判決効の拡張は予定されない。ところが本判決は、判決効の構成員全員への拡張を肯定している。問題は、固有適格構成において、構成員は社団を当事者とする訴訟ないし判決の影響を受けるかという点であるが、構成員は社団の受けた判決の反射的効果を受けるものと解される。この反射的効果は、社団による訴訟における訴訟物たる権利が実体的には構成員に帰属する権利であることに由来するものであるが、本判決にいう判決効の拡張には上記の反射的効果も含まれると解するときは、固有適格構成も排除されていないと解することができる。ともあれ、本判決によって、社団の受けた判決効が構成員にも及ぶとされた結論部分については、少なくとも私見による固有適格構成を前提とする限り、賛同できるものであり、またそうである以上、当事者適格の理論構成がどちらであるかを決する上で決定的とは言えない。

（13）（14）（15）（16）

第四款　代表者の意義と執行文

本件訴訟において、社団は代表者個人への所有権移転登記手続を求める旨の間接給付型の請求の趣旨を定立している。受給者として掲げられた代表者個人は、当事者である社団とは別の主体である訴外第三者にすぎない。本判決も指摘するように、社団による本件請求を認容した確定判決に基づき、代表者個人名義への所有権移転登記の申請をすることができるのは、この代表者個人である。代表者個人に所有権移転登記の申請資格を与えるための訴訟において、代表者個人ではなく社団が原告となっていることから、社団が当事者として受けた判決の効力が、訴外第三者である代表者個人に対してどのような効力を生ずるかが問題となる。

この問題を検討するには、社団と代表者個人の関係に着眼する必要がある。手がかりとなるのは、ここでも昭和四七年最判であるが、これによると、代表者個人は、社団財産たる不動産について構成員全員のための受託者として登記名義人となる地位が認められる。代表者個人は、社団財産の正規の公示方法として同最判が認めた登記名義人でもある。昭和四七年最判の事案では、代表者個人が原告となり、社団財産たる不動産の所有権移転登記手続を求めたのに対し、本件は、社団が原告となり、代表者個人を受給者として、同内容の登記手続を求めていることにかんがみると、代表者個人に関しては、とりわけ請求認容の判決主文の内容は同じである。よって、本件訴訟の判決についても、昭和四七年最判の訴訟の判決と同様の内容を有することが期待されているはずである。とすれば、本件訴訟において訴外第三者の地位にある代表者個人は、判決主文に表示されることにも照らせば、本件訴訟の判決と関係がない者と扱うべきではない。本件訴訟の請求認容判決に基づいて、代表者個人が登記申請をすることができるのであれば、そのことに対する理論的な根拠を用意すべきであろう。

そこで、再び代表者個人に着眼すると、本件訴訟の判決の主文において受給者として表示される個人は、単なる訴外第三者ではなく、社団の代表者の地位にある個人である。当該個人が社団の代表者であることは、登記権利者かどうかに直結する本案の問題であるから、これを証明しなければ、原告の請求を認容できない。他方、社団は代表者がなければ、そもそも社会的活動を営めないところ、本件訴訟の受給者とされた個人は、当該社団の代表者として、当事者に準じた法定代理人の立場で訴訟に関与する（民事訴訟法三七条参照）。とすると、形式上は、訴外第三者と同様の位置づけになる個人であっても、その個人が原告である社団に準ずる地位を併有する関係にある以上、当該個人は、社団に準じた存在として、社団に包含されるものと解すべきである（以下、「包含説」という）。なお、包含説の下では、代表者個人は社団が当事者となった訴訟手続において手続関与の機会は保障されない。しかし、この点を問題とする必要はないだろう。というのも、代表者の地位にある個人がそれ自身として手続保障がなくても、当該個人は代表者として、つまり、当事者である社団に準ずる立場で手続に関与するからである。

ところで、本判決は、本件訴訟の受給者とされた代表者個人は、執行文の付与を受ける必要はないとする。社団の原告適格を認めたことに伴って付随的に生ずる論点にすぎないが、執行文の要否について見解の対立があることにかんがみ、言及されたものと考えられる。(17)

まず、執行文を必要とする見解は、包含説と異なり、代表者個人の地位を訴外第三者と同様とみなすことが前提となる。その上で、社団を当事者とする登記請求訴訟の判決の主文において、代表者個人のための登記が命じられたときは、代表者個人においてその判決の承継執行文を得て（民事執行法二三条一項二号、同二七条二項）、登記申請をすることができるとされる。もっとも、このように解する根拠については、昭和四八年大阪高判のように代表者個人を「請求の目的物を所持する者」に準ずる者とする見解のほか、(18)判決主文に代表者個人のためにすべきことが表示されていることに着眼して、第三者の訴訟担当（執行担当）における利益帰属主体と位置づける見解も見られる。(19)

これに対して、執行文を不要とする見解は、登記請求訴訟においては判決の確定により登記申請の意思表示が擬制され、狭義の執行はこれをもって直ちに終了すること（民事執行法一七四条一項）を理由とする。判決による登記申請（不動産登記法六三条一項）はこのことを前提とするから、原則として執行文の付与を受ける必要はなく、判決の確定証明書で足りるとされる。確かに、意思表示の擬制においては、執行力の発生が一定の条件に依拠させられている場合に限り、執行文が必要とされている（民事執行法一七四条一項但書、同条二項、同条三項）。本件がこの例外的な場合に該当しない以上、判決による登記の原則により、執行文は不要と解することになる[20]。

本判決の執行文に関する説示は、右に紹介した不要説の原則に当たることを確認する意図によるものとみるのが素直であろう。しかし、不要説においても、広義の執行、つまり、代表者個人による登記申請が予定される。狭義の執行は判決による意思表示の擬制により完了するとの説明は、社団自身が当事者であり、登記申請も社団が行う場合であれば、それで説明も終了したことになろう。これに対して、本件訴訟は、当事者以外の訴外第三者が登記申請をすることを予定しているのであり、この第三者に当たる代表者個人がなぜ当事者ではなく、判決効も拡張されない代表者個人に対して登記申請資格を付与できるのか、という問題に対して、不要説は何も答えていないのである。前述した包含説は、この点を解明する理論であり、登記請求訴訟の当事者と登記申請者が一致する場合に関する不要説と対立するものではなく、むしろこれを補完するものである。執行文必要説が、付与すべき執行文として代表者個人を債権者とする承継執行文（交替執行文）[21]を想定していることとの関係からは、不要説は、包含説と一緒でない限り、本件訴訟で生じた問題の全体に応接したことにはならないことには留意すべきである[22]。

第五款　登記申請資格

本判決は、社団が原告となった訴訟の請求認容判決に基づいて、社団自身が登記名義人に対して代表者個人への所有権移転登記手続を申請できるかという点には沈黙している。確かに、本判決は、代表者個人が登記申請を行うことを前提としているので（第四款参照）、そもそも右の問題を判断する必要がない。しかしながら、理論上は、社団に原告適格を認めたことによって、登記申請資格も認めたことになるのか、あるいは、直接給付型の申請は無理であるとしても、間接給付型の申請をする限りでは、社団に登記申請資格を認めてよいかといった疑問は残っていると言わざるを得ない。

幸いなことに、この点を考える上でも、昭和四七年最判が有力な手がかりとなる。すなわち、同最判は、結論として代表者個人が原告となって登記名義人に対して自己への所有権移転登記手続を求めた訴訟で請求を認容しているが、その前提として、社団は登記名義人になることができず、よって社団には登記請求権や登記申請資格もないと判断していた。重要な問題であるので、該当箇所を引用しておくと、「権利能力なき社団の資産はその社団の構成員全員に総有的に帰属しているのであって、社団自身が私法上の権利義務の主体となることはないから、社団の資産たる不動産についても、社団はその権利主体となり得るものではなく、したがって、登記請求権を有するものではないと解すべきである。不動産登記法が、権利能力なき社団に対してその名において登記申請をする資格を認める規定を設けていないことも、この趣旨において理解できるのである。したがって、権利能力なき社団が不動産登記の申請人となることは許されず、また、かかる社団について前記法条（旧不登三六条一項二号および三号〔現一八条〕）の規定を準用することもできないものといわなければならない」、と述べられている。

右に引用した判旨から明らかなように、昭和四七年最判は、社団が登記申請人になること自体を否定しており、社団が申請する登記の内容は、この結論を左右しないと解されているものと思われる。とすると、本判決を契機に生じた前述の問題については、これを消極に解するのが判例の読み方として正確であろう。また、この結論は、実質的に考えても妥当である。というのも、登記名義人に対して代表者個人名義への所有権移転登記を命ずる間接給付型の判決主文がある場合、代表者個人が自ら登記申請をする方法以外に、社団自身による登記申請を認めることに意味があるのかが疑問に思われるからである。

すなわち、社団の社会的活動はその機関たる代表者を通じて行われるが、社団に登記申請資格を認める場合、権限に基づいて登記申請ができるのは社団の機関としての代表者である。よって、社団に登記申請資格を認めるときに登記申請行為を行うのは、社団の代表者であり、これが代表者個人名義の所有権移転登記を申請することになる。他方、昭和四七年判決は、代表者個人に登記申請資格を認めているので、代表者個人は自ら代表者個人名義の所有権移転登記を申請できる。二つの登記申請は内容面で同一であるが、登記申請行為を実際に行う主体は、社団（その機関たる代表者）か、代表者である個人かという点は異なるものの、両者は同一人である。この状況で、代表者個人に登記申請資格があるとき、社団にも登記申請資格を認める必要があるか、という点がいま問われている問題である。具体的には、社団Pの代表者がQであって、必要な登記申請の内容が登記名義人からQ個人への所有権移転登記である場合において、Q個人が登記申請資格を有するとき、同一内容の登記申請のために、社団の代表者Qにも登記申請資格が必要かどうかである。Q個人がQ名義の所有権移転登記の申請ができるならば、Qが社団代表者の立場でQ名義の所有権移転登記を申請することは、Qに対して同一内容の登記申請資格を重ねて認めるだけである。逆から言えば、社団の代表者としてのQの登記申請資格を否定しても、Qに実害はないのである。そうである以上、前述した結論は至極当然と言わざるを得ない。

第六款　二つの訴訟形態の関係

本判決によって、登記申請資格との連続性は十分ではないとは言え（第五款参照）、登記申請の前駆となる訴訟手続としては、代表者個人が原告となり代表者個人名義への所有権移転登記を求める直接給付型に加えて、社団が原告となり代表者個人名義への所有権移転登記を求める間接給付型が認められたことになる。もっとも、本件判旨

（第二節参照）が、代表者個人による直接給付型の所有権移転登記手続請求（昭和四七年最判）ができるからと言って、「社団自身が原告となって訴訟を追行することを認める実益がないとはいえない」というときの「実益」については、別途検討する必要があろう。

しかし、この点を検討する前に、（第四節で再度言及する）、社団が原告となる訴訟が、従来のような代表者個人が原告となる訴訟とどのような関係に立つかについては、整理が必要である。繰り返しになるが、代表者個人が原告となる場合も、社団が原告となる場合も、登記名義人に対する所有権移転登記手続を求める訴訟の訴訟物は、構成員全員に総有的に帰属する所有権移転登記手続請求権である。以下では、この前提の下で、①既判力の主観的範囲、②重複訴訟の禁止の範囲を検討しておくことにする。

まず①から検討すると、代表者個人が原告となった前訴の確定判決の既判力は、原則として社団には及ばない。というのも、前訴判決の確定後、社団が同一訴訟物について間接給付型の請求の趣旨を掲げた後訴を提起したとしても、前訴・後訴の間で当事者が異なるからである。しかしながら、前訴確定判決の既判力は、構成員全員に対して拡張されると解される（民訴一一五条一項二号）(23)。他方、社団が原告である後訴の訴訟物は、前訴確定判決の既判力対象と同一であり、しかも後訴の確定判決の既判力は構成員全員に及ぶ（第三款参照）。とすると、後訴においても、前訴確定判決の（拡張された）既判力を無視できないという意味で、前訴確定判決の効果は反射的にではあるが、後訴当事者たる社団にも及ぶものと解される（社団が原告となった前訴判決の確定後、代表者個人による後訴が提起された場合も同様である）。

次に、②については、例えば代表者個人による訴訟の係属中に、社団による訴訟が係属することが、民事訴訟法一四二条による規制の対象となるかが問題となる。この場合、両者の当事者が異なる以上、同条の適用はないのが原則である。しかし、①で検討したように、両者が「前訴＝後訴」の関係にあるときは、既判力は社団に対し直接には拡張されないにせよ、構成員に拡張された既判力の反射的効果を含めた判決効の抵触については考慮しなければならない。しかもこの問題は、両者の訴訟物が同一であることに起因するため、いま述べた判決効の抵触のほか、一般に指摘される二重訴訟の不経済や、被告（登記名義人）の応訴負担にかんがみ、民事訴訟法一四二条を類推適用して、後訴を規制すべきである(24)（先行して係属する訴訟が、社団の訴訟であっても同様である）。

代表者個人による訴訟と社団による訴訟の関係が、右に述べた通りだとすると、両訴訟において当事者が異なることは、結論に何ら影響しないことになる。

第四節　おわりに――社団による登記請求訴訟のあり方

本判決は、昭和四七年最判によって代表者個人の提訴権限および登記申請資格が認められていても、社団自身の原告適格は否定されないと判断した（第三節第六款参照）。では、社団に原告適格を認める実益とはどのようなものだろうか。重要な問題であるが、本判決は、単に実益があると述べるのみで、その内容には言及していない。

しかし、この点については、次のように考えるべきだろう。すなわち、昭和四七年最判は、社団財産たる不動産の公示方法として代表者個人名義による登記を認め、その上で所有権移転登記請求訴訟における代表者個人の原告適格をも肯定したが、この提訴方法は、法人でない社団にとって必ずしも最善とは言えなかったのではなかろうか。というのも、法人でない社団に当事者能力を認める訴訟制度の下では、当該社団が当事者として登場することに必然性があるからである。もっとも、社団の当事者能力を肯定しても、当該社団がそれ自身として不動産の登記名義人となることができ、かつ登記申請資格を有しない限り、直接給付型の請求の趣旨を掲げた社団による登記請求訴訟は、やはり不当である。[25]これらを勘案すると、社団の原告適格と代表者個人への所有権移転登記手続を求める間接給付型の請求の趣旨の組合せこそが、本来のあるべき提訴方法と言えるように思われる。[26]この組合せによっても、代表者個人が原告となって直接給付を求めた場合と同様の結果が得られることは、すでに検証した通りである（第三節第五款参照）。

もっとも、同じ結果になるだけならば、所詮屋上屋を重ねるにすぎず「実益がない」と批判されてもやむを得ない。しかしながら、当事者能力のある社団の手続保障を考えると、社団の原告適格と間接給付型の請求の趣旨との組合せは、当該社団の法構造を訴訟手続に反映させるのに適した提訴方法として価値があるように思われる。確かにこれを「実益」と主張することには異論があるかもしれない。しかしながら、社団関係者にしてみれば、社団の法構造に適した提訴方法が判例となった点は歓迎されるであろうし、また理論的には最三小判平成二二年六月二九日民集六四巻四号一二三五頁（以下、「平成二二年最判」という）と帳尻が合うこと[27]の意義は軽視できないように思われる。

このように考えると、本判決が所有権移転登記請求訴訟において認めた、法人でない社団の原告適格と間接給付型の請求の趣旨とが組み合わされた訴訟構造の下での社団の当事者適格についても、見直しの余地があるように思われる。この点については、確かに、第三節第二款の末尾において、すでに「一見すると固有適格構成を必要としていないように見える」と評価したところであるが、右の訴訟構造が、法人でない社団の法構造に最適であるならば、実質的には、この場合も固有適格構成の一種と考えてよいのではなかろうか。というのも、不動産登記制度により、社団名義の所有権登記、社団の登記申請資格が否定されなければ、社団に当事者能力が認められた訴訟の当事者適格は、固有適格として理論構成するのが自然だからである。無論、この指摘はあまり実益のあるものではないが、法人でない社団の当事者能力を基軸として、その当事者適格の理論構成を考える際には、少なくとも思考経済上の利点があるように思われる。

【注】

（1）最三小判平成二三年二月一五日判時二一一〇号四〇頁。

（2）山野目章夫『不動産登記法』（商事法務、二〇〇九年）九一頁以下では、その理由として、団体の存在や代表者の権限等に関する不動産登記簿のような定型的な審査資料の欠如や、登記記録における団体の同一性表示の困難等が指摘されている。

（3）本判決の評釈として、宗宮英俊・NBL一〇二九号（二〇一四）一三五頁、名津井吉裕・法教四〇九号（二〇一四）六〇頁、大江毅・新判例解Watch一五号（二〇一四）一四九頁、七戸克彦・セレクト二〇一四［Ⅰ］一五頁、青木哲・セレクト二〇一四［Ⅱ］二七頁、我妻学・法の支配一七六号（二〇一五）一一三頁、松原弘信・判評六七三号（二〇一五）二七頁、西内康人・平成二六年度重判解六七頁、堀野出・同一二九頁、川嶋四郎・リマークス五〇号（二〇一五）一一〇頁、川嶋隆憲・法學研究（慶應義塾大学）八八巻三号（二〇一五）五八頁、畑瑞穂・法教四二二号（二〇一五）一七頁等がある。

（4）社団の代表者である旨の肩書は、そもそも登記されることはなく、代表者個人が登記申請をする場合も、肩書を記載してはならない。「X代表者Z」の表記は、本来ならば無効であるが、本件では、肩書部分を度外視することにより原判決を維持してXを救済したものと解される。この点について、平成二六年最判を掲載した金判一四三九号一四頁、判時二二一五号九四頁、判タ一三九九号八四頁等の匿名コメントを参照。

（5）山野目・前掲注(2)九二頁参照。

（6）同旨を説く判例は多いが、例えば、法人でない社団の実体的な成立要件に関する最一小判昭和三九年一〇月一五日民集一八巻八号一六七一頁が、社団財産は構成員に総有的に帰属すると述べている。

（7）社団に法人格がない以上、構成員全員の共同所有となるので、その共有財産として登記する方法であるが、構成員の交替があると、たちまち登記事項が不実となり、その修正が煩瑣となる難点がある。

（8）最三小判平成六年五月三一日民集四八巻四号一〇六五頁。

（9）吉井直昭・最判解民事篇昭和四七年度六一九頁。
（10）前掲注（7）最三小判平成六年五月三一日・前掲注（7）において、認められた登記方法である。
（11）昭和四八年大阪高判に前後して、東京地判平成元年六月二八日判時一三四三号六八頁（判タ七二三号二二〇頁）、東京地判昭和三六年二月一五日下民集一二巻二号二八五頁等がある。なお、この昭和三六年判決は、代表者肩書付登記を認める見地からのものである。
（12）学説としては、兼子一『新修民事訴訟法体系〔増訂版〕』（酒井書店、一九六五年）一一一頁の見解が伝統的な通説を形成してきた。実務家の間でも同旨を説く見解が多いが、吉野衛「判批」判評一九九号（一九七五年）二二頁を挙げておく。
（13）社団の原告としての地位について、訴外第三者である構成員に帰属する権利を構成員に代わって社団が訴訟上行使するものと考える立場である。訴訟担当構成については、第五章第三節において批判的な検討を加えている。
（14）本文の「固有適格構成」という呼称については、八田卓也「入会集団を当事者とする訴訟の形態」法時八五巻九号（二〇一三年）二二頁が、これとは別に「権利主体構成」という呼称を提唱している。「固有適格」の観念は、第三者の訴訟担当でありながら、判決効拡張が否定される場合を指すことに忠実であるが故に、その使用範囲を限定しようとする見解である。これに対して、本文の「固有適格」は、社団を権利主体とした権利主張を伴う限り、その当事者適格は常に固有のものと解されることに由来する。この点については、第五章の注（17）をも参照。
（15）八田・前掲注（14）二三頁。また、第五章第四節第一款をも参照。
（16）第五章第四節第二款㈣で行った検討結果を前提としている。
（17）川崎・前掲注（3）六七頁以下が、本判決に関してこの問題を整理している。従前の議論状況については、松本博之「非法人社団の当事者能力と実体関係」民商九三巻臨増（2）（一九八六年）八九頁、河内宏『権利能力なき社団・財団の判例総合解説』（信山社・二〇〇四年）七二頁、新堂幸司＝小島武司編『注釈民事訴訟法（1）』（有斐閣、一九九一年）四三八頁〔高見進〕、藤田耕三＝小川英明編『不動産訴訟の実務〔七訂版〕』（新日本法規出版、二〇一〇年）六三頁〔海保寛〕等参照。
（18）昭和四八年大阪高判の立場であるが、根拠条文として旧民事訴訟法二〇一条一項（現一一五条一項四号）を掲げる。しかし、代表者個人の登記申請は広義の執行であるから、本文に掲げた条文を根拠とすべきである。なお、松本・前掲注（17）八九頁も参照。

(19) 海保・前掲注(17)六四頁は訴訟信託というが、任意的訴訟担当（ここでは、執行担当）の趣旨であろう。実質的利益帰属主体は社団と解しているようであるが、法人ではないこと、昭和四七年最判による構成員全員の受託者という理論構成からは、構成員全員が実質的利益帰属主体とする意味にも解し得る。いずれにせよ、授権の要件が障害となるのではないかと思われる。

(20) 幾代通＝徳本伸一『不動産登記法〔第四版〕』（有斐閣、一九九四年）一一二頁、鎌田薫＝寺田逸郎編『新基本法コンメンタール不動産登記法』（日本評論社、二〇一〇年）一九七頁〔安永正昭〕参照。

(21) 承継執行文のうち、承継はないが、主体が入れ替わる場合の執行文を特にこのように言う。中野貞一郎『民事執行法〔増補新訂六版〕』（青林書院、二〇一〇年）二七四頁。

(22) 本章の元になった名津井・前掲注(3)六〇頁では、本判決を掲載する判タ一三九九号等のコメントにおける「執行文不要説」に代えて「包含説」を用いていたが、本文で述べた通り、包含説それ自体と執行文不要説は区別した方が分かり易いため、旧稿とは異なり、代表者個人に社団に準じて扱うことに関する限り、包含説と呼ぶこととした。

(23) 昭和四七年最判は、代表者個人の受けた確定判決の既判力の主観的範囲については特に言及していないが、代表者個人を構成員全員の受託者と解してこれに当事者適格を認めていることにかんがみ、第三者の訴訟担当と解することができる。

(24) 規制内容は、別訴禁止に伴う併合強制を基本とし、これが不適当なときには手続を停止するといった扱いになる。高橋宏志『重点講義　民事訴訟法（上）〔第二版補訂版〕』（有斐閣、二〇一三年）一二六頁。三木浩一「重複訴訟論の再構築」同『民事訴訟における手続運営の理論』（有斐閣、二〇一三年）二六六頁。

(25) 前掲注(1)最三小判平成二三年二月一五日・前掲注(1)に従えば、社団の請求は棄却される。なお、構成員全員への給付を求めることも、構成員の変動に伴う煩瑣からして得策とは言い難い。

(26) 昭和四七年最判の上告理由においては、この組合せの正当性が主張されていたことにかんがみると、明示的ではないにせよ、最高裁はかつてこれを退けていたことになる。

(27) 平成二二年最判（詳細は、第七章を参照）においては、社団に対する金銭債権の債務名義に単純執行文の付与を受けて、第三者名義で登記された社団財産を対象として、強制競売を開始できるのは、社団に対する右の債務名義の執行力の範囲に、社団財産である不動産の登記名義人である第三者が包含された結果と考える余地がある。これは、第三節第四款で検討した

「包含説」と通底するものがある。平成二二年最判は、単純執行文の付された債務名義の執行力の範囲を、債務者が自然人であるときよりも拡張する際の根拠については、執行対象財産とされた第三者名義の不動産が社団財産であることが社団財産証明文書によって証明された点に求めているが、本判決においても、社団が原告となった訴訟で受給者とされる代表者個人の代表権について証明が必要である。しかしこの点は、第三節第四款の本文で指摘したように本案の問題であるから、証明の必要を敢えて指摘するまでもない。

第七章　法人でない社団の財産に対する強制執行

第一節　はじめに

第一款　問題の所在

民事訴訟法二九条によれば、法人でない社団であっても当事者能力が認められるため、当該社団はその名において判決の名宛人となることができる。通説はさらに、事件限りの権利能力を認めるため、法人でない社団を業務者とする本案判決も許容する。[1][2] したがって、裁判所は、法人でない社団を被告とする給付判決をすることができ、よって当該社団を債務者とした強制執行も適法に成立する（民執二〇条による、民訴二九条の準用）。とすれば、法人でない社団を債務者とする債務名義に表示された債権が金銭債権である場合、債権者は、当該社団に属する財産を差し押さえることができるだろうか。

右に述べた一般論に照らせば、この問題についても肯定できて当然のように思われる。しかし他方で、わが国の不動産登記法の下では、法人でない社団を名義人とする不動産登記が許されておらず、登記簿において社団財産と表示された不動産というものが、そもそも存在しない。では、法人でない社団に対して金銭債権の債務名義を有する債権者は、当該社団の資産である不動産が第三者名義で所有権登記がされている場合、どのようにして当該不動産を差し押さえればよいだろうか。換言すれば、債権者はこの場合、どのようにすれば当該不動産を対象として強制競売を開始することができるだろうか。

最高裁判所は、最三小判平成二二年六月二九日民集六四巻四号一二三五頁（以下、「平成二二年最判」という）[3]において、この問題に正面から取り組み、その立場を明らかにしている。以下では、画期的な内容を含んだ平成二二年最判の事案と判旨を紹介し、法人でない社団の財産に対する強制執行はどのようにして開始できるか、当該社団は強制執行手続においてどのような地位に就くことになるかについて、最高裁の立場を検討することとする。

第二款　平成二二年最判の紹介

（一）〔本件訴訟〕　X（株式会社整理回収機構）は、権利能力なき社団である訴外A（在日朝鮮人総聯合会、いわゆる朝鮮総連）に対し、六二七億三四一八万一九八五円及びこれに対する遅延損害金を支払うことを命じた仮執行宣言付きの判決を有する。Xは、Y（合資会社朝鮮中央会館管理会）が所有権の登記名義人となっている本件不動産について、その所有権は実質的にはAに帰属しており、本件不動産の登記はあくまで便宜上Yの名義とされているにすぎないから、Yは本件不動産の所有権の登記名義について何ら固有の利益を有していないため、民事執行法二三条三項の「請求の目的物を所持する者」に該当する等と主張して、本件不動産を対象とした強制執行をするため、Yを被告として執行文の付与を求める訴訟を提起した。

(二)〔第一審判決〕　第一審判決（東京地方裁判所平成一九年（ワ）第一七九三五号平成二〇年一一月一七日判決）は、第一に、金銭債権の債務名義を有する債権者は、第三者が債務者の所有する財産を所持することにつき固有の利益を有しない場合には、債権者代位権により債務者の当該第三者に対する特定物の給付請求権を代位行使して、当該財産に対して強制執行をすることができるから、民事執行法二三条三項を類推適用する必要性が乏しいこと、第二に、民事執行法二三条三項を類推適用して、所有権の登記名義を有することにつき固有の利益を有しない第三者を債務者とする強制競売を開始した場合には、第三者名義の不動産について差押登記がされ、第三者から買受人へと所有権移転登記がされるが、これでは不実の登記のまま新たな権利関係を生じさせ、それに基づく登記を容認する結果となり、権利変動の過程を如実に反映するという不動産登記制度の趣旨に反すること、の二点を理由として、Xの執行文付与請求を棄却した。ただし、第一審判決は、傍論として、「権利能力なき社団の資産である不動産について、当該社団の規約等に定められた手続により、当該社団の代表者又は構成員の名義で所有権の登記がなされている場合には、民事執行法二三条三項を類推適用し、権利能力なき社団を債務者とする金銭債権の債務名義により当該登記名義人に対し当該不動産に対する限度で強制執行をすることができ、強制執行をすることができる範囲を当該不動産に対する強制執行に限定した上で当該登記名義人を債務者とする執行文を付与することができると解するのが相当である」（以下、右に引用した判旨の一部を〝判旨※〟と表記する）とも判示している。

(三)〔控訴審判決〕これに対して、Xは、民事執行法二三条の法意に照らし、Y名義の登記が不動産登記法において有効かどうかは、類推適用にとって問題にならない等と主張して控訴した。原判決（東京高裁平成二〇年（ネ）第六〇七〇号平成二一年四月一五日判決）は、第一審判決の第一の理由を精緻化し、「権利能力なき社団の資産である不動産については、……便宜上登記名義を有する第三者が存在する場合には、債権者代位権により当該社団の代表者個人への真正な登記名義の回復を原因とする所有権移転登記手続を経た上でこれを差し押さえる方法により、権利能力なき社団を債務者とする金銭債務に係る債務名義に基づく権利実現が可能であると解される。したがって、……法二三条三項を類推適用しなければならない必要性があるとは解されない。」と判示する一方で、第二の理由には言及せずに、第一審判決の結論を踏襲して控訴を棄却した。なお、原判決も、第一審判決の前掲判旨※を繰り返した上で、「この場合には、この方法以外には、権利能力なき社団に対する金銭債権の債務名義を有する第三者が当該社団の資産である不動産について強制執行をする方法がないからである。」と判示し、前掲判旨※を支持している。

（四）〔上告受理申立て〕そこで、Xは、次のような理由から上告受理を申し立てたところ、これを受理した最高裁判決が本判決である。すなわち、Xは、原判決には民事執行法二三条三項の解釈適用を誤った違法があると解されるところ、同二三条三項の解釈論は、権利能力なき社団の債権者が社団の所有（総有）にかかる不動産に対して如何にして強制執行できるかという重大な問題であるから、民事訴訟法三一八条一項にいう「法令の解釈について重要な事項を含むもの」であることは明らか、と主張した。これに加えて、Xが債権者代位による代表者への登記名義の移転という迂遠な手続を経由すべき法的論拠が示されていない（結論をもって理由としたとしか考えられない）こと、及び、（第一審判決の前掲判旨※で述べられている）社団代表者への民事執行法二三条三項の類推適用を認めながら、他方で、専ら社団のために登記名義を保有する第三者について同項の類推適用を否定する点において理論的な矛盾があることを指摘して、民事訴訟法三一二条二項六号の上告理由がある、と主張した。

（五）〔本判決〕　上告棄却。「権利能力のない社団を債務者とする金銭債権を表示した債務名義を有する債権者が、構成員の総有不動産に対して強制執行をしようとする場合において、上記不動産につき、当該社団のために第三者がその登記名義人とされているときは、上記債権者は、強制執行の申立書に、当該社団を債務者とする執行文の付された上記債務名義の正本のほか、上記不動産が当該社団の構成員全員の総有に属することを確認する旨の上記債権者と当該社団及び上記登記名義人との間の確定判決その他これに準ずる文書を添付して、当該社団を債務者とする強制執行の申立てをすべきものと解するのが相当であって、法二三条三項の規定を拡張解釈して、上記債務名義につき、上記登記名義人を債務者として上記不動産を執行対象財産とする法二七条二項の執行文の付与を求めることはできないというべきである。その理由は、次の通りである。

権利能力のない社団の構成員の総有不動産については、当該社団が登記名義人となることはできないから（最高裁昭和四五年（オ）第二三二号同四七年六月二日第二小法廷判決・民集二六巻五号九五七頁参照）、権利能力のない社団を債務者とする金銭債権を表示した債務名義を有する債権者が、構成員の総有不動産に対して強制執行をしようとする場合、債務名義上の債務者と強制執行の対象とする上記不動産の登記名義人とが一致することはない。そうであるにもかかわらず、債務名義上の債務者の所有財産につき、当該債務者をその登記名義人とすることができる通常の不動産に対する強制執行と全く同様の執行手続を執るべきものと解したならば、上記債権者が権利能力のない社団に対して有する権利の実現を法が拒否するに等しく、かかる解釈を採ることは相当でない。上記の場合において、構成員の総有不動産につき、当該社団のために第三者がその登記名義人とされているときは、登記記録の表題部に債務名義上の債務者以外の者が所有者として記録されている不動産に対する強制執行をする場合に準じて、上記債権者は、上記不動産が当該社団の構成員全員の総有に属することを確認する旨の上記債権者と当該社団及び上記登記名義人との間の確定判決その他これに準ずる文書を添付して、当該社団を債務者とする強制執行の申立てをすることができると解するのが相当である（民事執行規則二三条一号参照）。

これに対し、法二三条三項の規定は、特定物の引渡請求権等についての強制執行の場合を予定しているものであるし、法二七条二項に規定する執行文付与の手続及び執行文付与の訴えにおいて、強制執行の対象となる財産が債務名義上の債務者に帰属するか否かを審理することも予定されていないことからすると、法二三条三項の規定を金銭債権についての強制執行の場合にまで拡張解釈することは許されないものというべきである。

以上によれば、上告人は本件執行文の付与を求めることはできないから、上告人の請求を棄却すべきものとした原審の判断は結論において是認することができる。論旨は採用することができない。

よって、裁判官全員一致の意見で、主文のとおり判決する。なお、裁判官田原睦夫、同岡部喜代子の各補足意見がある。

裁判官田原睦夫の補足意見は、次のとおりである。

私は、本件事案の処理との関係において法廷意見に賛成するものであるが、本件に関連する法的諸論点については、従前、詰めた論議がさほどなされていなかったことにかんがみ、以下の諸点について若干の意見を補足的に述べる。

1　法二三条三項の拡張解釈の可否について

権利能力のない社団を名宛人とする金銭債権を表示した債務名義に基づいて、その構成員の総有に属し、その所有権に係る登記名義が社団のために代表者等の名義となっている不動産に対して強制執行をする場合には、法二三条三項を拡張解釈して、登記名義人を名宛人とする執行文を取得して行うことができるとする見解が、これまで学説上有力であった。

ところで、法二三条三項は、法廷意見にて指摘するとおり、特定物の引渡請求権等についての強制執行の場合に関する規定であって、同項を金銭債権についての強制執行の場合にも類推適用し得ると解することは、条文の趣旨から大きく外れるものであるところ、上記の有力説が主張されたのは、構成員の総有不動産に対して強制執行をなすにつき他に適切な方法がないとの理由によるものであった。

しかし、法廷意見で述べるとおりの方法により、権利能力のない社団を名宛人とする金銭債権を表示した債務名義に基づいて、構成員の総有不動産に対する強制執行をなし得る以上、法二三条三項を同条本来の規定の趣旨を大きく離れて拡張して解釈する上記有力説の見解は、実務上採用するべきでないと考える。

また、上記の執行手続における本来の執行債務者は権利能力のない社団であるにもかかわらず、上記有力説によれば、その執行債務者は登記名義人とならざるを得ないのであって、金銭債権の執行手続としては異例の形態となるのに加えて、その執行手続中に、当該登記名義人を本来の名宛人とする債務名義を有する第三者が配当加入してきた場合に、それを排除することが極めて困難である等、付随する様々な問題が生じ得るのであって、それらの困難な問題を抱えてまで上記有力説を採用すべき必要はないものというべきである。

2　構成員の総有不動産の登記名義人と金銭債権に基づく強制執行手続について

金銭債権を表示した債務名義に基づいて不動産に対する強制執行を申し立てるに際しては、本来、執行債務者と当該不動産の権利に関する登記名義人とが一致していることが必要とされる。ところで、権利能力のない社団は、社団自体が権利の主体となれない以上、構成員の総有不動産に係る権利の登記は、社団を代表する者の氏名等でなされることになる（前掲最高裁昭和四七年六月二日第二小法廷判決参照）ところ、かかる不動産に対しても、権利能力のない社団を名宛人とする金銭債権を表示した債務名義でもって強制執行をすることができてしかるべきである。その場合に如何なる要件が整えばその強制執行をすることができるかが本件で問われている。

そこで、以下では、登記名義人と権利能力のない社団との関連性が、証明力の強い文書（債務名義、当該社団の規約等、後記3を参照）により明確に認められる場合と、その関係が必ずしも明らかではない場合とに分けて考察することとする。

（1）登記名義人が権利能力のない社団の代表者である等その関連性が債務名義、当該社団の規約等から明らかな場合

執行対象不動産が、構成員の総有不動産であることが当該権利能力のない社団との関係で証明され、かつ、その登記名義人と権利能力のない社団との関連性が文書により明確に証明される場合には、登記手続上それ以上の証明の方法が存しないことからして、執行対象不動産の登記名義人と執行債務者の名義とが一致している場合に準じて執行手続を行うことが許されると考える。

具体的には、登記名義が権利能力のない社団の代表者名義の場合、権利能力のない社団を構成する者の全員の共有名義の場合、権利能力のない社団の規約等に定められた手続により登記名義人となるべき者とされた者の名義の場合（最高裁平成三年（オ）第一七二四号同六年五月三一日第三小法廷判決・民集四八巻四号一〇六五頁参照）等である。

かかる場合には、当該不動産が権利能力のない社団の構成員の総有に属するものであることが証明される以上、当該登記名義人はその執行手続を受忍すべき立場にあるといえる。また、このような登記名義人と権利能力のない社団との関連性を示す証明力の強い文書が提出されている以上、当該登記名義人が権利能力のない社団との関連性を争う場合（例えば、権利能力のない社団との関係では、当該不動産が当該社団の構成員の総有に属することを確認する確定判決等があり、かつ、当該社団と登記名義人との上記のような関連性を示す文書が存するにもかかわらず、当該登記名義人がその固有財産であることを主張する場合等）に、当該登記名義人に第三者異議の訴えを提起する負担を負わせても衡平に反するものでないというべきである。

（2）登記名義人が権利能力のない社団の旧代表者である等、現在の登記名義人と権利能力のない社団との関連性が債務名義等からは明らかでない場合

権利能力のない社団を名宛人とする金銭債権を表示した債務名義でもって、構成員の総有不動産を執行対象財産

として強制執行をする以上、その執行手続の明確さの観点からして、当該不動産の登記名義人と当該権利能力のない社団との関連性が（1）で述べたように具体的に明らかにされることが望ましくはある。

ところで、登記名義人が権利能力のない社団の旧代表者であったり、権利能力のない社団が構成員の総有不動産であることを対抗することができる第三者である場合等には、当該社団の現在の代表者等当該社団において登記名義人となるべき立場にある者は、自らの登記名義への移転登記手続を求めることができる（前掲最高裁昭和四七年六月二日第二小法廷判決参照）。そして、執行債権者が、権利能力のない社団を名宛人とする金銭債権を表示した債務名義に基づく強制執行の申立てに当たって、登記名義人と執行債務者たる権利能力のない社団との関連性を明確に示すことができない不動産を執行対象として選択するのは、他に適切な執行対象財産が存しない場合であるから、執行債権者は、当該権利能力のない社団に代位して（権利能力のない社団自体に登記請求訴訟の原告適格が認められないとするならば、さらに、当該権利能力のない社団において登記名義人たることが定められている者を代位して）、当該権利能力のない社団において登記名義人たることとされる名義人への移転登記手続を請求し、その移転登記手続を経たうえで、（1）に述べた方法により執行手続をなすことが望ましいとはいえる。

しかし、執行対象不動産が、権利能力のない社団との関係でその構成員の総有に属することが認められ、また、当該登記名義人との関係においても当該事実が証明度の高い文書によって認められる場合には、執行裁判所において執行債務者と登記名義人との具体的な関連性を認定することができるのであって、かかる場合に、当該不動産に対して強制執行手続を開始しても、登記名義人を始め、当該不動産に係る利害関係人の権利を侵害するおそれは小さいものということができるところから、（1）の場合に準じて、当該不動産に対して強制執行手続を開始することができるものと解することができる。そして、かかる当該登記名義人が、権利能力のない社団との関連性を争う場合には、当該登記名義人に第三者異議の訴えを提起する負担を負わせても、関係者間の衡平を害するものではないということができるのである。

私は、以上に述べたところからして、法廷意見の見解を肯定することができると考える。

3　証明文書の意義について

権利能力のない社団を名宛人とする金銭債権を表示した債務名義に基づいて、構成員の総有不動産に対する強制執行を申し立てるに際しては、当該不動産が執行債務者たる権利能力のない社団との関係において、当該社団の構成員の総有に属することが証明されるとともに、当該不動産の登記名義人との関係においても、その事実が文書によって証明される必要がある（民事執行規則二三条一号、二号イ参照）。

その具体例としては、権利能力のない社団及び登記名義人との関係で、それぞれを名宛人とする確定した確認判決や判決理由中の判断（いずれか一方を名宛人とするものであっても、例えば、債権者代位による権利能力のない社団の代表者名義への移転登記手続請求の認容判決のように、当該不動産が構成員の総有不動産であることが判決理由中から明らかな場合等を含む。）、和解調書、当該不動産が権利能力のない社団の構成員の総有に属することを記載した公正証書、登記名義人を構成員の特定の者（個人又は一定の役職者等）とすることを定めた規約（公正証書又はそれに準ずる証明度の高い文書による。）などが考えられる。

4　保全手続について

構成員の総有不動産の登記名義人が、2（1）にて検討したように、権利能力のない社団の代表者である等、権利能力のない社団との関連性が明らかな場合には、当該不動産がその構成員の総有に属することを証明して仮差押えの申立てをすることができることに問題はない。

しかし、2（2）にて検討したように現在の登記名義人と権利能力のない社団との関連性を文書によって直ちには立証することが困難な場合に、その登記名義人を相手方として仮差押えの申立てをすることは、実務上はその立証手段の点からして中々困難であり、かかる場合には、２（２）に述べたような債権者代位権に基づく処分禁止の仮処分手続の方が、実務上親和性があるといえる。かかる観点からも、２（２）で述べたような代位訴訟が肯定されてしかるべきであると考える。

裁判官岡部喜代子は、裁判官田原睦夫の補足意見に同調する。

（近藤崇晴　堀籠幸男　那須弘平　田原睦夫　岡部喜代子）」

以下の本文では、主文の判断を導いた理由を「法定意見」、田原睦夫裁判官の補足意見を「補足意見」として引用する。

第三款　本章の課題

平成二二年最判は、法人でない社団に対して金銭債権を有する債権者が、同債権を表示した債務名義に基づいて、社団財産である不動産に対して強制執行ができることを認めた最初の最高裁判決である。本件訴えは、社団Aの債権者Xが、社団財産である本件不動産の所有権の登記名義人であるYを被告として提起した執行文付与の訴えであるところ、本判決は、第一審の請求棄却、原審の控訴棄却の各判決を経て提起されたXの上告を棄却した結果、XのYに対する執行文付与請求は排斥されている。(4)

もっとも、最高裁は、傍論としてではあるが、法人でない社団Aの財産である不動産が、本件のYのように第三者の名義で登記されている場合には、社団Aに対する債務名義に加えて、当該不動産が社団財産であることを証明する文書が申立書に添付され、その旨が証明される限り、債権者Xは、当該金銭債権の債務名義に単純執行文の付与を受けて、対象不動産の名義を第三者Yにしたままで差し押さえることができる、と判示している。(5)これにより、社団債権者のために権利保護の途が開かれたことの意義は大きい。しかし他方で、本判決が認めた執行方法は、従前の見解を批判し、これを退けた上で提示されたものであったため、大いに議論を呼んだ。本判決に付された田原睦夫裁判官の補足意見が、示唆に富んでいたこともその一因と言えよう。

そこで、以下では、平成二二年最判が、XのYに対する執行文付与請求を棄却した判断を検討した上で（第二節）、同判決の傍論に示された新しい執行方法およびこれに関する補足意見の意義について、検討を加えることにする（第三節）。

第二節　執行文付与手続の利用

第一款　消極的評価とその理由

平成二二年最判は、結論として、債権者Xの第三者Yに対する執行文付与請求を排斥している。そしてこの点は、第一審判決および原判決も同様である。しかしながら、本判決の登場する以前は、社団代表者の名義で登記された不動産について、社団債権者は、社団に対する金銭債権の債務名義の執行力が「請求の目的物の所持者」である社団代表者に拡張されること（民執二三条三項の類推適用）を前提として、承継執行文の付与を受けて（同二七条二項）、社団代表者を執行債務者として、代表者名義による所有権登記がされた不動産を差し押さえることができるとする解釈論（以下、「法二三条三項類推適用説」という）が有力であり、本判決の第一審および原審もこの点に異論を唱えていなかった(6)。

右のような解釈を前提とすると、本件のように、執行対象不動産が第三者の名義で登記されている事案については、次の二通りの方法による対処が可能と考えられる。すなわち、第一に、社団財産に属する本件不動産について所有権の登記名義を有する第三者Yは、社団代表者と同様、「請求の目的物の所持者」と扱って、社団Aに対する執行力がYにも拡張されることを認め、債権者Xは、承継執行文を受けてYを執行債務者とする強制執行を認めることである。しかし、この第一の方法は、平成二二年最判が、XのYに対する執行文付与請求を認めなかった結果、最高裁によって排斥されていることは明らかである。

もう一つの方法は、債権者が「債権者代位権により当該社団の代表者個人への真正な登記名義の回復を原因とする所有権移転登記手続を経た上でこれを差し押さえる方法」によって、社団を債務者とする金銭債務を実現することが考えられる。つまり、社団債権者は、社団に対する金銭債権を保全するため、債権者代位権に基づいて、社団代表者が登記名義人である第三者に対して有する登記請求権（真正な登記名義の回復を原因とする所有権移転登記請求権）を代位行使して、執行対象不動産の登記名義を第三者から社団代表者へと変更した上で、登記名義人となった社団代表者を執行債務者として執行対象不動産を差し押さえるのである。この第二の方法は、法二三条三項類推適用説のコロラリーとして、当時は特に問題がないものと解されていたものであり、現に原判決および第一審判決の傍論において明確に支持されている（第二節における判旨※を参照）。

しかしながら、平成二二年最判は、原判決および第一審判決と同様、第一の方法を排斥したのみならず、社団財産である不動産に対する金銭執行の方法として、執行文付与手続を利用すること自体を否定するという徹底した立場を採用した。この点は、平成二二年最判の法廷意見および補足意見が、執行文付与手続の利用を否定する際に掲げた論拠を検討することにより、明らかとなる。すなわち、まず法廷意見では、第一に、民事執行法二三条三項が特定物の引渡請求権を予定していること、第二に、同二七条二項の執行文付与手続及び付与の訴えにおいては、執行対象財産が債務名義上の債務者に属するか否かを審理する手続が予定されていないこと、が指摘され、執行文付与手続の利用が否定されている。次に、田原睦夫裁判官の補足意見では、右に掲げた二点に加えて、第三に、金銭債権の債務名義に表示された執行債務者は社団であるにもかかわらず、登記名義人が執行債務者となることを許容する点において異例の形態となること、第四に、当該登記名義人を執行債務者とする債務名義を有する第三者が配当加入してきた場合、その者を排除することは容易でないこと、が論拠とされている。

さて、右に掲げた四つの論拠は、いずれも社団を債務者とする金銭債務の債務名義の執行力を債務者以外の主体に拡張する場面を想定し、これを消極的に評価したものである。換言すれば、そこでは登記名義人が便宜的に登記名義を管理するにすぎない存在であるといった登記名義人の属性の問題は、まったく評価されていない。したがって、これらを総合すると、平成二二年最判は、社団代表者が登記名義人である場合における法二三条三項類推適用説（原判決および第一審が認めていた第二節の判旨※の引用部分）を容認しているとは解し難く、むしろ、その傍論で採用した新しい執行方法をもってこれに替えることを意図したものと解することができる。

第二款　執行力拡張の是非（法廷意見の論拠の検証）

平成二二年最判は、第一款で検討したように、法人でない社団の財産に対する強制執行において、執行文付与手続を利用することを一般的に否定したものと解される。しかし、この結論を導く過程で掲げられた論拠は、果たして説得的なものと言えるだろうか。

まず、第一の論拠は、極めて形式的と言わざるを得ない。すなわち、特定物引渡請求権を表示した債務名義に基づく強制執行（引渡執行）においては、責任財産として観念できるのは、社団財産である特定の目的物それ自体である。社団もその目的物を引き渡す義務を負うにすぎず、社団に代わって当該目的物を所持する者が負う義務も同じである。つまり、責任財産は所持者の総財産ではなく、あくまで当該目的物であり、それを引渡請求権の債務者に代わって固有の利益なしに所持する者がいるときは、その者に対しても引渡義務を表示した債務名義の執行力が拡張されることにしたのである。これらを前提とする限り、金銭債務の債務名義の執行力を、執行対象不動産の登記名義を債務者のために有する者に対して拡張することと、特定物引渡請求権を表示した債務名義の執行力拡張とはかなり状況が異なることは確かである。

しかし、法二三条三項類推適用説は、このことを承知の上で、責任財産の範囲を執行対象財産となるべき本件不動産（目的物）に限定することを前提に、執行文付与手続を経由して、本件不動産の登記名義人（当該目的物の所持者）に対して執行力を拡張しようとする立場なのであって、いわば「執行力の主観的範囲の責任制限的拡張」(7)を認めたものと解される。特に、登記名義人が社団代表者である場合については、現在の不動産登記制度の下で、社団財産の公示方法として代表者個人名義の所有権登記が浸透している状況(8)を前提とする限り、執行力拡張はやむを得ない拡張解釈と見られていたのである。しかし他方で、この解釈によって、民事執行法における大原則、すなわち、「執行債務者＝執行対象財産の所有者（執行対象不動産の所有権の登記名義人）」の関係が維持されることも確かなのである。このように見てくると、第一の論拠は、法二三条三項類推適用説にとっては当然のことが指摘されたにとどまり、あまり意味がないと言えよう。

次に、第二の論拠は、執行文付与手続が、執行対象不動産が社団財産に属することを直接確認するものとなっていない点を指摘している。確かに、裁判所書記官による執行文付与の審査においては、この指摘は妥当しようが、社団代表者を被告とする執行文付与の訴えが提起された場合には、原告たる社団債権者は、被告が社団代表者であることを証明するために社団定款等を証拠として提出することになると考えられる。社団定款等を吟味すれば、執行対象不動産につき、社団名義の登記に代えて、社団代表者を登記名義人とする旨の条項等が存在するときは、当該不動産が社団財産であって、便宜上の登記名義人として社団代表者が登記事項証明書に記載されている、といった事実を認定することができるだろう。換言すれば、この事実を認定しない限り、社団代表者を被告とする執行文付与請求を認容することはできないであろう。そして、この点が判決理由中の判断となることは言うまでもない。このように考えると、確かに、従前の有力説が法二三条三項類推適用説を支持する際に、執行文付与請求の確定した認容判決が必須であると解してきたかは疑問の余地がある。しかし、第二の論拠にかかる問題は、執行文付与の際は同請求の確定した認容判決を前提とするといった修正を加えておけば、回避できるものと解されるため、やはり決定的な批判と言うことはできないだろう。

以上のほか、補足意見も、前述した第三および第四の論拠を挙げて、執行文付与手続の利用に反対している。これらの検討は、第四節において、本判決が認めた執行方法の手続構造を確認してから行うことにする。

第三節　平成二二年最判が認めた執行方法の検討

第一款　原則と例外

本判決によれば、金銭債権の債務名義を有する債権者が、社団財産たる不動産を執行対象として強制執行を申し立てる場合、当該不動産の登記名義人は第三者のままでも構わないことになる。この点は、金銭執行の原則に対する例外を認めたという一面を有する。もっとも、この例外は申立書に添付すべき登記事項証明書の取扱いに関する例外であって、本判決の認めた執行方法においても、執行対象不動産が執行債務者の財産に属するとの判断が前提とされている。しかしながら、右の説明には多少晦渋なところがあり、問題状況をより分かり易く整理するには、本判決も引用している民事執行規則二三条一号に立ち返って検討を始める必要がある。

第二款　民事執行規則二三条一号の意義

民事執行規則によれば、強制執行の申立ては、債権者・債務者の名称及び住所、債務名義及び執行対象財産の表示並びに執行方法を記載した申立書に、執行力ある債務名義の正本（執行正本）を添付してすべきである（民執規二一条）。不動産の強制競売を申し立てる場合には、執行正本に加えて、執行対象不動産の登記事項証明書を添付しなければならないが（民執規二三条一号）、これは執行対象不動産が債務者の所有に属することを証する文書に該当するものが、原則として登記事項証明書であることを意味している。(9)

さて、本判決は、「確定判決その他これに準ずる文書」を申立書に添付することを求めているが、要するに、この文書をもって執行対象不動産が債務者の所有に属することを証する文書と認めたわけである。とすると、「確定判決その他これに準ずる文書」と、民事執行規則二三条一号の規律の関係が問題になる。この点につき、同号の規律対象は、「権利に関する登記」と「表示に関する登記」を含むため、証明すべき事項と証明文書との関係について、場合分けが必要となる。

まず、①「権利に関する登記」は、登記事項証明書の所有者欄に執行債務者が記載されている場合であり、登記事項証明書が「執行債務者＝執行対象不動産の登記名義人」を証する文書になる。次に、②「表示に関する登記」には、まず表題部所有者欄に執行債務者が記載されている場合がある。これは、「権利に関する登記」がない場合でも、表題部所有者欄に記載された者には保存登記を申請できる強い推定力が法定されているため、中立書の添付文書になる。差押登記をする際には、職権による保存登記により①の「権利に関する登記」をした上で、差押登記をすることができる（不登七六条二項）。さらに、③「表示に関する登記」について、表題部所有者欄に記載された者が執行債務者でない場合には、表題部所有者欄の記載から推定される所有者が執行債務者でない以上、登記事項証明書のみでは中立書の添付文書として不足があることになる。この場合には、執行対象不動産が執行債務者の所有に属することを証する文書が必要である。この証明文書は、表題部所有者欄の記載に基づく推定を破る程度の証明力を有するものでなければならない。

以上のうち、②と③の関係には注意を要する。表題部所有者欄に執行債務者以外の第三者が記載されている場合、その第三者の債権者が強制競売を申し立てるときは、②の方法で第三者名義の保存登記・差押登記（不登七六条二項）をすることができる。よって、③の扱いは、②の方法が採られない限りで可能ということである。よって、表題部所有者欄に第三者名義の記載がある場合には、それを凌駕する証明力をもった証明文書によって所有者と認められる者のために職権で保存登記をして初めて（このとき、表題部所有者欄の登記事項は抹消される。不登規一五八条参照）、中立債権者のために差押登記をすることができるのである。

問題は、右の①～③の場合と、本件事案との関係である。すなわち、本件は、第三者名義の「権利に関する登記」がある事案であるため、実は①～③のいずれの場合にも該当しない。なお、念のために付言すると、未登記の不動産は「表示に関する登記」すらない場合であるが、この場合には「債務者の所有に属することを証する文書」（民執規二三条二号イ）と不動産登記令が規定する所定文書（民執規二三条二号ロ・ハ）を合わせたものを添付しなければならない（民執規二三条二号）。本件では、第三者名義の「権利に関する登記」（その前提としての表題部所有者欄の記載）がある以上、民事執行規則二三条二号を適用する余地もない。

第三款　解釈論の限界

第三者名義の「権利に関する登記」がある場合、その旨の登記事項証明書は、当該第三者の債権者が強制競売を申し立てる際に、申立書に添付すべきある（第二款の①の方法）。とすると、社団を債務者とする強制競売の添付文書として、第三者名義の「権利に関する登記」のある登記事項証明書が提出された場合には、この文書は当該不動産が社団の所有に属しないことを証明する文書として機能するはずである。したがって、この場合、裁判所は、社団を債務者とする強制競売の申立てを却下しなければならない。

この結論は、執行債務者と執行対象不動産の名義人が同一であることを証する文書は、登記事項証明書に限られ、その他の文書によって代替できないとする従来の解釈に従えば、至極当然のことである。[10]そして、このような厳格な解釈は、強制執行制度を支配する形式主義の表れなのであって、その合理性自体は、旧法から現行法に至るまで疑われてはいない。

とすると、第三者の「権利に関する登記」がある不動産を執行対象財産とする強制競売の申立ては、民事執行規則二三条一号の規律の根幹部分を逸脱していると言わざるを得ない。つまり、本判決の認めた執行方法は、同号の延長線上には存在し得ないものなのである。[11]ところが、本判決は、その傍論の末尾で「民事執行法二三条一号参照」と述べている。しかしこれは、右に行った考察を踏まえると、「参考」程度の意味しかないものと解すべきことになろう。換言すれば、本判決は、同号の解釈論に収まらない新たな考え方を提示したもの、すなわち、不動産執行に関する新たな規則を生み出したという一面を有するのである。

第四款　異形の形式主義

本判決は、執行債務者が法人でない社団であるとき、社団財産（社団構成員に総有的に帰属する財産）である第三者名義の不動産を執行対象財産として強制競売を申し立てる場合、申立書には、執行正本のほか「確定判決その他これに準ずる文書」を添付することを要求している。この文書は、第三款で見たように、民事執行規則二三条一号の解釈論の枠を超えた新たな添付文書と考えるべきである。敷衍すると、執行債務者と執行対象不動産の登記名義人が常に異なる事件類型として、法人でない社団を債務者とする金銭執行事件を想定し、当該不動産が社団（社団構成員全員）に帰属する旨を証明する文書を中立書の添付文書とすることを、同号所定の文書とは別に許容したのである。以下では、これを「社団財産証明文書」と呼ぶことにする。

理論上問題となるのは、社団財産証明文書が、強制執行制度における形式主義との関係でどのような役割を果たすかである。強制執行制度は、権利判定機関と執行機関の分離を前提としている以上、執行機関による実体審査を許容する解釈を安易に採用すべきではない。本判決も、確かにこの点には配慮している。すなわち、本判決は、社団を債務者とする金銭債権の債務名義に基づいて債権者が強制競売を申し立てる場合、その申立書には、執行正本のほか、社団財産証明文書を添付すべきものと説いているのであり、これにより、執行機関たる裁判所は、申立書に添付された文書の形式審査を実施すれば足りる旨を示唆していると解される。換言すれば、開始申立てのあった執行裁判所においては、証拠方法を当該書証（社団財産証明文書）に限定する一方で、執行機関独自に執行対象財産が債務者たる社団の財産であるか否かの実体審査をしない、という審査の仕組みが採用されねばならないところ、中立書に添付された社団財産証明文書が、定型的に証明力の高い文書であることが、前述の形式審査の仕組みを構築する上で不可欠の前提となるのである。要するに、本判決は、強制執行制度を支配すべき形式主義をおよそ放棄したのではなく、社団財産証明文書を中立書に添付させ、それを登記事項証明書と同様に審査することを通じて、民事執行規則二三条一号とは異なった態様で形式審査を志向したものと解することができる。

第五款　社団財産証明文書の取得方法

本判決によれば、社団債権者が他人名義で登記された不動産を対象として社団に対して金銭執行を申し立てるには、執行正本のほか、中立書に社団財産証明文書を添付しなければならない。そして、社団財産証明文書に相当するのは、執行対象不動産が、社団構成員全員の総有に属することを確認する旨の社団債権者と社団及び当該不動産の登記名義人との間の「確定判決その他これに準ずる文書」とされている。とすると、社団財産証明文書を取得するのに必要な前駆手続としては、社団債権者が原告となり、社団及び登記名義人を被告とした確認訴訟が、最初に想起されることになろう。すなわち、社団債権者が、請求の趣旨において当該不動産が社団構成員全員の総有に属することの確認を求める訴訟である。この場合、原告の請求を認容した判決は、当該不動産が、登記名義人たる第三者の所有ではなく、社団に帰属すること（構成員全員の総有に属すること）を証明する文書と言うことができる。

ただし、右の確認訴訟の構造、すなわち、執行対象不動産の社団帰属性を証明する文書を作り出すための訴訟の構造に関しては、とりわけ法人でない社団を被告に加えることの是非をめぐって、学説上議論が生じている。[12]この問題の検討は非常に重要であるが、本書では、第九章においてこの問題を詳細に検討しているので、本章ではこれ以上立ち入らないこととする。

第六款　補足意見と二つの類型

本判決には、田原睦夫裁判官による補足意見が付されているが、その主な内容は次の通りである。すなわち、法人格のない社団は、権利の主体になれない以上、構成員の総有不動産の登記は社団代表者等の名義で登記されざるを得ない。それでも、社団に対する金銭債権の債務名義に基づき、構成員の総有不動産を執行対象として強制執行をすることを認めるべきである（つまり法廷意見を前提とする）が、そのための要件については、登記名義人と社団との関連性に応じて場合分けが必要である。まず、登記名義人と社団との関連性が、「債務名義、当該社団の規約等から明らかな場合」がある（以下、「第一類型」という）。例えば、登記名義人が、社団代表者、構成員全員、あるいは、規約等で登記名義人と定められた者である場合であり、この場合は、執行対象財産の登記名義人と執行債務者の名義とが一致する場合に準じて扱うべき（登記名義人は執行を受忍すべき）であるから、登記名義人に第三者異議の訴え提起の負担を課しても衡平を害さないとされる。他の一つは、登記名義人と社団との関連性が「債務名義等からは明らかでない場合」[13]である（以下、「第二類型」という）。例えば、登記名義人が社団の旧代表者等である場合、社団が構成員の総有不動産であることを対抗できる第三者である場合等であり、これらの場合、執行債権者は、社団に代位して（社団に登記請求権の原告適格がないならば、さらに当該社団において登記名義人と定められた者を代位して）、当該社団において登記名義人と定められた者への移転登記手続を請求し、その登記を経由することによって第一類型へと是正するのが望ましい。しかし、執行対象不動産が社団との関係で構成員の総有に属すると認められ、登記名義人との関係でも当該事実が証明度の高い文書によって認められる場合には、第一類型に準じて強制執行を開始することができる。

ところで、右に要約したような補足意見は、本判決が否定した法二三条三項類推適用説（第二節参照）と重なる部分を有する。すなわち、第二類型につき、従前の法二三条三項類推適用説と同様、執行対象不動産の名義を第三者から代表者等の名義へと変更してから執行すべきものと主張しているからである。これは一見すると「反対」意見のようにも映る。しかし、田原意見の意図はそこにはなく、むしろどちらの類型も第三者名義のまま不動産競売を開始できることを踏まえて、法人でない社団の資産たる不動産の公示方法との関係で、より堅実な類型がどちらであるかを指摘したにとどまるものと解すべきだろう。(14)

第七款　執行文付与手続の利用は「異例の形態」であるか

第二節第二款では、法二三条三項類推適用説に対する消極論の論拠のうち、第三および第四の論拠（補足意見のそれ）について検討を留保していた。前款で補足意見を紹介したので、ここで右の二つの論拠についても検討を加えることとする。

まず、第三の論拠であるが、補足意見は、社団を債務者とする金銭債権の債務名義に基づいて他人名義の不動産を執行対象として差し押さえる場合に、執行文付与手続を利用することは、「異例の形態」であると指摘する。確かに、金銭執行においては、金銭債権の性質上、これを表示した債務名義において債務者とされた者の責任財産に属する財産のみが執行の対象となるべきであり、よって第三者名義で登記された不動産はそもそも当該債務名義の摑取力が及んでいないのであるから、執行対象外となるのは当然である。にもかかわらず、第三者名義で登記された当該不動産に限ったこととは言え、当該債務名義の摑取力を拡張する結果を認めることは、「異例」と言って差し支えないだろう。

では他方で、本判決が認めた執行方法は、「通例」と言えるのだろうか。確かにこの執行方法は、金銭執行の原則に従って、執行債権者を債務名義の金銭債権の債務者と一致させるので、債務名義に付与される執行文は単純執行文であり、執行債務者は社団自身である（民執二〇条、民訴二九条）。しかしながら、第一に、民事執行規則二三条の解釈として、開始決定では、執行正本と登記事項証明書による形式審査を行うものとされ、執行対象財産の所有関係が登記事項証明書以外の文書により証明されることを予定していない。よって、本判決が、社団財産証明文書を登記事項証明書に匹敵するものと位置づけ、場合によってはこれを凌駕する証明力を備えた文書と認めた点は、従来の執行実務に照らして「異例」となるはずである。すなわち、本判決の認めた執行方法は、民事執行規則二三条の規律を明白に逸脱しているため、本来ならば申立て却下となるべきところ、それでも開始決定ができるものとされた点は「異例」と言わざるを得ない。第二に、第一とも関連するが、本判決の認めた執行方法によれば、執行正本の債務者と登記簿上の所有名義人のみからは「執行債務者≠執行対象財産の所有者」であり、この状態を本来あるべき「執行債務者＝執行対象財産の所有者」の関係に是正する手順を省略して、第三者名義の不動産を執行対象財産として開始決定をすることを認めることになるが、これもまた「異例」と言うべきである。第三に、執行対象不動産の登記名義人に対しては、執行債務者ではないが故に、開始決定書も送達されないが、このように執行手続において重大な不利益を被る執行対象財産の登記名義人に対して、特に手続保障が図られていないこともまた「異例」と言わざるを得ない。

以上のように、本判決が認めた執行方法にも、「異例」と評すべき要素が多分に含まれている。ところで、補足意見で言及された問題ではないが、法二三条三項類推適用説については、法人格否認の法理に基づく執行力拡張を否定した最一小判昭和五三年九月一四日判時九〇六号八八頁と抵触する可能性も指摘されている。(15)確かに、責任財産は執行対象不動産に限定されるとは言え、社団に対する執行力の主観的範囲を登記名義人たる第三者に拡張する場合には、当該社団の法主体性を否定することと相通じる思考が潜んでいるものと認める余地がある。しかしこの点は、本判決が認めた執行方法に従って、金銭執行の債務者が社団であるにもかかわらず、第三者名義で登記された不動産をそのままの状態で執行対象不動産として強制競売を開始する場合も同様であり、社団と当該第三者とを同一主体として扱ったものと評価する余地がある。そうである以上、両者は多少なりとも執行債務者たる社団の地位を相対化していると言えよう。

結局、どちらの見解が「より異例」であるかを競っても、さほど有意義な結果は得られないものと思われる。(16)

第八款　登記名義人の債権者による配当加入と手続競合

補足意見は、法二三条三項類推適用説の問題点として、執行対象不動産の登記名義人の債権者による配当加入を排除できないと指摘する。これに対して、本判決の認めた執行方法による場合にも、互いに調整の余地がない手続競合の問題が生ずるとの指摘が見られる。(17) 以下では、問題状況を簡略化して両者を比較検討する目的で、次のような略称を導入する。すなわち、社団（甲）、その債権者（A）、登記名義人（乙）、その債権者（B）として、Aが甲を執行債務者として強制競売の開始を申し立てた事件を「甲事件」と呼び、Bが乙を執行債務者として強制競売の開始を申し立てた事件を「乙事件」と呼ぶことにする。執行対象不動産は、「不動産P」とする。

(一)　執行文付与手続を利用する見解とその問題点

法二三条三項類推適用説によると、確かに、債権者Aが社団甲を債務者とする金銭債権の債務名義の執行力の主観的範囲を第三者乙にまで拡張し、乙を執行債務者とする乙事件が開始されたとしても、不動産Pの売得金は、社団甲の債権者（Aら）の配当原資となるべきであって、第三者乙の債権者（Bら）が配当に与かるのは筋違いである。

そのため、Bらの配当要求は制限できなければならない。

この点につき、補足意見は、Bらの配当要求を制限する有効な手段が見当たらないと指摘する。確かに、その手段がなければ、法二三条三項類推適用説には問題があることになろう。もっとも、この点については、配当異議手続を利用してBらの配当金受領を排除できるとの見解が、すでに主張されている[18]。配当異議制度に頼ること自体も一種の便法ではあるが、魅力的な提案と思われる。しかしながら、配当異議が出ない場合には問題がある。よって、甲事件の執行裁判所としては、乙を債務者とする債権をもって甲事件に配当要求をすることを一律に禁止する余地がないかどうかを検討すべきであろう。これが仮に困難とすれば、乙の債権者による配当要求を制限できないことが、法二三条三項類推適用説を否定する決定的な理由となり得るように思われる。

(二)　平成二二年最判の認めた執行方法とその問題点

本判決の認めた執行方法によれば、債権者Aは、社団甲を債務者とする金銭債権の債務名義に単純執行文の付与を受けて、第三者乙の名義で所有権登記のされた不動産Pを執行対象として強制競売の開始を申し立てることができる（甲事件）。甲事件の開始決定があると、裁判所書記官の嘱託に基づいて、不動産Pについて甲事件の差押登記がされる（民執四八条一項）。この差押登記は、執行裁判所が、社団財産証明文書に基づいて、乙名義で所有権登記のされた不動産Pを甲事件の限りで、甲の責任財産であると認定したことを前提としている。そのため、不動産Pの乙名義の所有権登記は、抹消されることはない。よって、登記事項証明書の記載上は、あくまで「執行債務者（甲）≠執行対象不動産Pの所有権の登記名義人（乙）」の関係になる。

ところで、甲事件の開始決定は、社団甲には送達される（民執四五条二項）のに対して、不動産Pの所有権の登記名義人である乙には送達されない。したがって、乙は、甲事件の開始を知らないことになる。この点は、債権者B

が乙を債務者とする金銭債権の債務名義に単純執行文の付与を受けて、債務者乙の名義で所有権登記のされた不動産Pを執行対象とした強制競売の開始が申し立てられ、開始決定があった場合（乙事件）も同様であり、乙事件が開始したことについて、社団甲らが知ることは予定されない。このように、甲事件と乙事件は、互いにリンクしない形で進行することになる。仮に債権者が知ったとしても、一方の事件の債権者が他の事件の開始決定について執行異議を申し立てることはできないものと解される。

本判決が認めた執行方法による帰結が、右に検討した通りであるとすると、甲事件および乙事件のそれぞれについて売却許可決定がされ、代金が納付され、引渡しに至ったときには、先に引渡しを受けた買受人に対して、後に代金を納付した買受人は追奪請求をすることになるのか等、錯綜した問題が生ずる可能性がある。[19] また、他方の事件の存在を知ったもう一方の事件の差押債権者は、第三者異議の訴えを提起してその確定した認容判決をもって他方の事件を取り消すことは可能と言わざるを得ないが[20]、先行する事件を停止させ、取り消すことができるにせよ、そのような事態に至れば、事件が複雑になることに変わりはない。これらの問題を回避できないとすれば、本判決が認めた執行方法の採用を断念する決定的な理由となり得よう。

しかしながら、乙事件が、甲事件とまったく無関係に併存するかは一つの問題であるように思われる。確かに、甲事件の開始決定に基づく差押登記嘱託の結果を反映した登記事項証明書は、甲事件の執行裁判所に送付されるため（民執四八条二項）、乙事件の申立てにかかる執行裁判所は、甲事件の存在を知らないと言えそうである。しかし、乙事件の申立てを審査する執行裁判所は、乙名義の不動産の登記事項証明書に基づいて開始決定を行うのであるから、甲事件の嘱託登記が完了していれば、乙事件の申立書に添付すべき登記事項証明書には甲事件の差押登記が表示されているはずである。この登記事項証明書を提出された乙事件の執行裁判所は、Bによる強制競売開始申立てについて何ら疑問を抱かず、開始決定をし、裁判所書記官は差押登記を嘱託することになるのか、また登記官は甲事件の差押登記がある乙名義の不動産について、当然に乙事件の差押登記の嘱託を受理することになるのか、という疑問が生ずる。

もっとも、甲事件の差押登記が、Bが乙名義の登記事項証明書を取得した後であった場合には、Bは差押登記のない登記事項証明書を添付して乙事件の開始申立てをすることがあり得るし、その場合には普通に乙事件の開始決定がされるだろう。しかし、乙事件の差押登記を嘱託した時点ですでに甲事件の差押登記が存在するときは、先に述べた疑問が生ずることになる。そしてこの場合、乙名義の所有権登記がある不動産が、異なる事件について二重に差押登記がされるかどうかは、一つの問題である。この点、やはり後れた差押登記の申請は、「申請にかかる登記が既に登記されているとき」（不登二五条三号、一六条二項）に該当し、登記官により登記申請が却下されるのではなかろうか。かくして乙事件の差押登記ができないときは、乙事件の強制競売開始決定は取り消されることになる（民執五三条）。

以上の検討が誤りでなければ、本判決が認めた執行方法に伴う手続競合の問題は、克服できる可能性を秘めていることになる。この点とこれまでの検討結果とを合わせ考えると、本判決が認めた執行方法は、僅かに難点が少ないと言えそうである。

第四節　おわりに

これまで、平成二三年最判が認めた執行方法と法二三条三項類推適用説とを対比して、いくつかの論点について比較検討を行った。その結果を振り返ると、どちらの見解にもメリット・デメリットがあり、やや決め手を欠いている感は否めない。しかし、それでもなお、第三節第八款(二)で指摘したように、本判決が認めた執行方法に関して現在までに気づかれている難点については回避の見込みがあるように思われる。この意味で、本判決が認めた執行方法は、法二三条三項類推適用説に対して優位に立つと言ってよい。加えて、本判決が登場したことにより、実務においてはこれを受容する準備が進められると考えられる。[21]そうである以上、今後はむしろ、本判決が認めた執行方法の難点を克服ないし補完することに注力する方が合理的と言えるだろう。

最後に、本判決の射程をめぐる議論について一言しておきたい。すなわち、一部の見解は、金銭債権の債務名義上の債務者が法人でない社団ではない場合にも、他人名義で登記された不動産がある場合に応用できると主張している。[22]しかし、本判決の射程をこのように拡張的に解することに対して、私見は懐疑的である。本判決は、やはり法人でない社団に対する強制執行（とりわけ金銭執行）において不可避的に生ずる問題を解決に導いた点に画期的な意義を有しており、またそれだけで十分に評価に値する。本判決の射程の拡張については、仮にそれをなすべきだとすれば、民事執行法の改正を通じてすべきである。

【注】

（1）兼子一『新修民事訴訟法体系〔増訂版〕』（酒井書店、一九六五年）一一一頁。

（2）この点は、第五章で詳細に検討した。

（3）平成二一年（受）第一二九八号・執行文付与請求事件。本判決は、その他、裁時一五一〇号二頁、判時二〇八二号六五頁、判タ一三二六号一二八頁、金判一三四九号一六頁、金法一九〇四号一一一頁、裁判所ウェブサイトに掲載されている。原判決は、前掲民集六四巻四号一二七三頁のほか、金判一三四九号二三頁、金法一九〇四号一一八頁において、また第一審判決は、前掲民集六四巻四号一二五九頁のほか、判時二〇三六号八八頁、判タ一二九五号三〇六頁、金判一三四九号二四頁、金法一八六〇号五六頁において紹介されている。

（4）　本判決に関する評釈・解説としては、次のものが公表されている。調査官解説として、榎本光宏・ジュリ一四一八号（二〇一一年）一一七頁、同・曹時六五巻一号（二〇一三年）一八七頁があるほか、川島四郎・法セ六七二号（二〇一〇年）一二四頁、下村眞美「法人でない社団の当事者能力」法教三六三号（二〇一〇年）一三頁、横木雅俊＝星知矩・民研六四二号（二〇一〇年）一七頁、青木哲・金法一九一八号（二〇一一年）七五頁、石毛和夫・銀法七二八号（二〇一一年）五七頁、園田賢治『平成二二年度重要判例解説』（有斐閣、二〇一一年）一六九頁、滝澤孝臣・金判一三五七号（二〇一一年）七頁、中島肇＝狩野信太郎・銀法七三五号（二〇一一年）一二頁、中野貞一郎「権利能力のない社団の不動産に対する強制執行─強制執行の形式化との対応」判タ一三四一号（二〇一一年）四頁、名津井吉裕『速報判例解説八号』（日本評論社、二〇一一年）一八一頁、萩澤達彦・成蹊七四号（二〇一一年）一九二頁、松村和徳・セレクト二〇一〇［Ⅱ］（法教三六六号別冊付録、二〇一一年）三二頁、同・リマークス四三号（二〇一一年）一一〇頁、満田忠彦・公証法学四一号（二〇一一年）四三頁、宮永忠明・『平成二二年度主要民事判例解説』（判例タイムズ社、二〇一一年）二三四頁、山本克己・金法一九二九号（二〇一一年）四四頁、山本弘「法人格なき社団をめぐる民事手続法上の諸問題（2）」法教三七五号（二〇一一年）一四一頁（一四六頁以下）、山本和彦・法研八四巻三号（二〇一一年）一四三頁、渡邉健司「強制換価法における外観と実体─人格なき社団事例の具体的検討」金法一九一八号（二〇一一年）五〇頁、無記名解説・判タ一三三九号（二〇一一年）二三八頁、青木哲・上原敏夫＝長谷部由起子＝山本和彦編『民事執行・保全判例百選［第二版］』（有斐閣、二〇一二年）一九頁、片岡義広・ジュリ一四五五号（二〇一三年）八五頁、山本弘「法人格なき社団の財産に対する強制執行の方法─最判平成二二年六月二九日が残した問題点」金融財政事情研究会編（田原睦夫先生古稀・最高裁判事退官記念）『現代民事法の実務と理論（下）』（きんざい、二〇一三年）一二三〇頁等がある。

また、第一審判決の評釈として、上田竹志・法セ六五七号（二〇〇九年）一二六頁、田頭章一・判評六一六号（判時二〇七二号、二〇一〇年）一九八頁、内藤和道『平成二一年度主要民事判例解説』（判例タイムズ社、二〇一〇年）二一〇頁、無記名解説・判タ一三一五号（二〇一〇年）二九二頁等がある。また、原判決の評釈として、名津井吉裕『速報判例解説五号』（日本評論社、二〇〇九年）一四五頁、同・セレクト二〇〇九［Ⅱ］（法教三五四号別冊付録、二〇一〇年）三二頁、松村和徳・リマークス四〇号（二〇一〇年）一三四頁等がある。

（5）この考え方を主張していた本判決以前の見解として、星野英一「いわゆる『権利能力なき社団』について」同『民法論集第一巻』（有斐閣、一九七〇年）二二七頁、土谷茂「権利能力なき社団との取引」手形研究三九五号（一九八七年）五五頁、大場民男監修『法人格なき団体の実務〔三訂版〕』（新日本法規、一九八八年）一七五頁〔鈴木雅雄〕、新堂幸司＝小島武司編『注釈民事訴訟法』（有斐閣、一九九一年）四三九頁〔高見進〕等がある。

（6）平成二二年最判の事案と判旨を紹介した第二節において、判旨※として引用した部分を参照されたい。なお、同旨を説いていた当時の学説としては、伊藤眞『民事訴訟法〔第三版四訂版〕』（有斐閣、二〇一〇年）九六頁注二八、新堂幸司『新民事訴訟法〔第四版〕』（弘文堂、二〇〇八年）一四二頁、大山涼一郎ほか『執行文に関する書記官実務の研究（下）』（司法協会、一九九二年）五四四頁、山本弘「当事者能力」法教二五一号（二〇〇一年）一六頁等。

（7）名津井・前掲注（4）一四八頁において同旨を述べたことがある。別の見方をすれば、この場合、社団代表者が、その総財産をもって社団債務に対する責任を負わないことが前提である。

（8）最二小判昭和四七年六月二日民集二六巻五号九五七頁および最三小判平成六年五月三一日民集四八巻四号一〇六五頁によれば、社団財産の公示方法として想定できるのは、①構成員全員の共有名義による登記か、②社団代表者等の構成員の個人名義で登記する方法によるべきである。構成員の加入・脱退等の変動による更正登記の煩瑣を避ける必要から、②の方法が多く利用される。②のうち、特に社団代表者の場合で言えば、特定の不動産が真に社団財産であるとしても、社団代表者の個人名義で登記されたため、債務名義上の債務者たる社団と、執行対象不動産の登記名義人たる社団代表者が別主体となり、金銭執行の大前提が崩れることになる。

（9）本条の前身である旧民事訴訟法六四三条の沿革については、渡邉健司・前掲注（4）五〇頁が詳しい。

（10）最高裁判所事務総局民事局監修『条解民事執行規則〔第三版〕』（司法協会、二〇〇七年）九九頁等。理由として、手続の安定・他人名義のまま差押登記ができないことが挙げられる。

（11）名津井・前掲注（4）一八四頁において、本判決は「無理を通した」と述べたが、本文の説明はこれを敷衍したものである。

（12）法人でない社団には民事訴訟法二九条に基づき被告能力が認められることが前提であることは、言うまでもない。問題は、原告たる債権者が当該社団との関係で執行対象財産である不動産が社団財産に属することの確認を求める利益を有するかどうかである。

(13) この場合、民事保全法上の保全処分としては、仮差押えではなく、処分禁止の仮処分が適するとも指摘している。
(14) 最二小判昭和四七年六月二日民集二六巻五号九五七頁。
(15) 山本弘・前掲注(4)田原古稀一二三三頁。
(16) 山本弘・前掲注(6)法教三七五号一四九頁は、「何が強制執行として異例の形態であるかは神学論争になりかねない」と指摘するが、本文も同旨である。
(17) 渡邉・前掲注(4)五八頁、中野・前掲注(4)一三頁、山本弘・前掲注(6)法教三七五号一四九頁等。
(18) 山本弘・前掲注(6)法教三七五号一五〇頁。
(19) 中野・前掲注(4)一四頁がその旨指摘する。
(20) 山本弘・前掲注(6)法教三七五号一五〇頁はこの方向を指摘する。
(21) 補足意見は、第三者名義で登記された不動産についての保全処分にも言及しているが、この点を検討する余裕はなかった。しかし、すでに最二小決平成二三年二月九日民集六五巻二号六六五頁において最高裁の立場は明らかにされており、本判決が採用した執行方法の枠組みを前提としながら、仮差押命令の申立書には、社団財産証明文書に相当するものの添付を要するが、「必ずしも確定判決等であることを要しないと解するのが相当である」とされた。本決定については、第八章を参照。
(22) 滝澤孝臣・前掲注(4)一一頁。

第八章　法人でない社団の財産に対する仮差押え

第一節　はじめに

第一款　問題の所在

法人でない社団の財産である不動産を対象として、社団債権者が仮差押えをする場合、申立書には、どのような文書を添付しなければならないだろうか。

これは、第七章で検討した最三小判平成二二年六月二九日民集六四巻四号一二三五頁（以下、「平成二二年最判」という）を前提とするとき、避けて通ることのできない問題である。すなわち、平成二二年最判によれば、法人でない社団の財産である不動産を執行対象とした強制競売の申立てには、「当該社団を債務者とする執行文の付された上記債務名義の正本のほか、上記不動産が当該社団の構成員全員の総有に属することを確認する旨の上記債権者と当該社団及び上記登記名義人との間の確定判決その他これに準ずる文書」（以下、「社団財産証明文書」という）を添付しなければならない。しかし、仮に仮差押えを申し立てる場合にも、これと同様の文書が必要であるとすると、社団債権者は、本差押えの申立てができるようになるまで、仮差押えの申立てができない、という不便を強いられることになる。

次に紹介する最二小決平成二三年二月九日民集六五巻二号六六五頁（以下、「平成二三年最決」という）[1]は、右に掲げた問題について、確定判決が必要でないことを最高裁判所として初めて明らかにしたものである[2]。

本章では、平成二三年最決を素材として、法人でない社団の財産である不動産を対象とした仮差押えの手続、この手続における当該社団の地位を検討する。そこで、まず平成二三年最決を紹介し、その後、平成二二年最判と対比しつつ、右の課題について検討を加えることとする。

第二款　平成二三年最決の紹介

（一）〔本件仮差押え〕　貸付債権等の管理・回収を目的とする株式会社Xは、法人でない社団であるYを被告として、譲受債権請求訴訟を東京地裁に提起したところ、同地裁は、平成一九年六月一八日、六二七億三四一八万一九八五円及び平成一七年一二月二日から支払済みまで年五分の割合による金員の支払を命ずる仮執行宣言付きの判決を言い渡した（以下、「本件債務名義」という）。本件は、Xが、本件債務名義の金銭債権の一部を被保全権利として、第三者であるA合資会社が所有権登記の名義人となっている各不動産（以下、「本件不動産」という）はYの構成員全員の総有に属すると主張して、本件不動産の仮差押えを求めた事件である。

(二)〔関連事件〕　本件に先立ち、Xは、東京地裁に対し、本件不動産はYの構成員全員の総有に属するため、YはAに対して本件不動産につき真正な登記名義の回復を原因としてYの代表者であるBへの所有権移転登記請求権を有するところ、Xは本件債務名義をもって同登記請求権を代位行使すると主張して、これを被保全権利とする処分禁止仮処分を申し立てていた。平成一九年六月二二日、同地裁はXの申立てを認容し、処分禁止の登記が経由された(同月二五日)。一方、Xは当該仮処分にかかる本案訴訟として、Y及びAを被告として、本件不動産がYの構成員全員の総有に属することの確認、および、債権者代位権に基づいてAからYの代表者であるBへの真正な登記名義の回復を原因とする所有権移転登記手続を求める訴訟(以下、「本件本案訴訟」という)を東京地裁に提起し、同地裁は各請求を認容する判決をしたが(東京地判平成二一年三月二六日判タ一三一四号二三七頁)、Y及びAの控訴提起により、本件仮差押申立ての当時、この第一審判決は未確定であった。(3)

(三)〔第一審決定〕　Xは、本件仮差押えを申し立てる際、①本件本案訴訟の第一審判決、②本件本案訴訟の控訴審における原審の判断を維持する旨の心証を開示した口頭弁論調書、③本件本案訴訟において提出された主な書証を申立書に添付していたことから、①～③の文書によって、本件不動産がYの構成員全員の総有に属することの証明があったものとしてよいかどうかが争われた。第一審(東京地決平成二一年九月三日金判一三六六号四四頁)は、①～③の文書は、「いずれも手続安定の見地からして、類型的に確定判決に準ずる証明度の高い文書ということはできない」と述べて、Xの本件申立てを不適法として却下したので、Xが抗告した。

(四)〔抗告審決定〕　抗告審(東京高決平成二二年一一月五日金判一三六六号四〇頁)は、「確定判決に準ずる文書は、それのみによって権利の存在を客観的に判断できるものである必要がある」とした上で、とりわけ②の文書について「(本件本案訴訟の)控訴審も、口頭弁論終結前の時点において、原審の判断を維持する旨の心証を開示したにすぎない」等として、Xの抗告を棄却した。そこでXは、原決定のように「確定判決その他これに準ずる文書」(最高裁平成二二年（受）第一二九八号同二二年六月二九日第三小法廷判決・民集六四巻四号一二三五頁）を限定的に解するときは、社団に対するXの権利の保全を法が拒否するに等しい等として、許可抗告を申し立てた。最高裁は、次の理由から原決定を破棄し、原々決定を取り消して、本件を原々審に差し戻した。

(五)〔本決定〕　破棄自判。「権利能力のない社団を債務者とする金銭債権を有する債権者が、構成員の総有不動産に対して仮差押えをする場合において、上記不動産につき、当該社団のために第三者がその登記名義人とされているときは、上記債権者は、登記記録の表題部に債務者以外の者が所有者として記録されている不動産に対する仮差押えをする場合（民事保全規則二〇条一号イ）に準じて、仮差押命令の申立書に、上記不動産が当該社団の構成員全員の総有に属する事実を証する書面を添付して、当該社団を債務者とする仮差押命令の申立てをすることができるものと解すべきであり（前掲最高裁平成二二年六月二九日第三小法廷判決参照）、上記書面は、強制執行の場合とは異なり、上記事実を証明するものであれば足り、必ずしも確定判決等であることを要しないと解するのが相当である。

なぜなら、上記債権者が、当該社団のために第三者がその登記名義人とされている構成員の総有不動産に対して仮差押えをする場合に、上記不動産に対して強制執行をする場合と同様に、確定判決等を添付することを要すると解すると、上記債権者は、確定判決等を取得するまでは、上記不動産に対して仮差押えをすることができず、上記金銭債権の実現を保全することが著しく困難になる一方、上記不動産に対して仮差押えがされたとしても、上記不動産に対して強制執行がされた場合とは異なり、当該社団の構成員が権利を喪失することも、上記登記名義人が登記を抹消されることもないのであって、これらの者の利益に配慮して、仮差押命令の発令を、上記不動産の権利関係が確定判決等によって証明されたような場合に限ることまでは必要でないからである。

そして、記録によれば、本件申立書に添付された書面は、本件不動産が相手方の構成員全員の総有に属する事実を証明するに足るものとみる余地が十分にあるものというべきである。」「以上と異なる原審の判断には、裁判に影響を及ぼすことが明らかな法令の違反がある。論旨はこの趣旨をいうものとして理由があり、原決定は破棄を免れない。そこで、本件申立てを却下した原々決定を取消した上、更に審理を尽くさせるため、本件を原々審に差し戻すこととする。

よって、裁判官全員一致の意見で、主文のとおり決定する。

（千葉勝美　古田佑紀　竹内行夫　須藤正彦）」

第二節　検　　討

第一款　仮差押えの申立て

仮差押えは、金銭債権の強制執行を保全するために（民保二〇条）、将来の執行対象財産（以下、「保全対象財産」という）を仮に差し押さえる旨を宣言する形をとることから、強制執行の場合と同様、仮差押えの申立て及び同命令の発令においても目的物を特定しなければならない（民保規一九条一項、民保二一条）。仮差押えの申立書に添付すべき文書についても、とりわけ保全対象財産が不動産である場合には、民事保全規則二〇条が、民事執行規則二三条と同様、「権利に関する登記」のほか「表示に関する登記」を含めて、証明すべき事項とその書証文書との関係に応じ、書き分けて規定している。これを内容面から区別すると、①登記事項証明書の所有者欄に保全債務者が記載されている（保全債務者の「権利に関する登記」がある）場合、登記事項証明書が証明文書となる。②登記事項証明書の表題部所有者欄に保全債務者が記載されている（保全債務者の「表示に関する登記」がある）場合、表題部所有者欄に記載された者には保存登記を申請できる強い推定力が法定されていることから、①に準じて証明文書になる[4]。他方、③登記事項証明書の表題部所有者欄に記載された者が保全債務者でない（保全債務者の「表示に関する登記」がない）場合、登記事項証明書のみでは証明文書として不足があるので、保全債務者の所有に属することを証する文書を別途必要とする。

本件のように保全対象不動産の登記事項証明書の所有者欄に保全債務者たるYではなく、第三者Aが記載されている場合は、上記①〜③のいずれにも該当しない。よって、本来ならば、本件の仮差押えの申立ては却下されるべきである[5]。ところが、平成二二年最判は、強制執行との関係で、申立て却下の処理をせずに、社団債権者Xは、第三者A名義の所有権の登記のある不動産を執行対象財産として社団Yを債務者とする金銭債権の債務名義に基づいて当該不動産を差し押さえることができる、と判示していた[6]。この判例法理を前提とする限り、社団債権者Xによる本件不動産の仮差押えの申立ては、仮差押えの申立書に保全対象不動産が債務者Yの所有であることを証する文書が添付されている限り、適法と解するのが素直である[7]。

第二款　社団財産証明文書としての確定判決の必要性

平成二二年最判は、強制執行の事案で、登記事項証明書の所有者欄に債務者以外の第三者が記載されている場合において、その証明力を覆すことのできる社団財産証明文書として「確定判決その他これに準ずる文書」を要求している。そこで、仮差押えの場合にもこれと同様の文書が必要となるかどうかが問題となったのが本件である。確かに、平成二二年最判は、「その他これに準ずる文書」としている以上、一定の幅が許容されていることは間違いない。しかしその一方で、「確定判決」が社団財産証明文書の筆頭に掲げられ、事実上はその典型として位置づけられている点に着目すると、仮差押えの申立書に添付すべき社団財産証明文書としても、債権者と社団及び登記名義人の間で保全対象不動産が社団構成員全員の総有に属することを確認した確定判決が基準となるものと解する余地があることは否定できない。

しかしながら、本決定は、次のような理由から、確定判決の必要性を否定している。すなわち、(a)確定判決まで要求すると仮差押えの申立てが困難になること、(b)仮差押えによっては登記名義人の登記抹消や社団（つまり社団構成員）の権利喪失が起こらず、保護の必要がないことである。

もっとも、本決定の結論は、必ずしも保全対象不動産が債務者所有（社団構成員の総有）であることの立証の程度を緩和したものではないと解される点には注意を要する。というのも、原審は、確かに社団財産証明文書を「それのみによって権利の存在を客観的に判断できるもの」と解して、未確定の確認判決では足りないと判断していたが、本決定は、「強制執行の場合とは異なり、上記〔筆者注：不動産が当該社団の構成員全員の総有に属する〕事実を証明するものであれば足り（る）」として、あくまで証明を求めているからである。実際、保全対象不動産が社団の構成員全員の総有に属することの確認を求める訴訟の請求認容判決は、事実審の口頭弁論終結時において確認対象とされた総有的帰属を、証拠と弁論の全趣旨に基づいて認めたものであるから、この確認判決自体の効力として、そこで認定された事実ないし法律関係が存在することの徴憑となることは自明であろう。問題は、このような証明力を備えた判決が確定しているかどうかによって、当該判決の証明力が直接に左右されるかどうかであるが、否定すべきものと解される。なぜなら、判決が確定したことは、当該判決が通常の不服申立てによっては取り消されないことを意味するのであり、当該判決が備える証明力そのものには直接の関係がないからである。そして、このことは、証明の対象となった事実ないし法律関係が、判決主文に表れている場合のみならず、判決理由中で判断されている場合も同様に解することができる。[8]

これに加えて、右のような解釈は、東京高判平成三年一一月一八日（判時一四四三号六三頁）が、未登記不動産の仮差押命令の発令要件について、保全対象不動産が債務者に属することの立証とは「証明」でなければならないと判示した趣旨及びこれを支持する通説[9]を基本的に踏襲したものと解される。したがって、Xが仮差押えの申立てに際して申立書に添付した文書が、社団財産証明文書として欠けるところはないと認めた本決定の判断は、妥当なものと思われる。

ところで、本件においてXが実際に申立書に添付したのは、前述①～③の文書であった。本決定の論旨からすれば、本件本案訴訟に関する①のみで足りるはずであるが、本件では②・③も添付されており、しかもそのこと自体は特に問題とされていない。この点はどのように考えればよいだろうか。[10]

平成二二年最判との対比で言えば、本決定の結論は、結果的に、社団財産証明文書のうち確定判決を除外したものを仮差押えの申立てに添付すべき文書として要求した形になっている点に留意すべきである。すなわち、確定判決と未確定の終局判決との間には、主文の判断の通用力、まさに既判力の有無に差異があるところ、強制執行の申立書については確定判決の添付を要求したとしても特段の支障はないが、仮差押えの場合にもこれを要求するときは、本決定も指摘する通り（決定理由ⓐ）、社団に対して金銭債権を有する債権者が、強制執行に備えて、社団の財産を保全する途を閉ざしてしまいかねない。これを避けるには、未確定の終局判決であっても、仮差押えの申立書に添付すべき社団財産証明文書として認めるべきである。もっとも、この証明文書は未確定判決である以上、上訴によって当該判決が取消し又は変更される余地がある。しかしこの点は、前述したように社団財産証明文書の証明力には直接関係がないのであるから、上訴による取消し・変更の可能性がある場合には、保全裁判所が、債権者に担保を立てさせることによって調整すべきあり（民保一四条一項）、またそれで足りるものと解すべきである。

以上を前提にして、本決定に立ち戻ると、そこでは立担保は特に問題とされていない。これは、②の文書に基づき、本案訴訟に関する原審の判断が控訴審によって覆される可能性は低いと判断された結果と考えることができるように思われる。(11) 一方、③の文書は、①の証明力の基礎となった書証であり、仮差押命令を発令する際の基礎となる①を補強する文書として、その採用に支障はなかったものと考えられる。したがって、本決定において、②・③が添付されたことには合理性があるものと解される。

第三款　処分禁止の仮処分との関係

本件事案のように、登記名義人が債務者と関連性の明らかでない第三者である場合に関しては、処分禁止の仮処分を利用する余地があるとの指摘が見られる。すなわち、平成二二年最判の田原補足意見（第七章第二款）によれば、法人でない社団の財産である不動産について所有権の登記名義を有する者が、代表者や定款等で登記名義の管理を委ねられた構成員のように社団との関係が明らかな場合には、同最判が認めた執行方法が妥当し、また同様に仮差押えも許容される。これに対して、社団との関連性が明らかでない第三者が登記名義人である場合は、債権者代位権により代表者等の登記請求権を行使して、まず代表者等の名義に移すべきであり、その保全手続としては登記名義人を債務者とし、同登記請求権を被保全債権とする処分禁止の仮処分が親和的とされる。

もっとも、田原補足意見は、平成二二年最判が認めた執行方法を、社団と登記名義人の関連性が明らかな場合に限定したものではない。つまり、前述の関連性が明らかでない場合でも、それが明らかな場合と同様に社団を債務者とする不動産競売を開始でき、また社団と登記名義人の関連性が明らかでないが故に、保全対象不動産が債務者（社団）に属すること（構成員全員の総有）の証明が困難な場合も想定できることから、前述の処分禁止仮処分の利用を推奨したにとどまるものと解される。しかしながら、学説上は、登記名義人の手続保障の観点からこの方向を支持した上で、さらに徹底して仮差押えではなく処分禁止仮処分によるべきと説く見解も有力である(12)。

この点については、確かに、仮差押えにおける登記名義人の手続保障は問題とする余地があるが、未確定であっても終局判決が社団財産証明文書とされている以上、前駆手続において登記名義人には被告としての手続に関与する機会が保障されたことが前提となる。保全裁判所も、社団との関連性が明らかでない登記名義人の場合には、少なくとも当該登記名義人を当事者とする（未確定の）終局判決を求める運用をすることによって、これを担保することが可能である。また本執行に移行した場合には、第三者異議の訴えによる救済もあること等を考慮すると、平成二二年最判を前提とした保全手続としては、社団と登記名義人の関連性が明らかでない場合でも、債権者代位権に基づく処分禁止仮処分に執着する必要はないと考えられる。

第三節　おわりに

平成二三年最決は、法人でない社団の財産である不動産を対象とした仮差押えを申し立てる場合に必要な文書を明らかにした点に第一義的な意義があるが、少し視野を広げると、平成二二年最判を前提とした実務が軌道に乗ったことを示唆する意味もあるように思われる。内容的にも、本決定の結論は、平成二二年最判が認めた執行方法を踏まえて、仮差押えの申立てをする社団債権者にとって無理のない適切な申立方法（申立書に添付を要する社団財産証明文書）を提示したものと評価することができる。このように、平成二二年最判に加えて本決定が出揃ったことにより、法人でない社団に対する強制執行・保全の大枠は整ったことになる。これは結局、法人でない社団の被告能力（被告側の当事者能力）が、執行および保全において名実ともに貫徹されたことを意味する[13]。よって本決定は、平成二二年最判を前提とした事例判断にとどまらず、理論面でも重要な意義を有すると言えよう。

【注】

（1）本決定については、民集のほか、裁時一五二七号一頁、判時二一〇七号一一二頁、判タ一三四三号一〇八頁、金判一三六六号三六頁、金法一九四二号九二頁等を参照。

（2）本決定の評釈として、秦公正・ジュリ一四四〇号〔平成二三年度重判解〕一三五頁、青木哲・法教三七八号別冊付録・判例セレクト二〇一一〔Ⅱ〕二七頁、萩澤達彦・リマークス四四号一三〇頁、田中壮太・NBL九五九号一一三頁、堀野出・民商一四五巻三号二九四頁、菱田雄郷・判評六三四号〔判時二一二七号〕二一頁、中島肇＝狩野信太郎・銀法七三五号一二頁、高部眞規子・金判一四〇八号八頁、笠井正俊・金法一九五三号四八頁、佐瀬裕史・法協一二九巻一〇号二八〇頁等がある。

（3）ちなみに、控訴審裁判所は控訴を棄却し、上告・上告受理申立てがされたが〔東京高判平成二二年一二月二四日判タ一三五一号一六二頁〕、本決定後の平成二四年六月二七日、上告棄却・不受理の決定がされ〔後掲：榎本光宏・ジュリ一四五九号九八頁、曹時六五巻八号一一五頁注1〕、第一審判決が確定している。

（4）仮差押えの登記時に職権による保存登記がされる。不登七六条二項参照。

（5）最高裁判所事務総局『条解民事保全規則』（法曹会、一九九一年）一一八頁等。

（6）第七章第一節第二款を参照。

（7）第七章第三節第二款で行った検討結果が、ほぼそのまま妥当することになる。

（8）平成二二年最判の田原補足意見も、同旨を指摘している。

（9）原井龍一郎＝河合伸一編著『実務民事保全法〔第三版〕』（商事法務、二〇一一年）六三頁等多数。

（10）なお、前掲注（1）に掲げた判タ等のコメントは、複数でもよく、公文書・私文書も問わないとする。

（11）なお、本決定によって、Xの仮差押えの申立てを却下した原決定は第一審に差し戻され、差戻審は、本件本案訴訟（第二節第一款の事実(二)参照）の確定を待たずに仮差押命令を発令し、同執行を了している。

(12) 山本和彦「判批」法学研究八四巻三号一六三頁、菱田・前掲注(2)一七〇頁、堀野・前掲注(2)三〇四頁等。これに対して、笠井・前掲注(2)五一頁はこれに反対している。

(13) 執行債務者能力（民執二〇条による、民訴二九条の準用）や保全債務者能力（民保七条による、民訴二九条の準用）は、それぞれ強制執行手続、民事保全手続（ここでは仮差押え）における手続主体となる地位を意味するにとどまる。しかし、これらの手続は金銭債権の執行・保全のための手続である以上、社団財産（社団の責任財産）に属する財産は、それがたとえ第三者名義で登記されていても、社団財産として換価・保全できるのでなければ、社団の地位（能力）は画餅に帰する。平成二二年最判および本決定は、これを避けて、社団の地位（能力）に実効性を与えたものと言えよう。

第九章　社団財産の不動産競売の申立てに必要な文書の取得手続

第一節　はじめに

第一款　本章の課題

法人でない社団は、民事訴訟法二九条により当事者能力を有するため、債権者は社団を被告とする金銭給付訴訟を適法に提起し、本案判決（とりわけ請求認容判決）を取得することができる。よって、社団債権者は、確定した金銭給付判決を債務名義として強制執行を開始できるはずである。ところが、執行の対象が不動産である場合、現在の不動産登記制度は法人でない社団を名義人とした所有権の登記を許さないため、当該社団の名義で登記された不動産はそもそも存在しない。そのため、当該社団には執行債務者能力があるにもかかわらず（民執二〇条による、民訴二九条の準用）、社団債権者が社団財産である不動産を対象として強制執行を開始することは必ずしも容易ではなかった。

もっとも、法人でない社団において事実上社団財産として使用されている不動産があるときは、代表者又は定款等により登記管理を委託された構成員（以下、「定款上の登記管理構成員」という）の個人名義によって登記されることが多い[1]。そこで、社団に対する金銭債権の債務名義を有する債権者が、代表者又は定款上の登記管理構成員の名義で登記された社団財産である不動産を対象として強制執行をするには、どのような手続を履践すべきかが検討されてきた（第七章第二節を参照）。

この状況の下で、最高裁判所は、最三小判平成二二年六月二九日民集六四巻四号一二三五頁（以下、「平成二二年最判」という）において、この点に関する態度を明らかにしたことは、第七章で詳細に検討した通りである。煩を厭わず、事案と判旨のみを繰り返せば、執行対象不動産の登記名義人が、代表者又は定款上の登記管理構成員とは異なり、執行債務者たる社団との関係が明らかでなく、むしろ所有権の登記名義を有することに固有の利益を有しない第三者であったという事案において、傍論としてではあるが、次のように述べている。すなわち、「権利能力のない社団を債務者とする金銭債権を表示した債務名義を有する債権者が、構成員の総有不動産に対して強制執行をしようとする場合において、上記不動産につき、当該社団のために第三者がその登記名義人とされているときは、上記債権者は、強制執行の申立書に、当該社団を債務者とする執行文の付された上記債務名義の正本のほか、上記不動産が当該社団の構成員全員の総有に属することを確認する旨の上記債権者と当該社団及び上記登記名義人との間の確定判決その他これに準ずる文書を添付して、当該社団を債務者とする強制執行の申立てをすべきものと解するのが相当」である、と（法廷意見および補足意見の全文については、第七章第一節第二款を参照）。

さて、右に掲げた判決文のうち、執行対象財産である「不動産が当該社団の構成員全員の総有に属することを確認する旨の〔上記債権者と当該社団及び上記登記名義人との間の〕確定判決その他これに準ずる文書」（〔　〕内を除く）のことを、本書では、「社団財産証明文書」と呼んでいる（第七章第三節第四款を参照）。本章は、平成二二年最判によって示された法人でない社団の財産である不動産に対する金銭執行の方法を前提として、社団債権者が強制執行の申立てをする際に必要とされた社団財産証明文書とはどのような文書であるか、とりわけ社団債権者は、どのような手続によって社団財産証明文書を取得することができるかを検討することを課題とする。

第二款　田原睦夫裁判官の補足意見

平成二二年最判に付された田原睦夫裁判官の補足意見（以下、「田原補足意見」という）は、社団債権者が金銭執行を申し立てる際に必要とされる社団財産証明文書としてどのような文書があるかにつき、次のように述べている。「権利能力のない社団を名宛人とする金銭債権を表示した債務名義に基づいて、構成員の総有不動産に対する強制執行を申し立てるに際しては、当該不動産が執行債務者たる権利能力のない社団との関係において、当該社団の構成員の総有に属することが証明されるとともに、当該不動産の登記名義人との関係においても、その事実が文書によって証明される必要がある（民事執行規則二三条一号、二号イ参照）。

その具体例としては、権利能力のない社団及び登記名義人との関係で、それぞれを名宛人とする確定した確認判決や判決理由中の判断（いずれか一方を名宛人とするものであっても、例えば、債権者代位による権利能力のない社団の代表者名義への移転登記手続請求の認容判決のように、当該不動産が構成員の総有不動産であることが判決理由中から明らかな場合等を含む）、和解調書、当該不動産が権利能力のない社団の構成員の総有に属することを記載した公正証書、登記名義人を構成員の特定の者（個人又は一定の役職者等）とすることを定めた規約（公正証書又はそれに準ずる証明度の高い文書による。）などが考えられる。」

第三款　社団財産証明文書を取得するための前駆手続

第一款で紹介した平成二二年最判の法廷意見による限り、社団財産証明文書を取得するために債権者が履践すべき前駆手続としては、執行対象不動産が社団財産であること、つまり構成員全員に総有的に帰属すること（以下、「社団財産性」という）の確認を求める訴訟を想起するのが自然と思われる。しかしながら、第二款に掲げた田原補足意見を加味すると、前駆手続としての訴訟の構造は、必ずしも一義的ではないものと考えられる。

すなわち、判決主文において執行対象不動産の社団財産性を確認する訴訟としては、まず、債権者が原告となって社団及び登記名義人の双方を被告とする場合（以下、「類型Ⅰ」という）が考えられる。しかし同旨の確認訴訟としては、これ以外にも、登記名義人のみが被告となる場合、および、社団のみが被告となる場合が考えられる。前者は、債権者と登記名義人の間で、執行対象不動産の社団財産性を判決主文において確認する場合（以下、「類型Ⅱ」という）であるが、これはさらに債権者が固有の利益に基づいて確認訴訟をする場合のほか、債権者代位権に基づき社団に代わって執行対象不動産の社団財産性の確認を求める場合(2)が考えられる。さらに、執行対象不動産の社団財産性の判断は、判決理由中でされた場合でもよいとすると、例えば社団財産の登記名義人となるべき代表者個人への所有権移転登記請求訴訟も、債権者と登記名義人の間の訴訟として、社団財産証明文書を取得するための前駆手続に加えることができる

表４　社団財産証明文書の前駆手続の類型

		判決主文の判断	判決理由中の判断
被告	社団及び登記名義人	類型Ⅰ	——
	登記名義人のみ	類型Ⅱ	類型Ⅲ
	社団のみ	類型Ⅳ	——（※）

（以下、「類型Ⅲ」という）。他方、後者は、債権者と社団の間で、執行対象不動産の社団財産性を判決主文において確認する場合である（以下、「類型Ⅳ」という）[3]。そして、以上の各類型の訴訟につき、訴訟上の和解や請求の認諾を考えることができる。

このように、社団財産証明文書を取得するための前駆手続（の候補）としては、四つの類型があると考えられる（まとめとして、表4参照）。個々の類型には、独自の検討課題がある。そこで、以下では、第二節から第四節において類型ごとに検討を加えることにする。続く第五節においては、判決以外の社団財産証明文書を検討し、最後に第六節において各社団財産証明文書の相互関係を考察する。

第二節　社団及び登記名義人に対する確認訴訟

第一款　社団の被告適格をめぐる見解の対立

平成二二年最判の法廷意見は、債権者と社団及び登記名義人の間の確定判決等が、社団財産である不動産を執行対象財産とする強制執行の申立てに必要であるとする。また田原補足意見は、執行対象不動産が構成員の全員に総有的に帰属することが、債権者と社団の間で証明されるとともに、債権者と登記名義人の間においても、その事実が文書によって証明されなければならないと指摘する。そうだとすると、社団財産証明文書の前駆手続としては、社団と登記名義人の双方に対して執行対象不動産が構成員全員の総有に属することの確認を求める訴訟（類型Ⅰ）

を考えるのが素直であろう。以下では、社団財産証明文書の前駆手続として類型Ⅰの訴訟が必要と解する見解を「共同被告説」と呼ぶことにする。

これに対して、平成二二年最判が、社団と登記名義人の双方との間で総有権確認判決が必要と判示したのはなぜか、と問いかける見解がある。(4) すなわち、これによると、登記名義人は、その名義で所有権登記のされた不動産が社団財産であるか、登記名義人の固有財産であるかをめぐる問題について最も密接な利害関係を有するから、登記名義人を被告としない確認の訴えはおよそ許されない。これに対して、社団との間では、社団に対する金銭債権の債務名義のほかに、構成員の総有権を確認する確定判決を要求する必要はないから、登記名義人のみを被告とすれば足りる。(5) このように、右に掲げた見解は、社団財産証明文書の前駆手続としては、類型Ⅱの訴訟でよいと主張するわけであるが（類型Ⅲは第三節で検討する）、以下ではこれを「登記名義人被告説」と呼ぶことにする。

ところで、登記名義人被告説は、法廷意見が「債権者と社団及び登記名義人との間の確定判決その他これに準じる文書」と判示しているにもかかわらず、社団には被告適格がないと主張する。とすれば、まずは平成二二年最判に反対する理由が示されるべきであろう。そこで、登記名義人被告説の立場から詳細な議論を展開されている、山本弘教授の見解を紹介する。

第二款　登記名義人被告説の論拠

山本弘教授によると、第一款に紹介した見解の対立は、金銭債権の債権者が、債務者以外の者の名義で登記された不動産につき、それは債務者の所有であって当該金銭債権の責任財産であると主張したのに対して、登記名義人がこれを争う場面において「債務者を被告として責任財産の帰属を確定する必要があるか」の問題として普遍化することができる、とされる。そして、これと同様の問題は、民法四二四条の詐害行為取消権にも見受けられる、とされる[6]。すなわち、詐害行為取消権に関しては、リーディング・ケースとなった判例（大聯判明治四四年三月二六日民録一七輯一一七頁）が、債権者は債務者を被告とする必要はないと判示しているが、詐害行為取消権の性質について責任説を採用する中野貞一郎教授も、これを肯定的に評価している[7]。山本弘教授は、中野説に準拠しつつ、社団の被告適格につき、次のように述べている。すなわち、取消訴訟の被告は受益者（又は転得者）とすべきであり、債務者を被告とする必要性も根拠も認められない。当事者適格をこのように考えるとき、その基準は、利害対立の鋭い者同士を対峙させる点では機能主義的であるが、他方で、取消しの効果として生ずる法律関係の実体法上の性質にも留意されている。つまり、取消しによって生じる法律効果は、対象財産の帰属を債務者に復させることではなく、債権者の債務者に対する金銭債権について、詐害行為の対象財産に限定された物的有限責任を受益者に生じさせる点にある。この前提から、債権者は、詐害行為取消判決の確定後又は確定を条件として、詐害行為取消訴訟と併合して当該財産に対する強制執行の受忍を求める訴えを提起することができる。この訴えの性質は給付の訴えと解されるが、そうである以上、被告適格は、給付義務の負担者として原告によって名指しされた者を措いて他にいない。詐害行為取消訴訟は、以上の効果を生じさせる前提条件なのであるから、同訴訟でも受益者を被告とすればよい。

このように山本弘教授の見解は、責任説に即して執行対象不動産の社団財産性を確認する訴訟の被告適格を検討し、結論を導くものと言える。またその一方で、共同被告説に対する批判も展開されており、主に次の二点が指摘されている。

第一に、共同被告説は、次のことを論拠とする可能性がある。すなわち、他人名義で登記された不動産を債務者の責任財産として強制競売を実施したところ、所有名義を失ったかつての登記名義人がその所有権を主張して、買受人に対して追奪請求をするリスクがある。とすると、買受人の地位を安定させるために、現在の登記名義人だけではなく、債務者（社団）との関係でも総有権を確認する確定判決が必要という見方である。しかし山本弘教授は、これは的外れと批判する。すなわち、競売の売主は債務者（社団）であり、買受人は債務者（社団）の特定承継人であるから、買受人の保護は、債務者（社団）と登記名義人の間に総有権確認判決があることを前提に、債務者（社団）に対する判決効が買受人に拡張されることにより達成されるはずである。にもかかわらず、債権者が債務者（社団）を相手に総有権確認判決を得て、これを買受人に拡張しても何の役にも立たないからである。(8)

第二に、共同被告説のもう一つの論拠は、責任財産の帰属を債権者と社団の間でも確定することによって、かつての登記名義人から債務者に対する、さらに債務者から債権者に対する、不当利得返還請求の連鎖を断ち切ることができるという点である。しかし、山本弘教授は、登記名義人が所有不動産を競売により失い、債務者が債務消滅の受益を得ていると主張して勝訴し、この利得を登記名義人に返還した債務者が債権者に対して、債務者の損失と債権者の競売代金による弁済という受益の因果関係を主張してきた場合でも、債権者は、債務者に対する執行債権たる金銭債権を有することについて既判力を有する限り、当該主張を遮断できると論じ、第二の点も共同被告説の論拠にならないとして退けている。(9)

第三款　共同被告説の論拠

(一)　債務者（社団）を被告とする理由

次に、共同被告説の論拠を検討することとする。登記名義人被告説による批判（第二款）はひとまず措くこととし、ここでは別の批判を検討することから考察を始めたい。すなわち、登記名義人被告説によると、「当該不動産が社団構成員の総有に属することを、債権者と社団の間で確認する確定判決を要求する意義は乏しい。なぜなら、一般に社団や社団構成員は、当該不動産が社団構成員の総有に属することを争う利益を、有しないからである」とされ、(10)共同被告説が社団を被告とする点が批判されている。なるほど、債権者と社団の間で執行対象不動産の社団財産性を確認する訴訟は、社団にとっては当然の内容を確認するものにすぎないとすれば、社団が原告の請求を争うことは不自然かもしれない。しかし、このように言い切ってよいかどうかは、なお検討の余地があろう。以下では、共同被告説の論拠を解明する出発点として、登記名義人被告説による右の批判の当否を検討することとする。

まず、問題の所在を明らかにするために、前駆手続として、債務者が社団ではなく、自然人である事例における所有権確認訴訟(11)を考えると、次のようになる。すなわち、自然人である債務者（以下、〝A〟という）の所有する不動産が、第三者（以下、〝Y〟という）の名義で所有権登記されているところ、Aの債権者（以下、〝X〟という）が、当該不動産はAの所有である旨の確認判決を得ようとする場合である。そして、以下の叙述においては、Xが原告となって当該不動産がAの所有であることの確認を求める訴訟を「A所有の確認訴訟」、また、この訴訟においてXの請求を認容した確認判決を「A所有の確認判決」と呼ぶことにしたい。

さて、所有権確認の訴えは、一般には、原告であるXの所有に属することの積極的確認を求めるか、あるいは、被告であるYの所有に属しないことの消極的確認を求めるのが通常である。ところが、A所有の確認訴訟は、Xが原告となって、特定の不動産が「被告であるAの所有であることの積極的確認」を求めるところが通常と異なっており、不自然にみえる。しかしこの不自然さの正体は、ある不動産が被告の所有であることを原告が積極的に確認しようとする点にある。換言すれば、原告勝訴の判決が原告にとって何の利益ももたらさない（ようにみえる）ところに不自然さを覚えるものと解される。

もっとも、原告の勝訴利益を次のように考えれば、右のような不自然さは解消されるだろう。すなわち、Xは、Aが所有する特定の不動産に対する強制執行を準備するために、当該不動産がAの所有であることの確認を求める利益を有すると解するのである。というのも、XがAに対する金銭債権の債務名義に基づいて強制執行を開始する上で、Aの責任財産（Aの総財産）にXが執行しようとする不動産が属することは不可欠の前提だからである。[12] Xは、この前提を確保する目的で、Aに対してA所有の確認訴訟を提起する限り、XにとってA所有の確認訴訟が必要であることは明らかである。

では、A所有の確認訴訟において、被告であるAはXの主張を争う利益を有しない、と言えるだろうか。[13] この点については、次のように考えることができる。すなわち、Aがその所有する不動産をA名義で所有権登記をせず、敢えて他人たるY名義で登記をする場合、そこには何らかの事情があるのが通常であろう。例えば、Aはその債権者による責任追及を免れる目的で、当該不動産の登記名義をAと関係のあるY名義に移転しておき、Yには他に譲渡等処分せずに当該不動産を管理するように委託する、といった関係（以下、「登記管理委託関係」という）が存在する場合が多いと考えられる。このようにAY間に登記管理委託関係があるとすると、債権者であるXが、当該不動産はAの所有であると主張する確認訴訟をAに対して提起した場合、AがXの主張を争うことは、むしろ自然である。

もっとも、Aは必ずXの主張を争うとまでは言えない。しかし、仮にAが争わない場合でも、当該不動産がY名義で登記されている限り、Xの主張する権利関係と現在の登記内容が異なるのであるから、この状況を無視してXの確認の利益を否定することには疑問がある。というのも、Xの確認の利益の基礎は、Aの責任財産として執行したい不動産がY名義で所有権登記されている場合において、当該不動産が実はAの所有であってその責任財産に含まれることを確認することにより、Xの債権回収の可能性を高める点にあるからである。ただXの債権回収と言っても、他の債権者の配当加入等があると、当該不動産の換価代金の一部しか回収できない以上、やはり確認の利益を認める余地はないとの批判もあり得る。しかしながら、たとえ換価代金の一部であっても、Xが自己の（執行）債権を回収することができる限り、確認の利益を否定すべきではなかろう。[14]

結論として、Xは、特定の不動産がAに対する金銭債権の責任財産として執行対象になることを明らかにするため、Aとの間で当該不動産がAの所有であることの確認訴訟を適法に提起することができるものと解すべきである（類型Ⅳ参照）。

(二)　登記名義人を被告とする理由

他方、Xは、Yに対し、執行対象不動産がAの所有であることの確認を求める利益を有するだろうか。ここでAの責任財産として強制競売の対象となるのはY名義で登記された不動産である以上、Yは、当該不動産がAの所有に属するかどうかの点に利害を有するため、XはYとの間で当該不動産のA所有を確認しておく必要があり、またYとしても、Xの主張を争って当該不動産が自己の所有であると主張することができなければならない。[15]よって、XはYとの間でも執行対象不動産がAの所有に属することを確認する訴訟を適法に提起できるものと解すべきである（類型Ⅱ参照）。そして、この点については、登記名義人被告説（第二節第二款参照）も同旨と解される（なお、類型Ⅱのうち、債権者代位権に基づく場合については、第四節を参照）。

(三)　共同被告の意義

以上のように、Xは、A及びYのどちらとの関係においても、執行対象不動産がA所有であることの確認訴訟を提起できるとすると、XがA及びYの双方を被告として提起したA所有の確認訴訟は、通常共同訴訟だろうか、それとも必要的共同訴訟だろうか。また、後者は訴訟共同の必要の有無により、固有必要的共同訴訟と類似必要的共同訴訟とが区別されるため、どちらであるかが問題となる。[16]

一般に、固有必要的共同訴訟には若干の類型が承認されているが、ここで関係するのは他人間の権利関係の形成ないし変動をもたらす訴訟の類型である。[17] というのも、A所有の不動産であるにもかかわらず、所有権の登記がY名義である場合には、AとYの間には一定の登記管理委託関係があると考えられるところ（前述㈠参照）、XにおいてはこのAY間の関係が他人間の権利関係に相当するからである。そして、Xが特定不動産のA所有をA及びYとの間で確認することが、AY間の登記管理委託関係に「変動」を生じさせるときは、前述の訴訟類型に該当し、被告側における固有必要的共同訴訟の成立を認めることができる。

しかしながら、他人間の権利関係の変動をもたらす訴訟類型では、一般に、各共同訴訟人について単独の当事者適格は否定されると解釈されてきたのではなかろうか。つまり、XがA及びYの双方を被告としてA所有の確認訴訟を提起する右の事例では、AないしYは単独の被告適格を有しないことが前提となる。ところが、執行対象不動産がAの所有であることの確認を求めるXの訴訟は、XA間において適法に提起できるため、Aは単独で被告適格を有する（類型Ⅳ。前述㈠参照）。同様に、YもXによる同内容の確認訴訟において単独で被告適格を有する（類型Ⅱ。前述㈡参照）。とすれば、XによるA所有の確認訴訟において被告側に固有必要的共同訴訟は成立しないはずである。

これに加えて、そもそもA所有の確認判決によって、AY間の登記管理委託関係が「変動」するのか、という点も問題である。すなわち、たとえXの主張する通り、Aの所有が確認されたとしても、多くの場合には、AY間の従前の権利関係をそのまま確認したにすぎないため、「変動」と呼べる状況はそもそも存在しないのではなかろうか。確かに、Yが強く単独所有を主張している事例で、A所有の確認判決がされた場合には、AY間の登記管理委託関係には「変動」に匹敵する事実上の効果がYに生ずると考えられなくもない。しかしながら、A所有の確認判決が確定しても、ＡＹ間の登記管理委託関係それ自体が解消されるわけではなく、その意味で右のような解釈には無理があろう。[18]したがって、ＸのＡ及びＹに対するＡ所有の確認訴訟は、固有必要的共同訴訟における前述の訴訟類型には該当しないものと解すべきである。

では、ＸのＡ及びＹに対するＡ所有の確認訴訟を類似必要的共同訴訟と解する余地はないだろうか。この点を検討するには、ＸがＡに対して執行対象不動産のＡ所有の確認を求めて認容された判決が確定した場合、その確認判決の既判力がＹに及ぶかどうかを明らかにする必要がある。すなわち、Ａの所有する不動産がＹ名義で登記されている限り、ＡＹ間の登記管理委託関係があるものとすると、Ａの所有を認めた判決の既判力は、Ａのために登記名義人となっているＹにも及ぶと解する余地がある。条文上の根拠としては、Ｙは「請求の目的物を所持する者」（民訴一一五条一項四号）に準ずると解することになろう。所有権移転登記請求訴訟（給付訴訟）の事例ではあるが、執行を免れる目的で仮装譲渡を受けた者への既判力拡張を認めた下級審裁判例もある。[19]

もっとも、執行力拡張に関する民事執行法二三条三項に関しては、平成二一年最判が、権利能力のない社団に対する金銭債権の債務名義に基づく不動産の強制競売の事例で、社団の責任財産（社団財産）に属する不動産の登記名義人に対する承継執行文付与のための類推適用を否定している。[20]しかし、いま検討している執行対象不動産のＡ所有の確認を求めるＸＡ間の訴訟は、所有権確認訴訟であるから、同最判の射程は及ばないと解することも可能ではなかろうか。これを前提として率直に検討すると、一般に、所有権確認訴訟は、原告の指定した主体に特定物が法的に帰属するかどうかを原告の主張を争う者との間で確定することに主眼がある。これに対して、特定物の給付訴訟は、原告の指定した主体に特定物を移転することを現在の帰属者に対して命ずることに主眼がある。とりわけ既判力の生ずる事項に着眼すると、所有権確認訴訟は特定物が原告の主張する主体に帰属するか否かを確定するのに対し、特定物の給付訴訟は、単に現在の帰属者を確定するのではなく、さらに現在の帰属者から原告の主張する主体への特定物の移転という要素が加わる結果、確定すべき事項が特定物の移転を指示する給付命令に置き換えられたものと考えることができる。このように、所有権確認訴訟と特定物の給付訴訟の関係をいわば「点と線の関係」のように連続的に捉えるならば、執行対象不動産がAの所有であることを確認するXA間の訴訟も、特定物の給付訴訟に準じて扱うことには相当な合理性があるものと解される。したがって、XA間の確定判決の既判力は、民事訴訟法一一五条一項四号の類推適用により、「請求の目的物を所持する者」すなわち執行対象不動産の現在の登記名義人であるYに対して拡張されるものと解される。

結局、執行対象不動産がAの所有であることの確認を求めるXA間の訴訟と、これと同旨のXY間の訴訟とは、各別に提起することができるが、前者の確定判決の既判力はYに拡張される以上、両者の間には合一確定の必要が認められるため、XがA及びYを共同被告としてA所有の確認訴訟を提起したときは、被告側において類似必要的共同訴訟が成立するものと解すべきである。

(四)　小括──Aが法人でない社団である場合

Aが自然人である場合の所有権確認訴訟を例としたここまでの検討の結果は、Aが法人でない社団であっても妥当するものと解される。すなわち、債権者（X）は、社団（A）又は登記名義人（Y）を被告として執行対象不動産が社団財産（社団（A）所有）であること（構成員全員に総有的に帰属すること）の確認を求める訴訟を適法に提起することができるが、AとYを共同被告として社団（A）所有の確認訴訟を提起した場合には、被告側において類似必要的共同訴訟が成立するものと解される。そして、この共同訴訟を前駆手続とする社団財産証明文書（類型Ⅰ）は、執行対象不動産に関するY名義の所有権登記よりも高度の証明力を有するが故に、不動産競売の申立てに際して、当該不動産が社団（A）の所有であること（社団（A）の責任財産たる社団財産に属すること）をXと社団（A）及びY

の間で証明できることになる。(21)

ところで、共同被告説が社団を被告とする確認訴訟を許容し、債権者と社団の間の確定判決を証明文書の一部とすることに対しては、登記名義人被告説が批判を加えていた（第二款参照）。これに対して、共同被告説は、先に検討した通り、債権者の社団及び登記名義人に対する類似必要的共同訴訟（類型Ⅰ）をもって前駆手続の典型と位置づける一方で、登記名義人のみを被告とする確認訴訟（類型Ⅱ）、および、社団のみを被告とする確認訴訟（類型Ⅳ）をともに適法と解する立場であるとすると、登記名義人被告説からの前述の批判（第二節第二款参照）に対して、どのように反論できるだろうか。

結論から言えば、登記名義人被告説が掲げている共同被告説の二点の論拠は、どちらも本款で検討した共同被告説の論拠となっていないため、元より反論を要しないものと解される。若干敷衍すると、第一の批判については、共同被告説は、債権者は強制執行を準備する必要から執行対象不動産が社団財産であることを社団との間で確認すべきものとする立場である。つまり、債権者と社団の間の社団財産確認判決は、登記名義人による追奪請求を阻止したい買受人が、登記名義人と社団の間で社団財産であることを認めた判決の拡張に基づいて登記名義人に所有権があるとの主張を遮断するという目的をそもそも有していない。論者は登記名義人によるその旨の主張は的外れと批判しているが、(22)その批判自体はまったく正当である。しかし、共同被告説は論者の指摘する前述の論拠を採用していないのであるから、批判として成立しないものと解される。

次に、第二の批判を検討すると、ここでも債権者と社団の間の社団財産確認判決は、登記名義人から社団への不当利得返還請求、さらに社団から債権者への不当利得返還請求という連鎖を阻止することを目的したものではない。論者はこの不当利得返還請求の連鎖を断ち切ることができるのは、債権者の社団に対する執行債権の既判力であるとしている。(23)確かにこの論旨は正当だとしても、共同被告説は論者の掲げる前述の論拠を採用していないのであるから、やはり批判になっていないと言わざるを得ない。なお、念のために付言するが、登記名義人から社団への不当利得の返還請求が認められるのは、執行対象不動産が名実ともに登記名義人の所有であった場合に限られる。よって、登記管理を委託された第三者の名義で登記された不動産が社団の責任財産として競売されたという本章の主たる事例では、登記名義人は競売により所有権を喪失していない以上、登記名義人から社団への不当利得返還請求も認められない。

第三節　登記名義人に対する債権者代位権に基づく給付訴訟

第一款　問題の所在

平成二二年最判の田原補足意見（第七章第一節第二款参照）によれば、第二節で検討した文書（類型Ⅰ・Ⅱ・Ⅳ）以外にも有用な社団財産証明文書が存在する。すなわち、「債権者代位による権利能力のない社団の代表者名義への移転登記手続請求の認容判決のように、当該不動産が構成員の総有不動産であることが判決理由中から明らかな場合」がそれである。この場合は、執行対象不動産が社団財産であることが判決理由中で判断されている以上、類型Ⅲの社団財産証明文書（第一節第三款参照）に分類される。

類型Ⅲの社団財産証明文書（ないしその前駆手続）については、次の二点に留意すべきである。第一に、類型Ⅲの社団財産証明文書は、執行対象不動産の社団財産性を認める判断に既判力がないことをどうみるかである。第二に、類型Ⅲの訴訟の典型である債権者代位による所有権移転登記手続請求訴訟において、債務者が法人ではないことが、社団財産証明文書の性質等にどのように関係するかである。以下では、これらを順次検討する。

第二款　社団財産証明文書と既判力

まず、類型Ⅲの訴訟で原告の請求を認容した確定判決の場合、執行対象不動産が社団に属するとの判断は、判決理由中のものであるから、一般に既判力は生じないと解される（民訴一一四条参照）。とすると、この確定判決を社団財産証明文書と認めてよいかが問題となる。なぜなら、平成二二年最判は、類型Ⅰの訴訟では判決主文で社団財産性が判断され、既判力が生ずることを前提としていたからである。ところが、最高裁は、社団財産証明文書は必ずしも既判力を要しないことをすでに認めている。すなわち、最二小決平成二三年二月九日民集六五巻二号六六五頁（以下、「平成二三年最決」という）は、平成二二年最判の考え方を、社団財産である不動産を保全対象財産とした仮差押えの申立てに応用し、申立書に添付すべき社団財産証明文書として確定判決は必要でない旨判示した。[24]つまり、仮差押えとの関係では、申立書に添付する社団財産証明文書は未確定（既判力のないもの）であってもよいのである。

以上を踏まえると、結局、社団財産証明文書の既判力の要否については、次のように考えるべきだろう。すなわち、平成二二年最判の法廷意見は、類型Ⅰを前面に立てているので、一見すると社団財産証明文書に既判力を要求したようにも思われる。しかし、同最判の田原補足意見は、類型Ⅲの訴訟を許容することによって、同最判の法廷意見を相対化する意図を有していたものと解される。換言すれば、本執行（強制競売）の申立書に添付すべき社団財産証明文書の前駆手続は、類型Ⅰの訴訟に限定されないのである。そしてこの意図が、社団債権者の便宜を図る点にあることは明らかである。すなわち、法廷意見によれば、執行対象不動産の所有権登記が第三者名義のままでも強制競売を開始することができるが、このこととは別に、債権者は登記名義人を被告として代表者又は登記管理構成員への所有権移転登記手続を求める債権者代位訴訟を提起し、確定判決を取得することも可能である。後者については、確かに代表者又は登記管理構成員の名義で登記されていれば、執行対象不動産がより一層社団財産としての外観を備えた状態で強制競売を開始できるという意味で、手続の安定に資する面がある。とは言え、前駆手続として債権者代位による給付訴訟を選んだ債権者は、代表者又は登記管理構成員に登記を移転しない限り、強制競売を開始できないのかというと、そうではない。つまり、債権者は、債権者代位による給付訴訟の確定判決（類型Ⅲ）を社団財産証明文書として申立書に添付すれば、執行対象不動産の所有権登記を第三者名義にしたままで強制競売を開始することができる。したがって、田原補足意見により、債権者には選択肢が与えられたものと解されるのである。このような見解に対しては、債権者の便宜に傾倒しているとの批判もあり得よう。しかし、その批判の当否を見極めるには、右に述べた解釈が理論的にも妥当かどうかを検討しなければならない。そしてこの点は、債権者代位による給付訴訟の構造とも密接に関係する。そこで、次に検討する構造論の後において再び取り上げることにする。

第三款　社団を債務者とした債権者代位訴訟の構造

田原補足意見は、社団財産証明文書として債権者代位訴訟の確定した請求認容判決を例示するが、平成二二年最判から間もなく、同一事件の当事者による債権者代位訴訟に関する判決が公表されている。すなわち、東京高判平成二二年一二月二四日判タ一三五一号一六二頁（以下、「平成二二年東京高判」という）は、債権者が、社団に対する金銭債権を被保全権利として、代表者又は登記管理構成員が登記名義人に対して有する所有権移転登記請求権を代位行使することができると判示した。すなわち、「この登記名義人と定められた構成員又は代表者の第三者に対する登記手続請求に関しては、登記名義人と定められた構成員又は代表者と当該社団との間において、当該社団の規約等に基づいて負担する上記登記手続請求を行う登記名義人と定められた構成員又は代表者の義務を観念することができるから、当該社団の債権者は、民法四二三条一項所定の債権者代位権の行使として、当該社団に代位して、さらに、当該社団において登記名義人と定められた構成員又は代表者に代位して、当該不動産の所有名義人となっている第三者に対し、当該不動産の所有名義を登記名義人と定められた構成員又は代表者に移転することを求める登記手続請求をすることができると解される（最高裁判所昭和三七年（オ）第一一五七号同三九年四月一七日第二小法廷判決・民集一八巻四号五二九頁参照）」、とされている。

この平成二二年東京高判については、次の二つの観点から検討するのが有益である。第一に、本件債権者代位訴訟が適法とされた理由は何かという点である。第二に、社団を債務者とした債権者代位訴訟において原告の請求が認容された場合、判決主文の判断に生ずる既判力の内容はどのようなものかという点である。問題の性質上、前者を検討することにより、後者の問題点が明確になる関係にあるので、前者から検討を始めることにする。

第四款　債権者代位訴訟の適法性

平成二二年東京高判は、社団債権者による債権者代位訴訟を適法とするが、実はこの点はさほど自明ではない。というのも、本件の債権者代位における被代位権利が何かが判然としないからである。確かに、債権者の社団に対する金銭債権が被保全債権になることは当然であるとしても、債務者たる社団が登記請求権の主体となることは原則として認められない。よって「社団の権利」が存在しない以上、債権者代位は本来できないはずである。しかしながら、昭和四七年最判[25]は、法人でない社団に関して、社団財産である不動産が構成員全員に総有的に帰属することを前提にその公示方法を確立した。同最判によれば、構成員全員に総有的に帰属する不動産は、構成員全員のために信託的に代表者個人の所有となり、代表者はこの受託者の地位において当該不動産につき自己の名義で登記できるものとされる。つまり、特定の不動産が社団の構成員全員に総有的に帰属する場合には、代表者個人の名義で所有権登記をすれば、社団財産である旨を公示したものと扱われるのである。

しかし、ここから先の議論には二つの方向があり得る。一つは、代表者個人が構成員全員の受託者として社団財産である不動産の登記名義人になることができることを、いわば実体化し、代表者個人を社団財産の帰属者、すなわち登記請求権の権利者と位置づける考え方である。以下ではこれを「実質説」という。これに対して、代表者個人が受託者として社団財産の登記名義人になることは一種の便法とみなし、代表者個人が登記名義人となることに何ら実体的な意義を認めない考え方である。以下ではこれを「形式説」という。

(一)　平成二二年東京高判の立場——実質説

さて、平成二二年東京高判は、第三款で引用した通り、社団債権者による債権者代位訴訟を適法としているが、それはどのような理由からであろうか。結論を先取りすると、平成二二年東京高判は、「代位権の代位行使」に準じて適法性を肯定したものと解される。例えば、XはAの債権者、AはBの債権者、そしてBはYの債権者であるときに、Xが、そのAに対する権利を被保全債権として、BのYに対する権利に対してAが有する債権者代位権をAに代位して行使する場合が「代位権の代位行使」と呼ばれている[26]。本件にこれを当てはめると、Aを社団とし、Bを代表者個人とみたとき、債権者（X）が代表者個人（B）の登記名義人（Y）に対する所有権移転登記請求権を代位行使することは、社団（A）の代位権をXが代位行使する場合に相当するだろう。しかし、注意を要するのは、代表者個人（B）の登記名義人（Y）に対する所有権移転登記請求権が、あたかも実体的に存在するかのように解されている点である。つまり、「代位権の代位行使」に準拠した場合、社団債権者による債権者代位訴訟の適法性を説明するには、前述の実質説に立ち、昭和四七年最判が代表者個人に構成員全員の受託者としての地位を承認したことの趣旨を実体的に捉えて、代表者個人のための固有の登記請求権を観念することになろう。

また、実質説の場合、社団（A）と代表者個人（B）の間の法律関係についても説明を要する。この点について、平成二二年東京高判は、「当該社団の規約等に基づいて負担する上記登記手続請求を行う登記名義人と定められた構成員又は代表者の義務を観念することができる」と述べている。問題は、この義務が何を意味するかであるが、社団（A）には法人格がない以上、社団は構成員全員と等置される存在であることにかんがみ、昭和四七年最判が、構成員全員と代表者個人との関係を信託的に構成していた点が参照されるべきである。つまり、代表者個人の義務とは、構成員全員に総有的に帰属する不動産の登記の管理について受託者の地位に就くことに伴う一種の登記管理義務と解することができる。そしてこの義務は、代表者個人に与えられた登記請求権の行使権限を制約するものと考えるべきだろう。

以上のように、平成二二年東京高判が社団債権者による債権者代位訴訟を適法と判断したことについては、実質説の立場から一応の理由づけが可能と言えよう。しかしながら、実質説の論旨においては、代表者個人に固有の登記請求権を観念することが前提となる点において、昭和四七年最判の読み方としては問題がある。そしてこの問題性は、次に掲げる新判例の登場により、さらに拡大している。

(二) 新判例の立場――形式説

最近になって、最一小判平成二六年二月二七日民集六八巻二号一九二頁（以下、「平成二六年最判」という）は、社団には登記名義人に対して代表者個人への所有権移転登記手続を求める訴訟の原告適格が認められると判示した（第六章参照）。平成二六年最判は、昭和四七年最判以降、社団財産である不動産の公示のため代表者個人が登記名義人となるためには、当該代表者個人が自ら原告となって登記名義人に対して訴訟を提起することが一般的であったのに対し、社団自身が原告となって代表者個人への所有権移転登記手続を求めることもできることを明らかにした意義がある[27]。もっとも、本章のこれまでの検討を踏まえると、平成二六年最判により、代表者個人への所有権移転登記手続を求める訴訟の原告適格が社団にも認められた結果、代表者個人に固有の登記請求権を認める法律構成を維持することはより一層困難になったものと解される。というのも、登記名義人に対する所有権移転登記請求権は、昭和四七年最判が認めた代表者個人名義の登記による公示方法を前提としても、構成員全員に総有的に帰属するものであり、またそうであるからこそ、代表者個人はあくまで便法として構成員全員の名義で登記する代わりに登記名義人の地位が認められたにすぎないものと考えざるを得ないからである。

(三) 小　括

ここまでに検討したことをまとめると、社団債権者による債権者代位訴訟を適法と解する場合、被代位権利に当たるのは、構成員全員に総有的に帰属する所有権移転登記請求権である。もっとも、これを主張した提訴は、構成員全員である必要はなく、民事訴訟法二九条による当事者能力により、社団が原告となることもできる。法人でない社団は、法人格はないにもかかわらず当事者能力が肯定されるため、構成員全員と社団とが等置される結果、原告である社団が構成員全員に総有的に帰属する登記請求権を自己の権利として主張することは強ち奇異ではない。[28]しかし、社団に当事者能力があるからと言って、不動産登記法における登記名義人になることはできない（登記能力はない）から、請求の趣旨において、所有権登記を社団に移転するように求めることはできず（これを求めれば請求棄却）、よって昭和四七年最判に従って代表者個人への移転を求めざるを得ない。この場合、代表者個人は便宜上社団ないし構成員全員の代わりに登記名義人となるだけであって、このこと自体には特段の実体的な意味はないものと解される。

以上の考察は、社団自身が原告となった場合だけでなく、社団に対する金銭債権を被保全債権として社団債権者が債権者代位権を行使する場合も同様に妥当する。よって、社団債権者が被代位権利として行使するのは、債務者である社団（ないし構成員全員）の所有権移転登記請求権である。その他は前述したところと同様であるから、代表者個人の固有の登記請求権を観念する必要はなく、よって「代位権の代位行使」という法律構成（実質説）はここでも不要なのである。

第五款　債権者代位と社団財産証明文書の既判力

以上の考察を踏まえて、平成二二年東京高判に関する第二の問題（第三款参照）、すなわち、債権者代位訴訟を前駆手続とした社団財産証明文書の既判力について検討する。

社団債権者が登記名義人に対して所有権移転登記手続を求める債権者代位訴訟（類型Ⅲ）の場合、執行対象不動産の社団財産性は判決理由中で判断されるため、既判力は生じない。にもかかわらず、田原補足意見は、当該確定判決が社団財産証明文書になることを認めている（第二款参照）。この結論は、法廷意見との間で軋轢を生ずる余地がある。というのも、法廷意見は、社団と登記名義人に対する確認訴訟を前駆手続とするから、当該訴訟の確定判決は社団財産証明文書として社団財産性に既判力があることを前提としているのに対し、田原補足意見に従う場合には、社団財産性について元より既判力を期待できない社団財産証明文書を認めることになるからである。

では、この問題をどう考えるべきだろうか。平成二二年最判では特に言及されていないが、次のように解すべきであろう。すなわち、平成二二年最判の法廷意見が、類型Ⅰの訴訟を前駆手続とする請求認容の確定判決を社団財産証明文書の例としたのは、必ずしも当該判決において社団財産性が既判力をもって判断されるからではなく、むしろ、執行対象不動産が社団財産であることを公平・中立の裁定機関である裁判所が認めたこと自体に意義があると解したからであろう。このように解する限り、社団財産証明文書の前駆手続が類型Ⅰの訴訟であるかどうか（社団財産性に対する既判力のある判断の有無）の問題は、社団財産証明文書が第三者の所有権登記の証明力を凌駕する証明力を備えるかどうかの結論には影響しない。他方で、社団財産性の判断が既判力を有することに拘泥すると、給付訴訟に基づく確定判決（類型Ⅲ）は、およそ社団財産証明文書としての資格を否定されてしまう。しかし、平成二二年最判が、社団債権者に対して第三者名義のまま強制競売を開始できる途を開いた画期的な判決であることにかんがみれば、社団財産証明文書に既判力を要求する解釈はこれと調和しないであろう。さらに実務上も、同最判に基づく強制競売の申立方法の利用価値が大きく減殺されることになろう。

以上のように解する限り、田原補足意見は、法廷意見と衝突するものではなく、むしろ、社団財産証明文書の本来の姿を示唆したものと捉えることができる。[29]

第六款　類型Ⅰと類型Ⅲの関係

平成二二年東京高判の事案では、執行対象不動産が社団に属することの確認訴訟と、登記名義人に対して所有権移転登記手続を求める債権者代位訴訟とが併合されており、判旨では、両者について「強制執行として両立しないものであり、不当な二重執行が生じる余地はないから」、「共に認容するべきである」と判断されていた。つまり、類型Ⅰの訴訟と類型Ⅲの訴訟とが、単純併合の態様で併合審理され、両請求が認容されたのであるが、この扱いについてどのように評価すべきだろうか。

この点はおそらく、次のように解すべきである。類型Ⅰの訴訟と類型Ⅲの訴訟は、所有権の確認と所有権に基づく登記請求の関係と同様である。後者の関係については、訴訟物としては別であり、通説によれば民事訴訟法一四二条は問題にならないとされるのに対し、近時の有力説は、先決関係に着眼して同条の適用を認めつつ、両者が併合審理される限り、不適法ではないと解している[30]。もっとも、平成二二年東京高判の事案では、まさに両者が併合審理されているため、適法性の問題は生じない。前掲の判旨は、このことを前提に、確認訴訟（類型Ⅰ）を認容した場合には、執行対象不動産を登記名義人の名義にしたまま強制競売を開始することができ、他方、債権者代位の給付訴訟（類型Ⅲ）を認容した場合には、当該不動産の登記名義を代表者個人等に移転させた上で強制競売を開始することができることを指摘したものである。しかし、執行対象不動産は一つしかない以上、仮に両請求を認容し、債権者が同一の執行対象不動産との関係で二つの債務名義を獲得することになったとしても、二重執行については、差押登記の公示機能を通じて制度的に回避できると考える限り[31]、両者を調整する必要はないため、前掲の判旨の結論に賛成してよい。

第四節　登記名義人に対する債権者代位権に基づく確認訴訟

第一款　債権者代位権に基づく場合

社団債権者は、登記名義人に対して執行対象不動産の社団財産性を確認する訴訟（類型Ⅱ）を適法に提起することができる（第二節第三款(二)および第二節第二款参照）。ただし、この確認訴訟の原告適格は、執行対象不動産が社団財産であることを登記名義人との間で確認すべき債権者の固有の利益に基づくものである。

これに対して、債権者と登記名義人の間で執行対象不動産の社団財産性を確認する訴訟（類型Ⅱ）は、債権者代位権に基づく場合もあり得る。すなわち、社団債権者が、債権者代位権に基づいて社団を代位して登記名義人に対して確認訴訟を提起する場合がそれである。この場合における被代位権利は、構成員全員に帰属する総有権であって、社団に固有の権利ではない。しかし、「平成六年最判」[32]は社団の当事者能力（民訴二九条）を前提に、社団について対外的な総有権確認訴訟の原告適格を肯定している。とすると、社団債権者が、社団を代位して登記名義人に対して執行対象不動産の社団財産性を確認する訴訟を提起することは、社団が無資力であって社団自ら確認訴訟を提起しない限り、可能と解される。

第二款　類型Ⅰの確認訴訟との関係

債権者代位権に基づく総有権確認訴訟の場合、法定訴訟担当（民法四二三条）における担当者として社団債権者が受けた判決の既判力は、社団に拡張されることになる（民訴一一五条一項二号）。すなわち、確定した勝訴判決の既判力が社団に拡張されることにより、社団も登記名義人に対して総有権を主張することができ、登記名義人がこれを争うことは既判力に抵触する。換言すれば、執行対象不動産の社団財産性は、この場合、債権者と登記名義人の間のほか、社団と登記名義人の間においても既判力により確定されることになる。

では、この帰結を類型Ⅰの場合と比較すると、どうであろうか。類型Ⅰの場合には、社団と登記名義人の間には請求が定立されないので、債権者と社団の間、及び、債権者と登記名義人の間で、執行対象不動産の社団財産性が確定される。つまり、債権者代位権に基づく類型Ⅱの確認訴訟と、類型Ⅰの確認訴訟とは、債権者と登記名義人の間で既判力が生ずる点は共通するが、これに加えて、前者は社団と登記名義人の間、後者は債権者と社団の間でそれぞれ既判力が生ずる点で異なることになる。

このような差異が、具体的にどのような場面で意味をもつかは一つの問題である。[33] 一般論として言えば、債権者と社団の間で証明力を有する類型Ⅰの文書は、債権者の申立てに基づく単純執行文付与の審査において、社団との関係を証明する文書としてより有効に機能すると考えられる。[34] これに対して、社団と登記名義人の間で証明力を有する類型Ⅱは、登記名義人による第三者異議の訴えを封じる局面でより有用であると予測されるが、いずれにせよ今後の実務の展開が期待されるところである。

第五節　その他の社団財産証明文書

第一款　和解調書、公正証書等

第四節までの考察においては、社団財産証明文書の前駆手続が判決に至った場合を想定して検討を加えてきた。しかし、前駆手続としての訴訟手続は、和解等により判決によらずに終了することも少なくないと考えられる。平成二二年最判の田原補足意見が、社団財産証明文書として和解調書を掲げた理由もここにあると解される。

和解調書については、確定判決と同一の効力がある（民訴二六七条）とされるが、訴訟終了効以外に既判力を肯定するかどうかは見解が分かれる。和解調書において執行対象不動産が社団に属する旨が記載され、それに既判力が認められない限り、社団財産証明文書にならないものとすれば、和解調書を具体例として掲げた田原補足意見の意義は大きく減殺されるだろう。しかし、第三節第五款で検討したように、確定判決の場合ですら、社団財産性の判断に既判力が生ずることは、その判決が社団財産証明文書となる上で不可欠ではない。とすれば、和解調書の場合も文字通りの既判力に拘泥する必要はなく、和解調書において執行対象不動産が社団に属する旨が明記されている限り、確定判決の場合と同様、社団財産証明文書として扱うことに支障はないものと解される。

ところで、田原補足意見は、「当該不動産が権利能力のない社団の構成員の総有に属することを記載した公正証書」も社団財産証明文書になるとしている。これは、第三者名義で登記された執行対象不動産が社団の財産であることが、債権者と社団及び登記名義人の間で、法律行為その他私権に関する事実（公証一条一号）として公証されている限り、類型Ⅰの和解調書と同様である旨を指摘したものと解される。

第二款　その他の文書（社団規約等）

平成二二年最判の田原補足意見では、以上のほか、「登記名義人を構成員の特定の者（個人又は一定の役職者等）とすることを定めた規約（公正証書又はそれに準ずる証明度の高い文書による）」も、社団財産証明文書の一例とされている。これは通常、社団規約や定款等であるが（以下、「社団規約等」という）、これらの文書は、本章で検討してきた社団財産証明文書とは趣を異にしており、よって次の二点に留意すべきである。

第一に、社団規約等は、当該社団の構成員に対してのみ拘束力を有する文書であるという点である。そのため、登記名義人が構成員でない限り、社団財産証明文書としては機能しない。例えば、執行対象不動産が第三者名義で所有権登記されている場合、第三者と社団（構成員全員）とを結びつける証明文書が他に存在しない限り、社団規約等だけでは強制競売を開始することができない。よって、社団規約等が社団財産証明文書として機能するのは、執行対象不動産の登記名義人が代表者個人又は登記管理構成員である場合に限られる。

第二に、社団規約等が上記のように内部的文書であって、債権者との直接の関係なしに成立した文書である以上、債権者がこれを入手することは原則困難という点である。もっとも、債権者が社団を被告とした金銭給付訴訟を提起していれば、被告能力の審査のために社団規約等が提出されるものと解される（民訴規一四条参照）。社団に対する訴訟で和解が成立した場合でも基本的には同様である。確かに、裁判外の和解の場合には上記と同様とはいかないが、交渉の主体および和解契約の当事者として社団が登場する限り、社団規約等が交渉相手たる債権者に対して任意に提示されることも少なくないであろうし、相手方が要求したときに社団がこれを拒むことは事実上困難と解される。とすると、第二の留意点が現実に問題を引き起こすことは稀かもしれないが、社団規約等の特徴として留意しておくべきであろう。

なお、本節の考察において、ここまでは社団規約等が公正証書であるかどうかを度外視してきたが、公正証書でなければ、上記の検討結果がそのまま妥当する。公正証書であれば、社団規約等が社団財産証明文書として備える証明力はより程度の高いものとなる。

第六節　おわりに――社団財産証明文書の相互関係

本章でこれまでに行った検討により、債権者が特定の不動産を社団財産として強制執行を開始するために申立書に添付すべき社団財産証明文書としては、確定判決（類型Ⅰ～Ⅲの文書）、各類型の和解調書、公正証書（和解内容を公証したもののほか、社団規約等を含む）、公正証書ではない和解調書・社団規約等があることが明らかになった。いずれも平成二二年最判における法廷意見および田原補足意見によって示唆されたものであるが、これらが社団財産証明文書とされた理由については、検討の結果、いずれも合理的なものと評することができる、というのが私見である。

もっとも、確定判決としての社団財産証明文書の中には、本章で検討した四つの類型があり、また平成二二年最判が「確定判決その他これに準ずる文書」と表現したように確定判決とその他の文書の間に一定の序列のあることが示唆されている。しかしこの点については、繰り返しになるが、債権者が第三者名義で登記された執行対象不動産について社団財産として強制執行の開始を申し立てる場面では、当該不動産が社団に属する旨の記載にとって既判力は不可欠ではない以上、類型Ⅰ～Ⅳの文書と和解調書および公正証書とは同一線上にある社団財産証明文書と位置づけることができる。これに対して、公証されていない和解契約書や社団規約等は、確かに先に掲げた公証された文書とは一線を画するとの見方があるかもしれない。しかしながら、第一に、債権者の社団に対する金銭給付訴訟において証拠として提出され、採用されていること、第二に、登記名義人が内部者であることに照らせば、公証されていない和解契約書等の文書も、確定判決等に準じたものとして、同一線上にある社団財産証明文書と位置づけることができるものと解すべきである。

最後に、本章では十分に検討することができなかった問題として、登記名義人による第三者異議の訴えと社団財産証明文書との関係がある。とりわけ、すでに検討した各類型の社団財産証明文書との関係が興味深いが、[35]その検討については他日を期することとしたい。

【注】

(1) 社団財産である不動産の公示は、判例上、代表者個人の名義で登記する方法（最二小判昭和四七年六月二日民集二六巻五号九五七頁。以下、「昭和四七年最判」という）と、定款上の登記管理構成員の個人名義で登記する方法（最三小判平成六年五月三一日民集四八巻四号一〇六五頁。以下、「平成六年最判」という）が認められている。なお、構成員全員による共有名義の登記も利用できるが、この方法は構成員の変動に伴う更正登記の不便さから敬遠される傾向がある。

(2) 平成六年最判では、構成員に総有的に帰属する不動産の所有権（総有権）を対外的に確認するに当たり、社団が原告となったが、その当事者適格は第三者の訴訟担当と解する見解が有力とされている。第五章第三節を参照。なお、社団の当事者適格を訴訟担当とする場合、債権者代位権に基づく債権者の訴訟担当のときは、二重の法定訴訟担当が成立することになる。詳しくは第三節で検討する。

(3) なお、債権者と社団の間の訴訟において、執行対象不動産の社団財産性の判断が判決理由中でされた場合でもよいとすると、類型Ⅱに対する類型Ⅲと同様、給付訴訟の類型も可能と思われるかもしれない。しかし、社団は登記名義人ではないため、所有権移転登記請求訴訟を考えることはできない。また金銭給付訴訟では、判決理由中で当該不動産の社団財産性が判断される見込みはなく、しかも給付訴訟の類型を認めると、社団財産証明文書の前駆手続は、債務名義のための前駆手続である社団に対する金銭給付訴訟で足りることになってしまい、平成二二年最判の枠組みが崩壊する。以上のような理由から、社団のみを被告とした訴訟に関して、判決理由が社団財産証明文書になるもの（表４の※を参照）を認めることはできないものと解される。

（4）　山本弘「法人格なき社団の財産に対する強制執行の方法――最判平成二二年六月二九日が残した問題点」（田原睦夫先生古稀・最高裁判事退官記念）『現代民事法の実務と理論（下）』（きんざい、二〇一三年）一二三〇頁、青木哲・金法一九一八号（二〇一一年）七五頁。

（5）　山本弘・前掲注（4）一二四三頁以下。

（6）　山本弘・前掲注（4）一二四三頁以下。

（7）　中野貞一郎「債権者取消訴訟と強制執行」『訴訟関係と訴訟行為』（弘文堂、一九六一年）一六〇頁。中野説による詐害行為取消訴訟の構成は、同書一九〇頁以下にまとめられている。責任説に基づいて詐害行為取消訴訟を考えるとき、この訴訟の目的は、責任的無効を生じさせることに向けられる以上、受益者又は転得者を被告とするべきと結論する中野説は、責任説内在的には一貫していると思われる。問題は、むしろ、詐害行為取消訴訟を責任説で構成したときの理論的な帰結が、社団財産証明文書を取得するための前駆手続である、執行対象不動産の社団財産確認訴訟の構成にもそのまま妥当すると考えなければならないかである。詐害行為取消訴訟は、債務者の責任財産から移離した財産が、受益者・転得者の帰属を変更することなく、債務者の責任財産として執行できるように移離の効果を責任的に無効とする。これに対して、債務者たる社団の財産である不動産が、第三者の名義で登記されている場合、その不動産が、債務者の責任財産であることを積極的に確認するのが、本文で検討している執行対象不動産の社団財産性を確認する訴訟である。問題状況として、前者は、債務者の責任財産から移離したことで生じた責任免脱の効果を判決によって否定するという意味で消極的効果に主眼があるのに対して、後者は、第三者所有の外観のある財産が債務者の財産であることを確認する積極的効果に主眼があるように思われる。このような差異は、当然に無視できるものではないと思われる。むしろ、この差異を重視するかどうかが、登記名義人被告説と共同被告説の違いとなって表れるとの指摘も可能だろう。

（8）　山本弘・前掲注（4）一二四八頁。

(9) 山本弘・前掲注(4)一二四九頁。
(10) 青木・前掲注(4)八一頁注一八。
(11) 本文の事例のように、法人でない社団を自然人に置き換えたのは、民事訴訟法二九条の適用により、社団には当事者能力・当事者適格も肯定され得ることを前提としている。詳しくは、第五章を参照。
(12) 第一節第一款に掲げた平成二二年最判の判旨を参照。
(13) 前掲注(10)に対応する本文を参照。
(14) Xは、少なくとも、当該不動産がY名義で所有権登記がされているために手を出せず、よってそこからは一円も回収できない、という最悪の事態からは脱出し、執行債権の一部であるにせよ、債権回収ができることを積極的に評価すべきだろう。
(15) Xは請求の趣旨において、Yが執行対象不動産の所有権を有しないことの確認を求めているわけではない。にもかかわらず、Yが争う理由は、Xの主張する通り、執行対象不動産がAの所有であること(Aの責任財産であること)が確認されると、この結論に一物一権主義を加味すれば、Yは当該不動産の所有者ではないこと、つまりY名義の所有権登記は実体に合っていないことが確認されるからである。ただし、Yが、あくまで便宜上、当該不動産の登記名義人になっているだけであると主張する場合には、Xの主張と内容上矛盾しないことになるが、Xの主張する所有者と登記関係が一致しないことに変わりはない以上、この場合でもXの確認の利益は否定されないものと解すべきである。
(16) 社団と登記名義人を共同被告とする固有必要的共同訴訟の成立を認める見解として、山本克己「平成二二年最判の判批」金法一九二九号(二〇一一年)四三頁がある。
(17) 秋山幹男＝伊藤眞＝加藤新太郎＝高田裕成＝福田剛久＝山本和彦『コンメンタール民事訴訟法Ⅰ(第二版)』(日本評論社、二〇〇六年)三九四頁、兼子一原著・松浦馨ほか『条解民事訴訟法(第二版)』(弘文堂、二〇一一年)二一四頁、新堂幸司『新民事訴訟法(第五版)』(弘文堂、二〇一一年)七七四頁等参照。
(18) Xの確認請求は、AY間の登記管理委託関係の無効を確認するものではないため、確認判決が確定した後も、Aはその所有する不動産の登記名義人たる地位をYに委託しつづけても、当該判決には何ら矛盾しない。
(19) 大阪高判昭和四六年四月八日判時六三三号七三頁関連して、高橋宏志『重点講義 民事訴訟法(上)(第二版補訂版)』(有斐閣、二〇一三年)七〇七頁以下等も参照。

(20) 民事執行法二三条三項類推適用説については、第七章第二節を参照。

(21) なお、類型Ⅰの社団財産証明文書は、前駆手続においてＡＹ間に請求が定立されていない以上、ＡＹ間ではなおＹ名義の所有権登記の証明力が優位に立つ、つまり、執行対象不動産はＹ所有の推定が働くものと解すべきかという問題がある。しかし、類型Ⅰの証明文書が判決の確定をもって成立した時点で、それと矛盾する内容のＹ名義の所有権登記については、たとえＡＹ間であっても証明力は減殺されるものと解すべきだろう。さもないと、類型Ⅰの証明文書によりＹ名義の不動産をＡの責任財産として強制競売を開始しても、Ｙの第三者異議の訴えにおいては、Ｙ名義の所有権登記がある限り、Ｙが勝訴し、よってＸが開始した不動産競売を容易に阻止できてしまうことになるが、これは平成二二年最判の趣旨に反すると解されるからである。

(22) 山本弘・前掲注(4)二四八頁

(23) 山本弘・前掲注(4)二四九頁

(24) この事案は、要するに、本案訴訟として類型Ⅰの訴訟が提起され、第一審裁判所は原告の確認請求を認容する判決をしたが、被告側の控訴によってさらに控訴審に係属したため、同判決には既判力が生じていないにもかかわらず、仮差押えとの関係では、同判決を社団財産証明文書として認めたものである。詳細については、第八章第一節第二款を参照。

(25) 最二小判昭和四七年六月二日・前掲注(1)参照。

(26) 奥田昌道『債権総論〔増補版〕』(悠々社、一九九二年)二五七頁、潮見佳男『債権総論Ⅱ〔第三版〕』(信山社、二〇〇五年)二八頁、中田裕康『債権総論(第三版)』(岩波書店、二〇一三年)二二一頁等。なお、これを認めた判例として、最二小判昭和三九年四月一七日民集一八巻四号五二九頁、大判昭和五年七月一四日民集九巻七三〇頁参照。

(27) 詳しくは、第六章を参照。

(28) 詳しくは、第五章第二節第二款㈢を参照。

(29) 本文は、第七章第三節第六款で検討した内容をさらに深めたものである。

(30) 別訴禁止に伴う併合強制を基本とする。高橋宏志『重点講義　民事訴訟法(上)〔第二版補訂版〕』(有斐閣、二〇一三年)一二六頁。三木浩一「重複訴訟論の再構築」同『民事訴訟における手続運営の理論』(有斐閣、二〇一三年)二六六頁。

(31) 第七章第三節第八款㈡ですでに検討したところである。

(32) 最三小判平成六年五月三一日・前掲注(1)参照。
(33) 平成二二年最判の執行方法を前提としている。なお、本文は、第七章第三節第四款で行った検討を前提としている。
(34) 注(21)も参照。
(35) その一端は、第五節第二款において若干言及したが、債権者が不動産競売の申立書に添付した社団財産証明文書の類型が、第三者異議訴訟の帰趨にどのように影響するかは、より立ち入った検討が必要と考えられる。

原題・初出一覧

第一章
「ドイツにおける当事者能力概念の生成（一）」民商法雑誌一一九巻二号（一九九八年）二三三―二六七頁
「ドイツにおける当事者能力概念の生成（二・完）」民商法雑誌一一九巻三号（一九九八年）三九〇―四二四頁

第二章
「ドイツにおける当事者能力論の現代的展開の一局面（一）」民商法雑誌一二三巻二号（二〇〇〇年）二二七―二五九頁
「ドイツにおける当事者能力論の現代的展開の一局面（二・完）」民商法雑誌一二三巻三号（二〇〇〇年）三五九―四〇五頁

第三章
「民法上の組合の当事者能力について」谷口安平先生古稀祝賀『現代民事司法の諸相』（成文堂、二〇〇五年）七七―一一一頁

第四章
「法人でない社団の当事者能力における財産的独立性（一）」民商法雑誌一四四巻四＝五号（二〇一一年）四六六―五〇三頁
「法人でない社団の当事者能力における財産的独立性（二・完）」民商法雑誌一四五巻一号（二〇一一年）二〇―五一頁

第五章
「法人格のない社団・組合をめぐる訴訟と当事者能力・当事者適格」法律時報八五巻九号（二〇一三年）三五―四二頁

第六章
「不動産登記請求訴訟における権利能力なき社団の当事者適格」法学教室四〇九号（二〇一四年）六〇―六七頁

第七章

「権利能力のない社団を債務者とする金銭債権を表示した債務名義を有する債権者が、当該社団の構成員全員に総有的に帰属し、当該社団のために第三者がその登記名義人とされている不動産に対して強制執行をしようとする場合における執行申立ての方法」民商法雑誌一四八巻四＝五号（二〇一三年）四四―六七頁

第八章

「法人格のない社団の財産たる不動産に対する仮差押えの方法」新・判例解説Watch【二〇一四年四月】（速報判例解説一四号）一三三―一三六頁

第九章

「法人でない社団の財産に対する不動産執行の申立てに必要な文書とその取得手続」石川明＝三木浩一編『民事手続法の現代的機能』（信山社、二〇一四年）二三一―二五七頁

大阪地判昭和 31 年 12 月 8 日下民集 7 巻 12 号 3583 頁　184
東京地判昭和 36 年 2 月 15 日下民集 12 巻 2 号 285 頁　317
東京地判昭和 37 年 4 月 2 日下民集 13 巻 4 号 633 頁　184
長崎地判昭和 41 年 7 月 29 日判タ 205 号 171 頁　249
福岡地判昭和 44 年 12 月 24 日判時 593 号 83 頁　184
前橋地裁沼田支部判昭和 47 年 3 月 31 日判時 666 号 81 頁　184
横浜地判昭和 53 年 9 月 27 日判タ 372 号 101 頁　248, 249
東京地判昭和 54 年 7 月 10 日判時 944 号 65 頁　248, 259
東京地判昭和 56 年 5 月 29 日判時 1007 号 23 頁　243
東京地判平成元年 6 月 28 日判時 1343 号 68 頁　317
東京地判平成 3 年 11 月 27 日判時 1435 号 84 頁　247
神戸地判平成 11 年 9 月 24 日金判 1103 号 39 頁　248
千葉地判平成 13 年 2 月 21 日民集 56 巻 5 号 917 頁　247
東京地判平成 21 年 3 月 26 日判タ 1314 号 237 頁　355
盛岡地判平成 22 年 5 月 10 日金判 1439 号 28 頁　302
東京地決平成 22 年 9 月 3 日金判 1366 号 44 頁　355

最三小判平成 22 年 6 月 29 日民集 64 巻 4 号 1235 頁　206, 255, 259, 315, 322, 353, 366
最二小決平成 23 年 2 月 9 日民集 65 巻 2 号 665 頁　255, 352, 354, 381
最三小判平成 23 年 2 月 15 日判時 2110 号 40 頁　194, 277, 316
最一小判平成 26 年 2 月 27 日民集 68 巻 2 号 192 頁　300, 386

【高等裁判所】

広島控判裁判年月日不明・新聞 683 号（明治 43 年 12 月 10 日）26 頁　183
広島控判昭和 7 年 7 月 25 日評論 21 巻民訴 370 頁　183
宮城控判昭和 8 年 6 月 22 日新聞 3574 号 5 頁　183
朝高院判昭和 8 年 8 月 25 日評論 23 巻民訴 93 頁　183
東京控判昭和 8 年 11 月 22 日新聞 3662 号 7 頁　184
東京高判昭和 32 年 12 月 25 日東高民時報 8 巻 12 号 318 頁　184
大阪高判昭和 35 年 9 月 30 日高民集 13 巻 7 号 657 頁　185
大阪高判昭和 37 年 4 月 28 日判タ 135 号 95 頁　184
仙台高判昭和 46 年 3 月 24 日行裁例集 22 巻 3 号 296 頁　264
大阪高判昭和 46 年 4 月 8 日判時 633 号 73 頁　397
大阪高判昭和 48 年 11 月 16 日判時 750 号 60 頁　306
東京高判昭和 49 年 12 月 20 日判時 774 号 56 頁　248
東京高判昭和 52 年 4 月 13 日判時 857 号 79 頁　184
東京高判昭和 59 年 7 月 19 日訟月 30 巻 12 号 2744 頁　184
東京高判昭和 61 年 7 月 17 日判時 1201 号 85 頁　189
東京高判平成 3 年 11 月 18 日判時 1443 号 63 頁　360
東京高決平成 22 年 11 月 5 日金判 1366 号 40 頁　355
東京高判平成 22 年 12 月 24 日判タ 1351 号 162 頁　363, 382
仙台高判平成 23 年 7 月 14 日金判 1439 号 21 頁　302

【地方裁判所】

東京地判大正 8 年 8 月 23 日評論 8 巻民法 1137 頁　183
東京地判大正 15 年 10 月 16 日評論 16 巻民訴 332 頁　183
東京区判昭和 7 年 6 月 17 日新聞 3438 号 12 頁　183
札幌地判昭和 8 年 5 月 15 日新聞 3609 号 7 頁　183
広島地尾道支判昭和 25 年 1 月 13 日下民集 1 巻 1 号 15 頁　184
東京地判昭和 30 年 3 月 31 日下民集 6 巻 3 号 616 頁　184
大阪地判昭和 31 年 1 月 30 日下民集 7 巻 1 号 157 頁　185

【最高裁判所】

最一小判昭和 32 年 11 月 14 日民集 11 巻 12 号 1943 頁　254
最三小判昭和 33 年 7 月 22 日民集 12 巻 12 号 1805 頁　189, 192
最三小判昭和 35 年 6 月 28 日民集 14 巻 8 号 1558 頁　186
最二小判昭和 35 年 12 月 9 日民集 14 巻 13 号 2994 頁　192
最二小判昭和 37 年 7 月 13 日民集 16 巻 8 号 1516 頁　186
最三小判昭和 37 年 12 月 18 日民集 16 巻 12 号 2422 頁　162, 184
最三小判昭和 38 年 4 月 2 日裁判集民 65 号 357 頁　163, 184
最二小判昭和 38 年 5 月 31 日民集 17 巻 4 号 600 頁　174, 193
最二小判昭和 39 年 4 月 17 日民集 18 巻 4 号 529 頁　398
最一小判昭和 39 年 10 月 15 日民集 18 巻 8 号 1671 頁　158, 200, 269, 316
最二小判昭和 41 年 9 月 30 日民集 20 巻 7 号 1523 頁　193
最二小判昭和 42 年 6 月 30 日判時 493 号 36 頁　256
最一小判昭和 42 年 10 月 19 日民集 21 巻 8 号 2078 頁　157, 200
最二小判昭和 43 年 3 月 15 日民集 22 巻 3 号 607 頁　264
最二小判昭和 43 年 11 月 1 日民集 22 巻 12 号 2402 頁　193
最二小判昭 45 年 5 月 22 日民集 24 巻 5 号 415 頁　264
最大判昭和 45 年 6 月 24 日民集 24 巻 6 号 625 頁　291
最大判昭和 45 年 11 月 11 日民集 24 巻 12 号 1854 頁　159, 296
最三小判昭和 45 年 12 月 15 日民集 24 巻 13 号 2072 頁　194
最二小判昭和 47 年 6 月 2 日民集 26 巻 5 号 957 頁　259, 302, 305, 351, 352, 395
最三小判昭和 48 年 10 月 9 日民集 27 巻 9 号 1129 頁　187, 254
最三小判昭和 50 年 7 月 25 日民集 29 巻 6 号 1147 頁　248
最一小判昭和 53 年 9 月 14 日判時 906 号 88 頁　344
最二小判昭和 55 年 2 月 8 日判時 961 号 69 頁　56, 194, 276
最二小判昭和 56 年 1 月 30 日判時 1000 号 85 頁　189
最二小判昭和 57 年 11 月 26 日民集 36 巻 11 号 2296 頁　194
最一小判昭和 61 年 7 月 10 日判時 1213 号 83 頁　194
最一小判昭和 61 年 9 月 11 日判時 1214 号 68 頁　248
最一小判昭和 63 年 7 月 14 日判時 1297 号 29 頁　252
最三小判平成 6 年 5 月 31 日民集 48 巻 4 号 1065 頁　56, 194, 259, 276, 316, 351, 395
最二小判平成 12 年 10 月 20 日判時 1730 号 26 頁　247
最二小判平成 14 年 6 月 7 日民集 56 巻 5 号 899 頁　195, 201

判例索引

【大審院】

大判明治32年11月14日民録5輯10巻54頁　185
大判明治34年5月9日民録7輯5巻62頁　185
大判明治34年6月15日新聞43号10頁　185
大判明治39年12月18日民録12輯1659頁　186
大判明治40年6月13日民録13輯648頁　192
大聯判明治44年3月26日民録17輯117頁　371
大判大正4年12月25日民録21輯2267頁　186
大判大正6年4月19日民録23輯733頁　183
大判大正7年7月10日民録24輯1480頁　192
大判大正8年9月27日民録25巻1669頁　193
大判昭和5年7月14日民集9巻730頁　398
大判昭和7年7月5日新聞3448号13頁　186
大判昭和7年12月10日民集11巻2313頁　192
大判昭和8年2月9日法学2巻1132頁　185
大判昭和8年9月22日法律新報345号11頁　184
大判昭和10年1月30日法学4巻7号154頁　186
大判昭和10年3月12日民集14巻482頁　295
大判昭和10年5月28日民集14巻1191頁　184, 206
大判昭和10年12月24日裁判例9巻民事350頁　185
大判昭和11年1月14日民集15巻1頁　186
大判昭和11年2月25日民集15巻281頁　192
大判昭和11年12月1日民集15巻2126頁　186
大判昭和15年3月15日民集19巻586頁　295
大判昭和15年7月20日民集19巻1210頁　185
大判昭和15年10月11日新聞4635号7頁　184
大判昭和17年1月24日判決全集9輯17号3頁　186

や行

ら行

わ行

ま行

な行

は行

た行

さ行

事項索引

あ行

か行

《著者紹介》

名津井 吉裕（なつい よしひろ）

現在、大阪大学大学院高等司法研究科教授
昭和45年福井県生まれ。平成6年同志社大学法学部法律学科卒業、平成9年京都大学法学研究科修士課程修了、平成12年京都大学大学院法学研究科博士課程単位認定退学。日本学術振興会特別研究員（PD）、龍谷大学助教授・准教授、大阪大学大学院高等司法研究科准教授を経て2014年から現職。

主要著作等　「当事者能力と当事者適格の交錯」法律時報88巻8号（2016年）、「法人でない社団の受けた判決の効力」松本博之先生古稀祝賀『民事手続法制の展開と手続原則』（弘文堂、2016年）、『新基本法コンメンタール民事再生法』（日本評論社、2015年）共著、『新基本法コンメンタール破産法』（日本評論社、2014年）共著、『新基本法コンメンタール民事執行法』（日本評論社、2014年）共著、『基礎演習民事訴訟法〔第二版〕』（弘文堂、2013年）共著、『新・コンメンタール民事訴訟法〔第二版〕』（日本評論社、2013年）共著、『レクチャー倒産法』（法律文化社、2013年）共著。

民事訴訟における法人でない団体の地位

2016年12月21日　初版第1刷発行　［検印廃止］

著　者　名津井 吉裕

発行所　大阪大学出版会
代表者　三成 賢次

〒565-0871　大阪府吹田市山田丘2-7
大阪大学ウエストフロント
TEL　06-6877-1614
FAX　06-6877-1617
URL：http://www.osaka-up.or.jp

印刷・製本　尼崎印刷株式会社

ISBN 978-4-87259-569-7 C3032